A teoria das seleções cultural e social

COLEÇÃO SOCIOLOGIA

Coordenador: Brasilio Sallum Jr. – Universidade de São Paulo

Comissão editorial:

Gabriel Cohn – Universidade de São Paulo

Irlys Barreira – Universidade Federal do Ceará

José Ricardo Ramalho – Universidade Federal do Rio de Janeiro

Marcelo Ridenti – Universidade Estadual de Campinas

Otávio Dulci – Universidade Federal de Minas Gerais

Dados Internacionais de Catalogação na Publicação (CIP)
(Câmara Brasileira do Livro, SP, Brasil)

Runciman, W.G.
   A teoria das seleções cultural e social /
W.G. Runciman ; tradução de Caesar Souza. –
Petrópolis, RJ : Vozes, 2018. – (Coleção Sociologia)

   Título original : The theory of cultural and social selection.
   Bibliografia
   ISBN 978-85-326-5721-3

   1. Darwin, Charles, 1809-1882 2. Evolução social
3. Seleção natural 4. Sociologia I. Título.
II. Série.

18-12833   CDD-303.4

Índices para catálogo sistemático:
1. Evolução social : Sociologia   303.4

W.G. Runciman

A teoria das seleções cultural e social

Tradução de Caesar Souza

Petrópolis

© W.G. Runciman 2009
Cambridge University Press

Título do original em inglês: *The Theory of Cultural and Social Selection*

Direitos de publicação em língua portuguesa – Brasil:
2018, Editora Vozes Ltda.
Rua Frei Luís, 100
25689-900 Petrópolis, RJ
www.vozes.com.br
Brasil

Todos os direitos reservados. Nenhuma parte desta obra poderá ser reproduzida ou transmitida por qualquer forma e/ou quaisquer meios (eletrônico ou mecânico, incluindo fotocópia e gravação) ou arquivada em qualquer sistema ou banco de dados sem permissão escrita da editora.

CONSELHO EDITORIAL

Diretor
Gilberto Gonçalves Garcia

Editores
Aline dos Santos Carneiro
Edrian Josué Pasini
Marilac Loraine Oleniki
Welder Lancieri Marchini

Conselheiros
Francisco Morás
Ludovico Garmus
Teobaldo Heidemann
Volney J. Berkenbrock

Secretário executivo
João Batista Kreuch

Editoração: Fernando Sergio Olivetti da Rocha
Diagramação: Mania de criar
Revisão gráfica: Nilton Braz da Rocha / Nivaldo S. Menezes
Capa: Juliana Teresa Hannickel
Arte-finalização: Editora Vozes

ISBN 978-85-326-5721-3 (Brasil)
ISBN 978-0-521-13614-3 (Reino Unido)

Editado conforme o novo acordo ortográfico.

Este livro foi composto e impresso pela Editora Vozes Ltda.

Sumário

Apresentação da coleção, 7

Prefácio, 9

Prólogo – O legado darwiniano, 11

"A melhor ideia...", 11

"Qualquer animal...", 19

Dois rastros falsos, 27

"Nosso antigo autorrespeito", 30

1 O paradigma neodarwiniano, 37

Conceitos e pressuposições, 37

Três níveis de variação e seleção, 44

Seleção do quê?, 61

2 Seleção natural e comportamento evocado, 74

Disposições, capacidades e suscetibilidades, 74

Universais comportamentais, 81

Adaptabilidade evolucionária, 89

Sociologia humana como sociologia primata, 96

3 Seleção cultural e comportamento adquirido, 102

Crenças e atitudes, 102

Codificado onde? Transmitido como?, 119

Mentes coletivas e o que as move, 128

Ortodoxias vencedoras e heresias perdedoras, 137

4 Seleção social e comportamento imposto, 149

Papéis, *systacts*, sociedades, impérios, 149

Modos de produção, persuasão e coerção, 159

Mutações incrementais e equilíbrios pontuados, 180

Direções da evolução social, 191

5 Teoria selecionista como história narrativa, 200

Histórias de histórias, 200

Eras e estágios, 205

Descrevendo a impressão que causou, 212

Epílogo – Sociologia em um mundo pós-darwiniano, 221

Duas desilusões, 221

Céticos e intransigentes, 226

Conclusão, 231

Referências, 233

Índice, 259

Apresentação da coleção

Brasilio Sallum Jr.

A *Coleção Sociologia* ambiciona reunir contribuições importantes desta disciplina para a análise da sociedade moderna. Nascida no século XIX, a sociologia expandiu-se rapidamente sob o impulso de intelectuais de grande estatura – considerados hoje clássicos da disciplina –, formulou técnicas próprias de investigação e fertilizou o desenvolvimento de tradições teóricas que orientam o investigador de maneiras distintas para o mundo empírico. Não há o que lamentar o fato de a Sociologia não ter um *corpus* teórico único e acabado. E, menos ainda, há que esperar que este seja construído no futuro. É da própria natureza da disciplina – de fato, uma de suas características mais estimulantes intelectualmente – renovar conceitos, focos de investigação e conhecimentos produzidos. Este é um dos ensinamentos mais duradouros de Max Weber: a Sociologia e as outras disciplinas que estudam a sociedade estão condenadas à eterna juventude, a renovar permanentemente seus conceitos à luz de novos problemas suscitados pela marcha incessante da história. No período histórico atual este ensinamento é mais verdadeiro do que nunca, pois as sociedades nacionais, que foram os alicerces da construção da disciplina, estão passando por processos de inclusão, de intensidade variável, em uma sociedade mundial em formação. Os sociólogos têm respondido com vigor aos desafios desta mudança histórica, ajustando o foco da disciplina em suas várias especialidades.

A *Coleção Sociologia* pretende oferecer aos leitores de língua portuguesa um conjunto de obras que espelhe o tanto quanto possível o desenvolvimento teórico e metodológico da disciplina. A coleção conta com a orientação de comissão editorial, composta por profissionais relevantes da disciplina, para selecionar os livros a serem nela publicados.

A par de editar seus autores clássicos, a *Coleção Sociologia* abrirá espaço para obras representativas de suas várias correntes teóricas e de suas especialidades, voltadas para o estudo de esferas específicas da vida social. Deverá também suprir as necessidades de ensino da Sociologia para um público mais amplo, inclusive por meio de manuais didáticos. Por último – mas não menos

importante –, a *Coleção Sociologia* almeja oferecer ao público trabalhos sociológicos sobre a sociedade brasileira. Deseja, deste modo, contribuir para que ela
possa adensar a reflexão científica sobre suas próprias características e problemas. Tem a esperança de que, com isso, possa ajudar a impulsioná-la no rumo
do desenvolvimento e da democratização.

Prefácio

O objetivo deste livro é trazer os conceitos e métodos da teoria evolutiva atual e empregá-los na agenda da sociologia comparativa – ou seja, no estudo do processo subjacente pelo qual as culturas e sociedades humanas documentadas no registro histórico, etnográfico e arqueológico se diferenciaram. Seu principal argumento é que os padrões de comportamento humano coletivo deveriam ser analisados como a expressão externamente observável das informações que afetam o fenótipo transmitidas em três níveis separados, mas inter-relacionados: o biológico, o cultural e o social. Uma abordagem neodarwiniana desse tipo atualmente é um lugar-comum em muitas áreas das ciências comportamentais mais especializadas. Mas sua contribuição potencial para a sociologia apenas começou a ser percebida.

Como uma formulação preliminar de uma sociologia selecionista já subjaz à trilogia sobre a teoria social que publiquei entre 1983 e 1997, este volume pode ser considerado um pós-escrito para concepções apresentadas em trabalhos meus já publicados. Mas meu *Treatise on social theory* (*Tratado sobre teoria social*) foi, como agora reconheço, pouco mais do que uma exposição introdutória de seu tema. Desde sua publicação, tornei-me cada vez mais consciente não apenas de suas deficiências – e cada vez mais em débito para com os muitos autores a cujas contribuições à teoria selecionista podemos agora recorrer –, mas também do quanto ainda tem de ser feito antes que possamos dizer que a sociologia se deslocou decisivamente para além da agenda estabelecida para ela por Herbert Spencer, Karl Marx, Max Weber e Émile Durkheim. O que não mudou tanto quanto poderia é a hostilidade ainda provocada – não apenas entre sociólogos, mas entre antropólogos e historiadores – pela extensão dos conceitos e métodos que se mostraram tão bem-sucedidos na explicação da evolução das espécies à explicação da evolução das culturas e sociedades humanas, que é diretamente contínua a ela. Grande parte dessa hostilidade se baseia na má compreensão – voluntária ou não –, e parte dela pode refletir uma relutância arraigada em reconhecer quanto da história humana, assim como da natural, é devida ao acaso. Mas se este livro puder ajudar a diminuir o antagonismo que o neodarwinismo ainda atrai e, com isso, encorajar sociólogos mais jovens e melhor qualificados do que eu a levar adiante o programa de pesquisa para o qual aponta, sua publicação terá sido completamente justificada.

Meus agradecimentos são devidos a John Davis que, como diretor da All Souls College, possibilitou que eu ministrasse uma série de seminários sobre esses tópicos em Oxford no ano acadêmico de 2002-2003; a um *referee* anônimo pelo comentário construtivo sobre, e uma crítica ao, penúltimo rascunho; a Ian Hacking por apontar os pontos fracos de uma versão anterior do Epílogo; a Richard Fischer, da Cambridge University Press, por seu encorajamento e auxílio em acompanhar o livro ao longo do processo de publicação; a Zeb Korycinska por compilar o índice; e a Hilary Edwards por muitos anos de indispensável assistência secretarial.

W.G.R.
Trinity College
Cambridge
Novembro de 2008

Prólogo
O legado darwiniano

"A melhor ideia..."

1

Quando Karl Marx escreveu a Ferdinand Lassalle em janeiro de 1961 que *On origin of species* (*Sobre a origem das espécies*) havia lhe fornecido um fundamento científico-natural para a luta de classes na história, mal poderia adivinhar até que ponto, ao final do século seguinte, a teoria da seleção natural de Darwin seria triunfantemente verificada e sua própria teoria da luta de classes, falsificada por eventos subsequentes. Não que Darwin tenha sido bem-sucedido em responder as objeções à teoria da seleção natural que seus críticos dirigiram a ela. Nem poderia, uma vez que não tinha um modo possível de saber como a herança biológica de fato funciona. A ironia sobre a qual muitos de seus biógrafos e comentadores falaram é que ele poderia ter lido o subsequentemente famoso trabalho de Mendel sobre a polinização cruzada das ervilhas de jardim. Mas, mesmo que tivesse, o trabalho não lhe teria dado todas as respostas de que necessitava. Décadas mais tarde, os autoproclamados mendelianos ainda podiam ser antidarwinianos. Somente quando a "nova síntese" – como veio a ser chamada – reuniu a teoria evolutiva e a genética populacional que se tornou possível resolver o aparente dilema segundo o qual: se a herança biológica fosse combinada, a seleção não poderia funcionar de modo algum (mas, de fato, pode), ao passo que, se fosse particulada, não poderia funcionar do mesmo modo que Darwin supôs (mas, de fato, pode). Tampouco poderia Darwin ter antecipado as descobertas da biologia molecular – que tornaram possível integrar a teoria evolutiva a uma compreensão de como as informações que afetam o fenótipo ao longo da construção de proteínas são transmitidas de um organismo a outro ao serem codificadas em cadeias de DNA – ou os desenvolvimentos na estatística, teoria dos jogos e ciência da computação, que cientistas behavioristas, agora, dão como certos.

Pode parecer, portanto, que para os sociólogos comparativos do século XXI – buscando explicar a evolução dos padrões distintivos do comportamento humano coletivo –, os próprios escritos de Darwin não tenham um interesse senão antiquário. Mas ninguém que tenha lido *The descent of man*

(*A descendência humana*) e *Sobre a origem das espécies* pode continuar a pensar assim. A presciência de Darwin é ainda mais notável à luz do que ele não sabia nem poderia saber não apenas sobre genética populacional e biologia molecular como também sobre etologia primata, paleoantropologia, arqueologia, linguística, demografia e psicologia do desenvolvimento e cognitiva. Durante um século após a morte de Darwin, a seleção sexual seria quase completamente ignorada – exceto pelo tratamento dado a ela por R.A. Fisher em um trabalho inicial e depois em seu clássico *The genetical theory of natural selection* (*A teoria genética da seleção natural*) de 1930, no entanto: ela se tornaria uma das áreas de crescimento mais rápido da biologia evolucionária (MILLER, 1998), tratando de temas centrais à teoria feminista (CAMPBELL, 1999); as observações de Darwin sobre a capacidade de enganar e manipular dos animais seriam completamente confirmadas em estudos sobre a inteligência "maquiavélica" que partilhamos com outras espécies (BYRNE & WHITEN, 1988; WHITEN & BYRNE, 1997); sua concepção da habilidade linguística como "uma tendência instintiva inata para adquirir uma técnica" antecipa diretamente a aliança no final do século XX da linguística tradicional com a psicologia do desenvolvimento e a neurociência (PINKER, 1994: 20); sua discussão sobre a derivação, como ele coloca, do "assim chamado senso moral" dos "instintos sociais" antecipa o conjunto da literatura moderna sobre altruísmo e a evolução da cooperação entre coespecíficos não relacionados tanto em populações animais como humanas; e ele era tão consciente quanto qualquer teórico atual da seleção cultural de grupo sobre a possibilidade de que a pressão seletiva pode operar não somente em indivíduos em competição, mas também em grupos em competição.

Muitas vezes se comentou que a ideia da variação não era mais original do que a ideia de seleção para Darwin. Mas foi ao combiná-las que ele removeu completamente a teleologia da teoria evolutiva. É porque o que Darwin chamou "descendência com modificações" – daqui para a frente "variações herdadas e seleção competitiva" – resolve o antigo problema da mudança qualitativa sem recurso seja à criação especial, seja a um objetivo predeterminado, que o filósofo Daniel Dennett pode chamar essa "a melhor ideia que alguém jamais teve" (DENNETT, 1995: 21). O psicólogo Donald T. Campbell, que foi talvez o primeiro cientista comportamental a apreciar as implicações da seleção natural como sendo apenas um entre outros casos especiais de uma teoria evolutiva mais geral, creditou apropriadamente ao paradigma darwiniano o ter fornecido o que Campbell chamou "a explicação não teleológica universal das operações teleológicas" (1974: 420). A seleção natural não só explica mais sobre o comportamento humano do que a maioria esmagadora dos sociólogos do século XX estava disposta a admitir, mas o processo de variação herdável e seleção competitiva das informações que afetam o comportamento no fenótipo opera também no nível cultural, onde as informações são codificadas em memes[1] – ou seja, itens ou pacotes de informação transmitidos de mente para mente por imitação ou aprendizagem –, e no nível social, onde são codificadas em *práticas* ordenadas que definem mutuamente papéis institucionais inter-relacionados. A definição de "instituição" na literatura da sociologia tem sido quase tão problemática quanto a de "cultura" e "sociedade". Além disso, alguns sociólogos falam sobre "práticas sociais" quando, na verdade, têm em mente padrões de comportamento adquiridos informal e interpessoalmente, assim como – ou em vez de – padrões de comportamento impostos formal e institucionalmente. Mas uma distinção categórica tem de ser feita entre o comportamento regulado por induzimentos, ou sanções, formais vinculados a papéis extrafamiliares econômicos, ideológicos ou políticos, designados como tais, e o comportamento regulado por hábitos e convenções informais. Os mecanismos de variação herdável e seleção competitiva são muito diferentes na evolução biológica, cultural e social. Não menos importante do que o reconhecimento de que a seleção natural não pode por si própria explicar a diversidade dos padrões de comportamento humano coletivo é o reconhecimento de que as seleções cultural e social, que muitas vezes foram assimiladas (inclusive por Campbell) sob a rubrica de "evolução sociocultural", não são de modo algum, como os capítulos subsequentes demonstrarão abundantemente, a mesma coisa[2]. Não há dois, mas três níveis nos quais a evolução dirige as populações humanas ao longo de trajetórias abertas e dependentes do caminho que continuam a gerar novos padrões de comportamento coletivo a partir do antigo.

2

O propósito deste livro não é tanto defender a teoria selecionista contra seus críticos, mas sugerir como a agenda da sociologia comparativa deveria ser reconstruída em seus termos. Todavia, o antidarwinismo é, até hoje, tão parte do legado darwiniano quanto o neodarwinismo. Não pode mais ser incitado pela indignação virtuosa de vitorianos devotos determinados a permanecerem do

---

1. Termo cunhado pelo biólogo evolucionário Richard Dawkins em *O gene egoísta* (1976) como um conceito para a discussão de princípios evolucionários na explicação da difusão de ideias e fenômenos culturais, representando toda e qualquer unidade de informação que afeta o comportamento transmitido por imitação ou aprendizado de mente a mente. Como análogos culturais dos genes, memes são caracterizados como as propriedades culturalmente ativas das coisas, eventos e processos no mundo externo [N.T.].

2. Como assinalado por Brown (1991: 40), antropólogos tenderam particularmente não somente a contrastar "cultural" e "social" com "biológico", mas a tratar *uma* cultura" e "*uma* sociedade" como sinônimos. Isso é compreensível onde, como em grande parte do registro etnográfico, os limites do cultural e do social coincidem. Mas os sociólogos dificilmente encontrarão, e talvez nunca, uma correspondência exata caso mapeiem a distribuição dos memes compartilhados na distribuição de práticas inter-relacionadas ao longo de uma área de captação institucional designada.

lado dos anjos quando confrontados pela sugestão desagradável de que somos todos descendentes dos macacos. Mas ainda há muitas pessoas, inclusive sociólogos, para as quais o "neodarwinismo" implica ou o racismo social-darwiniano do final do século XIX ou a sociobiologia reducionista do final do século XX. Eles podem estar de acordo quanto ao fato de que a teoria da seleção natural é tão suscetível de ser descartada em favor da teologia do arquidiácono Paley[3] quanto a teoria física atual em favor da teoria física de Aristóteles. Mas eles são tão resistentes quanto qualquer vitoriano devoto à aplicação da noção fundamental de Darwin ao comportamento das criaturas com mentes como as nossas. Podem não acreditar mais que somos distintos de nossos ancestrais primatas por possuirmos almas imortais. Mas não estão convencidos de que a conduta dos entes humanos autoconscientes que escolhem ativamente entre caminhos alternativos de ação intencional possa ser explicada dentro de um paradigma que foi inspirado pelo, e deveria ser restrito ao, comportamento de criaturas guiadas somente pela percepção e pelo instinto.

Para isso existem duas respostas relacionadas. A primeira é que, como Darwin bem sabia, a tomada de decisões intencionais não é exclusiva dos humanos. A segunda é que nada há sobre a tomada de decisões intencionais que a remova, bem como o comportamento dela resultante, da possibilidade da explicação selecionista. O próprio Darwin estava, em suas próprias palavras, "muito longe de desejar negar que ações instintivas possam perder seu caráter determinado e não ensinado, e serem substituídas por outras executadas com a ajuda do livre-arbítrio" (1882: 66). Em nenhum lugar neste livro será implicado, muito menos afirmado, que não exista algo como uma escolha entre possíveis cursos de ação alternativos. É um truísmo da sociologia que as relações sociais são criadas, interpretadas e negociadas pela interação de indivíduos dos quais elas próprias são relações. Mas a tomada de decisões intencionais, seja por entes humanos, seja por membros de qualquer outra espécie de cérebros grandes, é um fenômeno natural, não sobrenatural. Necessitamos explicar – sem recurso ao que Dennett chama "ganchos suspensos do céu" (*skyhooks*) – como o comportamento de organismos com mentes e, consequentemente, propósitos, afeta o curso das evoluções cultural e social. Por trás de todas as decisões individuais existem influências genéticas, culturais e sociais detectáveis que as guiaram, e existem mecanismos detectáveis por meio dos quais desempenharam sua parte na evolução dos padrões de comportamento coletivo que distinguem um tipo de cultura ou sociedade de outro.

A implicação da noção de Darwin para a sociologia não é que a variação herdável nas informações cultural ou socialmente transmitidas que afetam o fe-

---

3. Referência provável a William Paley (1743-1805): clérigo, apologista cristão, filósofo e utilitarista inglês. Conhecido por sua exposição teológico-natural do argumento teleológico em favor da existência de Deus em seu trabalho *Teologia natural* (1809), que fez uso da "analogia do relojoeiro" [N.T.].

nótipo sejam aleatórias. É que as causas da variação nas informações que afetam o comportamento no fenótipo não podem por si só fornecer a explicação do que resulta em suas consequências. Para citar um tópico familiar ao qual retornarei no Capítulo 3, as causas da variação entre diferentes populações humanas em suas atitudes e crenças compartilhadas sobre o que Darwin chamava "agências espirituais invisíveis" são ao mesmo tempo prontamente averiguáveis e extremamente diversas: o pregador exemplar, o visionário alucinado, o profeta carismático, o moralista vingativo, o intérprete xamanista de sonhos, o eremita que renunciou ao mundo, o líder messiânico de cultos e o autor ou reintérprete das Sagradas Escrituras podem estar agindo sob um número indeterminado de influências, dando expressão a um número indeterminado de idiossincrasias de caráter, e buscando realizar um número indeterminado de objetivos tanto práticos como espirituais. Mas o sucesso ou fracasso de seus ensinamentos depende não de como seus estados mentais se tornaram o que são, mas das características de seu ambiente que favorecem ou não a reprodução e a difusão dos memes que transmitem aos seus discípulos por imitação ou aprendizagem e depois, se as coisas vão bem, propagam através de papéis institucionais como os do sacerdote e do professor de escola nos quais sucessivos incumbentes substituem um ao outro independentemente de relações puramente pessoais.

Isso é muito diferente de afirmar que os objetivos dos inovadores não têm parte alguma a desempenhar na explicação do curso atual das evoluções cultural e social. Inovadores muitas vezes agem com deliberação e planejam com antecedência. Suponha, para permanecer com o mesmo exemplo, que um evangelista cínico tenha conduzido uma cuidadosa pesquisa de mercado antes de formular uma doutrina posteriormente difundida por acólitos bem incentivados entre uma população crédula de convertidos potenciais. Esse pode não ser o modo pelo qual visionários, pregadores e profetas usualmente procedem. Mas em campos da iniciativa humana como engenharia, medicina ou arquitetura – sem falar da propaganda –, inovações são lançadas, testadas e modificadas (ou descartadas) como parte de uma estratégia deliberada de seleção competitiva dirigida para a descoberta e depois exploração das mutações mais aptas. Nesse sentido, a inovação criativa é a antítese da variação aleatória, mesmo onde a aleatoriedade é ela própria, como às vezes é, uma estratégia deliberada. Mas Campbell, que em um trabalho inicial argumentava em favor do que chamou "variação cega e retenção seletiva" (CAMPBELL, 1960), queria dizer com "cega" não que engenheiros, médicos ou arquitetos não saibam o que estão fazendo, ou que não haja distinção a ser feita entre a identificação de *designs* alternativos por escolha pessoal e sua identificação por agência externa, mas que pretensos inovadores não podem antecipar as consequências de suas próprias descobertas ou das descobertas de outras pessoas até que as tenham feito. Nesse ponto, os neodarwinianos podem sinceramente estar de acordo com um filósofo do século XX – resolutamente hostil à própria ideia de ciência social – que citou com aprovação a observação de Humphrey Lyttelton de que se soubesse para onde o *jazz* estava indo já o estaria tocando (WINCH, 1958: 94). A capacidade humana para a busca ativa de inovação não remove as mutações e combinações de informações que afetam o fenótipo que resulta delas em um mundo criacionista fora do alcance da teoria selecionista. Isso, por sua vez, não significa que sociólogos comparativos possam responder as questões que lhes concernem aplicando diretamente os modelos que serviram tão bem à teoria da seleção natural aos muito diferentes, embora de muitos modos análogos, mecanismos pelos quais a evolução cultural e a social são dirigidas. Mas isso significa que podem proveitosamente empregar a ideia de variação herdável e seleção competitiva a serviço da abordagem "O que exatamente está acontecendo aqui?", que o economista Robert M. Solow vê como distinguindo a ciência biológica da física (1977: 56-57) e recomenda, consequentemente, aos cientistas do comportamento humano.

3

Existe, contudo, uma outra concepção do legado darwiniano que talvez seja mais insidiosa porque é sustentada com igual convicção por antidarwinianos, de um lado, e por ultradarwinianos, de outro, a saber: a de que a teoria darwiniana pode ser aplicada à evolução das culturas e sociedades humanas, mas apenas como a própria teoria da seleção natural. Tanto para antidarwinianos como para ultradarwinianos, uma sociologia darwiniana é ou biologia aplicada ou não é darwiniana. Aplicar a concepção paradigmática da variação herdável e seleção competitiva e sua terminologia associada ao comportamento cultural e ao social como tal é, em ambas as concepções, meramente um exercício metafórico.

A resposta é novamente dupla. Em primeiro lugar, grande parte do vocabulário da ciência é metafórica, mas não por isso pior: Devemos parar de falar de eletricidade como uma "corrente" porque não é de fato um líquido? Em segundo lugar, a objeção tem força somente onde termos demonstravelmente metafóricos são usados para disfarçar os pontos fracos de proposições que, quando interpretadas literalmente, podem se mostrar não tão passíveis de validação como a metáfora implica que são. Portanto, dizer que culturas evoluíram por meio da variação herdável e seleção competitiva de informações que afetam o fenótipo que foram transmitidas de mente a mente por imitação ou aprendizagem seria ilegitimamente metafórico se não houvesse informações afetando o fenótipo ou se as informações transmitidas fossem sempre reproduzidas na mente receptora sem qualquer possibilidade de mutação. Mas informação não é uma metáfora. É a realidade. Não há outra coisa pela qual ela esteja. Tampouco a transmissão de informações tem de espelhar diretamente a analogia genética. "Mutação" e "combinação" podem ter um significado preciso tanto para os sociólogos comparativos, que estudam a reprodução e a difusão de memes e práticas, como para os cientistas da computação combinando códigos para programas e entrecruzando-os a fim de ver o que acontece depois. É a linguagem na qual as descrições dos historiadores das mudanças culturais e sociais são convencionalmente narradas que é metafórica: novas ideias não "avançam", "decolam" ou "superam barreiras", literalmente, como escrevem em um sem-número de livros de história, nem rebeliões contra o *status quo* institucional são literalmente "inflamadas", "desativadas" ou "minadas" em incontáveis outros[4]. A "queda do Império Romano" é uma metáfora tanto quanto "clima variável de opiniões", "ascendência da burguesia", "revolução industrial", "sementes de descontentamento popular" ou "onda de protestos". As duas metáforas mais famosas na literatura da sociologia – "base e superestrutura" de Marx e "afinidades eletivas" de Weber – foram tão enganosas quanto influentes. Por mais difícil que possa ser explicar por que alguns itens ou complexos de informações que afetam o fenótipo são favorecidos ao longo do tempo pela seleção competitiva enquanto outros não, a verdade é que na evolução cultural algumas mutações ou combinações de informações transmitidas por imitação ou aprendizagem são mais eficazmente reproduzidas e difundidas em populações adjacentes ou sucessivas de portadores do que em outras, assim como na evolução social algumas mutações ou combinações de informações são codificadas em práticas que definem papéis institucionais.

Nesse ponto, a aliança entre os antidarwinianos e os ultradarwinianos se rompe, uma vez que possuem opiniões completamente incompatíveis sobre por que os padrões observados em diferentes culturas e sociedades humanas são como observamos. Para os ultradarwinianos, as seleções cultural e social devem fundamentalmente ser redutíveis à seleção natural: mutações nas informações herdáveis, embora transmitidas, são aptas e, por isso, selecionadas se e somente se de algum modo maximizam a aptidão reprodutiva inclusiva dos organismos que as carregam. Mas para os antidarwinianos essa presunção é ainda menos palatável do que a sugestão de que as seleções cultural e social, embora não redutíveis à

---

4. P. ex., um historiador da Grã-Bretanha conta como no final do século XVII a "alta cultura saiu dos confins limitados da corte para diversos espaços em Londres. Ela saiu dos palácios para as cafeterias, sociedades de leitura, clubes de debate, salas de assembleias, galerias e salas de concerto; cessando de ser criada da política da realeza, tornou-se a parceira de comércio" (BREWER, 1997: 3). Aqui, o que ele está literalmente narrando é a difusão de memes competitivamente selecionados transmitidos previamente dentro de grupos de *status* aristocráticos para ambientes favoráveis à sua probabilidade de reprodução posterior. Em um outro exemplo, um historiador (BLANNING, 2002: 15) diz que "A esfera pública era uma nau neutra, carregando uma diversidade de grupos sociais e ideologias. Dependendo da data de sua jornada, seu portador é usualmente denominado 'revolução científica', a 'crise da consciência europeia', ou o 'Iluminismo'. Esses, junto a uma variedade de outros, não têm de ser jogados ao mar, mas o argumento que será defendido aqui é que é necessário encontrar espaço para uma carga com uma aparência menos moderna ou progressista". O seu modo metafórico de dizer isso clama – falando metaforicamente – por ser resgatado na linguagem literal da teoria selecionista.

seleção natural, sejam significativamente análogas a ela: para eles, culturas e sociedades humanas podem ser explicadas somente em seus próprios termos sem referência a qualquer teoria, modelo ou analogia extraídos da biologia. Mas, em uma leitura séria da literatura da sociologia comparativa, é tão óbvio que nem todas as variações cultural e social podem ser explicadas pela seleção natural quanto o fato de que existem muitos aspectos do comportamento cultural e social que a seleção natural explica (embora relutantes, os antidarwinianos talvez reconheçam isso). Alguns ecologistas comportamentais – quando confrontados com um contraexemplo desafiador como uma religião que ordena o celibato monástico e clerical – irão às últimas consequências para encontrar alguma hipótese sobre a aptidão reprodutiva inclusiva que seja consistente com os dados, assim como alguns antropólogos culturais – quando confrontados com um contraexemplo tão desafiador como a probabilidade universalmente mais alta de machos adultos jovens se envolverem em violência letal, em comparação a machos mais velhos ou fêmeas da mesma idade – irão às últimas consequências para encontrar alguma hipótese que vincule os dados a variáveis culturais supostamente autônomas. Mas, uma vez que o ponto geral de Campbell é assumido, a questão a ser tratada não é qual mecanismo de variação herdável e seleção competitiva de informações que afetam o fenótipo está operando, e sim como aqueles que estão simultaneamente em operação se relacionam entre si. Nos três níveis diferentes de seleção natural, cultural e social, existem três tipos diferentes de comportamento: comportamento *evocado*, no qual o agente está respondendo direta e instintivamente a alguma característica do ambiente; comportamento *adquirido*, no qual o agente está imitando, ou aprendeu a imitar com algum outro agente, seja direta, seja indiretamente; e comportamento *imposto*, no qual o agente está desempenhando um papel social respaldado por induzimentos e sanções institucionais. Para citar um outro tópico familiar – o conflito (*warfare*): um sociólogo comparativo que o estuda está ao mesmo tempo estudando: o comportamento evocado de machos adultos jovens geneticamente predispostos a iniciar ou responder à violência sob estimulação ou provocação, o comportamento adquirido de membros de culturas nas quais a violência em nome do endogrupo é positivamente valorizada e guerreiros bem-sucedidos são admirados, e o comportamento imposto de recrutas para papéis militares de suas sociedades, nos quais são sujeitos a punições formais por desobediência ou deserção quaisquer que sejam os memes adquiridos por imitação ou aprendizagem que eles estejam carregando em suas cabeças.

O legado de Darwin para a sociologia comparativa, portanto, envolve uma injunção para reanalisar a evidência do registro arqueológico, etnográfico e histórico em termos da variação herdável e seleção competitiva das informações que afetam o fenótipo quase do mesmo modo que Darwin reanalisou evidências relatadas por observadores "pré-darwinianos" das espécies animais. Seus próprios apartes sociológicos ocasionais não são, admitidamente, muito oportunos. Nenhum sociólogo atual ganhará muito ao ouvir que "Os gregos podem ter declinado devido a um desejo de coerência entre muitos pequenos estados, ao pequeno tamanho de seu país, à prática da escravidão ou à extrema sensualidade" (1882: 141)[5]. Mas o objetivo dos sociólogos neodarwinianos não é, em princípio, diferente daquele do biólogo neodarwiniano como estabelecido por Francis Crick (1988: 139): "Para produzirmos uma teoria biológica realmente boa devemos tentar ver através da complexidade produzida pela evolução os mecanismos básicos subjacentes a ela, reconhecendo que são provavelmente sobrepostos por outros mecanismos secundários". Na sociologia comparativa, a "complexidade" é "ruído" em seu sentido teórico da informação: os sociólogos, de algum modo, têm de identificar e descrever, entre as enormes quantidades de informações que afetam o comportamento no fenótipo, a variável herdável e os memes e práticas competitivamente selecionados, sem os quais as culturas e sociedades distintivas documentadas no registro arqueológico, etnográfico e histórico não teriam evoluído para se tornarem o que são.

"Qualquer animal..."

4

Como Hume, para quem nada era (em suas próprias palavras) "mais evidente" do que o fato de as "bestas" serem dotadas de pensamento e razão assim como os entes humanos, e como Aristóteles, que regularmente chama animais *phronimoi* (i.e., dotados de raciocínio prático), Darwin não hesitou em atribuir aos primatas e aos animais domésticos uma variedade de capacidades tanto intelectuais como emocionais compartilhadas por nós. Na verdade, ele reconhece nos animais inveja, gratidão, emulação, vingatividade, vergonha, curiosidade, deliberação, memória, associação de ideias, imaginação, admiração e inclusive os rudimentos de um senso moral e estético, bem como um senso de humor. Para muitos de seus leitores na época e desde então, isso parecia inescusavelmente antropomórfico. Mas suas observações têm sido amplamente verificadas por primatologistas e etnólogos que vêm trabalhando no campo desde a década de 1960. Ele não apenas antecipou os achados desses pesquisadores sobre o uso de ferramentas e da capacidade de enganar, como, diferente de muitos etnólogos do século XX, estava completamente consciente da importância da variação intraespecífica nos atributos e capacidades. Quando, portanto, o primatologista Frans de Waal, em seu livro *Chimpanzee Politics* (*Política dos chimpanzés*) de 1982, tornou os nomes de "Luit", "Nikkie" e "Yeroen" quase tão familiares para um grande número de leitores como os dos personagens nas novelas de Dickens, suas observações teriam sido menos surpreendentes para Darwin do que inicialmente foram para o próprio de Waal.

---

5. Uma resposta muito diferente a essa antiga questão é proposta em termos experimentalmente selecionistas em Runciman (1990).

Mas, embora os acumulados estudos de campo de longa duração sobre o comportamento dos chimpanzés tenham revelado variações culturais muito mais extensas do que previamente se supunha (WHITEN et al., 2003; McGREW, 2004), a evolução cultural rápida e cumulativa é exclusiva aos humanos. A aprendizagem social – em contraste com a aprendizagem experimental individual – gera tradições culturais rastreáveis em muitas outras espécies. Mas, disposto como Darwin estava em atribuir significado aos sons produzidos por cães e pássaros, assim como macacos e primatas, ele voluntariamente concedeu aos entes humanos "uma capacidade infinitamente maior de associar os mais diversificados sons e ideias" (1882: 85-86). Ele nunca subestimou a diferença representada pela linguagem, e não esperaria senão que mesmo ao chimpanzé adulto mais cuidadosamente treinado ainda faltasse a capacidade linguística de qualquer criança humana normal de três anos. Ele apenas insistia, como estava certo em fazer, que é a seleção natural que explica como passamos a ter a capacidade da linguagem que outros primatas não têm. Somos um primata cujas características distintivas, incluindo essa, surgem da "descendência com modificações", e não da "disposição particular". Os antidarwinianos, que gostam de chamar a atenção para o fato de que Darwin concedeu a seus críticos que a seleção natural pode não ser capaz de explicar tanto quanto ele parece ter afirmado, têm de conceder que ele não teria necessidade de fazer isso se soubesse o que sabemos agora sobre como a seleção natural de fato funciona.

Darwin, consequentemente, estabeleceu a agenda para o estudo do comportamento humano assim como animal a um nível que seus sucessores por um longo tempo falharam em reconhecer. Em particular, podemos dizer, retrospectivamente, que o conjunto de influências da antropologia cultural do século XX, de um lado, e da psicologia behaviorista do século XX, de outro, tanto retardou como avançou nossa compreensão da relação das uniformidades externas e visíveis no comportamento que tornam as culturas e sociedades humanas o que são para os estados mentais de seus membros individuais. Os antropólogos culturais, a despeito da importância indubitável de seus achados sobre comunidades humanas muito diferentes da nossa, foram muito relutantes em aceitar que havia capacidades psicológicas, disposições e suscetibilidades que são inatas nas espécies humanas; já os behavioristas, a despeito da indubitável importância de seus achados sobre o condicionamento operante, foram muito relutantes em aceitar que estados mentais internos são um tema tão legítimo de pesquisa científica quanto sua expressão pública. As questões sobre comportamento que Darwin formulou são questões cujas respostas exigem que seja dada igual atenção tanto para o que está ocorrendo nas mentes individuais como para seus efeitos fenotípicos observados.

Pode ainda ser que Darwin estivesse muito preocupado em enfatizar as semelhanças entre as mentes de animais e de humanos em detrimento das diferenças: isso, de certo modo, depende do que os diferentes leitores acham mais ou menos importante ou interessante. Mas ele viu não somente que a transição é contínua, mas que o funcionamento da mente humana e seu resultado no comportamento humano podem ser explicados dentro do mesmo paradigma da variação herdável e seleção competitiva. O observador neodarwiniano, confrontado com um padrão de comportamento consistente e distintivo – seja o dos pássaros-arquitetos (*bowerbirds*) decorando seus ninhos, o de chimpanzés na floresta tropical de Gombe conduzindo um grupo de ataque, o dos homens grandes melanésios distribuindo inhames aos seus seguidores, o dos adivinhos romanos diagnosticando as entranhas de suas vítimas sacrificiais, o dos trabalhadores assalariados vendendo sua força de trabalho aos capitalistas proprietários de fábricas, ou o dos eleitores em uma democracia parlamentarista votando –, buscará, em cada caso, construir uma hipótese explicativa que situará corretamente a vantagem seletiva vinculada às informações transmitidas seja genética, cultural ou socialmente, das quais o padrão de comportamento distintivo e consistente observado é um efeito fenotípico mais ou menos estendido.

5

Contudo, uma vez que os sociólogos comparativos aceitam que podem e devem "entrar na cabeça dos nativos", como se diz, sem comprometer suas credenciais acadêmicas no processo, são confrontados com a antiga questão acerca do quanto é necessário ou possível entrar nas cabeças dos nativos. A questão é relevante para o estudo do comportamento tanto a partir da perspectiva do paradigma neodarwiniano quanto a partir da perspectiva de qualquer outro paradigma. Se todo comportamento é um efeito fenotípico de informações internalizadas por seus portadores, um sociólogo estudando um padrão de comportamento distintivo tem ou não de ser capaz de dizer exatamente como essas informações são subjetivamente compreendidas por "eles"? Darwin era muito consciente de que a empatia tem seus limites: "Quem", como ele pergunta, "pode dizer o que as vacas sentem quando rodeiam ou fitam intensamente uma companheira morrendo ou morta?" (1882: 201) – antecipando, implicitamente, portanto, o desdém que Evans-Pritchard expressaria mais tarde, no contexto do trabalho de campo antropológico, pelo que ele chamou argumentos "se eu fosse um cavalo". Mas qualquer observador sistemático e diligente do comportamento de outras pessoas será capaz não apenas de relatar o que é que estão fazendo, mas também de *descrever*, ao menos até certo ponto, "como sente" e "como é" ser uma "delas"[6]. Evans-Pritchard negava que fosse possível para um professor de Oxford "se colocar na" mente de um servo da época de Luís o Pio (1962: 58). Mas professores de Oxford que dominam as fontes documentais sobre o reino do Rei Luís têm uma ideia melhor do que qualquer outra pessoa

---

6. "Descrever" é utilizado neste trabalho no sentido adotado por Runciman (1972) a partir de Toulmin e Baier (1952) e mais completamente explicado em Runciman (1983, cap. 4).

sobre o que estava se passando nas mentes dos servos daquela época, assim como Evans-Pritchard tinha uma ideia melhor do que pessoas que não tinham vivido como ele na década de 1930 entre os azandes e nuers sobre o que estava se passando em suas mentes. Sociólogos que buscam decodificar complexos de informações cultural e socialmente transmitidas cujos efeitos fenotípicos eles observam, mesmo que não afirmem estar revivendo em suas próprias imaginações os estados mentais internos dos nativos, podem verificar e distinguir, como de fato fazem, entre as intenções dos nativos e seus motivos.

Além do mais, isso não se aplica menos aos chimpanzés, que carecem de meios para colocar suas intenções e motivos em palavras, do que aos professores de Oxford, que debatem suas próprias intenções e motivos, bem como os de outras pessoas, com uma fluência e sutileza que abrangem suas intenções e motivos para fazerem isso. Sob as condições observacionais corretas, caso Darwin fosse levado ao zoológico de Arnhem, poderia dizer muito prontamente se Luit entrou em um contato físico violento com Yeroen com intenção de lhe infligir dano físico e não meramente por acidente, e – caso tenha sido com intenção de lhe infligir dano físico – se foi por motivo de vingança ou por agressão não provocada. É verdade que esses termos são notoriamente difíceis de definir com precisão. Mas os sociólogos não têm necessidade de participar – embora todos possam, e alguns o façam – dos debates filosóficos que cercam as noções de intencionalidade e de agência como tais. Eles necessitam somente reconhecer que intenções são constitutivas de ações (O que os nativos estão fazendo ao produzirem os sons e gestos observados?), enquanto motivos são causas de ações (Por que os nativos estão executando as ações constituídas por essas intenções?). Portanto, embora os nativos saibam melhor do que qualquer um quais são suas intenções, eles podem estar não somente inseguros como também errados a respeito de seus motivos. Decodificar as informações que afetam o fenótipo que está dentro de suas cabeças ainda deixa dúvidas sobre por que *essas* são as informações herdavelmente variáveis e selecionadas e competitivamente selecionadas que os levam a se comportarem como se comportam; e isso implica determinar relações causais das quais eles podem não ter consciência alguma.

A distinção entre intenções e motivos agregou força onde o comportamento observado não é o que parece porque o agente deseja que seja visto como o que não é. Darwin tinha certeza de que não apenas macacos, primatas e animais domésticos são dissimuladores, mas que elefantes usados como iscas também "praticam intencionalmente a dissimulação e sabem bem o que estão fazendo" (1882: 69), levantando, assim, precisamente o problema que um século mais tarde viria a dominar a agenda da pesquisa empírica sobre a habilidade evoluída de atribuir estados mentais a outros e, em consequência, de se comportar em relação a eles de um modo diferente e por vezes deliberadamente insincero. Para os propósitos da sociologia comparativa, não importa exatamente quando e como a habilidade evoluiu ou exatamente quando e como as crianças começam a possuir o que os psicólogos chamam um "detector de intencionalidade". O importante é que os membros completamente desenvolvidos, psicologicamente normais, de quaisquer culturas e sociedades humanas podem reconhecer seus próprios estados intencionais – por isso, o fenômeno do "distanciamento do papel" (*role distance*)[7], no qual as pessoas se veem desempenhando os papéis que ocupam como se estivessem de fora – e formular hipóteses sobre os estados intencionais de outros. O sociólogo atento não tem de estar ciente somente de que compreender intenções pode envolver compreender o que o agente supõe que outras pessoas suponham sobre o que o agente supõe, mas também distinguir o comportamento "genuíno" do comportamento de mentirosos, trapaceiros, dissimuladores, trocistas, farsantes, hipócritas, impostores e charlatões[8]. A seleção natural, embora não tenha quaisquer propósitos próprios, proveu os organismos de mentes não apenas com a capacidade para formular propósitos, mas com a habilidade para persegui-los por meio, dentre outros, tanto do fingimento das intenções constitutivas de suas ações como da ocultação dos motivos que os levaram a fazer isso.

Os problemas práticos que, consequentemente, confrontam observadores do comportamento humano são totalmente familiares aos antropólogos que estudam culturas desconhecidas no campo. Não somente têm de aprender, por meio de uma linguagem diferente da sua, a distinguir as intenções constitutivas das ações que observam, como também se prevenir contra o risco de que, mesmo quando conseguem fazê-lo, os nativos possam usar a linguagem deliberadamente para enganá-los sobre seus motivos para fazerem o que intencionalmente fazem. Por mais difícil que seja para os primatologistas dizerem se o motivo para um ataque não acidental e obviamente intencional a um membro de um grupo é ou não uma vingança por algum ato hostil anterior, ao menos não têm de ouvir uma elaborada apresentação retórica destinada a persuadi-los de que não é, quando suspeitam fortemente que seja. Mas os historiadores têm o mesmo problema que os antropólogos. Suponha que um historiador do final do Império Romano esteja estabelecendo contrastes entre padrões de comportamento pagão e padrões de comportamento cristão, e, em particular, a diferença entre pagãos e cristãos na doação de dinheiro dos ricos aos pobres. Em primeiro lugar, existe a dificuldade de assegurar que a aparente doação seja na verdade pensada como doação e não como um empréstimo, um suborno ou uma recompensa. Mas suponha que as evidências documentais não deixem espaço para dúvidas.

---

7. Expressão proposta por Erving Goffman para se referir a "ações que efetivamente comunicam algum distanciamento desdenhoso do ator [da vida real] em relação a um papel que está desempenhando" [N.T.].

8. Isso inclui os casos especiais discutidos pelo historiador Quentin Skinner (2002, cap. 8), nos quais atores políticos invocam princípios aos quais não são genuinamente comprometidos, mas os princípios entram na explicação causal de seu comportamento precisamente porque seu motivo é legitimar seu comportamento nas mentes de outras pessoas.

Os ricos – ou alguns deles, ao menos – estão consciente e deliberadamente doando dinheiro aos pobres. Qual seu motivo para fazer isso? Os cristãos, assim nos dizem as fontes, estão fazendo isso porque estão convencidos de que é uma coisa piedosa a fazer. Mas como podemos estar certos de que o motivo é o amor pelos semelhantes e não, digamos, medo de sanções sobrenaturais? Os pagãos, por outro lado, fazem isso movidos por um desejo de chamar atenção ao seu *status* superior[9]. Mas como podemos estar certos de que a benevolência genuína pode não estar oculta por trás da máscara da arrogância e do desprezo – ou, na verdade, que por trás da máscara da piedade cristã não possa esconder-se um desejo de sinalizar um *status* superior? Ou poderia ser o caso de que a doação sem expectativa de retorno devesse ser explicada como motivada pela busca de *status* como um meio de indiretamente aumentar a aptidão reprodutiva, independentemente de o doador se aperceber disso ou não?

Levantar essa última possibilidade não é implicar, mesmo indiretamente, que a busca pela vantagem seletiva que se vincula a um padrão de comportamento ostensivamente autodesinteressado levará, ao fim e ao cabo, a uma explicação em termos de maximização da aptidão reprodutiva inclusiva do doador. Mas a distinção entre intenções e motivos, bem como o reconhecimento da possibilidade de que um ou ambos possam ser ocultados quer consciente, quer inconscientemente, pela intenção e provocados pelo motivo são fundamentais para o teste de hipóteses alternativas sobre a evolução dos padrões de comportamento cooperativo em grupos humanos maiores. O valor, em relação a esse tópico indispensável, sobre a assimilação de Darwin do comportamento humano ao animal é o lembrete de que nossa capacidade para dissimulação e manipulação – junto a nossa sexualidade, socialidade e capacidade para reciprocidade e colaboração – é parte de uma herança transmitida geneticamente que remonta no tempo muito antes que nossos ancestrais tivessem desenvolvido a capacidade de falar sobre isso – ou qualquer outra coisa.

6

Assim, exatamente quão altruístas são os caridosos altruístas com seu "assim chamado senso moral"? Argumentos sobre esse antigo dilema permaneceram peculiarmente sem tratamento desde a época de Darwin, sobretudo, porque tem sido um tema adicional de disputa decidir se devem ser arbitrados por psicólogos ou por filósofos. Mas os sociólogos farão bem em deixar a filosofia para os filósofos. A sociologia se ocupa com as diferenças de motivo entre generosidade para com parentes e amigos, generosidade não reconhecida – na

---

9. Ammianus Marcellinus (XXVII.3.6) oferece uma memorável descrição de Lampádio, o pagão *urbis moderator* de Roma, convocando alguns pobres do Vaticano e esbanjando dinheiro com eles precisamente para mostrar seu desprezo (*"ut et liberalem se et multitudinis ostenderet contemptorem"*).

qual o doador se orgulha de permanecer anônimo –, generosidade na busca de uma reputação de generosidade e dos recursos para prové-la – o assim chamado "efeito da desvantagem" (*handicap effect*)[10] – e a generosidade inspirada pela esperança de favores futuros como compensação – incluindo recompensa após a morte – e com a categoria de segunda ordem de "reciprocadores fortes" (*strong reciprocators*)[11] (GINTIS, 2000) ou de "punidores altruístas" (*altruistic punishers*)[12] (BOYD et al., 2003) – que são motivados por um desejo de punir aqueles que falham em punir os não cooperadores egoístas mesmo a um custo pessoal para si próprios. O quanto esse comportamento deve ser admirado ou não é com você. Darwin, tendo observado que "qualquer animal, dotado de instintos sociais bem-definidos... adquiriria inevitavelmente um senso moral de consciência, tão logo sua capacidade mental tivesse se tornado tão bem, ou quase tão bem, desenvolvida como em um humano", propõe ainda o "caso extremo" de entes humanos "criados precisamente nas mesmas condições que as abelhas de colmeia": nesse caso, ele diz, "dificilmente pode haver qualquer dúvida de que nossas fêmeas não casadas pensariam, como as abelhas operárias, que é um dever sagrado matar seus irmãos, e de que as mães tentariam matar suas filhas; e ninguém pensaria em interferir" (1882: 98-99). Embora isso provoque a objeção óbvia de que entes humanos não poderiam ser criados como abelhas de colmeia sem que cessassem de ser entes humanos, é um dispositivo retórico efetivo para persuadir os leitores de *A descendência humana* sobre o fato de que as disposições altruísticas das quais eles podem se orgulhar são comparáveis ao comportamento dos animais, incluindo os insetos – um produto do mesmo longo processo de variação herdável e seleção competitiva. A dificuldade é, particularmente, que Darwin ao mesmo tempo continua a reconhecer nos entes humanos o que ele chama um "elevado" padrão de moralidade e a negar a outras espécies "o amor desinteressado por todas as criaturas vivas, o mais nobre atributo humano" (1882: 126). Em um ponto, inclusive, ao discutir o

---

10. O princípio da desvantagem, proposto pelo biólogo Amotz Zahavi em 1975 é um argumento sobre a seleção sexual segundo o qual a opulência do macho, como a cauda do pavão, por exemplo, é positivamente útil à fêmea. Para ele, a conspicuidade dos indivíduos, seja ela relativa à sua coloração, tamanho ou comportamento, sinalizaria de modo honesto aos seus potenciais parceiros reprodutivos as suas qualidades genéticas. Assim, um indivíduo capaz de sobreviver portando ornamentos chamativos ou adotando comportamentos que possam atrair a atenção de predadores seria mais apto do que um indivíduo com características menos conspícuas [N.T.].

11. A reciprocidade forte (*strong reciprocity*) é uma predisposição para cooperar mesmo quando não há benefício aparente em fazê-lo. Assim, uma pessoa é uma reciprocadora forte quando está disposta a sacrificar recursos para ser boa àqueles que estão sendo bons (reciprocidade positiva forte) e a sacrificar recursos para punir aqueles que estão sendo maus (reciprocidade negativa forte). A característica essencial da reciprocidade forte é uma disposição a sacrificar recursos para recompensar o comportamento justo e punir o comportamento injusto, mesmo que isso seja custoso e não ofereça recompensas materiais presentes nem futuras para o reciprocador [N.T.].

12. Uma pessoa é uma punidora altruísta quando pune um de seus pares por não cooperar, mesmo que a um custo para si própria. Ou seja, o custo da punição é maior do que seu benefício [N.T.].

altruísmo recíproco, ele usa a palavra "lei" para o motivo que leva uma pessoa a ajudar outra "na expectativa de receber ajuda em troca" (1882: 132)[13]. Como está chamando atenção para a importância da distinção entre uma estratégia de cooperação incondicional e as estratégias de "olho por olho, dente por dente", "generoso olho por olho, dente por dente" ou "vence-fica, perde-muda"[14] em jogos iterados do Dilema do Prisioneiro[15], Darwin antecipa todo um campo de pesquisa na teoria dos jogos. Mas ao se expressar como se expressa, devolve aos seus leitores, de um lado, os juízos moralizantes convencionais que ele havia, de outro lado, anteriormente retirado.

Talvez, no caso de Darwin, esse fosse um movimento perlocutório para aplacar os temores de seus respeitáveis leitores sobre sua própria respeitabilidade[16]. Ou talvez reflita um interesse descritivo na experiência subjetiva de agir – como parece ao agente – a partir da consciência, de um senso de dever e de um desejo de ser bom. Mas ele deveria, para ser consistente, ter-se mantido com o exemplo das abelhas de colmeia. A sociologia selecionista é, e não pode deixar de ser, neutra entre as diferentes moralidades cujo conteúdo relata e cujo sucesso (ou fracasso) reprodutivo busca explicar. A despeito das referências de Darwin a Kant, as suas ideias e a de seus sucessores neodarwinianos sobre a evolução por meio da seleção natural do assim chamado "senso moral" são bem-sucedidas ou fracassam independentemente do seu ou de qualquer outro acordo ou desacordo com os argumentos expostos na *Fundamentação da metafísica dos costumes*, de Kant.

---

13. O que pode estar vinculado a – como, p. ex., entre as virtuosas patrocinadoras dos primeiros jesuítas – "um evidente senso de satisfação oriundo de uma iniciativa consignada a elas" (HUFTON, 2001: 331), assim como à esperança de recompensa na vida futura.

14. No original, *"win-stay, lose-shift"*. Na psicologia, teoria dos jogos, estatística e aprendizagem de máquinas é uma estratégia heurística de aprendizagem usada para modelar o aprendizado em situações de decisão, segundo a qual os agentes tendem a permanecer com sua mais recente estratégia quando "vencem" e a mudar para outra estratégia quando "perdem" [N.T.].

15. No original, *"iterated plays of prisoner's dilemma"*. O dilema do prisioneiro é um exemplo de um jogo analisado na teoria dos jogos que mostra por que dois indivíduos completamente "racionais" podem não cooperar, mesmo que pareça a ambos ser de seu interesse. Originalmente formulado por Merrill Flood e Melvin Dresher, em 1950, foi depois formalizado e nomeado por Albert Tucker. Assim, se dois jogadores jogam o dilema do prisioneiro mais de uma vez em sucessão e se recordam das ações prévias de seu oponente e mudam sua estratégia, consequentemente o jogo é, então, chamado dilema do prisioneiro iterado. Essa modalidade do jogo é fundamental para algumas teorias de cooperação e confiança humanas. Com base no pressuposto de que o jogo pode modelar transações entre duas pessoas exigindo confiança, o comportamento cooperativo em populações pode ser modelado por uma versão iterada de múltiplos jogadores [N.T.].

16. Uma vez que, como foi sugerido, pode ter buscado tornar sua visão sobre as capacidades mentais e emocionais dos animais mais palatável aos seus leitores ao escolher cães domésticos como modelos de fidelidade e obediência em vez de se concentrar em macacos e primatas (KROLL, 1997).

Dois rastros falsos

7

Mas se a ideia de Darwin era tão boa, por que seu legado não influenciou positivamente a sociologia mais cedo e efetivamente? No caso, sua influência inicial foi a pior – não por qualquer falha da parte de Darwin, mas devido ao modo como a ideia de evolução foi empregada pelos dois sociólogos mais influentes do século XX: Herbert Spencer e Karl Marx.

A despeito de suas diferenças, Spencer e Marx partilhavam de uma concepção comum sobre a evolução social como levando, no devido tempo, a uma situação mundial na qual o avanço tecnológico asseguraria a prosperidade universal e o conflito violento daria lugar à cooperação pacífica. Para Spencer, a força motriz da evolução social era a competição entre indivíduos, ao passo que, para Marx, era o conflito entre as classes. Mas ambos acreditavam que o resultado final do conflito seria benigno. Esse otimismo resoluto, embora sem fundamento, sem dúvida, aumentou a atração de suas respectivas teorias a seus respectivos discípulos para os fins opostos do espectro político. Ambos falharam igualmente em extrair da noção original de Darwin o que teria sido a lição apropriada para ambos. Não foi simplesmente o fato de ambos terem retido uma noção teleológica da evolução como levando a um fim do Estado predeterminado, ou mesmo que ambos tenham misturado suas predições confiantes sobre o futuro da humanidade com seus valores e preferências pessoais. Eles também, embora por razões diferentes, desviaram o estudo das evoluções cultural e social de uma análise da relação entre informações que afetam o fenótipo, seus portadores e o ambiente, na direção da celebração dos vencedores e do repúdio aos perdedores na luta entre (para Spencer) os mais e menos vigorosos – portanto, aos indivíduos merecedores – ou (para Marx) entre as classes econômicas cujos triunfos derivassem de uma dialética de sucessivas antíteses e sua subsequente resolução.

Isso não quer dizer que sua influência respectiva tenha sido completamente retrógrada. Grande parte da sociologia de Spencer ajudou a tornar o tema, o que é de um modo muito independente de seus juízos de valor sobre a política social – incluindo sua análise do *feedback* entre estrutura e função, sua percepção da parte desempenhada na evolução social pelas consequências não intencionais de ações intencionais, sua ênfase na influência do exército como distinta da liderança administrativa e seu reconhecimento da simultaneidade de tendências tanto para a heterogeneidade como para a integração nas instituições sociais. Tampouco Spencer pode ser responsabilizado por todos os preconceitos de seus discípulos: ele era, como seus comentadores por vezes esquecem, um anti-imperialista fervoroso. Igualmente, há um sentido no qual mesmo sociólogos antimarxistas são também marxistas: ninguém que tente uma análise comparativa das sociedades humanas e das relações de instituições econômicas, ideológicas e políticas entre si pode negligenciar o que Marx chamou relações sociais de produção. Contudo, a partir da teoria da luta de classes de Marx, desenvolveu-se toda uma escola errônea de pensamento que veio a ser chamada "materialismo histórico", e, a partir da teoria da competição individual de Spencer, desenvolveu-se toda uma escola errônea de pensamento que veio a ser chamada "darwinismo social". Como isso pode ter acontecido? Como essas duas versões opostas da teoria evolutiva podem ter interpretado tão mal a ideia de variação herdável e seleção competitiva?

8

Como foi Spencer que cunhou a frase "sobrevivência do mais apto", e como – a despeito das diferenças entre a ideia de Spencer e a de Darwin sobre a evolução – Darwin nunca a repudiou, não surpreende que o darwinismo social fosse derivável de premissas conceitual e empiricamente consistentes com a "descendência com modificações". *Existem*, afinal, diferenças genéticas entre membros da mesma população, e seu ambiente *impõe* uma pressão seletiva sobre os indivíduos que *competem* entre si por porções do que *são* recursos limitados. Mas para sair daí para as doutrinas dos darwinianos sociais do final do século XIX é necessária uma série de inferências que de modo algum resultam da teoria da seleção natural. Se, como pareceu para muitos contemporâneos de Darwin, havia uma correlação clara entre atitudes comportamentais herdadas e diferenças físicas observáveis, de modo algum se segue que atitudes diferenciais sejam evidências de superioridade inata em vez de os efeitos de ambientes diferentes sobre uma anatomia e psicologia evoluídas comuns à espécie humana como tal; e se, ao mesmo tempo, a competição por recursos escassos entre populações rivais foi visivelmente se intensificando, uma ética de "individualismo rude" e de "vida árdua" não seria de modo algum a única resposta adaptativa a ela. Darwin comentou não uma, mas duas vezes, em *A descendência humana* (1882: 65, 178), como ficou surpreso, observando os fueguinos a bordo do *Beagle*, por se assemelharem tanto "a nós em disposição e a grande parte de nossas faculdades mentais" e pelos "vários e pequenos traços de caráter mostrando quão similares suas mentes eram às nossas".

A difusão e reprodução do darwinismo social, consequentemente, devem receber uma explicação selecionista. As doutrinas de Spencer foram particularmente adaptativas no ambiente econômico, ideológico e político dos Estados Unidos nas décadas de 1880 e 1890 – um ambiente de rápida expansão, competição desordenada, individualismo agressivo e uma plutocracia desenfreada. Quando, mais tarde, o darwinismo social passou a ser criticado quase tão veementemente quanto havia sido acolhido, foi igualmente fácil apontar para as mudanças naquele ambiente que o haviam tornado um guia completamente menos plausível – e menos atrativo – para os formuladores de políticas estrangeiras ou de políticas nacionais de uma sociedade que perdera, ao menos naquele momento, parte de sua certeza anterior sobre seu "destino manifesto". Mas esse não foi o fim da história. Em 1937, quando o sociólogo americano Talcott Parsons abriu seu livro *The structure of social action* (*A estrutura da ação social*) citando a pergunta retórica do historiador Crane Brinton "Quem agora lê Spencer?", parecia ser. Mas Spencer foi então redescoberto – com ou sem reconhecimento – por uma nova geração de sociólogos sob as rubricas de "desenvolvimento" e "modernização", enquanto os Estados Unidos aumentavam seu poder econômico, ideológico e político após a Segunda Guerra Mundial. O tipo de teleologia que todos os sociólogos do século XIX reconheceriam havia retornado.

Mas essa não era – assim como o darwinismo social das décadas de 1880 e 1890 não havia sido – uma compreensão autenticamente darwiniana da variação herdável e seleção competitiva. A "teoria da modernização", que veremos no Capítulo 4, extrapolou de uma narrativa seletiva da história "ocidental" uma projeção do futuro do mundo menos "desenvolvido", e, ao fazer isso, invocou sub-repticiamente, a própria pressuposição que Darwin havia minado. Sem dúvida os neospencerianos tinham tanto direito de especular que as outras sociedades do mundo viriam a se parecer com os Estados Unidos quanto os neomarxistas de especular que os Estados Unidos, junto a outras sociedades do mundo, evoluiriam, no devido tempo, para um Estado de partido único e comandariam a economia no modelo da União Soviética. Mas, uma vez que a teleologia é insustentável, nenhuma cultura ou sociedade é ou jamais pode ser historicamente privilegiada em relação às demais.

9

O materialismo histórico, assim como o darwinismo social, começa com premissas consistentes com as de Darwin. A competição por recursos escassos *dá* origem ao conflito tanto coletivo como individual, e a variação herdável na informação que afeta formas da organização social *gera* modos diferentes de produção. Mas sair daí para as doutrinas do marxismo-leninismo exige uma série de inferências que não resultam da teoria selecionista mais do que do darwinismo social. Não há apoio em coisa alguma que Darwin escreveu para a ideia de evolução como uma série cumulativa de antagonismos nos quais o conflito entre pares sucessivos de classes exploradoras e exploradas culmine na vitória revolucionária do proletariado. Não era completamente ilógico para Engels, em seu discurso ao lado do túmulo de Marx, afirmar que Marx havia "descoberto a lei do desenvolvimento da história humana" assim como Darwin fez com relação à "natureza orgânica". Mas, para Darwin, tampouco era ilógico reter muito mais reservas sobre Marx do que sobre Spencer.

Marx não pode ser mais responsável por tudo que foi dito e feito em seu nome do que Spencer por tudo que foi dito e feito no seu. Mas Marx foi categórico em sua predição sobre a deposição do capitalismo, fosse (como ele originalmente previu) por meio da revolução de um proletariado completamente industrializado ou (como mais tarde passou a pensar ser possível) por uma transformação revolucionária dentro de uma economia ainda em parte agrícola e em parte industrial. Desse modo, ele pode ser lido como um selecionista de grupo que via as classes econômicas como vencedoras na luta competitiva onde e quando seus membros tivessem subordinado seus interesses individuais aos da causa coletiva. Mas nem a teoria original de Marx nem suas conjeturas posteriores podem ser reconciliadas com a variação herdável e seleção competitiva compreendida em termos darwinianos não teleológicos. Marx ignora, ou ao menos subestima grosseiramente, o alcance da variação observável na forma e no conteúdo das informações que afetam o comportamento fenotípico, bem como nas influências ambientais que afetam sua probabilidade de reprodução e difusão. Não é apenas que esses modos de persuasão e coerção podem influenciar a evolução dos modos de produção, bem como o contrário, mas que mesmo onde sequências similares de evolução social ocorrem elas não são os resultados de um processo dialético do tipo que ele adotava.

Sob um aspecto, contudo, a teoria de Marx da evolução social poderia ser considerada ainda mais descaradamente teleológica do que a de Spencer, uma vez que Marx via a realização do objetivo predestinado sendo apressado pelos burgueses convertidos ao marxismo que ajudariam a originar a revolução proletária que, como marxistas, sabiam ser inevitável. Mas nem Spencer nem Marx conceberam a seleção competitiva como atuando sobre as variações nas informações herdáveis que, independentemente de como ocorram, são selecionadas somente por sua própria probabilidade de reprodução contínua e difusão posterior. É verdade que os capitalistas individuais de Marx não necessitam ser mais conscientes do que os de Spencer sobre o harmonioso futuro de longo prazo ao qual suas ações autointeressadas de curto prazo levarão no devido tempo. Mas, paradoxalmente, foi Max Weber que viu a competição entre indivíduos e grupos continuando indefinidamente num futuro desconhecido; e ele, embora explicitamente cético sobre a aplicabilidade a ela das noções de adaptação (*Angepasstheit*) e de seleção (*Auslese*), era, como argumentei em outro lugar (RUNCIMAN, 2001), um pouco selecionista apesar de si próprio.

"Nosso antigo autorrespeito"

10

A citação, agora, é de Nietzsche, em *Genealogia da moral* (III.25), onde diz, ecoando Kant, que tanto as ciências naturais quanto as que ele chama de "inaturais" – ou seja, as ciências autorreferenciais humanas – "dissuadem os entes humanos do autorrespeito que até agora tiveram". E assim o fazem. Tem-se reclamado de que a ciência minou as complacências tradicionais sobre o que costumava ser chamado "o lugar do ente humano na natureza" sem oferecer coisa alguma em troca. Mas o que significa acusar Darwin, em particular, de ter feito isso? As propriedades distintivas da mente humana não são menos distintivas por serem o resultado de milênios de variação herdável e seleção competitiva que cumulativamente diferenciaram os cérebros de nossos ancestrais dos cérebros de seus primos primatas. A "dignidade do ente humano", para ecoar a frase de Kant citada por Darwin, não se torna menos digna devido ao tempo que levou para se tornar o que é ou à natureza do mecanismo que a capacitou a isso. Se nos vemos como a beleza do mundo e o paragão dos animais: nobres pela razão, infinitos em faculdades, semelhantes a Deus no entendimento, que importância tem o que aconteceu à fisiologia de nossa espécie antes que Shakespeare pudesse expressá-la em palavras como essas?

Uma resposta é que para alguns entes humanos, ao menos, é ainda uma ideia seriamente perturbadora que nossas mentes não devessem ser mais que um tipo de sistema físico inusualmente complexo. Embora para o neto de T.H. Huxley, Andrew, coganhador do Prêmio Nobel de Fisiologia em 1963, "as possibilidades de um sistema físico tão complicado como o cérebro sejam tão vastas que o ente humano não necessita achar-se reduzido em estatura caso seus pensamentos e sentimentos sejam governados por eventos físicos em suas células cerebrais" (1983: 15), isso não satisfará aqueles que ainda acham que, como provavelmente diriam, a mente é mais do que matéria e as pessoas mais do que coisas. Por trás dessas respostas jaz uma longa história de suspeição de que cientistas como os Huxley estejam buscando não explicar, mas justificar, nossas profundas e sutis meditações e conjeturas sobre nós mesmos e nossas relações com o mundo e entre nós. Mesmo ao mais inteligente dos animais faltam, como Darwin admitia, nossas capacidades especulativas e nosso senso moral e estético, e dizer que esses são meramente eventos comparáveis a sensações de dor ou prazer compartilhadas por organismos conscientes, mas não *auto*conscientes, é dizer que são algo diferente do que muitas pessoas dirão que sabem ser a partir de sua própria experiência subjetiva.

Mas suponha que você esteja boquiaberto contemplando a beleza do que considera uma das obras-mestras de sua tradição cultural. A importância para *você* de sua experiência estética é modificada por qualquer explicação que lhe deem sobre as origens evolucionárias da sensibilidade artística enquanto tal? Suponha que, de fato, a seleção sexual explique muito mais sobre nosso gosto pelo que chamamos "beleza" do que geralmente se supunha, e que nossas ancestrais remotas se sentissem desproporcionalmente atraídas por parceiros potenciais que tivessem as habilidades necessárias para decorar seus corpos e ornamentar suas moradas de formas originais e surpreendentes. Nesse caso, segue-se que temos algo estreitamente em comum com os pássaros-arquitetos cujo sucesso reprodutivo é, como Darwin observa na Parte II de *A descendência humana* (e pesquisas subsequentes confirmaram completamente), diretamente vinculado tanto à quantidade como à qualidade de decoração dos machos. Mas isso não fará qualquer diferença no que você sente quando contempla sua obra-mestra[17], do mesmo modo que se nosso senso estético não tivesse, afinal, função biológica alguma como tal e não fosse senão um subproduto incidental do processo contínuo da seleção natural durante o Pleistoceno.

Nada há de controverso na ideia de que nossas experiências subjetivas sejam causalmente influenciadas tanto pela história como pelo ambiente. Como J.S. Mill formula em seu ensaio *Sobre a liberdade*, as mesmas causas que tornaram um homem um "sacerdote" em Londres teriam o tornado "um budista ou um confuciano em Pequim". Mas, quaisquer que sejam essas causas, as experiências mentais subjetivas resultantes podem receber uma descrição fenomenológica de como é tê-las exatamente do mesmo modo. É verdade que explicar às pessoas por que elas acreditam no que acreditam pode às vezes levá-las a mudarem suas crenças, ou ao menos se aperceberem de que necessitam de alguma outra razão para aceitá-las além da deferência impensada aos seus mentores de infância. Ser instruído por Mill (ou por Marx, Weber, Durkheim ou qualquer outra pessoa) na sociologia comparativa da religião pode levar o sacerdote londrino a questionar as doutrinas cristãs nas quais ele foi criado de um modo que normalmente não teria feito. Mas Darwin minou o autorrespeito dos entes humanos somente onde, para os entes humanos em questão, o autorrespeito dependia da retenção de uma convicção de que somos as criações especiais de Deus destinadas a realizar um propósito pré-ordenado; e essa convicção foi repudiada antes e desde então por entes humanos que não viram perda alguma de autorrespeito como consequência. Na verdade, por vezes, o senso de autorrespeito humano daqueles que rejeitam qualquer ideia de um criador onisciente foi o mais forte sob esse mesmo aspecto.

11

O legado darwiniano, portanto, não nega o significado nem o valor para você de sua consciência do *self* e dos sentimentos que o acompanham. Por outro lado, o que ele pode – o que é uma coisa muito diferente – é tornar você mais consciente do que normalmente seria de que suas experiências mentais subjetivas não são um guia seriamente confiável para a explicação de por que você se comporta do modo como se comporta. A introspecção pode, *com a permissão* dos behavioristas, dizer-nos muito sobre nós mesmos. Mas não pode nos dizer se nossas explicações intuitivamente persuasivas de nosso próprio comporta-

---

17. O mesmo se aplica às "belezas da natureza". Se é verdade que nossas respostas estéticas à paisagem devam ser explicadas porque provavelmente fizeram nossos ancestrais escolherem habitats que aumentassem sua aptidão reprodutiva (ORIANS & HEERWAGEN, 1992), isso diminuirá seu prazer diante de sua vista favorita?

mento, e o do grupo ou comunidade ao qual pertencemos, são válidas. Quanto ao livre-arbítrio, é inegável que se qualquer sociólogo que estude seu comportamento for tolo o bastante para lhe oferecer uma predição de como você votará, que produto comprará, se irá trabalhar amanhã de manhã ou quem convidará para uma refeição, você pode falsear a predição sem nenhum outro motivo que não o de embaraçar o vidente. Mas, uma vez que decidiu fazer o que você então passou a fazer, seu comportamento se torna parte do padrão de comportamento coletivo de larga escala que torna as distintas cultura e sociedade às quais você pertence a cultura e a sociedade que elas são, e os sociólogos que quiserem explicar esse padrão podem começar a enquadrar e a testar quaisquer hipóteses de nível populacional que pensem fazer isso melhor. Se uma hipótese neodarwiniana se dá melhor que suas rivais, pode consequentemente expor uma discrepância desconcertante entre a resposta à questão selecionista ao "o que exatamente está acontecendo aqui?" e qual os nativos consideram ser a resposta com base em sua percepção de estarem fazendo o que fazem. Mas isso não invalida a explicação neodarwiniana mais do que a explicação neodarwiniana invalida a descrição fenomenológica em termos dos estados mentais subjetivos dos nativos.

As disjunções resultantes entre o processo subjacente em funcionamento e a experiência de mudança (ou a falta dela) – como descrita por aqueles que passam por ela – podem, consequentemente, minar a autoestima daqueles que persuadiram a si mesmos e a outros de que eventos, que afirmam ter previsto e trabalhado para que acontecessem, ocorreram porque, e somente porque, fizeram o que fizeram. Mas, uma vez mais, a explicação selecionista da evolução da cultura e da sociedade dentro da qual sustentavam suas crenças e atitudes e ocupavam e desempenhavam seus papéis institucionais não apoia nem mina suas próprias descrições de como se sentiam fazendo o que faziam. O legado de Darwin ainda nos deixa habitando o mundo conceitual dentro do qual descrevemos os nossos estados mentais internos e os de outras pessoas – as metáforas e símiles, os "parece que" e os "era como se", as ornamentações adjetivais e adverbiais, os apelos à ficção e à poesia, as descrições imaginativas de amores e ódios e de alegrias e tristezas, e a exploração e discussão hermenêuticas de todos os pensamentos e sentimentos que, combinados, constituem o que convencionalmente significa falarmos sobre "a condição humana".

12

Mas, apesar de tudo, Darwin – assim como Nietzsche – teve um impacto duradouro em uma suposição até então confortável. Era uma aliança inconsciente no sentido de que as próprias referências de Nietzsche a Darwin deixam claro que ele não entendia – ou, talvez, escolheu não entender – o que a teoria da seleção natural de fato diz. Mas, combinados, armaram um poderoso ataque conjunto à fé no progresso humano, compartilhada por muitos cristãos e não cristãos no século XIX. Uma vez mais, não se trata de autorrespeito – a não ser que seu sentido de autorrespeito dependa de um sentido de desempenhar um papel no drama histórico com um final feliz garantido. Mas *Sobre a origem das espécies* e *A descendência humana* dão tão pouco encorajamento quanto *Para além do bem e do mal* e *A genealogia da moral* para aqueles que gostariam de acreditar que, a despeito de todos os erros, crimes e sofrimentos do passado, a humanidade está destinada no fim a ingressar em um mundo de razão, liberdade e paz universais. Ironicamente, não é que os contemporâneos de Darwin vissem todos desse modo. Assim como Spencer e Marx conseguiram reconciliar o que consideravam que Darwin estava dizendo com suas próprias predições triunfalistas sobre o futuro harmonioso que no devido tempo derivaria da competição entre indivíduos (para Spencer) ou entre classes (para Marx), muitos cristãos de diferentes denominações, incluindo o Primeiro-ministro Gladstone[18], conseguiram reconciliar uma aceitação do que viam como as conclusões inquestionáveis da teoria da seleção natural com sua crença na Providência Divina. As reações amplamente diferentes das igrejas protestantes, em particular, é um tópico à parte. Provavelmente não havia muitos que partilhassem da visão do Ministro congregacional Myron Adams (1841-1895) de que "as sociedades mais adaptadas são as mais cristãs" e "os relativamente superiores, com respeito à moderação e à racionalidade, têm suplantado os inferiores e mais intratáveis" (apud ROBERTS, 1988: 182) – uma tendência com a qual Nietzsche estava completamente de acordo, mas que do mesmo modo deplorava completamente. Contudo, uma vez que se mostrou que os resultados aparentemente teleológicos eram explicáveis em termos da variação herdável e seleção competitiva, o estrago estava feito. É sempre possível argumentar, com o Arcebispo Temple de Canterbury (1821-1902) e outros, que a seleção natural deve ela própria ter sido concebida pela mente de Deus. Mas uma vez que Deus escolheu conceber um mundo não teleológico, aqueles que estão tentando explicar o que observam no mundo têm de propor explicações não teleológicas para ele.

Disso não se segue que a ideia de progresso tenha sido desprovida de qualquer significado ou que os contemporâneos e compatriotas de Darwin que acreditavam viver em uma "era de melhoramentos (*Age of Improvement*)" não tivessem direito a essa crença. Os nativos da Grã-Bretanha do século XIX podiam apontar, como fizeram, para os avanços no transporte, tecnologia, saneamento, dieta e renda *per capita* real, que indicavam que, pelos critérios partilhados pelos darwinianos e seus oponentes, o mundo – ou, em todo caso, sua parte dele – estava, sob esse aspecto, melhorando o tempo inteiro. Mas eles tinham, portanto, de reconhecer a força do argumento segundo o qual não poderia haver coisa alguma de imutável sobre aqueles critérios nem de inevitável sobre a continuação

---

18. Referência provável a William Edward Gladstone (1809-1898), ex-primeiro-ministro inglês [N.T.].

do melhoramento como definido por eles. A evolução é, por definição, movimento para longe de um estado prévio de um sistema em direção a um diferente. Mas isso é tudo. Para aqueles que não podem tolerar o abandono da convicção de que competição e conflito de algum modo serão reconciliados em um futuro pacífico e harmonioso para a espécie humana, pode não ser o bastante. Mas como Darwin disse no parágrafo conclusivo de *A descendência humana* (1882: 619): "Não estamos aqui preocupados com esperanças ou medos, mas somente com a verdade até onde nossa razão nos permite discerni-la".

1
O paradigma neodarwiniano

Conceitos e pressuposições

1

A despeito da influência que a teoria evolutiva neodarwiniana teve ao longo das últimas décadas sobre as ciências comportamentais humanas – da economia à arqueologia –, a sociologia ainda está provavelmente no estágio – nas palavras origines de Thomas S. Kuhn sobre "mudança de paradigma" – de ser caracterizada por "debates profundos" sobre "métodos, problemas e padrões de solução" que "servem mais para definir escolas do que para produzir acordos" (1962: 48). Mas sua agenda também está sendo mudada de um modo que os intransigentes – ou "resistentes", como Kuhn os chama – podem continuar a deplorar, mas não mais reverter.

Alguns dos seguidores de Kuhn afirmavam – e ele próprio por vezes parecia implicar – que paradigmas rivais são radicalmente incomensuráveis. Mas o compromisso com uma concepção neodarwiniana da variação herdável e seleção competitiva de informações que afetam o comportamento no fenótipo não impossibilita aos sociólogos assim comprometidos falar aos outros sobre "exatamente o que está acontecendo aqui" em termos prontamente compreensíveis para, e traduzíveis *salva veritate* entre, ambos os lados. Confrontados com o mesmo conjunto de observações incontestáveis sobre uma ocorrência rotineira de uma negociação salarial em uma economia capitalista, um selecionista vê uma prática institucional que eliminou seus rivais onde: um marxista vê a exploração de proletários por uma classe capitalista, um behaviorista vê uma história de condicionamento operante e um teórico da escolha racional vê uma barganha sendo estabelecida entre maximizadores de utilidade autointeressados. Nenhum relato mais detalhado sobre o comportamento observado no caso particular os levará a descartar suas respectivas pressuposições. Mas eles podem se entender perfeitamente bem. Podem reconhecer que seus modos diferentes de ver a mesma coisa se aplicam a uma série mais ampla de padrões de comportamento coletivo do que aquela instância de barganha de salário e que se suas abordagens diferentes são usadas para estruturar e executar programas alternativos de pesquisa. No devido tempo, alguns formularão explicações que corresponderão mais estreitamente do que as de seus rivais às evidências que todos podem por si próprios checar. Não há implicação de que os sucessos dos programas rivais melhor sucedidos possam se mostrar conclusivos, para além da possibilidade de rejeição ou modificação, ou que um único experimento ou estudo de caso crucial possa ser decidido entre eles. Mas as falhas dos menos bem-sucedidos podem acabar sendo terminais. É tão provável que explicações frenológicas do comportamento culturalmente definido como criminal reapareçam nos manuais de sociologia do século XXI quanto manuais de biologia do século XXI passem a incluir a exposição do conceito de *élan vital* de Bergson.

Ao mesmo tempo, não é como se o paradigma neodarwiniano tenha substituído de modo abrangente seus predecessores, ou mesmo que vá substituí-los. Mesmo as mais extravagantes afirmações a favor do que ele pode fazer pela sociologia comparativa não exigirão que a literatura prévia sobre o tema seja consignada às chamas, como ficará prontamente aparente a partir dos tópicos escolhidos para a discussão nos Capítulos 3 e 4. A reconciliação é categoricamente impossível somente se, por exemplo, o programa de pesquisa rival estiver direcionado a estabelecer quais dos padrões de comportamento ofensivos aos olhos de Deus levam os pecadores a serem punidos nesta vida e não na próxima. Isso não é porque a explicação teológica dos acidentes, doenças e infortúnios careça de uma história própria que seja tão intelectualmente coerente e copiosamente documentada quanto à de suas rivais. Quando o Reverendo Thomas Jackson, na primeira metade do século XVII, disse que "a pestilência é a mais contagiosa das doenças, e aqueles que melhor observaram seu curso nos dizem que pessoas de mentes cobiçosas ou desmesuradamente gananciosas são contagiadas por ela mais cedo, embora não estejam expostas a perigos maiores ou mais evidentes" (apud THOMAS, 1971: 88), ele não poderia ser acusado de defender uma hipótese não relacionada a evidências empíricas. Na verdade, pode inclusive ser interpretado como defendendo uma hipótese baseada em uma versão teológica da teoria selecionista. Mas o consequente abandono desse tipo de epidemiologia providencial é um exemplo clássico de uma mudança de paradigma. A teoria divina da punição não só foi ultrapassada pelos achados da pesquisa médica como também abandonou duas anomalias do mesmo tipo que põe em questão as pressuposições subjacentes a uma teoria até aqui plausível: primeiro, os "gananciosos" eram, em geral, menos, não mais, propensos a morrer de pestilência do que os pobres; e, segundo, aqueles atingidos incluíam crianças pequenas incapazes de comportamento que sob qualquer definição plausível pudesse ser classificado como "cobiçoso". Hipóteses como essas são perfeitamente compreensíveis para os teóricos rivais que as rejeitam[19]. É tão claro o que significava "pecado"

---

19. A epidemiologia providencial possui uma história que retroage, na Europa, às convicções pré-cristãs segundo as quais pragas e outros desastres naturais são uma punição por ofender os deuses, avançando a meados do século XIX na Grã-Bretanha e à doutrina da "expiação" dos evan-

para Thomas Jackson quanto o que significava "descendência com modificações" para Charles Darwin. Mas a teoria selecionista exclui a retribuição providencial como um conceito explicativo tão categoricamente quanto o faz com o *Aufhebung* dialético do materialismo histórico e com o "destino manifesto" do darwinismo social.

2

A breve resposta do sociólogo neodarwiniano à pergunta "O que exatamente está acontecendo aqui?", consequentemente, é: "os resultados comportamentais fenotípicos da transferência de informações no nível populacional". Uma vez que os padrões de comportamento coletivo dos membros de qualquer cultura ou sociedade escolhida para o estudo remontam aos itens ou pacotes de informações que estão sendo executados neles, a agenda deve ser averiguar que informações são essas, onde estão codificadas, como (e quão acuradamente) foram reproduzidas, e por que esse e não outro item ou pacote foi selecionado. Para tanto, é necessário encontrar um vínculo causal entre os memes ou práticas específicas que são executados no comportamento observado e as características do ambiente que aumentaram sua relativa aptidão reprodutiva; e isso, por sua vez, depende de encontrar o lugar abaixo da cadeia de efeitos fenotípicos onde a pressão seletiva passou a existir. Sociólogos de todas as persuasões teóricas são muito conscientes de que as consequências não intencionais podem fazer mais diferença no que ocorre no mundo do comportamento humano coletivo do que as consequências intencionais. Mas os efeitos fenotípicos estendidos de informações que afetam o fenótipo podem ser igualmente intencionais ou não intencionais. As populações que os sociólogos comparativos têm de analisar – se quiserem explicar as diferenças desenvolvidas entre culturas e sociedades – são as de itens ou pacotes de informações (incluindo, caso sejam deônticas na forma lógica, instruções ou estratégias), e não as das mentes individuais ou das díades de incumbentes de papéis institucionais que são seus portadores. É, portanto, sobre os portadores interagindo diretamente com o ambiente, não sobre as próprias informações, que a pressão seletiva ocorre. É por isso que eles são por vezes referidos não como "portadores" (ou alternativamente "veículos"), mas como "interatores" (*interactors*). O processo de seleção necessariamente envolve tanto as informações reproduzidas como os organismos, mentes ou papéis

---

gélicos. Hilton (1988: 155, 113) cita o influente manual de Thomas Watson de 1843, *Lectures on the principles e practices of Physic* (*Conferências sobre os princípios e práticas da física*), no qual diz que "Cabe a nós sabermos em quantos casos, formando na verdade uma grande maioria do todo, o sofrimento corporal e a doença são os frutos naturais de más atitudes", assim como *A sermon on the famine of 1847* (*Um sermão sobre a fome de 1847*) do Reverendo Charles Vansittart, no qual diz que a Fome Irlandesa é "uma *retribuição* – uma punição para nossos pecados e crimes nacionais – pela avareza, pelo jogo, pela monopolização, pelo espírito de cobiça, que ultimamente tem absorvido as mentes de todos os níveis de classes e pessoas".

que as portam, e as mesmas entidades funcionam como interatores e replicadores. Mas na aplicação da teoria selecionista, como um teórico da teoria evolucionária dos jogos diz, "são as estratégias que se destacam; os indivíduos que as implementam em várias ocasiões desaparecem" (SKYRMS, 1996: 10).

3

Todas as explicações selecionistas são *"just-so stories"*[20] nas quais a ligação entre a pressão seletiva e o resultado evolucionário é identificada somente em retrospecto. O termo *"just-so stories"* é comumente usado em um sentido pejorativo, razão pela qual talvez alguns filósofos da ciência prefiram falar em explicações do tipo "como possivelmente aconteceu". Mas nada há inerentemente errado em perguntar como o elefante adquiriu sua tromba. Graças à teoria da seleção natural, a *just-so story* de como ele realmente adquiriu sua tromba pode ser corretamente contada. Por vezes, hipóteses selecionistas não podem ser conclusivamente validadas porque as evidências necessárias para testá-las contra alternativas possíveis são impossíveis de se obter. Hipóteses baseadas na teoria da seleção cultural têm de confrontar a inadequação do registro documental e arqueológico do mesmo modo que hipóteses baseadas na teoria da seleção natural têm de confrontar a inadequação do registro fóssil, enquanto hipóteses baseadas na teoria da seleção social têm muitas vezes de ser confrontadas com o problema da sobredeterminação pelas múltiplas pressões seletivas que guiam a evolução dos modos de produção, persuasão e coerção de uma sociedade na mesma direção. Mas a dificuldade de encontrar as evidências que invalidarão conclusivamente as explicações rivais não é um argumento contra a teoria selecionista. A literatura da sociologia comparativa está repleta de *just-so stories* mais e menos plausíveis. E *uma just-so story* tem sempre de ser a correta, quer seja a de como o cristianismo protestante derivou do cristianismo católico; a produção industrial, da artesanal; o sufrágio universal, da oligarquia; a arquitetura gótica, da romântica; a tecnologia eletrônica, da elétrica; ou o *pidgin*, do inglês padrão. *Just-so stories* selecionistas combinam descrições teoricamente fundamentadas sobre os mecanismos de transferência de informações que afetam o comportamento no fenótipo com narrativas de sequências dependentes do caminho de eventos históricos nos quais a probabilidade relativamente mais elevada de reprodução e difusão de um item ou pacote de informações herdavelmente variáveis em vez de outro explica o resultado observado.

---

20. No estudo da evolução biológica, as *just-so stories* (histórias *ad hoc* ou histórias "assim foi") são explicações pouco convincentes da origem evolucionária de um traço (como um órgão ou um comportamento). Essa expressão é comumente empregada em um sentido crítico, em geral, contra as teorias adaptacionistas que tentam explicar a emergência dessa ou daquela característica de um organismo por especulações sobre a função desse traço na história da espécie. Carentes de fundamentação precisa, essas especulações podem com efeito se mostrar inverificáveis, verdadeiramente irrefutáveis, e, portanto pouco científicas [N.T.].

As *just-so stories* da sociologia selecionista divergem muito claramente das narrativas históricas convencionais nos pontos em que as escolhas deliberadas e os objetivos conscientes dos agentes individuais são considerados pelos observadores de todas as escolas teóricas uma influência importante sobre o curso subsequente da evolução cultural ou social. Biograficamente dito, como os historiadores narrativos comumente dizem, a história tende a ser vista pelos próprios agentes, e, portanto, pelo narrador, como uma sucessão de tentativas engenhosas de chegar aos objetivos escolhidos dos agentes quer em colaboração, quer em conflito, com outros agentes intencionais. Contudo, em uma teoria selecionista – embora seja explicitamente reconhecido que inovações bem-sucedidas possam conter, na frase de Herbert S. Simon (1990: 2), "grandes componentes de invenção consciente" –, quando se trata de explicar como as culturas e sociedades passam a ser como são, inovadores necessitam ser vistos como portadores, do que pode ser considerado dados aleatórios no processo em curso da variação herdável e seleção competitiva de informações, e não como executores de planos gerais que são, então, auxiliados ou obstruídos pelo que pode ser igualmente considerado dados aleatórios do ambiente. *Descritivamente*, os segundos dificilmente podem falhar em fornecer a descrição mais autêntica da sensação de atingir um objetivo escolhido a despeito dos obstáculos encontrados pelo caminho: nem Júlio César nem Napoleão Bonaparte são suscetíveis de se sentirem, ou se pensarem como, invasores casuais no processo em curso da evolução social. Mas isso é o que eles são. Embora competidores por influência ou poder, cujas ambições foram concretizadas, podem se apresentar como vencedores que superaram esses obstáculos através de sagacidade e força de vontade excepcionais. Para o sociólogo selecionista, são iniciadores de variações em memes ou práticas cujos efeitos fenotípicos estendidos e a aptidão reprodutiva duradoura não poderiam predizer nem controlar. Nada explica dizer que uma mudança de nível populacional duradoura em padrões de comportamento cultural ou social está de acordo com os objetivos de um decisor individual, a menos, e até, que tenha sido mostrado que pressões seletivas no ambiente levaram esses objetivos a serem realizados.

4

O psicólogo John Bowlby (1969: 50) foi a primeira pessoa a explicitar a distinção entre *adaptabilidade evolucionária* (*evolutionary adaptedness*) e *adaptabilidade intencional* (*designed adaptedness*)[21]. Mas, em ambos os casos, as *just-so*

---

21. Conforme Bowlby, quando a estrutura de um sistema é considerada, o ambiente no qual ela deve operar deve ser simultaneamente considerado. Esse ambiente é nomeado ambiente de adaptabilidade do sistema. No caso de um sistema controlado artificialmente, o ambiente de adaptabilidade é aquele no qual o sistema é explicitamente concebido para operar. No caso de um sistema biológico (natural), é o ambiente no qual o sistema se desenvolveu gradualmente. Devido a essa

stories corretas terão de especificar o que estava no ambiente que deu às mutações críticas, ou recombinações de informações, e não às suas competidoras, sua maior probabilidade de reprodução e difusão. Uma nova estratégia que termina tendo efeitos de nível populacional de maior alcance pode ter sido adotada após um cuidadoso processo de ensaio e erro, após um diagnóstico das vísceras de um animal sacrificado aos deuses, após uma moeda ser atirada para cima para orientar a decisão entre duas alternativas disponíveis, ou após receber um conselho de um consultor administrativo. Mas o processo subjacente da variação herdável e seleção competitiva de informações que afetam o fenótipo é o mesmo.

O paradigma neodarwiniano também não pressupõe, como seus oponentes persistentemente alegam, que a seleção competitiva origina um melhor dos mundos possíveis panglossiano[22]. Por definição, ela produz vencedores e perdedores. Mas o sucesso é sempre relativo, a otimização é sempre em relação a um local padrão e a adaptação é sempre uma questão de contrapartidas (*trade-offs*). É bem possível que, apesar de toda a adaptabilidade intencional das inovações introduzidas pelos pesquisadores médicos na guerra interminável contra doenças, tanto a evolução cultural como a social cheguem um dia a um termo devido à vantagem competitiva que a seleção natural dá às bactérias em relação aos humanos. Mas, nesse caso, as bactérias terão se mostrado "melhores" do que os humanos somente no sentido trivial de que ainda estarão aí e nós não. Do mesmo modo, podemos ver prontamente que alguns *designs* são "melhores" do que outros, tanto na corrida armamentista do mundo natural – na qual tanto predadores quanto presas, como chitas e antílopes, tornam-se cada vez mais eficientes em perseguir e ser perseguidos – quanto na corrida armamentista do mundo humano – na qual armas letais se tornam cada vez mais engenhosamente construídas e de produção cada vez mais barata. Mas, a despeito da ingenuidade das soluções para problemas de *design* encontrados pelas seleções natural, cultural e social, os mundos natural, cultural e social estão cheios de imperfeições demonstráveis relativas ao ótimo teórico. O grau de imperfeição compatível com o sucesso reprodutivo local é um tema a ser examinado caso a caso, e a técnica de engenharia reversa que biólogos evolucionários aplicam ao estudo de organismos e psicólogos evolucionários, ao estudo do cérebro humano pode ser igualmente aplicada, tão proveitosamente quanto, por sociólogos evolucionários ao estudo de culturas e sociedades.

---

distinção, é por vezes útil se referir ao ambiente de adaptabilidade de um sistema artificial como seu ambiente de adaptabilidade *intencional* (*designed*) e ao de um organismo vivo como seu ambiente de adaptabilidade evolucionária [N.T.].

22. Referência provável à posição do Professor Pangloss, personagem da sátira de Voltaire, *Cândido, ou o otimismo* (1762), que expressa, nessa história, a visão otimista de mundo de Leibniz segundo a qual "tudo está pelo melhor no melhor dos mundos possíveis" [N.T.].

5

Na sociologia, como na biologia, as semelhanças geradas pelo processo evolucionário podem ser tão notáveis quanto as diferenças, e, onde ocorrem, algum meio tem de ser encontrado para determinar se padrões de comportamento coletivo similares são os resultados da evolução convergente, descendência homóloga ou difusão lateral. Por vezes, as semelhanças são o resultado evidente da adaptabilidade intencional e da imposição deliberada: qualquer história da evolução da sociedade japonesa após a Restauração Meiji de 1868 incluirá a determinação de seus governantes de seguirem o exemplo estabelecido pelas práticas, papéis e instituições do que viam como as sociedades mais bem-sucedidas do Ocidente. Mas nenhuma história assim pode explicar as semelhanças que os conquistadores espanhóis descobriram – para sua surpresa – entre as instituições das sociedades do continente americano e suas próprias instituições. Similarmente, as semelhanças entre as leis promulgadas pelos reis da Inglaterra anglo-saxã e o Código de Hamurabi como promulgado na Babilônia dois milênios antes só podem ser explicadas como a evolução convergente sob pressões seletivas comuns de sociedades completamente não relacionadas que foram, contudo, notavelmente similares em seus modos de produção, persuasão e coesão. Por outro lado, há muitos códigos de lei que foram formulados em imitação direta de outros, ou mesmo elaborados, a pedido, por um legislador profissional como Filolau de Corinto, que foi expressamente convocado a Tebas para esse fim (ARISTOTLE. *Politics*, 1274b). Igualmente, na seleção cultural, quando as lendas populares transmitidas dentro de tradições culturais aparentemente separadas parecem – como muitas vezes ocorre – reflexões idênticas sobre preocupações humanas universais evocadas pela experiência comum, pode, contudo, ser imprudente excluir a possibilidade de transmissão lateral para a qual a migração de um único portador de uma população a outra pode ser o bastante. Mas a reprodução e difusão subsequentes de memes importados dependerão, portanto, do ambiente receptor, que pode favorecê-los por possuírem uma afinidade cultural seletiva com a tradição indígena, ou por evocarem uma emoção autoprotetora biologicamente adaptativa (HEATH et al., 2001), ou ambos.

Na seleção natural, a transferência e hibridização laterais de gene são suficientemente inusuais, de modo que as *just-so stories* de descendência com modificação normalmente começam com a suposição de que as espécies são reprodutivamente isoladas. As culturas, em contraste, são muito mais permeáveis do que as espécies, e as sociedades são sempre vulneráveis à invasão por práticas mutantes exogenamente impostas. Mas modelos filogenéticos emprestados da biologia têm sido aplicados com bons resultados na construção de árvores de artefatos materiais assim como de línguas, e na ausência de registros documentais eles podem permitir o teste da consistência com os dados de hipóteses rivais sobre a transmissão vertical das informações que encontram expressão em padrões de comportamento distintivos – da tecelagem de tapetes ao lobolo (MACE et al., 2005). Se, como é possível teoricamente, a transmissão lateral, seja de informações adquiridas, seja de informações impostas que influenciam o fenótipo, deve ser suficientemente contínua e extensiva, isso colocaria em questão a ideia inteira de variação herdável e seleção competitiva: tanto culturas como sociedades perderiam sua coerência interna, nenhuma tradição cultural nem instituições sociais se estabeleceriam, e a sociologia comparativa seria reduzida ao estudo de redes variáveis de curto prazo de influência interpessoal ou de poder institucional. Mas tanto culturas como sociedades tendem – a despeito de suas dessemelhanças em relação às espécies – a ser estáveis e resilientes. Embora conceitos, técnicas e estilos de vida – como formas organizacionais, códigos de lei e sistemas de governo – possam ser emprestados de outra parte, isso está quase sempre dentro, e não no lugar, de um conjunto preexistente de crenças e atitudes e de um conjunto preexistente de instituições econômicas, ideológicas e políticas. Voltarei ao tópico do "equilíbrio pontuado" no Capítulo 4. Mas tanto na evolução cultural como na social, a modificação parcial é muito mais frequente do que a extinção total e a substituição abrangente da resposta a "O que exatamente está acontecendo aqui?"

Três níveis de variação e seleção

6

Na Seção 3 do Prólogo, usei o exemplo de que os sociólogos do conflito estão simultaneamente observando três tipos diferentes de comportamento: comportamentos biologicamente *evocados*, comportamentos culturalmente *adquiridos* e comportamentos socialmente *impostos*. A distinção também se aplica a outros tópicos sociológicos igualmente antigos: na sociologia comparativa de parentesco e descendência, por exemplo, as diferenças entre populações podem ser completamente compreendidas somente se for dada a devida atenção à relação genética *e* à construção cultural dos termos de parentesco *e* à construção social de práticas de herança. Mas a sociologia comparativa do conflito apresenta três níveis separados nos quais os três diferentes mecanismos de transmissão de portador a portador de informações que afetam o fenótipo operam tanto em paralelo como em interação um com o outro para gerar padrões de comportamento coletivo de tipos distintivos.

Existe, como frequentemente ocorre, um problema definicional. Mas não é sério. Guerras necessitam ser distinguidas de disputas, ataques, emboscadas ou rixas (às quais retornarei na seção 9 do cap. 2). Batalhas entre bandos de caçadores e coletores são muito diferentes de batalhas entre os exércitos profissionais de grandes estados soberanos. Mas em cada caso, mesmo que as baixas sejam deliberadamente mantidas em número reduzido, há violência letal organizada em curso, e sua explicação não depende da possibilidade de especificar o que equivale ou não a uma "guerra" em escala total. A violência letal é inequivocamente discernível não apenas entre chimpanzés[23] e os caçadores-coletores atuais, mas nas evidências de povos anteriores à escrita (KEELEY, 1996). Não há idílio pré-lapsariano[24] na história da espécie humana quando era desconhecida. O registro arqueológico está repleto não apenas de clavas e adagas, mas também de crânios-troféus, traços de ferimentos por lanças e as assim chamadas "fraturas de esquiva"; e, onde quer que o combate face a face seja estudado diretamente, o comportamento evocado pode ser observado em respostas imediatas à ameaça física direta, no apoio espontâneo por companheiros em perigo e em retaliação instintiva, mesmo a um alto risco pessoal – sem mencionar o comportamento facilmente compreensível como o incorrigível avançar pela direita, vividamente descrito por Tucídides, das fileiras da infantaria grega, cujas armas brancas eram carregadas em seus braços direitos enquanto seus escudos, em seus braços esquerdos.

Mas mesmo um olhar perfunctório para o registro histórico e etnográfico desvela até que ponto crenças e atitudes com relação à guerra e ao comportamento resultante, em que encontram expressão, são adquiridas por imitação e aprendidas com pais, mentores, colegas e modelos exemplares. Populações geneticamente indistinguíveis e que compartilham de um ambiente ecológico comum podem ser significativamente mais ou menos beligerantes comparadas a outras. Mesmo quando criados em uma cultura excepcionalmente não violenta, homens jovens adultos recrutados em um exército estrangeiro podem terminar lutando tão ferozmente quanto o resto: um exemplo revelador é o recrutamento de homens jovens do povo semai malasiano – um dos mais pacíficos no registro etnográfico – pelos britânicos após a Segunda Guerra Mundial, a fim de combaterem uma insurgência comunista. Mas, para tornar isso ainda mais surpreendente, poderíamos dizer que os semai teriam desenvolvido uma cultura na qual as disposições agressivas naturalmente selecionadas de homens jovens adultos são inusual e efetivamente refreadas. Quando o registro histórico e etnográfico é examinado extensivamente, revela que, na maioria esmagadora de lugares e na maioria esmagadora de épocas, a bravura na batalha é admirada e a covardia, condenada; combatentes bem-sucedidos são admirados na história, ficção e mito[25]; aqueles que morreram em batalha são honrados e sua memória preserva-

---

23. Chimpanzés, ou seja, o tipo estudado atentamente pela primeira vez (WRANGHAM & PETERSON, 1996) e mais estreitamente relacionados a nós. Bonobos, embora menos pacíficos do que se pensava anteriormente (DUNBAR, 2004: 85-86), são significativamente menos agressivos que o *pan paniscus* ou o *homo sapiens*. De Waal (2005: 221) sumariza a posição do *homo sapiens* ao dizer que "Sendo mais sistematicamente brutais que os chimpanzés e mais enfáticos que os bonobos, somos sem dúvida o primata mais bipolar".

24. No original, *"prelapsarian idyll"*. Refere-se à condição humana antes da Queda [N.T.].

25. A evolução convergente de uma tradição cultural de heroísmo como a dos gregos antigos entre populações africanas onde o guerreiro orgulhoso e corajoso é igualmente admirado e enaltecido está documentada em detalhe por Iliffe (2005).

da; conquistas e anexações são celebradas e legitimadas; o assassinato de inimigos é sancionado por códigos morais explícitos; e o emprego ativo dos meios de coerção contra o "outro" hostil é ensinado como sendo um direito e um dever. Mas a variação dentro, e entre diferentes tradições culturais – dos semai, em um extremo, para, digamos, os astecas, em outro –, não pode ser explicada senão como o produto não apenas das respostas evocadas a diferentes ambientes como também de crenças e atitudes adquiridas por imitação e aprendizagem em diferentes tradições culturais com suas próprias histórias dependentes do caminho.

Ao mesmo tempo, contudo, nenhum sociólogo do conflito pode ignorar o poder dos induzimentos e sanções que capacitam os papéis por meio dos quais as sociedades controlam e exercem a violência letal para funcionarem como funcionam. Nos estágios iniciais da transição da cultura à sociedade, os induzimentos e sanções são apenas interpessoais: amigos ou parentes são recrutados *ad hoc*[26], e covardes ou desertores são punidos, quer fisicamente, quer pela vergonha e ostracismo, sem haver qualquer papel formal ao qual o poder disciplinar esteja vinculado[27]. Mas as sociedades que carecem dos papéis constitutivos dos estados não podem competir, caso cheguem a uma guerra total, com sociedades nas quais as práticas que definem os papéis militares institucionalizados desfrutam de uma vantagem massiva. Exércitos – sem mencionar a marinha e, no devido tempo, as forças aéreas – são grupos em que normas culturais compartilhadas e influência puramente interpessoal não podem se sustentar por si próprias. O comportamento dos combatentes em exércitos institucionalizados – em contraste ao dos combatentes em gangues hostis ou ao de famílias em discórdia – é "imposto" não meramente no sentido de que as ordens de seus comandantes são apoiadas pelo monopólio dos meios de coerção do Estado, mas no sentido de que os papéis nos quais o recrutamento ocorre são definidos por práticas sobre as quais seus incumbentes não têm voz. As instruções que todos os recrutas têm de seguir agora desconsideram quaisquer crenças e atitudes culturalmente transmitidas que tragam com eles para os papéis militares que ocupem ou executem. O voluntário patriota criado em uma família com uma duradoura tradição cultural de serviço militar pode combater mais bravamente do que um conscrito relutante. Mas ambos

---

26. Como, p. ex., por Telêmaco na *Odisseia* de Homero. Embora o exemplo seja ficcional, é sintomático que, quanto Telêmaco tenha de encontrar uma tripulação com a qual embarcar para ir em busca de notícias de seu pai, ele só pode fazer isso convocando contemporâneos que são também seus amigos (III: 363). E quando Antínoo lhe pergunta como conseguiu isso (IV: 642-644), a única alternativa que Telêmaco sugere são os seus próprios criados. Um modo de colocar a diferença é dizer que sua tripulação é formada por membros de uma "associação", em contraste, p. ex., com a tripulação do *Victory* de Nelson, que são membros de uma "instituição" – ou seja, a marinha britânica.

27. Assim, entre os damaras (SHAPERA, 1956: 83), um membro do bando poderia ser escolhido para punição física, mas a decisão seria "tomada casualmente ao redor da fogueira" e sua execução confiada, na ocasião, ao homem mais jovem.

estão sujeitos a um poder compulsório de tipo diferente daquele do líder da gangue ou do chefe de família.

7

Uma vez reconhecido que não há dois, mas três, diferentes mecanismos pelos quais – e níveis nos quais – a variação herdável de informações que afetam o fenótipo e a pressão da seleção competitiva sobre seus efeitos fenotípicos estendidos geram as semelhanças e diferenças observadas entre populações humanas, segue-se não somente que a noção de evolução "sociocultural" necessita, como já insisti, ser analisada em seus componentes separados, mas que a noção de "coevolução gene-cultura", que se tornou um termo padrão no vocabulário do paradigma neodarwiniano, necessita ser complementada pela "coevolução gene-sociedade" e pela "coevolução cultura-sociedade". A terminologia é discricionária. Coevolução "natureza-cultura" ou coevolução "gene-meme" – ou "meme-gene" (BULL et al., 2001) – seria uma formulação mais lógica do que "gene-cultura". Mas a distinção é fundamental, independentemente da formulação[28], e independentemente de ser frequentemente atenuada por sociólogos ao analisarem o funcionamento de sociedades grandes e complexas com longas histórias "socioculturais" por trás delas. A teoria selecionista possui as implicações abrangentes que possui para a sociologia comparativa porque a ideia de que todo comportamento é a expressão das informações transmitidas por meio do processo de variação herdável e seleção competitiva se aplica igualmente quando o comportamento é a expressão das informações institucionalmente impostas e quando as informações foram interpessoalmente adquiridas pela imitação ou aprendizagem independentemente das práticas codificadas nos papéis sociais dos agentes.

Um exemplo agora clássico de coevolução "gene-cultura" (gene-meme) é o da absorção de lactose pelo adulto (DURHAM, 1991, cap. 5; HOLDEN & MACE, 1997). Contrário ao que, por muitos anos, foi uma suposição não testada de pesquisa médica, a ingestão de leite não é universal entre populações humanas. Em troca, a capacidade fisiológica para absorver lactose se desenvolveu em altas

---

28. O problema criado por diferentes definições do termo "instituição" por diferentes sociólogos, aos quais me refiro na Seção de abertura do Prólogo, torna-se ainda mais complexo pela distinção, importante de fato, feita pelo filósofo John Searle entre fatos "brutos" e fatos "institucionais" (1995, cap. 2). P. ex.: as propriedades físicas do ouro são um fato "bruto", enquanto os usos aos quais é colocado pelos entes humanos são um fato "institucional"; mas o valor vinculado a ele como adorno pessoal ("joia") é uma construção *cultural*, enquanto sua função como uma reserva de ouro nos cofres de um banco central é uma construção *social*. Em uma análise influente da teoria dos jogos do equilíbrio de autorreforço nas guildas comerciais medievais pelo historiador econômico Avner Greif (2006, cap. 4), a coevolução meme-prática está claramente em funcionamento, mas a definição escolhida por Greif de uma "instituição" agrupa regras, crenças, normas e organizações como geradores de regularidades de comportamento coletivo.

frequências onde um ambiente ecológico, que carece de vitamina D e de cálcio metabólico, está combinado a uma longa tradição de produção de leite e seus derivados. O gene envolvido no metabolismo da lactose foi identificado, e sua alta frequência no noroeste da Europa, como entre os tutsis do leste africano, foi demonstrada. A relação precisa entre as informações culturais que encorajam a ingestão de leite e as informações genéticas que permitem a absorção da lactose não é fácil de desvencilhar, mas as evidências interculturais sugerem fortemente que as modificações genéticas necessárias foram guiadas ao menos em parte pela transmissão contínua por imitação e aprendizagem de pacotes de informações nos quais o leite era positivamente avaliado como uma fonte de bem-estar – uma conclusão apoiada pela análise comparativa do folclore e da criação de mitos das culturas que possuem e das que não possuem uma norma para ingestão de leite. Portanto, contudo, como a seleção social também intervém, as práticas e papéis institucionais da indústria de laticínios se combinam às representações culturalmente construídas de vacas para levarem os consumidores nas economias de mercado a comprarem cada vez mais produtos lácteos (WILEY, 2007).

A ingestão de leite por adultos e a modificação genética que ela requer estão, contudo, muito longe dos tópicos no mundo dos exércitos, bancos, templos, cortes (em ambos os sentidos), tributação, conscrição, burocracia, igrejas, negócios, governos etc. com que os sociólogos estão acostumados a lidar. Com esses, somos confrontados pelos padrões de comportamento gerados por abrangentes desigualdades de poder em larga escala, duradouras e institucionais, e não meramente intrafamiliares ou intra-associativas. A conformidade não é mais uma questão de convenções culturais e sanções pessoais, mas de obediência a regras impostas pelos incumbentes de papéis aos quais se vincula o direito formal de punir infrações ou desvios. A transmissão de informações através da imitação e do aprendizado ainda prossegue, como deve. As pessoas que devem ocupar e executar seus papéis interativos como generais e soldados, sacerdotes e paroquianos, mestres e escravos, parlamentares e eleitores, professores e alunos, capitalistas e trabalhadores assalariados, juízes e demandantes ou coletores de impostos e contribuintes, têm todas de colocar em suas cabeças e manter aí as informações corretas sobre o que fazer para *serem* o que – institucionalmente falando – são. Mas o que fazer quando o que são não é mais apenas uma questão de imitação ou aprendizado. A diferença não é que regras sociais – em vez de culturais – *tenham* de ser seguidas, uma vez que, mesmo onde os comandos de governantes são apoiados por força física esmagadora, indivíduos recalcitrantes podem escolher prisão ou morte em vez de obediência. A diferença é que as informações codificadas nas práticas institucionais tornam os papéis de uma sociedade o que são independentemente de como seus sucessivos incumbentes venham a aprender a executá-los ou quais são seus motivos individuais para fazerem isso. Assinar um contrato de trabalho, prestar serviço militar, pagar um imposto de votação, saldar débitos para com um senhor feudal, ser julgado por feitiçaria, administrar uma mina de carvão, um estaleiro ou uma fábrica, concorrer a um cargo eletivo, ou processar um compatriota por danos é fazer algo de um tipo diferente de seguir uma receita para fazer um bolo, afinar o violino, usar um amuleto de cobre como um paliativo para o reumatismo, ou colocar flores sobre o túmulo de sua mãe.

Por que, então, a diferença tem sido tão ignorada na literatura sobre evolução "sociocultural"? Durham, por exemplo, no livro recém-citado, reconheceu explicitamente que o comportamento pode ser "imposto" – no sentido de que as escolhas normalmente livres dos agentes podem estar sujeitas à decisão de outros mais poderosos que eles –, mas tratou isso simplesmente como uma externalidade inexplicada que de tempos em tempos redireciona o que normalmente seria o curso da evolução cultural. Não está em discussão o fato de que esses efeitos possam ser uma questão de desigualdades puramente interpessoais entre os mais velhos e os mais jovens, entre os eloquentes e os não articulados, entre os habilidosos e os incompetentes, ou entre os fisicamente fortes e os fisicamente fracos. Mas, no mundo das instituições econômicas, ideológicas e políticas, o comportamento é imposto por meio de práticas que definem a relação entre díades de papéis sociais complementares e os *systacts*[29] – classes, ordens, grupos etários, castas, grupos de *status* etc. – que formam. As consequentes diferenças entre uma sociedade e outra são o resultado de um processo de variação herdável e seleção competitiva, que é irredutível à evolução cultural, do mesmo modo que as crenças e atitudes que distinguem uma cultura da outra são o resultado de um processo de variação herdável e seleção competitiva, que é irredutível à evolução biológica. Na evolução cultural, os memes mutantes emergem através da *reinterpretação* nas mentes que os portam. Na evolução social, práticas mutantes emergem por meio da *renegociação* entre os incumbentes de papéis interativos.

8

A distinção entre as seleções cultural e social é tanto analítica como histórica. Analiticamente, um modo de expressá-la é considerar apenas o que está

---

29. *"Systact"* (e seu correspondente adjetivo *"systactic"*, daqui para a frente, *"systáctico"*) é um termo criado por Runciman, segundo o qual um "grupo ou categoria de pessoas em papéis especificados constitui um *systact* sempre que as pessoas em questão têm, em virtude de seus papéis, uma localização distinguível e mais do que transientemente similar e, por isso, um interesse comum". P. ex., grupos ou categorias de pessoas que partilham um poder comum em virtude de seus papéis têm, assim, um interesse comum em manter ou aumentar esse poder (econômico, coercivo ou ideológico) vinculado a esses papéis. A principal função do termo *"systact"* é cobrir todos os tipos de divisão social em classes, ordens, castas, estratos, grupos de interesse e assim por diante, sem a necessidade de mencionar que qualquer um deles é analiticamente anterior, tornando mais fácil a referência e comparação de instituições de diferentes sociedades sem que se tenha de estar pré-comprometido com uma visão sobre essas questões controversas e teóricas como, por exemplo, a diferença entre sociedades de classes, classe dominante ou elite governante [N.T.].

ocorrendo quando o Capitão Bligh e seus companheiros são jogados do *Bounty* ao mar por Fletcher Christian e os amotinados[30]. Bligh é desprovido imediatamente dos induzimentos e sanções institucionais que sustentavam seu papel como "capitão": ele não pode conceder uma promoção a um subordinado favorito nem submeter um recalcitrante à corte marcial. Seus companheiros lhe confiam a navegação, uma vez que é de suas habilidades navegacionais que dependerá sua sobrevivência. Mas se, por qualquer razão, decidem substituí-lo no timão por um outro dentre eles, ele será incapaz de impedi-los. Quanto ao alimento, eles agora oferecem um exemplo clássico do comportamento "retorno imediato" (*immediate return*) (que é de caráter adaptativo para caçadores coletores), em vez do comportamento "retorno tardio" (*delayed-return*) (que é de caráter adaptativo para agricultores). Essas são exatamente as circunstâncias para as quais foi concebido o jogo da divisão justa conhecido na marinha britânica como "Quem deve ter isso?" Nesse jogo, quando um peixe ou pássaro marinho é apanhado, é dividido diante de todos em porções tão iguais quanto possível. Uma pessoa escolhida aleatoriamente então vai até à proa do barco salva-vidas, olha diretamente para a frente e chama os nomes da tripulação em uma sequência aleatória, enquanto outro na popa suspende os pedaços em uma sequência igualmente aleatória. Pode muito bem ser o Capitão Bligh ou alguém como ele a organizar o jogo e ensinar aos companheiros suas regras. Mas, ao fazer isso, ele não está se comportando diferentemente do líder informal, *ad hoc*, de um bando de caçadores e coletores que seguem sua orientação sobre onde procurar por um buraco d'água no qual possa haver uma chance de encontrar caça. Foi somente quando o barco salva-vidas chegou seguramente à Austrália que o Capitão Bligh se tornou novamente, como imediatamente ocorreu, "Capitão Bligh".

Historicamente, a transição do comportamento adquirido ao imposto ocorreu sempre e onde quer que relações interpessoais conceitualizadas como líder/seguidor, sênior/júnior, mentor/noviço, ou estrangeiro/nativo foram suplementadas por, ou convertidas em, relações formais entre incumbentes de papéis institucionais explicitamente reconhecidos como tais na língua dos nativos. Ela pode ser efetuada seja por acordo, seja sob compulsão. Sua primeira ocorrência não dependeu da agricultura, embora a agricultura e a domesticação de animais, assim como a das plantas tenha dado a ela um ímpeto poderoso. Ela não requereu alfabetização, o que ocorreu somente vários milênios depois. Requereu a linguagem, mas a linguagem há muito a antecedeu – o quanto, ninguém sabe. Pode ter sido muitas dezenas de milhares de anos após a evolução da arte, do

---

30. William Bligh (1754-1817) começou a navegar aos sete anos e se juntou à Marinha Real Britânica em 1770. Após servir como mestre de navegação na viagem final do Capitão James Cook (1776-1780), foi nomeado comandante do HMS Bounty em 1787. Durante a rota do Taiti para a Jamaica, um motim foi liderado por Fletcher Christian (o contramestre), que assumiu o controle do navio, e Bligh e os membros de sua tripulação leal foram deixados à deriva e alguns meses depois chegaram ao Timor [N.T.].

ritual e do mito que as instituições econômicas, ideológicas e políticas das sociedades tenham se tornado distinguíveis como tais. Na ausência de registros escritos, a reconstrução sociológica depende de inferências como essas na medida em que podem ser extraídas do registro arqueológico. Mas as evidências da área entre o litoral mediterrâneo oriental e o deserto sírio-árabe (BAR-YOSEF, 2001) são mais do que adequadas para apoiar uma história de coletores sedentários ou semissedentários, que durante um período de aquecimento local, ocorrido entre 14.500 e 12.800 anos atrás, começaram a viver em vilarejos ou aldeias permanentes, ou ao menos sazonais, para domesticar plantas e animais, colher grãos selvagens com foices, manufaturar cestos, anzóis, implementos de ossos decorados e equipamentos de cozinha e para enterrar seus mortos com oferendas funerárias que incluem cães de estimação. O sedentarismo pode ser limitado e reversível, e a agricultura, quando se torna uma opção, não é necessariamente um modo mais atrativo de vida do que a caça e a coleta. Tampouco faltam aos caçadores coletores convenções bem-estabelecidas de comportamento, relações intra e extrafamiliares consistentes, divisão do trabalho e colaboração organizada para propósitos comuns, assim como atividades rituais permeadas por atitudes e crenças conjuntamente aceitas. Contudo, uma vez que os recursos materiais começam a ser acumulados e estocados, e as famílias ou unidades domésticas começam a se estabelecer em lugares designados que seus membros consideram seus, as condições necessárias para a transição do comportamento adquirido ao imposto passam a existir. À medida que os assentamentos se tornaram maiores, as relações face a face, mais tênues, e os problemas de controle social, mais severos, tornou-se cada vez mais premente a necessidade de papéis institucionais pelos quais interações repetidas podem se tornar previsíveis independentemente de características puramente pessoais. A disciplina das crianças dentro de grupos face a face e coalizões informais de adultos afins contra aproveitadores e autoexaltadores não são mais suficientes para manter a paz. Uma vez que não temos como saber exatamente o que "eles" estavam dizendo uns aos outros, não temos como saber qual foi de fato o primeiro desses papéis. Talvez uma bancada redonda coberta de argamassa encontrada em um pequeno prédio natufiano em Ain Mallaha (BAR-YOSEF, 1998: 163) na qual tenham sentado uma ou mais pessoas em cujo poder formal como aquele de um juiz, de um magistrado ou de um chefe tenham sido investidas. Ou talvez aqueles que nela sentaram em nada diferissem de outros para além de algum propósito ou necessidade imediata de curto prazo. Mas, qualquer que seja a resposta, à época dos 10 hectares com assentamentos de 1.000 pessoas do período conhecido como "Neolítico Pré-cerâmico B" – sem mencionar as cidades sumérias com 20.000 habitantes –, suas populações não poderiam ter se mantido unidas e nem se reproduzido sem papéis políticos, econômicos e ideológicos institucionalizados de um tipo impensado por seus precursores caçadores e coletores. É um tema de debate contínuo entre arqueólogos se é apropriado ou não falar de uma "Revolução

Neolítica". Se a questão em disputa é sobre cognição e cultura material e a relação entre as duas, a resposta pareceria ser não: havia uma evolução cultural em curso de um tipo darwiniano clássico. Mas, sociologicamente, a resposta pareceria ser sim: a transição cultura-para-sociedade (RUNCIMAN, 2001b) foi uma transformação revolucionária de relações interpessoais e padrões consequentes de comportamento sem precedentes na história pregressa da espécie humana.

No vocabulário dos caçadores e coletores atuais, a presença ou ausência de palavras para papéis institucionais, em vez de pessoais, na terminologia vernacular é um sintoma visível da diferença. Lee (1979: 344) relata que os !kung san aplicam a si próprios – em contraste aos chefes bantos – a palavra para "chefe" somente "de um modo derrisório", e que entre os batek a palavra malaia para "chefe" (*penghulu*) teve de ser imposta aos seus líderes informais pelo Departamento de Assuntos Aborígenes (ENDICOTT, 1988: 123). A terminologia pode ser fluida e ambígua, e não se deve supor que a primeira transição da cultura para a sociedade tenha acontecido da noite para o dia. Mas se um antropólogo pergunta a um membro representativo da população, "Por que você se comporta em relação a alguém tão cooperativamente assim?", a resposta "Porque ele é meu amigo" ou "Porque ele é um guerreiro corajoso" é de um tipo diferente de "Porque ele é nosso monarca hereditário" ou "Porque nós recém o elegemos para ser nosso chefe de Estado".

Alguém tem de ter sido o primeiro incumbente de qualquer novo papel institucional, assim como alguém tem de ter sido a primeira pessoa a ter uma nova crença ou atitude dentro de sua cabeça. Mas uma pessoa pode, por exemplo, ter a ideia até agora desconhecida de desenhar na areia ou na parede de uma caverna um objeto, pessoa ou animal e, consequentemente, introduzir "arte" em sua cultura sem referência inicial a ninguém mais. Na evolução social, em contraste, o comportamento é necessariamente um assunto de duas faces. Um artista pode ser um artista sem um público, mas um empregador capitalista não pode ser um empregador capitalista sem um mercado de trabalho. No remoto Paleolítico, pode ter havido muitas ocasiões em que um bem-sucedido candidato à percepção sobrenatural tenha buscado reconhecimento como chefe permanente de um grupo contínuo de discípulos, ou que um chefe de família no controle de mais alimentos estocados que outros tenha tentado se tornar o coletor e distribuidor reconhecido do excedente da comunidade, ou que um líder bem-sucedido em disputas com outros grupos ou bandos tenha tentado assumir a autoridade formal sobre todas as atividades conectadas com a guerra. Ou talvez tenha existido comunidades nas quais os "anciãos" – que, no início, não eram mais que homens vivendo além de uma certa idade – tenham passado a ser considerados dotados de poderes econômicos, ideológicos e políticos que lhes davam o direito de controlar a caça e sua distribuição, de empregar sanções sobrenaturais contra os extraviados e de ordenar que os homens jovens entrassem em combate sem que eles próprios tivessem de tomar parte na luta. Em sociedades tardias e mais complexas houve, também, muitos casos-limite. O grego *kolax*, ou "lisonjeador", é o incumbente de um papel social (MILLETT, 1989: 32), ou sua relação para com seu patrão rico é pessoal em vez de institucional? Mais tarde ainda, durante o Império Romano, os "sicofantas", que jantavam às mesas de grandes-homens, podem ter sido não apenas amigos pessoais, mas portadores de práticas publicamente reconhecidas que funcionavam para canalizar influência política para cima e para baixo entre governantes e governados. Mas somente após a linha ter sido cruzada as crianças começam a crescer em um mundo não meramente de pais, amigos, mentores, irmãos e modelos culturalmente definidos, mas de papéis cujos incumbentes exercem poder econômico, ideológico e político que se vinculam a eles independentemente de ocupação por qualquer pessoa particular[31]. Depois, mas somente então, a *mobilidade social* – o movimento inter e/ou intrageracional para cima ou para baixo de indivíduos de um papel institucional para outro, situados no espaço social tridimensional – se torna um tópico padrão na agenda sociológica. Hierarquizações individuais são familiares às outras espécies assim como aos grupos humanos. Mas o macho alfa em um bando de chimpanzés não é, exceto metaforicamente, seu "rei", da mesma forma que a fêmea mais admirada em uma hierarquia de prestígio pessoal baseada em aparência física é, exceto metaforicamente, uma "rainha da beleza".

9

Embora nenhuma inferência direta possa ser feita a partir dos vocabulários dos caçadores e coletores documentados no registro etnográfico dos povos cuja cultura tem de ser inferida a partir do registro arqueológico, existem muitos povos bem documentados cuja terminologia vernacular ilustra a transição da cultura à sociedade. Radcliffe-Brown, por exemplo, observou há muito tempo que na língua do Andamão do Norte se falava dos homens de qualidades pessoais notáveis simplesmente como "grandes". Mas, entre os achuar da América do Sul, o *juunt*, que é literalmente um "grande-homem" (*big-man*), é um chefe de família que é também um "arauto da guerra" (*chicharu*), cujo papel lhe dá poder para organizar a defesa contra, ou a negociação com, inimigos potenciais (DESCOLA, 1996: 290). Alguns inuits chamam um líder informal de "aquele que pensa", mas o "entendido" (*nindibuga*) dos mardujarra australianos não oferece meramente conselho, ele também negocia seu conhecimento esotérico por uma porção da carne dos homens jovens (TONKINSON, 1988: 157). Um bom exemplo de uma designação transicional é o *umialik* ou *umealaq* do Alaska – um chefe de família de alguma riqueza pessoal

---

31. Papéis institucionais existem sem incumbentes, como mais obviamente em interregnos. Em uma monarquia estritamente hereditária, a sucessão é imediata: *le roi est mort, vive le roi!* Mas houve um interregno de 10 anos na realeza lombarda durante um estágio inicial de sua ocupação da Itália (PAUL THE DEACON. *History of the Lombards* III.16).

que é um construtor de barcos e capitão de sua tripulação, a quem é destinada uma porção maior da presa em reconhecimento por sua responsabilidade maior (HALSTEAD & O'SHEA, 1989: 18). Na Papua Nova Guiné do século XX, um líder de guerra (*watenge*) bem-sucedido poderia controlar "vastas" quantidades de riqueza que circulavam em redes de intercâmbio (FEIL, 1987: 249), e a posição se tornava herdável. Em um caso-limite, tem de ser estabelecido se a designação implica ou não a existência de induzimentos e sanções reconhecíveis vinculados a ela que são transferidos, quer automaticamente, quer após um intervalo, a um sucessor: assim, entre os caçadores cree do norte do Quebec, o *uuchimaau* é o líder de um grupo de parentesco estendido que controla uma área de caça, bem como os animais nela, e será substituído por outro se falhar na administração dos recursos pelos quais é responsável (SCOTT, 1988: 39-40).

Contudo, assim como existem antropólogos que subestimam as influências biológicas sobre a evolução cultural, há sociólogos que subestimam as influências culturais sobre a evolução social. Considere o que ocorre quando o dinheiro e as instituições que traz consigo substituem a doação, o escambo e a troca habitual. Para Marx, em particular, o dinheiro é uma inovação destrutiva que mina a solidariedade social e substitui práticas e papéis exploradores por transações de tipo não mercantil. Esses efeitos sem dúvida ocorrem: em qualquer teoria, não surpreende que, por exemplo, entre os kinnaureses do Himalaia ocidental a introdução do dinheiro e de uma economia de mercado tenha modificado o centenário sistema *binana* de intercâmbio de trabalho costumeiro entre diferentes castas (RAHA, 1978). Mas o âmbito de variações é muito mais amplo do que Marx levou em consideração. Muitas vezes, descobriu-se que "os significados dos quais o dinheiro se reveste são tanto um produto da matriz cultural na qual está incorporado como das funções econômicas que desempenha como um meio de intercâmbio, unidade de conta, reserva de valor etc." (PARRY & BLOCH, 1989: 21). Ao redor do mundo, da Índia aos Andes e do Império Romano[32] à Madagascar do século XX, uma análise detalhada dos modos pelos quais as práticas monetárias e os papéis de seus portadores são interpretadas e simbolizadas revela a coevolução meme-prática em ação, com a consequência de que o dinheiro, como uma força social potencialmente perturbadora, é culturalmente purificado e controlado.

---

32. No final do império, a riqueza que introduziu o estabelecimento de um "homem sagrado" cristão seria simbolicamente limpa por "uma história dramática na qual o santo teria primeiro "dado uma lição" ao doador original da riqueza" (BROWN, 1885: 64), assim como o lorde libanês do século XX "recebeu uma lição" do xeique cujas distribuições desinteressadas de donativos são em grande parte financiadas pelo lorde (GILSENAN, 2000: 102-103). Entre os protestantes conservadores suecos dos dias de hoje, mesmo a transação monetária mais aparentemente comoditizada "partilha de uma qualidade sagrada, uma vez que contribui ao nexo de fé global de produção, distribuição e atividades missionárias associadas" (COLEMAN, 2004: 431).

A dependência de práticas institucionais das crenças e atitudes culturalmente transmitidas é mais fácil de ver nos modos de persuasão das sociedades. Um padrão de comportamento coletivo no qual se presta deferência aos superiores em *status* social, em uma hierarquia ideológica de honra e respeito, é autoevidentemente vulnerável a uma mutação memética que leva as sanções que o fundamentam a perderem sua força. Mas a reprodução das práticas que definem papéis econômicos por meio dos quais bens materiais são intercambiados de acordo com papéis institucionais é igualmente vulnerável a uma recusa em aceitar essas regras como válidas. Do mesmo modo, a reprodução das práticas que definem papéis políticos é vulnerável a uma recusa em ser intimidada pelas sanções codificadas na lei e impostas pelo exército ou pela polícia. Práticas em todas as três dimensões do espaço social estão sempre à mercê da fragilidade das construções culturais das quais dependem todas as construções culturais. O que o sociólogo francês Pierre Bourdieu chama *"habitus"* – o conjunto de convenções que ditam estratégias comportamentais apropriadas que os membros de uma cultura comum derivam de sua observação do comportamento uns dos outros – é usualmente bastante robusto para sustentar instituições econômicas, ideológicas e políticas que ocupam e nas quais desempenham seus papéis. Mas isso não pode ser dado como certo, como bem sabem governantes prudentes mesmo em sociedades há muito estabelecidas e aparentemente bem disciplinadas.

10

Como existem três níveis de seleção, existem, por definição, três níveis de adaptação. O conceito de adaptação foi por muito tempo controverso na teoria evolutiva, parcialmente por poder ser usado para cobrir qualquer tipo de resposta sistêmica reequilibradora a perturbações exógenas, parcialmente por sua implicação equivocadamente alegada de otimização panglossiana, parcialmente pela necessidade de distinguir adaptabilidade biológica de adaptabilidade cultural ou social, e parcialmente porque o comportamento adaptativo pode ou não ser uma adaptação concebida de modo a ser adaptativo em um ambiente local particular. A teoria selecionista acomoda tanto inadaptações como "exaptações", nas quais genes, memes ou práticas, das quais são os efeitos fenotípicos, são adaptativos ao seu ambiente presente por razões diferentes daquelas para as quais foram selecionados em um ambiente anterior. Mas é sempre um tema de vantagem relativa: uma mutação, ou recombinação, de informações que afetam o comportamento no fenótipo, seja ela transmitida biológica, cultural ou socialmente, é adaptativa na medida em que sua probabilidade de reprodução dentro da população relevante é maior do que a de seus competidores. As *just-so stories* de como culturas e sociedades passaram a ser como são histórias sobre como o impacto de seu ambiente nos efeitos fenotípicos de seus memes e práticas constitutivos beneficiaram não – ou não necessariamente – seus portadores, mas a si próprios. A variação também pode ser adaptativa em um nível e não ser em outro, de modo que o problema passa a ser o de encontrar um modo de estabelecer qual é a força evolucionária mais forte. Além disso, há uma outra complicação, embora terminológica em vez de substantiva, que é a de que a "seleção natural" pode ser usada para referir a seleção genética, a seleção que se origina através da identificação externa ou mesmo a extinção da população de portadores. Quando, por exemplo, Chindasuinth sucedeu a realeza da Espanha visigótica em 462 d.C. e, de acordo com o cronista conhecido como "Fredegar" (IV.82), condenou à morte 700 membros da aristocracia gótica, essa foi uma seleção do mesmo tipo que ocorre quando uma espécie é levada à extinção não por variação genética mal-adaptada, mas por uma mudança climática resultante de uma escassez catastrófica de alimentos dos quais seus membros dependem para sua sobrevivência.

Um exemplo vívido de como uma mutação culturalmente adaptativa pode ser biologicamente mal-adaptativa é a calça vermelha (*pantalon rouge*) vestida pelos soldados da infantaria francesa no começo da Primeira Guerra Mundial (TUCHMAN, 1962: 48). Ela custou a vida de muitos de seus usuários no ambiente no qual entraram em batalha. Mas codificava um ressonante símbolo patriótico – "*le pantalon rouge, c'est la France!*" –, cujo encorajamento potencial da lealdade do endogrupo era transmitido às gerações sucessivas de recrutas como uma parte de sua iniciação à cultura do exército ao qual se juntavam. Muito antes – ou seja, muito antes que a população potencialmente reprodutiva de recrutas de calças vermelhas tivesse sido identificada por seus oponentes germânicos mais efetivamente camuflados –, o comando mais elevado impusera uma mudança. Mas foi uma mudança que no verão de 1914 teria sido impensável.

Que mutações culturais possam ser biologicamente mal-adaptativas pode ser óbvio demais para exigir ilustração: para tomar o caso extremo dos shakers[33], se uma população inteira é convertida à visão de que é errado procriar, em breve não haverá quem possa passar seus genes adiante. Mas um revés mais abrangente para a seleção natural é o persistente declínio da fertilidade nas populações humanas modernas a níveis muito abaixo do que poderia ser. Esse tópico possui uma longa história no estudo tanto do comportamento animal como do humano, e é bem sabido que a aptidão reprodutiva não é uma questão de número em uma única geração e que a qualidade da descendência é tão importante quanto a quantidade. Mas os dados globais sobre as populações humanas atuais não endossam a expectativa de que pais que investem mais em um pequeno número de filhos mais saudáveis terão mais netos. Não sabemos

---

33. Membros da Sociedade Unida dos Crentes na Segunda Aparição de Cristo, uma seita milenar celibatária, derivada de um ramo dos quacres ingleses radicais. O movimento foi levado aos Estados Unidos em 1774 por Ann Lee, uma trabalhadora têxtil analfabeta aceita por seus seguidores como a encarnação de Cristo [N.T.].

exatamente o que explica a diferença entre sociedades agrícolas ou hortícolas relativamente indiferenciadas – nas quais os pais têm tantos filhos quanto podem e são admirados por isso – e sociedades industriais – nas quais (com exceção da católica romana e de algumas outras subculturais) os pais preferem restringir seu número de filhos muito abaixo do máximo teórico: não é uma função somente das taxas de mortalidade ou da fertilidade diferencial entre populações endógamas ou exógamas ou níveis de renda disponível. Mas, para o presente, de qualquer modo, na competição entre as seleções natural e cultural, a seleção cultural está vencendo em populações mais afluentes e melhor educadas. Em países como aquele no qual este livro está sendo escrito, os pais estão decidindo (ou imitando outros pais que assim decidiram) se comportar de um modo que faz pouco ou nada para maximizar a probabilidade de replicação contínua dos genes de seus descendentes, independentemente do que quer que isso possa fazer para a qualidade média de vida de seus filhos ou, do mesmo modo, de sua própria vida. E, então, existe a outra possibilidade de que o comportamento não seja evocado nem adquirido, mas imposto por sanções institucionais – como a política do "filho único" dos governantes da China do século XX –, de modo que a coevolução gene-prática suplemente a coevolução gene-meme. Ecologistas behavioristas não estão errados em apontar para os casos bem investigados em que predições derivadas de seus modelos são confirmadas (p. ex., BORGERHOFF MULDER, 2000). Mas sociólogos comparativos não estão errados em apontar para as flutuações demográficas de cuja importância evolucionária estão completamente conscientes, mas cuja explicação pode depender tanto de influências culturais como sociais que anulam a disposição inata para maximizar inclusive a aptidão reprodutiva, como entre as famílias de classe média na Grã-Bretanha vitoriana (BANKS, 1981).

Assim como a seleção cultural pode competir diretamente com a seleção natural, a seleção social compete diretamente com a seleção cultural. Um exemplo bem documentado é a introdução da prática do trabalho assalariado em sociedades cujo modo de produção havia sido até então constituído por práticas que definem os papéis de escravos, clientes, meeiros, peões, trabalhadores domésticos ou parentes menores. Por vezes, a competição entre práticas alternativas é executada inteiramente no nível da seleção social: um empresário em uma economia pré-capitalista, ao ser o primeiro a reunir e supervisionar um corpo de trabalhadores assalariados e depois comercializar um produto acabado diretamente a um número cada vez maior de consumidores, aumenta, consequentemente, sua receita o bastante para ser capaz de baixar seus preços e não deixar a seus rivais – que dependem do sistema doméstico de produção – outra escolha senão seguirem seus passos ou fecharem seus negócios. Mas, por vezes, o trabalho assalariado falha em expulsar seus competidores por razões que são culturais, não sociais. Entre os baoule da Costa do Marfim, por exemplo, homens jovens consideravam o trabalho assalariado degradante e, portanto, recusavam-se a assumi-lo em sua terra natal, embora estivessem dispostos a migrar sazonalmente a fim de trabalhar em troca de salário em outros lugares (ILIFFE, 1983: 55). Onde o papel do empregador é respaldado por sanções institucionais suficientemente poderosas, o resultado pode depender apenas do cálculo do interesse pessoal do empregador, e a prática será imposta diretamente. Os proprietários de terras romanos muitas vezes suplementavam escravos com trabalhadores assalariados em certas épocas do ano ou para certos tipos de trabalho agrícola: Varrão (*De Re Rustica*, I.xvii.3) é explícito sobre as vantagens de ser capaz de escolhê-los por sua idade e aptidão física e de entrevistá-los pessoalmente sobre sua experiência com empregadores prévios. Mas empregadores potenciais assim como empregados podem ter adquirido, por imitação e aprendizado, crenças e atitudes que os dispõem contra a prática do trabalho assalariado, mesmo em termos economicamente vantajosos para ambos os membros individuais da díade de papéis.

Existe um amplo escopo para a adaptabilidade intencional assim como para a adaptabilidade evolucionária em todos os três níveis. No nível biológico, os criadores de animais com quem Darwin tão assiduamente se correspondia são o exemplo óbvio. Mas os anunciantes, em uma economia capitalista, que testam mercadologicamente os produtos de seus clientes antes que sejam lançados à população de consumidores potenciais estão fazendo o mesmo, e os governantes de populações recentemente subordinadas podem deliberadamente explorar as tradições culturais delas para seus próprios propósitos sociais. Na cultura do Peru pré-inca, uma norma de reciprocidade generalizada era amplamente difundida entre os grupos de descendência locais e os senhores regionais, que proviam de comida, cerveja, tecidos e sementes, os trabalhadores de corveia provenientes dos grupos de descendência. Sob as instituições impostas pelos incas, o excedente agrícola era sistematicamente extraído para o benefício dos governantes que detinham um monopólio efetivo dos meios de coerção. Mas os rituais e rotinas dos grupos de descendência locais eram escrupulosamente respeitados e a comida e cerveja continuavam a ser distribuídas aos trabalhadores de corveia exatamente como se nada tivesse mudado (MURRA, 1980). Uma manipulação desse tipo pode ser estendida também ao comportamento evocado, como na tentativa deliberada dos promotores da Contrarreforma católica para incitar as emoções desejadas em congregações suscetíveis com imagens e sons[34] vívidos e suntuosos além de leituras ou ensinamentos formais ou de rituais religiosos-padrão. Mas os efeitos dessa manipulação serão o que seus criadores pretendem somente se seu ambiente for favorável às mutações nas informações

---

34. Respostas evocadas pela manipulação da luz têm uma história que retroage dos holofotes dos comícios do partido nazista às lamparinas a óleo nas basílicas da Gália da Alta Idade Média, e das lamparinas a óleo e das tochas de pinho "lançando todo tipo de sombras e reflexos para dentro dos sombrios mitreus" do Império Romano (CLAUSS, 2000: 125) às lamparinas a gordura tremeluzindo sobre os desenhos nas paredes das cavernas de Altamira e Lascaux.

que afetam o fenótipo que os criadores introduziram. Tentativas por parte dos governantes da Rússia soviética de utilizar estruturas materiais concebidas especificamente para mover as crenças e atitudes de seus cidadãos na direção que desejavam foram notavelmente malsucedidas (HUMPHREY, 2005).

11

Na sociologia comparativa, sabe-se muito bem que a impossibilidade da experimentação controlada é um impedimento para a testagem de hipóteses rivais. Um biólogo pode desativar um gene escolhido em uma população de camundongos produzida experimentalmente, mas nem memes nem práticas são suscetíveis de tratamento similar. Um sociólogo não pode desativar os memes da Igreja Católica, codificados em uma encíclica papal, a fim de ver que diferença teria feito para o comportamento dos fiéis, nem desativar as práticas codificadas em uma emenda à Constituição americana para ver que diferença teria feito ao comportamento dos juízes e políticos americanos. No máximo, as evidências para alguma inovação cultural ou social específica, ou alguma mudança específica no ambiente ecológico ou demográfico, permitirão que seu impacto seja investigado a ponto de sugerir uma resposta plausível ao tipo de questão "O que aconteceria se?", que os sociólogos comparativos sempre gostariam de estar em uma posição de responder. Por exemplo: um observador dos kachin da Alta Birmânia – que viu como a estrutura de seu clã cônico e a posse coletiva da terra em um ambiente onde o crescimento populacional se deparava regularmente com a barreira ecológica do ciclo de terra não cultivada geraram uma sucessão de transições regulares do igualitarismo à hierarquia e vice-versa (FRIEDMAN, 1975) – poderia muito bem desejar manipular a transferência de alguns segmentos da população kachin a um ambiente diferente, a fim de ver que diferença faria às práticas que definem os papéis constitutivos de seus modos de produção, persuasão e coerção. No caso, isso é exatamente o que ocorreu quando alguns grupos kachin se mudaram das montanhas para as planícies de Assam: eles se transformaram em pequenos estados baseados em classes. Similarmente, os emigrantes maori da mesma população originária que colonizaram as Ilhas Chatham apresentam um "experimento natural" (DIAMOND, 1997: 55) no qual o clima e a ecologia dessas ilhas não deram aos moriori, como eram chamados, outra opção senão reverter da agricultura para a caça e coleta.

Existe também a possibilidade ocasional de seguir populações culturalmente dessemelhantes em ambientes quase idênticos. Richerson e Boyd (2005: 21) citam um estudo da socióloga rural Sonya Salamon (1985) como um exemplo cujos "elementos essenciais" o tornam equivalente a um "experimento real". Os descendentes de imigrantes germânicos – que se assentaram em uma parte de Illinois subsequentemente assentada também por imigrantes de outras partes dos Estados Unidos – preservaram um conjunto distintivo de traços culturais, a despeito de não haver qualquer diferença na qualidade do solo entre as áreas adjacentes. Os germano-americanos retêm o que Salamon chama os valores do "pequeno proprietário de terras" (*yeoman*), que os levaram a pressionar seus filhos a permanecerem na terra e a misturarem agricultura com atividade intensiva de produção de leite e criação de animais, permitindo sustentar um número maior de membros familiares em uma extensão de terra mais limitada. Observe que o contraste entre eles e seus vizinhos "ianques", mais desejosos de lucros, não ilustra meramente a adaptabilidade de um padrão de comportamento adquirido, não modificado por um ambiente ecológico compartilhado, que se poderia esperar que tivesse evocado um conjunto comum de estratégias. Ilustra também a capacidade de um padrão de comportamento adquirido de resistir à pressão seletiva de um modo de produção capitalista que imporia aos germano-americanos as mesmas práticas de venda e de arrendamento como aquelas próximas à fixação[35] entre os "ianques".

Uma outra dificuldade em avaliar a força evolucionária relativa das seleções biológica, cultural e social é a escala de tempo necessária para a composição genética de uma população humana passar por uma mudança importante. Pesquisas recentes sugerem que ela pode ser mais curta do que se costumava pensar. Mas existe uma população bem conhecida, na qual, por muitas gerações, a endogamia estrita foi combinada a taxas de nascimento mais elevadas entre famílias com *status* relativamente alto, nepotismo extensivo e altruísmo endogrupal, separatismo religioso e linguístico – no qual a proselitização é direcionada principalmente aos ricos e talentosos –, altos níveis de investimento e controle familiar, seleção cultural contra apostasia, seleção social de práticas que definem a exigência de papéis acadêmicos e mercantis, e um ambiente externo hostil que restringia a participação em atividades alternativas e reforçava o conformismo endogrupal: os judeus (MacDONALD, 1993). Como MacDonald sabe bem (1993: viii), "a história judaica [...] tem sido em uma extensão considerável uma construção social executada por partes altamente interessadas empenhadas em

---

35. Na *genética populacional*, *fixação* é o fenômeno no qual um gene mutante substitui completamente variantes genéticas existentes. Ocorre quando cada indivíduo em uma determinada população possui o mesmo alelo em um *locus* particular. O alelo – p. ex., uma mutação de um ponto singular ou de um gene completo – será raro no começo, mas pode se espalhar pela população pelo processo de *Deriva Genética Aleatória* (*Random Genetic Drift*) e/ou de *Seleção Positiva* (*Positive Selection*). Quando a frequência do alelo se encontrar em 100% – significando que cada indivíduo dessa população possui esse gene em um *locus* particular –, então esse gene está fixado na população. Na evolução cultural, a fixação ocorre quando um traço útil se espalha por uma determinada população e é, com o tempo, aceito por todos, mesmo que ninguém compreenda sua utilidade. P. ex., se em uma comunidade rural um agricultor (o "produtor modelo") usa uma rotação melhor de cultivo, sua safra será melhor e ele será melhor sucedido. Outros produtores, então, tentarão emular seu sucesso, copiando o que o produtor modelo fez. Aqueles que copiarem a rotação de cultivo serão melhor sucedidos na colheita e, assim, igualmente, um modelo a seguir. Desse modo a melhor rotação de cultivo se espalha na população [N.T.].

justificar crenças morais e filosóficas muito básicas sobre a natureza do judaísmo, do cristianismo e da sociedade gentil em geral". Mas evidências para a parte desempenhada pela seleção natural na história cultural e social do judaísmo se tornaram mais fortes desde então, e no momento de escrever estas linhas a hipótese de uma interação de três vias, embora não definitivamente confirmada, parece cada vez mais plausível. Judeus asquenazes, em particular, cujos baixos índices de exogamia são confirmados pela análise genética, são conhecidos por atingirem pontuação acima do nível médio em testes de inteligência e por terem uma tendência maior do que outros para sofrer de doenças genéticas como Tay-Sachs, que pode, com outros sintomas, melhorar as ligações entre as células cerebrais. Caso isso termine sendo o que vem ocorrendo ao longo de 2.000 anos, dificilmente poderia haver uma ilustração mais clara de como genes, memes e práticas podem coevoluir dentro da mesma população para efeito distintivo.

Seleção do quê?

12

A questão de exatamente o que o processo de seleção está na verdade selecionando tem sido controversa desde os dias de Darwin. Faz igual sentido dizer que ela seleciona fenótipos (os tentilhões das Galápagos com bicos mais longos), efeitos fenotípicos (os próprios bicos), ou genes "para" bicos mais longos. Em consequência da "nova análise" da teoria evolutiva e da genética populacional e das subsequentes descobertas da biologia molecular, tem se tornado amplamente aceito que genes e sua interação com seu próprio ambiente imediato são a resposta que melhor ajuda a explicar exatamente o que está ocorrendo. Mas genes funcionam de modos diferentes – eles podem se dividir, sobrepor-se ou se aninharem um no outro – e outros mecanismos, além da replicação de DNA, estão envolvidos na seleção natural, incluindo a herança "epigenética" que envolve células com o mesmo genótipo, mas diferentes fenótipos, que transmite seus fenótipos aos seus descendentes (JABLONKA & LAMB, 1995).

No estudo da seleção cultural, o argumento tem girado amplamente em torno da necessidade de que memes, como replicadores prováveis, deveriam ser unidades discretas capazes de se copiar independentemente dos efeitos fenotípicos por meio dos quais sua adaptabilidade é decidida. Mas os sociólogos não têm necessidade de se comprometer com a concepção de que replicadores "genuínos" devem criar cópias estritamente acuradas de si próprios e persistir intactos por um período de tempo suficiente para serem capazes de fazê-lo. Em primeiro lugar, tanto na evolução cultural como na social, a seleção é muitas vezes combinada em vez de particulada[36]; e em segundo, tanto memes como

---

36. Onde é combinada, a imagem familiar da árvore evolucionária sempre se ramificando não é mais acurada: é como se, portanto, os ramos pudessem se transformar um no outro assim como

práticas são continuamente modificados ao longo das vidas dos indivíduos que portam os memes reinterpretáveis em suas mentes e as práticas renegociáveis em seus papéis. Além disso, os sociólogos evolucionários são livres para identificar diferentes combinações de informações em diferentes níveis de complexidade como objetos de seleção do mesmo modo que linguistas evolucionários podem identificar fonemas, sílabas, palavras ou mesmo gramáticas como os objetos de seleção a partir dos quais as línguas são formadas, ou que economistas podem identificar rotinas organizacionais ou técnicas de produção como os objetos de seleção dos quais as empresas de negócios concorrentes são as portadoras. Podemos argumentar que, se as informações estão sendo direcionadas, elas são, por definição, redutíveis a discriminações binárias, e essas são igualmente, portanto, "as" unidades de mutação, transmissão e seleção. Mas sugerir que os biólogos, sem mencionar os sociólogos, devem erigir suas hipóteses explicativas nesse nível seria como sugerir que os químicos deveriam erigir as suas hipóteses no nível das partículas subatômicas. A identificação dos memes e práticas críticos, cuja transferência de portador a portador torna diferentes culturas e sociedades o que são, não é um exercício de caça a partículas. Na evolução dos artefatos culturais, por exemplo, os objetos críticos da seleção não são unidades "primitivas" de informações, mas pacotes de "tecnomemes" (STANKIEWCZ, 2000: 230) reunidos em um espaço de *design*[37] que gera o domínio de possibilidades abertas a inovadores em busca de soluções localmente ótimas[38].

É possível também que as mesmas informações que afetam o fenótipo sejam selecionadas no nível biológico, no nível cultural ou no nível social. Na teoria evolutiva dos jogos, o objeto da seleção é, por definição, uma estratégia. Estratégias apresentam muitas formas, e os jogos são de muitos tipos. Mas considere

---

a partir um do outro, de modo que uma imagem melhor é, consequentemente, a de um "fluxo entrelaçado, com diferentes canais fluindo um no outro e depois se separando novamente" (SHENNAN, 2002: 84).

37. No original, "*design space*" (cf. STANKIEWICZ, 2000) é "o espaço combinatório gerado por um conjunto de operantes – p. ex., componentes, operações ou rotinas unitárias. Operantes, por sua vez, são definidos como as relações de função-estrutura (ou função-processo) que são usadas na concepção e montagem de artefatos". Eles constituem pacotes de informações heterogêneas, contendo tanto dimensões descritivas como procedurais. Essas informações são codificadas e transferidas de várias formas e contêm elementos tanto simbólicos quanto tácitos. O grau de articulação e codificação influencia a facilidade com que os operantes podem ser transferidos e simbolicamente manipulados [N.T.].

38. Tecnomemes são, por vezes, como nos estágios iniciais da industrialização na Grã-Bretanha do século XVIII, codificados não em quaisquer instruções verbais ou escritas, mas no *know-how* de artesãos experientes, com a consequência de que possam ser difundidos somente pela migração – que os empregadores podem muito bem buscar impedir – dos trabalhadores excepcionalmente qualificados que portam o *know-how* dentro de suas cabeças (MATTHIAS, 1979, cap. 2). Cipolla (1972: 50-51) relata um caso onde alguns trabalhadores suecos foram literalmente raptados na década de 1660 e transportados em estágios à França, onde Colbert queria iniciar uma indústria de ferro aos moldes suecos.

o clássico jogo do "falcão e da pomba" analisado por Maynard Smith (1982), no qual, quando os animais estão competindo por território em um habitat favorável à reprodução, os "falcões" intensificam o ataque e continuam até que se firam ou que o oponente se retire, enquanto as "pombas" se expõem, mas se retiram imediatamente, caso o oponente intensifique o ataque. No mundo real, competições simples em pares entre animais que sempre se comportam do mesmo modo são muito menos prováveis que aquelas nas quais existe uma escolha mais ampla de estratégias possíveis; os concorrentes por vezes seguem um e por vezes outro, e o resultado em aptidão para o concorrente individual depende não das estratégias dos sucessivos oponentes individuais, mas de alguma propriedade média da população como um todo. Contudo, no contexto da sociologia comparativa, o interessante sobre as estratégias de "falcões" e "pombas" é que elas podem ser igualmente observadas no comportamento de entes humanos competindo por território, e em tais casos o padrão de comportamento resultante pode ser adquirido ou imposto em vez de evocado. Para emprestar de Avital e Jablonka (2000: 95), "O ponto crucial, portanto, não é o mecanismo preciso para adquirir uma nova preferência ou padrão de comportamento, mas as circunstâncias que permitem a transmissão dessas informações de um modo que assegure sua reprodução transgeracional [à qual se juntam a reprodução lateral e a vertical]".

13

A palavra "meme" é malvista tanto pelos ultradarwinianos, de um lado, como pelos antidarwinianos, de outro: para os ultradarwinianos, ela implica uma analogia mais estreita entre a seleção natural e a cultural do que pode de fato ser sustentado, enquanto, para os antidarwinianos, ela implica que os entes humanos não são tão diferentes de outras espécies em suas capacidades mentais. Mas, uma vez que foi reconhecido que a cultura pode evoluir através do processo de variação herdável e seleção competitiva, independentemente da seleção natural atuar sobre os genes, trata-se de uma simples conveniência ter uma palavra para representar quaisquer itens ou pacotes de informações que constituam as mensagens transmitidas de uma mente a outra através da imitação ou aprendizado pelos quais o comportamento no fenótipo é afetado[39]. O termo "meme" também possui outra vantagem. Nos anos que se seguiram à sua

---

39. Richerson e Boyd (2005), que originalmente esboçaram seu livro usando "meme" do início ao fim, decidiram depois substituí-lo por "variante cultural" (embora o termo sobreviva na p. 244, onde dizem que "As sociedades modernas, ao ampliarem vastamente o escopo para a transmissão não parental, também magnificaram a chance de escolher memes inadaptados"). Mas "variante cultural" não só desenfatiza a conexão crítica com a ideia de transferência de informações de uma mente à outra; ela também convida à resposta dos antropólogos culturais antidarwinianos de que isso é o que eles têm estudado o tempo inteiro.

criação[40] por Richard Dawkins, ele substituiu tão bem seus concorrentes que passou a ser citado, ele próprio, como um exemplo de meme adaptável (BALL, 1984). Portanto, contanto que não porte implicação preventiva sobre exatamente como a seleção cultural funciona e reconheça que memes estão sendo continuamente reinterpretados e reconstruídos no curso do desenvolvimento de seus portadores, os sociólogos não têm uma boa razão para se recusarem a aceitá-lo em seu vocabulário padrão.

Um modo plausível de olhar para memes é vê-los como o software do cérebro humano com sua estrutura fundamental. Mas, embora os psicólogos possam um dia descobrir exatamente o que está ocorrendo dentro das cabeças dos nativos entre o tempo em que as informações transmitidas por imitação ou aprendizado são pela primeira vez ouvidas, lidas ou inferidas a partir da observação e o tempo em que são executadas no comportamento fenotípico, os sociólogos terão, por enquanto, que continuar tratando os cérebros dos membros das populações, cujas crenças e atitudes compartilhadas eles estudam, como caixas-pretas, ou quase pretas. As informações estão contidas nas cabeças dos nativos, e o comportamento consequente é subsequentemente observado, mas não sabemos exatamente como as informações recebidas se transformam na execução de um padrão de comportamento coletivo diferente daquele que o precedeu, ou exatamente quais são os itens ou pacotes de informações cuja adaptabilidade foi crítica. Lá estão os nativos, oferecendo sacrifícios (digamos) a uma deidade tuteladora para proteger sua comunidade de danos. Assuma que possamos estar certos de que eles não são apenas conformistas irracionais fazendo o que quer que seus vizinhos fazem, nem hipócritas maquiavélicos em busca de vantagem pessoal, e que não estejam reexecutando um ritual vazio para o benefício de turistas ou produtores cinematográficos nem que estão fazendo o que fazem sob compulsão de governantes ou de seus agentes. Os efeitos fenotípicos estendidos dos memes dos quais são os portadores podem ser observados nos altares nos quais os sacrifícios são feitos, nas melodias em que as preces são entoadas, nos gestos suplicatórios do sacerdote que conduz a cerimônia etc. Mas simplesmente não sabemos exatamente o que está acontecendo enquanto a interação dos portadores e do ambiente aumenta ou diminui a adaptabilidade de alguns em relação a outros memes nas mentes da população portadora. Podemos apenas dizer que há um complexo de memes coadaptados que substituiu seus competidores e está sendo executado no mesmo modo que uma máquina executa seu programa de software.

Suponha, para dar um exemplo nocional, que um sociólogo se depare com uma cultura na qual todos os nativos lavem cuidadosamente suas mãos antes

---

40. A ideia fundamental por trás dele foi exposta no ano anterior por F.T. Cloak Jr., que argumentou que "O valor do sobrevivente de uma instituição cultural é o mesmo que sua função; é seu valor para o sobrevivente/replicação de si próprio ou de sua(s) réplica(s)" (1975: 72).

de cada refeição. (Digo "nocional" não porque os modos à mesa não sejam um tema sério na sociologia comparativa, mas porque não me proponho a entrar em uma discussão séria sobre eles aqui. O lavar as mãos reaparecerá de passagem no cap. 5.) Nada explica dizer que os nativos portam dentro de suas cabeças um meme que ordena lavar as mãos antes das refeições. Uma resposta possível à questão "O que exatamente está acontecendo aqui?" é uma *just-so story* instrumental, externa: o meme crítico tem a forma de uma convicção de que doenças provocadas pela ingestão de alimento contaminado[41] podem se vincular a mãos não lavadas, e os nativos, portanto, punem com ridículo, insultos e recusa de comensalismo qualquer um que coma sem usar os lavatórios que são fornecidos em cada local de refeições. Mas uma outra resposta possível é uma *just-so story* expressiva e interna: o meme crítico diferencia o endogrupo ritualmente puro do "outro" estigmatizado ao simbolizar uma descontaminação nocional que não tem qualquer coisa a ver com saúde física. A hipótese menos plausível é a do aprendizado experimental individual: em nenhuma cultura as crianças descobrem por si mesmas que lavar as mãos antes das refeições é uma coisa boa a ser feita da forma que descobrem como pôr sua comida em suas bocas sem espalhar tudo sobre suas faces. Mas algum método tem de ser descoberto sem o benefício da experimentação controlada de estabelecer qual *just-so story* é a correta.

Isso não é nem um pouco facilitado pelo volume de informações – o "bombardeamento memético", como por vezes é chamado – às quais as crianças em todas as culturas são submetidas a partir da infância. Pense em quantas informações são adquiridas pelas crianças britânicas de pais, mentores e colegas sobre tudo: das regras do "jogo da velha" ao tom da cantiga de roda "Pop Goes the Weasel". Provavelmente, nada disso figure proeminentemente nas *just-so stories* dos sociólogos sobre a evolução das subculturas distintivas, entre as quais a população britânica está distribuída. Mas e quanto às crenças sobre, e atitudes para com, a Revolução Russa ou a vida e ditos de Jesus de Nazaré? O problema é tão familiar aos historiadores, que estudam a influência da palavra impressa, quanto aos antropólogos, que estudam a influência das tradições orais de povos pré-alfabetizados, ou aos psicólogos, que se ocupam da influência dos rumores espalhados lateralmente ao longo de uma população de contemporâneos. Suponha que um historiador do século XIX, ao estudar a evolução de uma cultura na qual emergiu uma norma burguesa de limpeza, descobre um livro de etiqueta, que impõe dentre outras coisas que se lave as mãos antes das refeições, que tenha passado por várias edições ao longo de muitas décadas e desfrutado de um nível de vendas consideravelmente elevado. Que razão existe para supor que os memes codificados no livro de etiqueta explicam a conformidade à norma burguesa

---

41. Tabus em relação a alimentos foram de fato observados muito mais frequentemente em relação a carnes, com seus riscos embutidos de infecções patogênicas, do que em relação a frutos (FESSLER & NAVARRETE, 2003).

de pureza e não preceitos inculcados, pela instrução e pelo exemplo, a gerações sucessivas de pais e professores burgueses sobre lavagem de mãos? O historiador Robert Darnton observou que é impossível "argumentar a partir dos padrões de vendas de livros para os padrões de comportamento dos entes humanos" (1979: 40), e que "ainda temos apenas um vago sentido de como leitores interpretavam textos" (1996: 184). Todavia, a própria pesquisa de Darnton mostrou que edições sucessivas da *Encyclopédie* de Diderot venderam bem aos leitores do tipo que proclamavam opiniões radicais em 1789. Ninguém argumentará a partir disso que sem a *Encyclopédie* a Revolução Francesa (à qual retornarei no cap. 4) não teria ocorrido. Mas é um exemplo claro de um efeito de retardamento no qual memes codificados nos livros encontram expressão fenotípica subsequente em um ambiente que mudou de tal modo a ampliar sua adaptabilidade. Livros de etiqueta, com sermões, tratados, manuais, editoriais de jornais ou leituras da Sagrada Escritura, podem simplesmente estar repetindo instruções com as quais aqueles que as recebem já estão familiarizados, e, como resultado, muitos receptores podem continuar menos propensos do que estariam a segui-las. Mas os padrões de comportamento que distinguem tanto culturas alfabetizadas como não alfabetizadas umas das outras não seriam o que são se os memes codificados em seus textos escritos e tradições orais não tivessem quaisquer efeitos fenotípicos sobre os quais a pressão seletiva passou a incidir. Como um outro historiador disse sobre as noveletas de Harriet Martineau – que na estimativa de seu editor foram lidas cada uma por cerca de 140.000 pessoas em meados da década de 1839 –, "a mensagem era tão intrusiva, as suposições morais tão abrangentes, que é difícil ver como mesmo o leitor mais casual pudesse ter escapado delas" (HIMMELFARB, 1984: 169). O problema é que não temos modo algum de descobrir em retrospecto exatamente como o comportamento de muitos leitores foi na verdade modificado como resultado. Quando *Rights of Man* (*Os direitos humanos*) de Tom Paine e os tratados antirrevolucionários de Hannah Moore em formatos muito baratos estavam sendo comprados igualmente às centenas de milhares, talvez todos os seus leitores já concordassem com o autor. Como não podemos experienciar, simplesmente não sabemos.

14

Falei até agora sobre a transmissão de memes de uma mente à outra como se o conceito de aprendizado social, em contraste com individual, fosse menos problemático do que é. Mas como os pesquisadores sobre comportamento animal sabem muito bem, muitas vezes é difícil distinguir empiricamente entre imitação "verdadeira", de um lado, e aprendizado por meio de alguma forma de influência social, por outro. De um ponto de vista, a imitação é um tipo de aprendizado: o aprendiz aprende o que fazer ao copiar outras pessoas que estão lavando suas mãos, lendo enciclopédias etc. Mas, por outro lado, o aprendizado por instrução também pode ser dito um tipo de imitação, onde a diferença é que agora o aprendiz copia o comportamento ao seguir as instruções verbais ou escritas do mentor em vez de imitar diretamente o comportamento do mentor. "Faça como faço" é uma forma de instrução e "faça como digo", outra. Os hinos cantados pelo coro da igreja aos domingos podem ser cantados seja porque os cantores cantam o que ouviram outras pessoas cantando, seja porque um maestro do coral lhes ensinou como ler a partitura impressa. Uma contradição pode surgir quando, como frequentemente ocorre, instruções dadas por pais ou professores estão em desacordo com o comportamento dos próprios pais e professores: "Você me diz para fazer o que me disseram, mas você muitas vezes se recusa a fazer o que lhe disseram para fazer". Mas isso é meramente um caso especial da competição entre memes rivais que está sempre ocorrendo dentro da cabeça de qualquer nativo. Para os propósitos da sociologia comparativa, a questão é por que os memes vencedores que distinguem uma cultura da outra no nível populacional *são* os vencedores e se sua reprodução e difusão ocorreram por instrução de professores a aprendizes, por imitação de modelos exemplares que não são sequer conscientes de serem imitados, por uma combinação de ambos, ou por algo intermediário.

A diferença mais importante entre imitação e aprendizado é que o aprendizado é notoriamente caro. O aprendizado individual experimental é particularmente assim: é por isso que tem tão pouco a oferecer à sociologia comparativa, mesmo que a evolução cultural desacelerasse até parar sem as variações herdáveis que os inovadores individuais fornecem. As tradições culturais estarão mais propensas a persistir invariáveis entre populações onde o aprendizado individual é caro, e em uma população que consiste inteiramente de imitadores irrefletidos e aprendizes sociais não haveria como escapar da inércia social. Mas o aprendizado social, mesmo que mais eficiente do que o aprendizado pelo processo individual experimental, ainda impõe um custo tanto ao professor quanto ao pupilo que o aprendizado por imitação direta do comportamento observado de um mentor não impõe. Os teóricos da teoria evolucionária dos jogos são capazes de simular em detalhes as condições sob as quais "imitar a estratégia melhor sucedida" será a estratégia melhor sucedida. Existem vantagens óbvias ao jogador individual ingênuo em imitar o sucesso percebido em vez de tentar aprender o programa que os jogadores melhor sucedidos estão seguindo, ou mesmo examinar uma série de estratégias alternativas possíveis e ver qual delas é a melhor. Sob algumas condições, a instrução formal, apesar disso, será preferida à exortação informal e ao exemplo simples. Mas isso tende a ser assim em um ambiente tanto de seleção social como de seleção cultural, onde práticas que definem os papéis de professores remunerados por empregadores públicos ou privados são transmitidas às gerações sucessivas dentro de instituições onde alunos, novatos ou aprendizes estão sendo formalmente treinados para ocupar papéis econômicos, ideológicos ou políticos especializados.

A distinção entre imitação e aprendizado é particularmente problemática em relação a artefatos, tendo em vista quão difícil pode ser inferir por simples inspeção as características essenciais de seu *design*. Eles contêm os memes críticos no sentido em que um manual de instruções os contém em sua própria forma diferente, mas não no sentido em que genes estão contidos nos organismos. Os problemas da engenharia reversa enfrentados por arqueólogos que estudam potes, figuras, arquitetura monumental, estatuária, o leiaute de casas e locais de trabalho, jardins, armas, instrumentos musicais etc., podem parecer de relevância apenas marginal para sociólogos comparativos preocupados com diferenças de larga escala entre diferentes tipos de culturas e sociedades e com mudanças qualitativas de longo prazo de um tipo a outro. Mas todas essas são uma parte do que diferencia uma cultura ou subcultura da outra, e passam a existir por meio da transmissão de informações de mente a mente por imitação e/ou aprendizado. Assim: Exatamente o que está acontecendo aqui?

A resposta é que artefatos são efeitos fenotípicos estendidos de tecnomemes que ao mesmo tempo os codificam. Quando arqueólogos "procurando memes" (LAKE, 1998) detectam na morfologia de artefatos enterrados uma sequência de variações que culminam em um *design* localmente estável, estão recuperando de objetos – que são eles próprios um meio de transmissão – informações previamente legadas por imitação ou aprendizado de uma geração a outra de artífices. Eles podem, portanto, realizar um exercício de engenharia reversa que reverte dos objetos materiais que desenterraram aos memes que estavam dentro das cabeças de seus criadores – quer a reversão seja um exercício de inferir as instruções reunidas a partir do estudo de um dispositivo mecânico acabado ou de inferir o simbolismo alegórico a partir do estudo de uma obra de arte acabada. A diferença importante é entre a imitação genuína – seja ao seguir o que o mentor faz, seja ao aprender a fazer o que o mentor diz – e a cópia inconsciente. É possível vislumbrar, por exemplo, um artista nativo copiando figuras da crucificação de Jesus sem a mínima ideia do que ela representa e, consequentemente, reproduzindo inconscientemente uma imagem que, quando subsequentemente decodificada por outros, termina sendo adaptável em um ambiente de ativa proselitização cristã. Mas isso não seria mais do que um caso especial de transmissão direta de informações que afetam o fenótipo de mente a mente que em si próprio não é problemático. Os impressores das bíblias que os missionários estão distribuindo aos nativos não têm de ter marcado, aprendido e digerido interiormente, em vez de meramente visto, as palavras que reproduziram enquanto suas mentes estavam ocupadas com coisas diferentes e inferiores.

15

Quando os objetos de seleção são práticas em vez de memes, não devemos assumir que as regras codificadas na legislação sobre papéis institucionalizados determinam necessariamente o comportamento fenotípico no local. Para citar o historiador medieval Chris Wickham, "temos de abandonar o paradigma da história legal, e fazê-lo muito conscientemente. Em troca, temos de enfrentar a tarefa mais dura de comparar, não regras, mas os conjuntos de práticas locais que constituíam sociedades inteiras" (WICKHAM, 1994: 207).

Uma vez que os portadores das informações que afetam o fenótipo são agora díades de papéis interativos, segue-se que os incumbentes individuais de ambos devem compartilhar não somente uma compreensão de seu significado, mas uma aceitação dos induzimentos e sanções que suportam suas implicações para como têm de se comportar entre si. Os proprietários de terras e arrendatários, os sacerdotes e paroquianos, ou os generais e soldados têm não apenas, como disse na Seção 7, de saber o que fazer a fim de ser o que são; eles também têm de aceitar que as práticas que os tornam assim, por mais renegociáveis que possam ser, não são suas para que as possam alterar conforme sua vontade. Considere o que ocorre em um país católico onde alguns adolescentes do gênero masculino crescem com a ambição de ingressar na vida sacerdotal. Não basta para eles se instruírem sobre a doutrina de Cristo, estudarem o texto da Bíblia e aderirem às normas da conduta cristã. Nem é o bastante para eles aprenderem o que os sacerdotes fazem (como uma missa é conduzida, o que está envolvido na administração da Unção dos Enfermos etc.). Eles têm de ser institucionalmente qualificados e lotados em uma paróquia onde suas qualificações sejam aceitas por seus paroquianos como portando a autoridade ideológica da Igreja Romana. Reconhecidamente, a doutrina da santidade do clero pode levar candidatos ao sacerdócio a continuarem a se considerar como sacerdotes mesmo quando se comportam de modo a serem destituídos: "Nem toda água no mar agitado e rude pode lavar o bálsamo do rei ungido". Mas não posso resistir a repetir (RUNCIMAN, 1983: 60) a piada judia sobre a mãe que está contando ao seu amigo sobre "meu filho, o capitão": sem dúvida, existe o filho se exibindo à volta em vestimenta náutica com sua conversa de "à proa" e "à popa" e "amarre aí!"; mas o amigo diz: "Então, para você, ele é um capitão; para mim, ele é um capitão; mas, para os capitães, ele é um capitão?"

Apesar de tudo, é sempre possível que tanto a seleção cultural como a social estejam determinando simultaneamente a forma assumida por um padrão de comportamento coletivo. Considere a prática de arrendamento. É por vezes, mas de modo algum sempre, encontrada em uma relação exploradora na qual o controle dos meios de produção por parte do proprietário de terras a impõe sobre o arrendatário não importando se ele a considera vantajosa ou justa. Em tais ambientes, a adaptabilidade da prática é uma função da articulação da ecologia local e do relativo poder de barganha vinculados aos papéis dos proprietários de terras e dos arrendatários: na França do século XIX, por exemplo, os proprietários de terras usavam contratos de arrendamento não apenas para realizar economias de escala em criação de animais, mas ao mesmo tempo para tirar vantagem do trabalho familiar em uma época de aumento de salários (CARMO-NA, 2006: 237). Inversamente, o balanço de poder de negociação pode estar a favor do meeiro, onde os homens jovens fisicamente aptos trabalham a terra para proprietários idosos, incapazes de trabalhá-la por si mesmos, em troca não somente de uma parte da produção, mas da herança da própria terra na morte do proprietário (ROBERTSON, 1980). Mas a seleção cultural pode ao mesmo tempo atuar a favor de um tipo de contrato de arrendamento em vez de ou-tro. Richerson e Boyd (2005: 85), baseando-se agora em um estudo de Burke e Young (2001) sobre fazendeiros de Illinois, oferecem um exemplo no qual a divisão da safra entre proprietários de terras e arrendatários se concentra em um pequeno número de proporções simples que são livremente escolhidas por meio da imitação ou aprendizado (ou, poderia ser, do aprendizado individual e da escolha racional). Variações desse tipo são uma clara ilustração de como reinterpretações culturais podem influenciar o resultado de negociações con-duzidas dentro de uma instituição social estabelecida. A seleção cultural não é sobrepujada pela seleção social simplesmente porque a transição da cultura para a sociedade gera desigualdades de poder econômico, ideológico ou político vinculando a papéis e *systacts* interativos.

16

Resta ainda a questão polêmica de se a pressão seletiva incide somente sobre indivíduos enquanto os portadores de informações que afetam o fenótipo ou se incide também sobre grupos como tais. A discussão sobre esse tópico foi por um longo tempo dominada pelos argumentos de biólogos que acreditavam ter re-futado conclusivamente a concepção de que o altruísmo abnegado da parte dos membros individuais de um grupo, incluindo a limitação do número de filhos, poderia ser explicado por sua contribuição ao bem maior do grupo em vez de sua função na maximização das chances de reprodução dos genes do altruísta (ou dos parentes do altruísta). Contudo, os revisionistas não argumentaram que não há condições sob as quais a seleção natural intervém na competição entre grupos em vez de entre indivíduos. Eles somente insistiram em que – como W.D. Hamilton expressa ao demonstrar formalmente o poder caracteristicamen-te maior da seleção individual pelo altruísmo quando o agrupamento é aleató-rio ou quase aleatório – "temos de considerar se a população pode entrar no estado especificado e, caso possa, se sua tendência presente continuará" (1996 [1975]: 333). Se, por exemplo, uma espécie é dividida em várias populações separadas estabelecidas por diferentes fundadores, então a competição por ter-ritório e recursos entre um grupo e outro pode ser uma influência mais forte na probabilidade de reprodução dos genes de seus membros do que na competição dentro do grupo entre indivíduos. Mas, uma vez que há migração entre grupos, a competição individual novamente se mostrará. Seria, consequentemente, um erro para os sociólogos assumirem que no nível biológico, sem mencionar o cultural ou o social, a seleção de grupo se provou incapaz de atuar como uma força evolucionária importante. Ao contrário: existem boas razões para pensar que a cooperação intragrupal foi favorecida pela seleção intergrupal ao longo do percurso inteiro da evolução hominídea.

A possibilidade da seleção de grupo cultural foi explicitamente vislumbrada por Darwin em uma passagem muito citada de *A descendência humana* (1882: 132). Ele argumentava que grupos com uma proporção mais alta de membros motivados por um senso de "glória" para se sacrificarem pelo bem do resto do grupo terão uma vantagem competitiva sobre grupos com uma proporção mais baixa desses indivíduos – aqui, parece ter tido em mente (não que tivesse expressado desse modo) a coevolução gene-meme, na qual os memes nas cabeças dos membros do primeiro grupo os tornariam mais propensos a reproduzirem seus genes satisfatoriamente do que os membros do segundo grupo. O tempo necessário para um grupo ser levado à extinção por seus competidores é difícil de calcular. Soltis et al. (1995), usando dados sobre extinções de grupos locais entre as pequenas sociedades guerreiras da Papua Nova Guiné antes da pacificação, estimaram que, sem a aceleração pela escolha individual, pode levar milhares de anos para a substituição dos traços relevantes em uma metapopulação. Mas, uma vez que a seleção cultural está operando junto à seleção natural, a migração entre grupos não coloca a mesma dificuldade para a seleção de grupo, uma vez que a imitação e o aprendizado capacitam os migrantes a adquirirem os memes que são dominantes no grupo ao qual se juntaram e as tradições culturais de diferentes grupos tendem a ser suficientemente estáveis para a variação individual dentro delas ser relativamente baixa. Além disso, os próprios memes podem se reproduzir mais que seus competidores através da seleção de grupo cultural, quer aumentem ou não o potencial reprodutivo da população do grupo.

No nível da seleção social, a competição entre grupos institucionalmente estruturados como exércitos, empresas de negócios ou partidos políticos é tão familiar aos sociólogos que a extinção dos perdedores quase poderia ser dita uma observação rotineira. Pode ser que o comportamento do grupo vencedor não seja mais que um efeito estatístico dos traços de seus membros individuais (o exército vencedor vence puramente porque possui uma proporção maior de soldados mais corajosos). Mas muitas vezes é porque o resultado depende da integração bem-sucedida de diferentes pacotes de informações carregadas por diferentes indivíduos ou díades de papéis que são executadas em colaboração ativa importante na tomada de decisões coletiva. Muitos traços verificáveis apenas em grupos, mas não em seus membros individuais, podem tornar os memes e as práticas carregadas pelo grupo vencedor mutuamente coadaptativos. Considere a descrição da relação nuer/dinka muito estudada feita pelo antropólogo Raymond Kelly (1985), que Sober e Wilson (1998: 191) citam como "uma evidência da seleção de grupo em ação". A dominação dos nuer sobre os dinka, com quem originalmente partilhavam um ancestral e uma ecologia comuns, é atribuída por Kelly a uma mutação crítica na natureza e na escala de pagamentos de lobolos. A diferença no nível mínimo aceitável desses foi mantida por efeitos fenotípicos que se estendiam ao manejo de rebanhos, exigências de pastagem e tamanhos dos rebanhos. As tribos com pagamentos de lobolos comparativamente altos eram, portanto, aquelas cujas práticas geravam uma forma de organização militar que os dinka eram incapazes de contrapor. O resultado não pode ser explicado por diferenças demográficas nem por atribuição aos dinka de uma relutância em lutar. Se a *just-so story* de Kelly é a correta, então, qualquer que seja o escopo que possa haver para desacordo sobre seus detalhes, não pode haver dúvida de que a seleção de grupo por meio da variação herdável e seleção competitiva tanto de memes quanto de práticas era exatamente o que estava ocorrendo.

Os argumentos sobre seleção individual *versus* seleção de grupo são, sob alguns aspectos, reminiscentes dos argumentos sobre "individualismo" *versus* "holismo", nos quais muita energia intelectual foi despendida, tanto por sociólogos quanto por filósofos, durante grande parte do século XX. Em ambos os casos, os temas em questão tenderam a ser obscurecidos por acusações mútuas de parcialidade. Individualistas podiam ser acusados pelos holistas de desconsiderarem os males das relações capitalistas de propriedade e de encorajarem a busca irrestrita do autointeresse, enquanto os holistas podiam ser acusados pelos individualistas de defenderem implicitamente formas totalitárias de governo e de restrição da liberdade. Mas os "individualistas" não têm o compromisso de negar que o comportamento individual tem de ser situado em seu contexto social ou que grupos têm propriedades não predicáveis de seus membros individuais, do mesmo modo como os "holistas" não têm o compromisso de postular entidades metafísicas às quais são atribuídas propriedades de mentes individuais ou de explicar o curso da evolução social com base somente nas propriedades dos grupos, comunidades e *systacts* (ou mesmo sociedades, impérios e civilizações). Nada há de contencioso na observação de que grupos cooperativos podem garantir a seus membros vantagens que os membros individuais não podem garantir para si próprios e de que alguns grupos não somente exploram, mas alteram seus ambientes mais efetivamente do que outros por meio do que os biólogos evolucionários chamam "construção de nicho" (LALAND et al., 2000), de modo que os genes, memes e práticas de seus membros são mais propensos a ser reproduzidos – com a possibilidade contínua de mutações posteriores – como um resultado.

Por fim, não há necessidade de que os sociólogos comparativos se preocupem com diferentes definições do que constitui um "grupo". Como as práticas institucionais dependem da interação dos incumbentes de dois papéis complementares, poderíamos dizer que a evolução social diz respeito à seleção de grupo por definição. Mas não faz diferença se a seleção é pensada como operando em populações de incumbentes de papéis individuais ou metapopulações de díades de papéis. Esses são meramente dois modos diferentes de registrar a mesma coisa. Na evolução de sociedades econômica, ideológica e politicamente estratificadas a partir de bandos de caça e coleta (ou de "grupos de bandos"), é inteiramente plausível supor que "protofamílias" (BERGUCKI, 1999: 152) competindo entre si pelos recursos tenham sido mais aptas a explorar seu ambiente por meio de iniciativas arriscadas do que caçadores e coletores individuais. Em sociedades industriais capitalistas grandes e complexas, inovações tecnológicas estão sujeitas a pressões seletivas da comunidade de pesquisa e do mercado que atuam tanto sobre os traços individuais dos tecnólogos que assumem riscos como sobre as propriedades estruturais dos laboratórios, firmas e institutos nos quais trabalham. Até aqui os tecnomemes adaptativos e as práticas associadas a eles podem, então, ser levados à extinção quer pela invasão do time, do laboratório, da firma ou do instituto por mutantes rivais, quer pela extinção do laboratório, da firma ou do instituto em decorrência da perda do financiamento ou de pessoal. Qualquer que seja a *just-so story*, ela pode ser contada ou como uma história sobre laboratórios, firmas e institutos ou como uma história sobre tecnologistas. Não há necessidade de complicarmos a formulação e o teste de uma explicação oferecida com uma discussão sobre se um modo de formulá-la deve ser preferido *a priori* a outro.

2
Seleção natural e comportamento evocado

Disposições, capacidades e suscetibilidades

1

Como nós – ou seja, entes humanos – somos os sobreviventes entre muitas espécies de hominídeos descendentes de primatas ancestrais, não surpreende que a explicação de grande parte de nosso comportamento possa remontar tão longe assim em nossa herança biológica – com o corolário, dentre outros, de que se fôssemos descendentes de macacos teríamos em nosso passado evolutivo um tipo de vínculo de parentesco feminino que falta aos primatas. As similaridades entre nosso comportamento e o dos chimpanzés na floresta tropical de Gombe, no zoológico de Arnhem e na estação de campo de Yerkes são inequívocas: eles estão lá, lutando, brincando, imitando, seduzindo, enlutando-se, enganando, colaborando e se exibindo exatamente como fazem os entes humanos em todas as culturas e sociedades. Mas o quanto isso nos ajuda a explicar as similaridades e diferenças entre culturas e sociedades com as quais os sociólogos comparativos estão ocupados?

A resposta padrão dos sociólogos do século XX era insistir em que, uma vez que nossas disposições inatas podem ser radicalmente desviadas, refinadas, encorajadas, modificadas ou suprimidas de diferentes modos em diferentes grupos, comunidades, culturas e sociedades, elas não têm uma relevância maior à sociologia comparativa do que o fato de os entes humanos em todas as culturas e sociedades rirem, chorarem, bocejarem, sonharem e expressarem suas emoções em expressões faciais que Darwin corretamente supôs serem selecionadas naturalmente e não culturalmente (embora possam, ao mesmo tempo, ser simuladas com a intenção de enganar). Mais precisamente, porém, em primeiro lugar, estão os muitos exemplos nos quais tentativas deliberadas de modificar o comportamento – notadamente no que diz respeito à criação de crianças – são frustradas por respostas evocadas que nada devem seja à cultura, seja à sociedade; e, em segundo, os muitos exemplos no registro etnográfico e histórico nos quais um padrão similar de comportamento evocado pode ser observado em ambientes culturais e sociais amplamente diferentes. Tanto a seleção cultural como a social guiam diferentes populações humanas ao longo de um caminho ou outro de uma série ampla de diferentes caminhos evolucionários. Mas nem mesmo o antidarwiniano mais intransigente pode negar que existem algumas disposições, capacidades e suscetibilidades inatas e comuns à espécie, que impõem alguns limites inescapáveis sobre a possível extensão da variação entre uma e outra cultura ou sociedade.

O paradoxo é que nossa herança biológica inclui tanto as restrições inatas – que significam que nem tudo é pensável ou factível assim como nem tudo é digerível – como as capacidades inatas – que nos permitem exibir uma variedade muito maior de comportamentos do que outras espécies. Como apropriadamente Ernest Gellner (1989: 516) expressa: "Questão: Como pode uma espécie geneticamente agraciada pela natureza com uma liberdade e licença tão extraordinárias ainda assim observar limites tão restritos, tão estreitamente definidos, em sua conduta efetiva?" A diversidade não é meramente entre grupos ou entre indivíduos dentro de grupos, mas dentro dos próprios indivíduos, como descreveu memoravelmente Montaigne, com seu característico discernimento, em seu ensaio "Sobre a inconstância de nossas ações". Mesmo os incumbentes dos papéis mais rigidamente estruturados são também as pessoas "irracionais, desordeiras, imprevisíveis e espontâneas" que todos nós somos (COLEMAN, 1990: 197). Todavia, a diversidade de culturas é uma diversidade de combinações estáveis de memes adquiridos por imitação e aprendizado, e a diversidade de sociedades é uma diversidade de conjuntos estáveis de práticas que definem os papéis constitutivos dos modos em curso de produção, persuasão e coerção, que são a especialidade da sociologia comparativa. Como isso pode ocorrer? No nível populacional, a evolução de algum modo favorece os equilíbrios relativamente estáveis, e a consistência em uma série limitada de padrões de comportamento coletivo se mantém em grande parte do mundo durante a maior parte do tempo.

2

Quaisquer que sejam as surpresas futuras que a pesquisa sobre a mente humana possa guardar, a distinção que a psicologia do senso comum faz entre atitudes e crenças (ou, se você preferir, entre paixão e razão, ou entre o coração e a cabeça) permanece autoevidente na teoria e indispensável na prática, como sempre foi. Qualquer que seja a relação, sob o título de "atitude", entre preferências, normas e valores, quaisquer que sejam os critérios pelos quais a força e consistência das crenças devam ser julgadas, um contraste entre as duas é corretamente pressuposto por sociólogos de todas as correntes teóricas. Mas isso em si não torna a estabilidade relativa de nossos padrões de comportamento coletivo mais fácil de explicar, uma vez que nossos cérebros não evoluíram de modo a conceder a nossos superegos intelectuais domínio sobre nossos ids emocionais ou, inversamente, a subordinar a razão a ponto de se tornar, na celebrada frase de Hume, a "escrava" das paixões. Trata-se, na verdade, da "operação paralela do cérebro emocional e do racional dentro de cada ente humano", tendo o córtex ventromedial e pré-frontal como interfaces (MASSEY, 2002: 24). A seleção natural também não nos concebeu para sermos tão bons quanto poderíamos querer supor, seja em pensamento lógico, seja em emoções consistentes: a despeito de nossas vantagens psicológicas em relação a nossos primos primatas, somos tão descuidados em nosso raciocínio – particularmente em nosso raciocínio estatístico – quanto impulsivos em nossos sentimentos. Todavia, as crenças (independentemente de quão fracas) e atitudes (independentemente de quão erraticamente sentidas) que coexistem dentro de nossas cabeças trabalham juntas de um tal modo que os padrões de comportamento coletivo persistem ao longo de gerações sucessivas. Independentemente de como exatamente ocorre, os cérebros maiores de nossos ancestrais – com seus neocórtices proporcionalmente maiores – os capacitaram a se tornar mais habilidosos do que seus primos primatas em sua interação uns com os outros, impedindo, com isso, que a agregação de estranhos sem parentesco em grupos cada vez maiores levasse à anarquia ingovernável ou à fragmentação precipitada.

Portanto, a despeito de nossa irracionalidade, desorganização, imprevisibilidade e espontaneidade individuais, a espécie humana parece ter uma predisposição inata à conformidade. Quando um teórico importante da escolha racional diz que a "principal razão pela qual o comportamento habitual permeia a maior parte dos aspectos da vida é que os hábitos têm uma vantagem na evolução biológica dos traços humanos" (BECKER, 1996: 9), ele está implicitamente apelando, como faz, para Aristóteles e Adam Smith. O estudo tanto das razões como das paixões continua a ser carregado de dificuldades conceituais e empíricas. Mas todos os entes humanos possuem ambas, e podem reconhecê-las em outros. Todos temos uma capacidade naturalmente selecionada para avaliação intuitiva rápida (HAIDT, 2001) assim como para raciocínio "rápido e frugal" (GIGERENZER & GOLDSTEIN, 1996). Além disso, independentemente da cultura na qual fomos criados, todos somos não somente "*inventores* de teorias", tentando dar sentido ao mundo ao nosso redor, mas "*seguidores* de teorias" (*theory-retainers*) (CAREY, 1985: 914). A disposição para submeter crenças adquiridas a teste longo e cuidadoso é um produto tardio e limitado da seleção cultural, não da natural. Embora sejamos conscientes de que outras pessoas aderem com igual convicção a crenças e a atitudes incompatíveis com as nossas, somos relutantes em considerar tão seriamente quanto poderia ser esperado de nós a possibilidade de que elas, não nós, possam estar certas. Pergunte-se quão frequentemente você de fato ganhou (ou perdeu) uma discussão com qualquer um sobre religião, história ou política. Todas as crenças são racionais para as pessoas que as têm, independentemente de quão inconvincentes sejam suas razões para os membros de outras culturas ou outros membros de sua própria cultura[42]. Nosso

---

42. Essa declaração geral não é invalidada pelas profissões de "fé". *Credo quia imposibile* é um apelo ao critério de ordem mais elevada da racionalidade, não uma expressão de niilismo episte-

desejo inato de nos livrarmos da incerteza nos torna ao mesmo tempo explicatoriamente vorazes, teoricamente crédulos e obstinadamente leais aos membros de nossa subcultura local.

Portanto, uma vez que um pacote de memes coadaptados adquiridos, de qualquer fonte que seja, por imitação ou aprendizado tornou o funcionamento do ambiente imediato mais controlável, os nativos em todas as culturas e sociedades são predispostos a mantê-lo em suas cabeças, sejam eles: romanos litigantes, convencidos de que seu fracasso em ganhar sua causa se deve ao recurso de seus oponentes a uma tábua de maldição; profetas chineses shang, aquecendo ossos de animais a fim de ler o futuro a partir das fissuras em forma de T; sacerdotes egípcios, "inclinados à interpretação com base nos piores princípios etimológicos possíveis" (KIRK, 1980: 203); analistas de mercado em um escritório da bolsa de valores, afirmando terem antecipado uma queda no mercado de ações; astrólogos refratários à sugestão de que suas predições bem-sucedidas ocasionais possam se dever a coincidências; ou experimentalistas laboratoriais adeptos a encontrar razões para ignorar resultados que conflitem com suas hipóteses favoritas. Como seguidores de teorias, não só usamos argumentos racionais para justificar em vez de questionar convicções já sustentadas, mas para exibir "uma tendência prevalente e perturbadora para incorporar qualquer nova informação a teorias existentes" (KUHN, 1991: 268). Como é igualmente ilustrado pela crença em bruxaria entre os primeiros europeus modernos, os azande de Evans-Pritchard, os etoro da Papua Nova Guiné ou a população da "Roma antiga", não é o argumento intelectual que vai em si próprio levar à extinção dos memes cujos efeitos fenotípicos o historiador ou antropólogo observou.

"Como você pode se comportar como se acreditasse nesse absurdo?" é uma pergunta tão inefetiva endereçada a juízes cultivados e teólogos eruditos em uma cultura autoconscientemente sofisticada quanto é para camponeses analfabetos vivendo às margens da subsistência. Os argumentos empregados contra a perseguição das bruxas na Grã-Bretanha por Francis Hutchinson em 1718, que encontraram pronta aceitação, eram muito semelhantes àqueles oferecidos por Thomas Ady[43] em 1656 e Reginald Scot[44] em 1584, que haviam sido tratados como "parte da margem radical" (BOSTRIDGE, 1997: 3). Nem toda a conformidade à sabedoria convencional deve ser explicada como diretamente evocada pelas pistas situacionais ou motivadas por um desejo inerente de se comportar

---

mológico. Os sociólogos, diferentemente dos filósofos, não possuem bases para descartar como "irracionais" crenças cuja justificação eles próprios não aceitam (RUNCIMAN, 1991).

43. Médico e humanista inglês, autor do livro cético sobre bruxaria e caça às bruxas, *A candle in the dark* (1656), republicado em 1661, sob o título de *A perfect discovery of witches* [N.T.].

44. Membro do parlamento inglês, autor de *The discoverie of witchcraft*, publicado em 1584, escrito contra a crença em bruxas para mostrar que a bruxaria não existe [N.T.].

como outras pessoas. Mas uma avaliação reflexiva de cursos alternativos de ação futura é raramente observada, exceto quando os motivos conflitam de modo a tornarem inescapável a tomada de decisão autoconsciente.

Não foi, portanto, um teste de hipóteses popperiano que agrupou os bandos de caçadores e coletores dispersos fora da África, de cujos membros descendemos, mesmo que conjeturas e refutações tenham desempenhado uma parte em sua escolha de técnicas para, dentre outras coisas, evitarem predadores ou rastrear presas. Foi mais uma disposição para se submeterem a crenças recebidas e se conformarem a atitudes compartilhadas com uma capacidade e disposição para imitar ou aprender com os portadores de memes mutantes sem recurso ao processo individual experimental. No curso da evolução cultural (HENRICH & McELREATH, 2003), os símbolos arbitrários pelos quais nossos ancestrais distantes se diferenciavam entre si passaram a variar cada vez mais: uma prodigiosa série de marcadores, ornamentos, expressões idiomáticas, dialetos, totens, sinais, gestos e tabus evoluíram para expressar o reconhecimento mútuo e o vínculo dos membros do endogrupo e sua autodiferenciação de grupos percebidos como "outros". Existem abundantes evidências experimentais, etnográficas e históricas para mostrar quão facilmente o reconhecimento mútuo e o vínculo podem ser estabelecidos entre grupos humanos arbitrariamente diferenciados, sejam soldados recrutados em regimentos, escolares em salas de aula ou atletas de jogos e esportes e suas audiências organizadas em times e cliques de apoio. Mas as diversas formas culturais que esse comportamento assume – embora produto da variação herdável e seleção competitiva de memes, não de genes – são ao mesmo tempo expressões evocadas de disposições, capacidades e suscetibilidades formadas pela seleção natural, e não pela cultural.

O mesmo vale para a disposição não meramente para categorizar, mas para se desassociar dos exogrupos de acordo com critérios culturalmente adquiridos. A autocircunscrição defensiva de pequenos grupos de humanos anatômica e psicologicamente modernos que se espalha em uma série cada vez mais ampla de ambientes locais foi uma resposta biologicamente adaptativa evocada em consequência disso. A estereotipação de estranhos com quem relações parte-cooperativas, parte-competitivas tiveram de algum modo de ser formadas e mantidas foi uma estratégia adaptativa para fazer discriminações necessárias em um ambiente no qual informações relevantes eram imperfeitas e difíceis de obter (VAN DEN BERGHE, 1997; GIL-WHITE, 2001). A estigmatização dos membros de grupos vistos como parceiros ou portadores potencialmente não confiáveis de patógenos reduziu a frequência de interações diferencialmente propensas a impor custos de adaptação (KURZBAN & LEARY, 2001). A série de formas culturais que as relações com exogrupos assumiram desde então entre diferentes povos caçadores e coletores em diferentes épocas e em diferentes lugares (KELLY, 1995) não é um argumento contra a herança biológica de capacidades, disposições e suscetibilidades que subjaz a todas elas. Os modos amplamente diferentes nos quais a "outridade" é culturalmente definida não estão em contradição com a afirmação de E.O. Wilson de que "Nossos cérebros parecem ser programados do seguinte modo: somos inclinados a separar outras pessoas em amigos e estranhos do mesmo modo que pássaros são inclinados a aprender canções territoriais e a se orientar por meio de constelações polares" (1978: 119). Não sabemos exatamente quando ou exatamente sob quais pressões seletivas foram programados assim. Mas foram. A seleção natural não dita quais pessoas particulares, ou em quais bases ostensivas, você designará como "outros", assim como não dita qual língua você aprenderá. Mas ela dita que você designará algumas pessoas como tal, exatamente como dita que você – a menos que seja criado fora do contato humano – crescerá falando ao menos uma língua. E ela dita que você possua dentro de sua cabeça algumas atitudes morais e algumas crenças metafísicas, embora seja a seleção cultural que dite qual padrão particular de conduta você irá adotar e quais efeitos particulares prováveis você vincula a quais causas prováveis enquanto tenta dar sentido ao funcionamento do mundo no curso de seu desenvolvimento individual.

3

Alguns sociólogos podem ainda querer insistir em que, uma vez que a seleção cultural e, subsequentemente, a social estão a caminho, a seleção natural não tem mais a dizer sobre as diferenças com que a sociologia comparativa está ocupada do que sobre até que ponto os padrões de comportamento coletivo são "em última instância", ou "no fim do dia", restritos pela estrutura de nosso cérebro, por um lado, e pelo impulso para manter a aptidão reprodutiva inclusiva, por outro. Eles se recusarão a aceitar que, para citar um exemplo óbvio, tanto uma religião que exige uma guerra sagrada contra todos os incrédulos quanto uma religião que proíbe qualquer forma de guerra nada mais são do que expressões alternativas das mesmas predisposições inatas evocadas por diferentes ambientes locais. Mesmo que o "assim chamado senso moral" seja um produto da seleção natural e que aquilo que chamamos "consciência" tenha sido biologicamente adaptativo para nossos ancestrais remotos, alguns entes humanos pensam ser um dever sagrado para os pais matarem filhas que desonraram suas famílias com uma gravidez ilegítima enquanto outros pensam ser um dever sagrado impedir o assassinato não somente de entes humanos como também de animais. Como a seleção natural pode explicar isso?

A resposta a essa questão é que nenhum sociólogo neodarwiniano está empenhado em afirmar que ela pode. Mas a pesquisa necessita ser destinada ao propósito de descobrir exatamente até que ponto o comportamento em questão – que pode, no ambiente em questão, ser a expressão de uma predisposição inata de um tipo universal – é ou não um produto da seleção natural e não da seleção cultural ou da seleção social. Se, por exemplo, os membros de uma população não alfabetizada de caçadores-horticultores na Amazônia equatoriana em um teste de raciocínio condicional têm um desempenho semelhante ao dos alunos da graduação de Harvard (SUGIYAMA; TOOBY & COSMIDES, 2002), devemos concluir que existe um mecanismo similar de detecção de trapaceiros nas cabeças dos nativos em todas as culturas e sociedades no registro histórico e etnográfico? Um estudo comparativo destinado a verificar se normas de justiça e reciprocidade sobrepujam a busca pelo autointeresse econômico do mesmo modo em quinze sociedades de pequena escala (HENRICH et al., 2004) descobriu que, embora houvesse muito mais variação intergrupal do que nos experimentos em que os estudantes são os participantes, em nenhum deles o comportamento experimental foi consistente com o modelo de escolha racional dos manuais de economia. Quando o Jogo do Ultimato[45] (de uma fase e dois jogadores) – no qual proponente e respondente nada ganham se o respondente recusa a oferta de uma proporção de uma soma determinada de dinheiro – foi jogado pelos machiguengas da Floresta Amazônica peruana, a oferta média foi de 28%, contra 48% entre estudantes universitários em Los Angeles, e os entrevistados machiguengas aceitaram ofertas abaixo de 20%, que a amostra de Los Angeles nem chegou a fazer. Em contraste, na Papua Nova Guiné – onde um presente tende a ser culturalmente interpretado pelo recipiente como uma estratégia destinada a aumentar o *status* do doador e a colocar o donatário sob uma obrigação potencialmente indesejável –, ofertas generosas de mais da metade do dinheiro eram muitas vezes rejeitadas; e onde a seleção social passa a incidir, as ofertas de jogadores que eram de sociedades integradas nas práticas e papéis de um mercado de mercadorias e trabalho tendiam a ser significativamente maiores do que as ofertas dos jogadores que não eram. A conclusão inescapável é a de que os diferentes graus de egoísmo e altruísmo exibidos pelos membros de diferentes populações em experimentos que simulam escolhas estratégicas da vida real refletem o funcionamento simultâneo da seleção natural *e* da seleção cultural *e* da seleção social[46].

---

45. No original, *"ultimatum game"*. É um jogo em experimentos econômicos no qual o primeiro jogador (o proponente) recebe condicionalmente uma soma em dinheiro e propõe como dividi-la entre si e o outro jogador. O segundo jogador (o respondente) escolhe aceitar ou não essa proposta. Se o segundo jogador a aceita, o dinheiro é dividido de acordo com a proposta. Se a rejeita, nenhum dos jogadores recebe dinheiro algum [N.T.].

46. Similarmente sugestivo é um estudo experimental de punição antissocial (i.e., punição de cooperadores) entre universitários da graduação em dezesseis países nos quais foi descoberto que "a punição antissocial é mais dura nos grupos de participantes de sociedades com normas fracas de cooperação cívica e um Estado de direito fraco" (HERMANN et al., 2008: 1.366).

Universais comportamentais

4

Desacordos sobre escopo, natureza e importância de determinantes supostamente inatos de comportamento comuns à espécie são uma característica de longa data da literatura sobre os assim chamados "universais" observáveis em todas e quaisquer culturas e sociedades. Nenhum sociólogo comparativo contestará que existem alguns padrões de comportamento que são comuns a todos os membros da espécie humana – a procura por alimentos, a criação de crianças, o aprendizado de línguas e a produção de utensílios. Mas o que isso nos diz sobre o poder relativo das forças da seleção natural, cultural e social? Um padrão de comportamento universal pode ou não ser inato, e um padrão de comportamento inato pode ou não ser universal.

Listas surpreendentemente longas de supostos universais são compiladas de tempos em tempos para depois provocarem a objeção de que, a menos que sejam validadas por uma definição prévia, sempre existem exceções a serem encontradas em algum lugar nos registros etnográficos ou históricos – ou, alternativamente, que onde são válidas, não têm senão interesse trivial, uma vez que o que importa é a diferença no modo como diferentes pessoas em diferentes culturas e sociedades fazem essas coisas comuns. Mas o universal mais importante para a sociologia comparativa é aquele que os sociólogos (diferentemente dos cientistas do cérebro e filósofos[47]) com muita frequência pressupõem: a compreensibilidade universal dos termos nos quais os membros de diferentes populações humanas se representam como tais. Nenhum antropólogo jamais retornou do campo relatando a existência de uma comunidade humana sobre a qual nada mais poderia ser dito além de que seus membros interagem uns com os outros de um modo aparentemente não aleatório, embora completamente desconcertante. Entes humanos fisiologicamente normais podem não apenas aprender a falar uma língua como podem aprender a conversar, em uma ou mais línguas, sobre suas diferentes crenças e atitudes culturalmente transmitidas, por mais controversas que essas possam ser[48].

---

47. Wittgenstein, a despeito de sua insistência na distinção de diferentes "formas de vida", é explícito quanto ao fato de que um pesquisador que, em um país estranho e com uma língua completamente estranha, pergunta-se como saber se os nativos estão realmente dando, recebendo, entendendo, obedecendo e se rebelando contra ordens, tem de contar com o modo universal de comportamento da humanidade (*Handlungsweise*) como o sistema de relevância (*Bezugssystem*) para fazer isso (*Philosophical Investigations* § 206).

48. Dizer que "qualquer língua pode ser usada para expressar qualquer proposição, de parábolas teológicas a diretivas militares" (PINKER, 2002: 37), é incitar a pergunta retórica de Evans-Pritchard "Como você traduz na língua ameríndia 'No começo era a Palavra?'" (1965: 14). A resposta é que é claro que você não pode fazer isso de uma só vez. Mas as línguas podem ser estendidas para incorporarem partes de outras línguas – isso ocorre o tempo inteiro – e no devido tempo os falantes ameríndios podem ser ensinados a compreender "No começo era a Palavra" tão bem

Não é, portanto, somente um fato etnográfico, mas também biológico, que independentemente de quais itens ou pacotes de informações encontrem expressão nos padrões de comportamento cultural ou social de qualquer população humana escolhida para estudo, eles podem em princípio ser decodificados, independentemente do mecanismo ou da rota pela qual tenham sido evocados, adquiridos ou impostos. Na prática, pode ser que não possam em decorrência de genes aberrantes herdados, danos cerebrais sofridos pelo informante nativo escolhido ou de razões sociais – em vez das (ou talvez também pelas) culturais – pelas quais algumas "sociedades secretas", na verdade, permanecem secretas. Por mais raros que possam ser, existem casos de comportamento linguístico individual que são incompreensíveis tanto para o observador visitante como para os membros da própria cultura do falante (e podem muito bem, portanto, levar o comportamento do falante a ser clinicamente explicado como "patológico" e pejorativamente descrito como "louco"). Mas padrões consistentes de comportamento coletivo nunca são compreensíveis desse modo. Complexos de representações, atitudes e crenças distintivos, culturalmente selecionados, assim como modos de produção, persuasão e coerção distintivos, socialmente selecionados, pressupõem tanto uma ontologia subjacente compartilhada como uma aceitação subjacente compartilhada de significado sem as quais de modo algum se atingiria o mínimo necessário de consistência e estabilidade de comportamento (onde "compreender", no sentido descritivo, fenomenológico, de "como é realmente" ser um "deles", é, como sempre, um tema separado, mas ainda assim relacionado).

Contudo, disposições, capacidades e suscetibilidades não encontram expressão por si sós na solidão. É um outro universal o fato de que elas têm de ser ativadas pelo contato social. Exatamente como isso ocorre é uma questão controversa na ciência cognitiva, onde alguns psicólogos afirmam, enquanto outros negam, que "protoconceitos" estão inatamente codificados na estrutura neural do cérebro humano. Se nossos cérebros têm uma constituição modular em vez de polivalente, padrões de comportamento localmente variáveis podem tender a ser evocados em vez de adquiridos. Mas os sociólogos não necessitam tomar posição nesse tema controverso. Eles necessitam apenas reconhecer que existem algumas compreensões universais sobre número, tempo, espaço, movimento e corpos físicos, alguns conceitos universais na linguagem interpessoal, e algumas intuições universais sobre artefatos intencionais. Existem também alguns universais nos "mecanismos motivacionais fundamentais" (HECKHAMEN & SCHULTZ, 1999) e no "desenvolvimento comportamental" (BATESON & MARTIN, 1999), e uma capacidade universal de "empatia" (HOFFMAN, 1981). Além disso, assim como existem alguns

---

(ou tão mal) quanto os falantes do inglês foram ensinados a compreender "ΕΝ ΑΡΧΗ ΗΝ Ο ΛΟΓΣ" ou, igualmente, o vocabulário da cosmologia ameríndia.

universais comportamentais cuja relevância sociológica é inegável, existem alguns padrões de comportamento concebíveis que não se encontram em parte alguma dos registros etnográficos ou históricos. Não existem populações humanas nas quais as crianças sejam comercializadas livremente como mercadorias comercializáveis, assim como não existem populações onde a Regra de Hamilton[49] seja posta de cabeça para baixo – cooperação incondicional com estranhos, mas egoísmo impiedoso para com os parentes genéticos próximos.

Os antropólogos, como regra, são mais dispostos do que outros cientistas behavioristas a insistir na magnitude das diferenças culturais que nossa herança biológica compartilhada permite. Olhe (eles dirão) para quão diferentemente o próprio tempo é conceitualizado pelos nuer, pelos mursi ou quem quer que seja, em comparação "conosco", nossos relógios, calendários, esquemas e rotinas aparelhados para as exigências de nossas instituições paroquiais, para quão diferentemente o espaço é conceitualizado não somente por pessoas que vivem em diferentes ambientes ecológicos (florestas, selvas, savanas, desertos), mas também por pessoas com diferentes tradições poéticas e míticas, ou mesmo para quão diferentemente a própria humanidade é conceitualizada em culturas animistas ou totêmicas a partir de uma cultura "naturalista" como a dos próprios antropólogos (DESCOLA, 2005). Houve, e ainda há, muitas pessoas no mundo cujas ideias sobre, e comportamento para com, o que "nós" chamamos "natureza" são radicalmente diferentes de nossas próprias, e para quem a distinção empregada neste livro entre o natural, o cultural e o social seria inteiramente estranha. Mas os antropólogos estão igualmente preocupados com insistir na humanidade comum deles próprios e dos povos cujas crenças e atitudes eles documentam. Às vezes, isso pode parecer ter, desconfortavelmente, duas formas, particularmente quando o objetivo em vista é privilegiar a cultura que está sendo estudada às custas da própria cultura do antropólogo. Mas não necessita haver inconsistência alguma. O relato – sem falar da explicação ou descrição – da diversidade de crenças e atitudes documentadas nos registros etnográficos depende, acima de tudo, da aplicação de termos que refletem a herança biológica universal que torna possível relatá-los. Quanto mais a cultura que o antropólogo estava estudando difere da sua, mais seu sucesso na elucidação da diferença confirma uma herança psicológica inata comum à espécie partilhada entre "nós" e "eles".

---

49. Formulada inicialmente por D.W. Hamilton (1964), em termos simples, a regra propõe que há uma tendência maior a indivíduos geneticamente relacionados ajudarem-se ou a serem altruístas em situações em que lhes custa pouco ajudar, mas nas quais há boas chances de serem recompensados [N.T.].

5

Tão indiscutíveis quanto as evidências para uma psicologia humana universal, a igualmente indiscutível série de variações culturais que ela torna possível continua a colocar algumas questões conceituais duradouras que não são menos problemáticas para os sociólogos selecionistas do que para quaisquer outros. Até que ponto o "amor" como observado na Atenas antiga é o mesmo que em Pequim hoje? Até que ponto a "raiva" como observada entre os indianos hopi é a mesma que entre a burguesia inglesa? E assim por diante. As línguas de diferentes povos estão repletas de palavras para emoções que são únicas a cada uma delas: Qual, para não ir mais adiante, é o equivalente inglês da *Angst* alemã? Mas nem as diferenças no modo pelo qual o que "nós" chamamos "amor" e "raiva" são conceitualizadas nem as convenções que governam suas manifestações comportamentais apropriadas em diferentes culturas envolvem a conclusão de que não existe coisa alguma que mereça ser chamada "amor" ou "raiva" para ser encontrada dentro das cabeças dos nativos em todas as culturas e sociedades. É necessário reconhecer somente que "Se quisermos postular as emoções humanas universais, devemos identificá-las em termos de uma metalinguagem independentemente da língua, não em termos de palavras populares do inglês para emoções" (WIERZBICKA, 1992: 120). Não há razão para os sociólogos selecionistas negarem que existem variações etnopsicológicas locais no significado (MALLON & STICH, 2000) ou que o amor e a raiva sejam diferentemente manifestados no comportamento manifesto, assim como diferentemente classificados e priorizados em diferentes populações humanas. Mas por mais fluida que seja a terminologia vernacular, e por mais ambíguo que seja o intercâmbio de descrições fenomenológicas da experiência subjetiva entre os membros de diferentes culturas, nenhum antropólogo jamais encontrou uma cultura tão peculiarmente distinta que nem o amor nem a raiva pudessem ser atribuídos aos nativos, a menos que a essas palavras sejam dados significados aplicáveis apenas a elas próprias. Amor e raiva são perceptíveis em crianças muito jovens, o que não pode ser explicado por memes adquiridos por imitação e aprendizado, sem falar de práticas institucionalmente impostas. Do mesmo modo, as crianças formam e atuam em supostas conexões entre coisas observadas no mundo, no qual se considera que uma ocorrência é produzida por uma outra antecedente. Não há criança fisiologicamente normal cujo cérebro não tenha a amígdala ativada pelo que quer que ocorra no ambiente que evoque uma resposta reconhecível como medo. Tampouco existe algum lugar no mundo onde as crianças sejam criadas de tal modo que todo seu comportamento seja ou solipsistamente utilitário ou outra parte de uma série indefinida de *atos gratuitos* existenciais.

Crenças e atitudes que são suscetíveis de compreensão intersubjetiva, intrinsecamente conectadas entre si, e executadas em padrões de comportamento coletivo distintos podem agora ser detectadas dentro das cabeças dos nativos em toda e qualquer população humana não somente por meio de seus relatos verbais, que qualquer um que aprendeu sua língua pode entender, mas pela aplicação de técnicas neurológicas e químicas como a tomografia por emissão de pósitrons que as localiza no cérebro. Essas técnicas não resolverão por si próprias as dificuldades dos sociólogos comparativos confrontados com o comportamento que levanta a questão de se, como um antropólogo colocou, "uma mensagem esquecida, um sinal que revela algum significado, ou uma mensagem que ninguém compreende é um exemplo de comunicação, em qualquer sentido estrito. Dizer que as pessoas na sociedade continuam a fazer isso porque sentem uma satisfação ou adequação obscura no que fazem é falar em termos de estímulo e resposta em vez de comunicação e mensagem" (LEWIS, 1980: 37). Mas em todas as culturas, independentemente do que exatamente está ocorrendo nas cabeças dos nativos, os memes cujos efeitos fenotípicos foram executados não são totalmente indetectáveis. O observador de um padrão de comportamento inicialmente desconcertante é ainda capaz de inferir algo sobre as atitudes às quais esse comportamento dá expressão e de decifrar algo sobre as crenças que ele implica – que é exatamente o que Lewis, na Nova Guiné, passou a fazer com os guinéus que estava estudando no campo. O observador pode concluir ou que o paralelo apropriado é com o significado musical em vez do verbal (BARANOWSKI, 1998), ou que se os nativos são incapazes de dar uma resposta quando perguntados por um significado é precisamente porque uma expressão verbal de seu significado "não é necessária à função comunicativa dos atos rituais" (ARNO, 2003: 808-809), ou que o significado a ser derivado da concatenação dos *significata* de um ritual é tão abstrato, complexo e ao mesmo tempo emocionalmente carregado a ponto de ser "inefável" (RAPPAPORT, 1999: 256). Mas em nenhum desses casos os antropólogos estão dizendo aos seus leitores que o comportamento dos nativos não tem significado. Suas próprias interpretações das evidências que eles relatam são elas próprias evidências para a capacidade humana universal, inata, de ir além das informações explicitamente dadas – não (com o devido respeito a Steven Pinker) a ponto de seu significado poder ser extraído e traduzido direta e completamente na própria língua do antropólogo, mas a ponto de o antropólogo poder, ao falar com os nativos na língua deles, estabelecer que acréscimos à própria língua do antropólogo seriam requeridos.

6

A capacidade humana inata para o cálculo do interesse pessoal individual continua igualmente a ser problemática para a sociologia comparativa. Mas isso não é porque a atribuição de racionalidade às ações não tem valor explicativo, mas sim porque alguns sociólogos pensam que outros sociólogos pensam que o apelo à "escolha racional" explica muito mais do que de fato explica. E isso não se deve ao fato de que atribuir racionalidade às ações não possua valor explicativo nem ao fato de alguns sociólogos pensarem que outros sociólogos pensam que o apelo à "escolha racional" explique muito mais do que de fato explica (ZAFIROVSKI, 1999). A teoria da escolha racional foi inclusive criticada como "pré-darwiniana" em sua lógica explicativa (VANBERG, 2002: 25), e como tendo uma "estrutura ontológica" na qual o fenômeno bem documentado da empatia não pode de modo algum ser encaixado (SUGDEN, 2002: 63). Os teóricos da teoria evolucionária dos jogos podem demonstrar formalmente como, por exemplo, estratégias de comprometimento podem escapar da extinção mesmo onde falham no teste de racionalidade modular (SKYRMS, 1996: 44), e os teóricos da teoria comportamental dos jogos podem fornecer evidências experimentais para escolhas sistematicamente irracionais (CAMERER, 2003). Cientistas do cérebro, por meio da aplicação de estímulo magnético transcraniano em jogadores de jogos experimentalmente construídos, podem ver exatamente o que está ocorrendo dentro das cabeças desses jogadores quando normas de justiça invalidam cálculos de interesse pessoal pecuniário. Mas que entes humanos em todas as culturas e sociedades têm uma capacidade inata de fazer escolhas de acordo com sua avaliação da probabilidade de mais ou menos satisfação para si próprios a partir do resultado é tão claro quanto o fato de as escolhas individuais que fazem serem muitas vezes guiadas por motivos que podem ser rotulados "racionalmente autointeressados" somente se estendermos as definições de "racionalidade" e "interesse pessoal" tão amplamente que as diferenças entre memes de um tipo e de outro tenham de ser restauradas em outros termos[50]. Para os propósitos da sociologia comparativa, não importa que os memes concorrentes sejam depois caracterizados como "racionais" *versus* "normativos", ou como racionais em um sentido ("racional por propósito") em oposição a racional em um outro sentido ("racional por valor"). Pressões seletivas por vezes favorecem um e por vezes o outro, e ambos resultam do que a seleção natural fez por nossos cérebros.

Devemos apenas esperar, portanto, que o registro etnográfico venha ser repleto de culturas onde não há "razão funcional ou utilitária" que possa explicar, por exemplo, as plantas e árvores usadas na fabricação das canoas dos wala (TILLEY, 1999: 109)[51]. Mas devemos esperar igualmente que existam culturas nas quais "as pessoas abordem a religião do modo como abordam outros objetos de escolha. Elas avaliam seus custos e benefícios, e o fazem de modo a maximizar sua utilidade" (IANNACONE, 1995: 172) – uma afirmação apoiada, no caso dos Estados Unidos, pelas evidências para hipóteses derivadas da teoria

---

50. Yair (2007) argumenta que James S. Coleman, embora um importante proponente da teoria da escolha racional como o paradigma para a explicação sociológica, em seus próprios estudos empíricos, baseia-se na motivação expressiva para impelir os agentes racionais a buscarem maximizar sua utilidade de curto prazo.

51. Nos registros arqueológicos existem exemplos similares, como na metalurgia andina pré-hispânica, onde o ouro e a prata eram integrados ao corpo de um objeto ao custo elevado de tempo e trabalho em vez de serem laminados em sua superfície (DOBRES & HOFFMAN, 1994: 218).

da escolha racional sobre a mobilidade denominacional, idades de conversão e padrões de endogamia denominacional. Nenhum sociólogo comparativo supõe seriamente que a escolha de materiais para construir canoas seja feita em toda parte por razões funcionais ou utilitárias, ou que a afiliação religiosa seja em todo lugar uma questão apenas de cálculo de custo-benefício. Tampouco, em todo caso, é sempre racional agir "racionalmente": Se jogar para ganhar leva a hostilidade dos pares e a rebaixamento institucional, não é racional jogar (às vezes) para perder? Pode ser tão errado para os sociólogos assumirem que as informações que afetam o fenótipo – ao qual um ambiente particular dá vantagem seletiva – devem ser da forma pressuposta pela teoria da escolha racional quanto assumirem que não podem ser dessa forma quando – independentemente de quão indignadamente os próprios nativos possam negar – isso é exatamente o que termina ocorrendo.

7

E, portanto, quanto à nossa disposição inata para "buscarmos pontos fracos e brechas na ordem social para melhorarmos nossa posição", como Frans de Waal afirma? (1996: 102). Antes da transição da cultura para a sociedade, a "ordem social" é um sistema apenas de classificação interpessoal. Mas a motivação para ascender socialmente dentro de uma tal ordem pode ser exatamente tão forte quanto em um sistema de papéis institucionais e de conflitos intersystácticos. Se a sociologia de nossos ancestrais paleolíticos fosse similar à dos bandos caçadores e coletores etnograficamente documentada, os autoexaltadores seriam restringidos com piadas, deboche, comunhão forçada, monitoramento vigilante, coalisões antiautoritárias e assassinatos ocasionais. Mas não se segue disso que os autoexaltadores não estivessem presentes em cada geração sucessiva (HAYDEN, 1998: 18). Líderes foram incapazes de se transformar em governantes, mas isso não é uma razão para assumirmos que não o teriam feito caso pudessem. O comportamento que restringe a agressão dos autoexaltadores é ele próprio um comportamento agressivo.

Não é impossível que a seleção natural tenha trabalhado para reduzir o sucesso reprodutivo dos autoexaltadores. Se o ressentimento que provocavam levou à formação de coalizões cujos membros cooperavam para puni-los, e se a punição assumiu a forma de privá-los da oportunidade de terem filhos – fosse por meio do assassinato, exílio ou da negação de seu acesso a mulheres núbeis –, então, talvez, "o imperativo do autoritarismo tenha de algum modo sido removido dos genes de nossos ancestrais pré-humanos, para depois ser revivido na história relativamente recente como uma adaptação *cultural* à necessidade de domesticar plantas e animais em resposta às pressões populacionais" (BINMORE, 2001: 1.162, apud KNAUFT, 1991). Houve um amplo período durante os longos milênios do Pleistoceno para ocorrerem mudanças significativas no genoma humano. Mas como explicar as evidências dos registros arqueológicos segundo as quais "o *status* social hereditário se desenvolverá em todo lugar que as circunstâncias econômicas e sociais permitirem"? (MASCHNER & PATTON, 1996: 101). Não é necessário cidades-mercado, propriedades agrícolas ou obras públicas. Recursos aquáticos sustentáveis são o suficiente, como ilustrado pelos kwakiutl da costa do Noroeste Pacífico com seus chefes e escravos e seus celebrados "potlatches"[52]. É verdade que a transição da cultura para a sociedade não necessita levar à emergência de um papel ao qual se vincule o poder quase despótico de um chimpanzé macho alfa. Existem "pactos sem a espada"[53] (OSTROM et al., 1992). A cooperação pode ser imposta entre competidores por recursos limitados por um papel cuja autoridade deriva, nos termos da teoria dos jogos, do acréscimo à decisão livre dos jogadores de um parâmetro que represente o custo do monitoramento autofinanciado e de uma estratégia para acordo negociado (OSTROM, 1990: 16). As mulheres também não necessitam ser portadoras das mesmas estratégias dos homens. Mas isso ainda não torna a sociologia paleolítica uma *just-so story* da coevolução gene-meme na qual a disposição previamente herdada para "buscarmos brechas para melhorarmos nossa posição social" tenha sido eliminada de nossos ancestrais apenas para ser culturalmente resselecionada muitos milênios depois.

Embora não possamos nos certificar de que os resultados dos experimentos psicológicos atuais sejam um guia confiável para o que estava ocorrendo dentro das cabeças de nossos ancestrais paleolíticos, uma das primeiras coisas a buscar seria um desejo inato para punir trapaceiros que desobedeceram aos termos de um contrato social implícito (COSMIDES & TOOBY, 1992; FEHR & GACHTER, 2002). Entre os membros de bandos de caçadores e coletores em contato face a face contínuo entre si, uma mutação que transformou raiva em raiva justificável dificilmente poderia fracassar em ser adaptativa. Além disso, quando quer que nossos ancestrais tenham começado a especular pela primeira vez sobre a existência de agências supra-humanas responsáveis pelo funcionamento do mundo no qual se encontravam, a ideia de reciprocidade poderia prontamente ser projetada do nível inter-humano para o humano/supra-humano. Propiciação, compensação e sacrifício estão arraigados em nosso passado evolucionário (BURKERT, 1996), e poderiam ser prontamente evocados – em reação ao que era percebido como interferência nos assuntos humanos – tanto por supostas agências supra-humanas quanto pelo comportamento de semelhantes – fossem os agentes supra-humanos considerados bem-dispostos, ou

---

52. Distribuição cerimonial de presentes praticada entre os índios americanos da costa do Noroeste Pacífico, particularmente os kwakiutl [N.T.].

53. No original, "*covenants without swords*". Referência provável à afirmação de Hobbes no *Leviatã* (1651), que descreve o conceito de lei e sua validade. De acordo com Hobbes, a lei é considerada como tal se se apresenta com a coerção própria e tem o poder para punir aqueles que a desobedecem [N.T.].

não, em relação aos entes humanos (ou, como os "dualistas" irracionalmente não supuseram, o mundo é um campo de batalha no qual forças em prol da harmonia e do bem estão combatendo forças em prol do caos e do mal).

A herança biológica dos caçadores e coletores do Pleistoceno, portanto, não torna suas relações interpessoais um mundo mais de hostilidade mútua endêmica e de violência física do que de cooperação contínua e harmonia imperturbada. Mas suas relações não eram de igualdade rígida nem seus motivos, autenticamente igualitários. O compartilhamento compulsório poderia eliminar praticamente todas as diferenças entre eles quanto às posses materiais, mas um indivíduo marginalmente desprivilegiado no acesso a alimento poderia sofrer tanto quanto um membro de uma classe baixa empobrecida em uma sociedade estratificada. Diferenças de prestígio pessoal poderiam ser pequenas e passageiras, mas um indivíduo consistentemente menos bem-visto do que outros poderia sofrer tanta desestima como o membro de uma casta socialmente estigmatizada. Coalizões antiautoritárias poderiam impedir qualquer indivíduo de dominar o resto do bando pela força ou pela ameaça de força, mas um extraviado escolhido para punição poderia ser tão desagradavelmente tratado quanto um institucionalmente condenado por criminalidade em uma sociedade com tribunais de justiça, polícia e prisões. A medida padrão de desigualdade – o Coeficiente de Gini[54] – pode ser tão alta em um grupo no qual uma só pessoa possui uma posse simbolicamente valiosa – digamos, um colar de ouro ou um machado de jade – quanto em uma sociedade de mercado em que grande parte da riqueza abundante está concentrada nas mãos de um número relativamente pequeno de famílias excepcionalmente ricas. Conflitos entre trapaceiros, desertores, aproveitadores, autoexaltadores e os reciprocadores determinados a puni-los são praticados em todos os níveis de desigualdade e em todos os ambientes ecológicos e demográficos.

Adaptabilidade evolucionária

8

O ambiente no qual nossos ancestrais pleistocenos caçaram e coletaram por muitos milênios era tudo menos uniforme (FOLEY, 1996; IRONS, 1999). Longe de existir um "ambiente de adaptabilidade evolucionária" estável, houve uma modificação contínua do ambiente ancestral tanto por grandes variações no clima e ecologia como pelo comportamento de construção de nicho de nossos próprios ancestrais. As sucessivas mutações na estrutura de seus cérebros

---

54. Na economia, o Coeficiente de Gini (formulado pelo estatístico e sociólogo italiano Corrado Gini em 1912) é uma medida de dispersão estatística destinada a representar a renda ou distribuição de riqueza dos residentes de uma nação, e é a medida de desigualdade mais comumente utilizada [N.T.].

lhes deram a capacidade de reagir a ambientes perigosamente imprevisíveis de qualquer modo que aumentasse sua aptidão reprodutiva diante deles. Desde então, não só disposições, capacidades e suscetibilidades biologicamente herdadas persistem sob condições nas quais podem ter cessado de ser adaptativas, mas se tornam adaptativas por outras razões e de outras formas.

Considere o exemplo do "gosto por doces". É muitas vezes citado como um exemplo de um traço fisiológico que, tendo evoluído em um ambiente em que era visivelmente adaptativo por promover a ingestão de uma fonte nutricional de energia, sobrevive em um ambiente diferente em que deixa de cumprir essa função. Isso ainda não foi explicado tão assertivamente quanto a absorção de lactose pelo adulto. Não sabemos exatamente quando, onde ou por que ela evoluiu. Mas, uma vez que evoluiu, seu interesse para a sociologia comparativa repousa em, dentre outras coisas, sua conexão com a instituição da escravidão. "Quem diz açúcar, diz escravidão", dos normandos e venezianos na Sicília, Chipre e Creta, passando pela colonização portuguesa das ilhas do Atlântico até o ponto em que, no século XVIII, 1,4 milhão de escravos nas Américas – 40% do total – serão encontrados trabalhando em plantações de açúcar (KLEIN, 1986: 60)[55]. A cultura foi parte da história também, particularmente na moda, rapidamente propagada, de beber chocolate (e também no gosto por beber rum). Mas a demanda prodigiosa por açúcar na Europa foi uma resposta evocada que remonta a um traço biologicamente herdado que foi, então, no ambiente de épocas muito posteriores, reforçado pela seleção cultural e satisfeito pela seleção das práticas constitutivas da instituição da escravidão (sobre a qual terei mais a dizer no cap. 4).

Um outro exemplo é a resposta universal ao ritmo. As sensações evocadas pela batida de tambores, a entoação de canções em uníssono, a propulsão de barcos ou canoas através da água por remadas coordenadas e a execução de dança, ou marcha, ritmada estão documentadas ao longo de uma série extremamente ampla de lugares e épocas. Mas no contexto da guerra entre exércitos de infantaria dos estados europeus do século XVII, "O treinamento militar, como desenvolvido por Maurício de Nassau, e milhares de instrutores militares europeus depois dele, liberou diretamente esse reservatório primitivo de socialidade" (McNEILL, 1982: 131)[56], com a consequência de que a seleção de grupo favoreceu aqueles

---

55. Os Estados Unidos são, como seus historiadores bem sabem, muito diferentes a esse respeito: "Mesmo em seu auge antes da Guerra Civil, o açúcar nunca foi mais do que um cultivo secundário que utilizava menos de 10% da força de trabalho escrava" (FOGEL, 1989: 29). Isso não se segue de "quem diz escravidão diz açúcar". As minas são tão importantes para a história da escravidão quanto as plantações. Mas é uma hipótese plausível a de que se os romanos tivessem tido conhecimento do açúcar teriam utilizado escravos para produzi-lo, e os romanos ricos o teriam consumido em grande quantidade.

56. McNeill também cita o Marechal de Saxe: "Devem ter-me dito, talvez, que muitos homens não têm ouvido para música. Isso é falso; o movimento para música é natural e automático. Observei muitas vezes, enquanto os tambores eram tocados conforme as cores, que todos os soldados mar-

exércitos de soldados de infantaria cujo treinamento em campo de paradas havia consolidado unidades de combate mais efetivas do que as de seus competidores. Como uma *just-so story* assim formulada, essa tem de ser modificada para levar em consideração a objeção de que exercício militar de ordem, em vez do armado, só pôde se estabelecer institucionalmente na era dos campos de parada artificialmente nivelados e das estradas macadamizadas: os exércitos do século XVII, sob a mesma restrição ambiental dos espartanos proverbialmente militaristas, embora avançassem no campo de batalhas em formação fechada e fossem treinados em manobras de infantaria muito complexas, não foram, e efetivamente não poderiam ser, ensinados a operar estritamente no ritmo, devido à natureza do terreno no qual combatiam. Mas isso não é um argumento contra o efeito universal de vínculo no exercício de ordem unida que McNeill experienciou como um recruta de infantaria na Segunda Guerra Mundial.

A possibilidade de explorar deliberadamente disposições e suscetibilidades inatas foi há muito reconhecida pelas pessoas que o fazem. Oradores são muitas vezes conscientes de sua habilidade, como Albert Speer expressa ao se recordar de Hitler e Goebbels, "para libertar instintos de massa" (1970: 47), e o sucesso de instrutores profissionais de retórica dos mundos grego e romano, passando pela Renascença até os dias atuais, é testemunho ao mesmo tempo desses instintos e do que pode ser aprendido e ensinado sobre como canalizá-los em padrões de comportamento evocado[57]. É improvável que aqueles cujo comportamento é influenciado desse modo possam explicá-lo a si próprios. Eles podem inclusive ser ativamente resistentes à sugestão, assim como muitas pessoas ficam zangadas quando lhes dizem que amizades íntimas e duradouras entre humanos são um produto evolucionário das vantagens reprodutivas sob condições ancestrais de disposição para participarem de troca recíproca de favores (TOOBY & COSMIDES, 1996: 131). Soldados, no campo de batalhas, escrevendo para seus familiares sobre sua disposição para morrer pela "pátria", são tão capazes de explicar o apelo que a equação simbólica da nação com a família exerce sobre eles quanto crianças com medo de animais ou da escuridão são conscientes de que estão respondendo instintivamente ao que Bowlby chamava "indícios naturais" (1973: 161). Mas isso é o que está ocorrendo, quer se apercebam ou não. Políticos apelando à lealdade do partido e executivos denunciando delatores estão praticando psicologia evolucionária aplicada tanto quanto anunciantes que usam fotos de mulheres sexualmente atrativas para vender carros esportivos para compradores prospectivos presumidamente homens.

---

chavam em cadência sem intenção e sem se aperceberem disso. A natureza e o instinto faziam isso por eles" (1982: 133, n. 12).

57. Darwin, uma vez mais, já chegara aí: "O apaixonado bardo, orador ou músico, quando, com seus tons e cadências variadas, excita as mais fortes emoções em seus ouvintes, poucos suspeitam que utilize os mesmos meios pelos quais seus ancestrais quase humanos há muito despertaram as paixões ardentes uns dos outros, durante seu cortejo e rivalidade" (1882: 573).

Além disso, o comportamento evocado possui uma importância na guerra, que vai além das respostas imediatas de autoproteção, evocadas em combates face a face, aos efeitos de vínculo de companheirismo sob condições de estresse. Após estudarem evidências de atuação comparativa dos exércitos americanos e alemães na Segunda Guerra Mundial, Richerson e Boyd (1999) concluíram que os soldados alemães que eram recrutados na mesma cidade ou distrito, mantidos juntos durante o treinamento, integrados aos mesmos pelotões ou companhias, levados para a batalha pelos mesmos oficiais que os haviam comandado quando recrutas e, quando se retiravam do fronte, treinados novamente por aqueles mesmos oficiais, lutavam muito mais efetivamente do que soldados americanos que foram treinados em grupos temporários, enviados ao fronte individualmente e integrados a grandes divisões compostas de estrangeiros dentro das quais as baixas eram substituídas gradualmente. Essa conclusão, sem dúvida, não teria surpreendido Xenofonte nem Frederico o Grande. Os escritos de Xenofonte sobre combates de infantaria grega enfatizam consistentemente o valor da camaradagem comparada à instrução, e Frederico o Grande mais de uma vez registrou sua convicção de que recrutas oriundos, como os seus foram, dos mesmos cantões eram mais propensos do que outros a apoiar uns aos outros automaticamente no campo de batalha e a encorajar a disposição uns dos outros de porem suas vidas em risco. A diferença na atuação não deve ser explicada em termos de comportamento evocado apenas: como observei na Seção 6 do Capítulo 2, as seleções cultural e social estão operando também na atuação diferenciadora dos exércitos e, desse modo, influenciando a reprodução e difusão subsequentes dos memes e práticas das quais são os portadores. Mas a "liberação" do "reservatório primitivo de socialidade", mencionada por McNeill, pode conferir uma vantagem marginal a um exército sobre outro que é potencialmente tão decisiva quanto normas de combatentes, adquiridas por meio de imitação e aprendizado, ou disciplina militar, imposta por sanções institucionais.

9

Contudo, não deveríamos supor que o comportamento evocado seja "instintivo" em um sentido que implicasse que sua motivação sempre vem do cérebro emocional e não do racional. Como os humanos herdaram um repertório intelectual que, por limitado que seja, ainda nos torna bayesianos e teóricos dos jogos potenciais, essas capacidades também devem ter sido adaptativas nos milênios durante os quais foram naturalmente selecionadas em paralelo ao nosso repertório de emoções.

A ideia de que o Teorema de Bayes[58] exemplifica um processo inferencial biologicamente herdado do ambiente de nosso ancestral remoto merece ser exa-

---

58. Na teoria da probabilidade e na estatística, o Teorema de Bayes descreve a probabilidade de um evento com base no conhecimento anterior das condições que podem estar relacionadas a ele [N.T.].

minada por duas razões: primeiro, porque o raciocínio bayesiano depende excessivamente de probabilidades anteriores inverificáveis de evidências baseadas apenas em conhecimento prévio; e, segundo, porque o teorema requer cálculos que os entes humanos não têm capacidade de executar dentro de suas cabeças quando confrontados com escolhas da vida real em ambientes complexos. Mas *uma* parte do repertório psicológico humano é a habilidade para modificar uma crença, no reconhecimento de que a probabilidade de ela ser verdadeira depende da probabilidade das evidências posteriores serem verdadeiras. A inércia cultural, muito facilmente atribuída por alguns sociólogos às comunidades "camponesas", não inibe totalmente cultivadores de estudar os produtos que seus vizinhos obtêm em suas terras nem de, consequentemente, modificar suas próprias técnicas, assim como adolescentes aparentemente irreflexivos da classe trabalhadora nas sociedades industriais têm se mostrado capazes de modificar suas aspirações educacionais à luz do que observam sobre suas perspectivas de ascensão social. Tomadores de decisão bayesianos podem ser menos frequentemente encontrados – e, quando são, podem tornar o comportamento médio da população atual menos diferente do comportamento médio da população prévia – do que imitadores irracionais de modelos de papéis prestigiosos ou da maioria dos que consideram seus pares. Mas uma resposta reconhecidamente bayesiana provocada por um ambiente transformado por vezes fornece a explicação de padrões de comportamentos diferenciados nos quais memes e práticas preexistentes estão se tornando relativamente menos adaptativos. Aceitar que a seleção natural não equipou o cérebro humano para resolver bem problemas de probabilidade não é negar que lhe tenha dado uma capacidade para modificação de crenças iniciais à luz de resultados observados sem que um cálculo explícito de probabilidades propriamente dito tenha de ser executado.

Similarmente, o comportamento coletivo pode se conformar a modelos teóricos de jogos sem que seja assumido que os nativos estejam conscientemente aplicando uma matriz de restituições que levam consigo dentro de suas cabeças. Coleman, analisando fugas em pânico, mostra como diferem do clássico Dilema do Prisioneiro devido à possibilidade de coordenação condicional das respostas de outros ao longo de um período inicial de tempo após a resposta imediatamente evocada pelo perigo físico óbvio: o dilema é que retardar a corrida para a saída assim que o incêndio inicia em uma área fechada aumenta a oportunidade para coordenação que beneficiaria todos e intensifica o risco de que se outros começarem a correr a sobrevivência terminará dependendo de se estar entre os primeiros que correram. Tais pânicos – que os autores da pré-teoria dos jogos tenderam a atribuir à consciência coletiva, à psicologia das massas, ao instinto de rebanho ou à sugestão quase hipnótica – são um exemplo óbvio de comportamento evocado iniciado pelo instinto universal de sobrevivência, com a consequência de que, como argumenta Coleman (1990: 214, n. 7), a emoção denominada "pânico" é criada pelo alto custo de se demorar antes de tomar a decisão potencialmente fatal de correr ou não em direção à saída. Em exemplos como esse, a teoria da escolha racional e a psicologia evolucionária se combinam para produzir uma das mais plausíveis *just-so stories* de todas.

10

Um dos tópicos-padrão na sociologia comparativa que convida à análise ao longo dessas linhas é a rixa (*feud*).

A rixa está abundantemente documentada nos registros etnográficos e históricos ao longo de uma série de épocas e lugares da Arábia pré-islâmica à França medieval, passando pelo sul dos Estados Unidos, Peloponeso, Córsega, Andaluzia, Argélia, leste da África, Montenegro, Albânia e outros lugares além desses. As histórias melodramáticas culturalmente transmitidas em canções e lendas – nas *gestas* dos menestréis, nas sagas islandesas, nos *cantares* espanhóis ou simplesmente na memória popular de grupos de parentesco nutrindo seus ódios culturalmente herdados uns pelos outros – refletem padrões de comportamento com os quais sua audiência era muito familiar. O "gênero poético altamente estruturado" exemplificado em particular nas sagas islandesas (FENTRESS & WICKHAM, 1992: 167; DUNNBAR et al., 1995) reflete tanto a estrutura das rixas como as relações de parentesco entre assassinos e assassinados. É surpreendente o quão frequentemente as histórias espelham diretamente a Regra de Hamilton: a intensidade do desejo por vingança é proporcional à proximidade genética do vingador da vítima, a compensação é aceita em acordo somente quando sua escala corresponde à proximidade do relacionamento, e a importância é particularmente ligada à castidade das parentes núbeis que, caso violadas, exige que os homens jovens adultos procurem e matem o violador. Para emprestar a metáfora de McNeill sobre o efeito de vínculo no exercício de ordem unida, a rixa "libera um reservatório primitivo" de solidariedade baseada no parentesco e na agressão masculina. Em princípio, além disso, rixas podem continuar por tanto tempo quanto a memória das injúrias não completamente vingadas. Uma rixa "não é uma série finita de atos hostis que podem ser ditos terem um começo e um fim" (BLACK-MICHAUD, 1975: 37). Mesmo onde acordado por arbitragem, ou negociação de algum tipo, ou parecendo desaparecer ao longo do tempo ou através da distância física, rixas podem ser novamente evocadas por um encontro casual face a face ou por uma disputa territorial reascendida. Mas a rixa é um padrão de comportamento distinto que persiste somente sob uma série específica de condições ambientais nas quais comportamentos evocados *e* adquiridos *e* impostos desempenham um papel.

Uma dessas condições mais frequentemente observadas é a ausência de um Estado central forte – ou seja, de práticas que definem papéis aos quais se vinculam o poder para impor um monopólio dos meios de coerção sobre as partes conflitantes. Mas nenhuma generalização legiforme pode igualmente ser formulada – as rixas persistem em alguns estados fortes, e são ausentes em alguns estados fracos. Similarmente, há uma correlação positiva entre economias pastorais e a rixa, mas alguns agricultores habitantes de aldeias se envolvem em rixas. A rixa é um exemplo clássico de evolução convergente onde diferentes culturas e sociedades, nas quais é encontrada, possuem *just-so stories* que em certo sentido lhes pertencem, mas ao mesmo tempo indicam pressões seletivas similares em operação. A disposição biologicamente herdada de homens jovens para saírem e matarem os assassinos de seus parentes é apoiada pelos memes que exigem a defesa da honra familiar transmitida por imitação e aprendizado em um ambiente de práticas e papéis institucionais que são sempre permissivos, e por vezes positivamente favoráveis, a ela. Rixas não podem ser explicadas do mesmo modo que guerras – elas envolvem o assassinato de membros da mesma sociedade, não de outras, sob formas que se conformam a certas regras específicas. Como foi dito sobre a sociedade descrita nas sagas, "A ordem social e governamental que o sistema de defesa fortaleceu tornou a rixa islandesa possível" (BYOCK, 1982: 38). Ou, como Evans-Pritchard disse sobre os nuer, "rixas de sangue são uma instituição tribal, e só podem ocorrer onde uma brecha na lei é reconhecida, pois são o modo pelo qual a reparação é obtida" (1940: 150). Variações desse padrão de comportamento comum são explicáveis pela referência às pressões seletivas locais que derivam, por exemplo, da dispersão de grupos de interesse fraternal através da residência não patrilocal (KANG, 1979), ou da relação de compensação em dinheiro de sangue para as instituições de uma economia de mercado (OTTERBEIN, 2000). Como é colocado em um estudo sobre a rixa na Córsega do século XIX, onde registros da corte fornecem uma fonte inusualmente confiável do número preciso e natureza dos assassinatos, os participantes "eram altamente estratégicos mesmo quando sacrificavam interesses individuais pela ação coletiva. Eles reproduziam confiavelmente um sistema de rixa não devido a um compromisso com um sistema de valores mais amplo da sociedade ou puramente devido ao interesse pessoal individual, mas devido à devoção às suas próprias unidades familiares – uma devoção pela qual agiam de um modo altamente estratégico" (GOULD, 2000: 700).

Uma *just-so story* completamente investigada sobre a violência interpessoal que repousa sobre uma explicação coevolucionária em todos os três níveis é a análise da "cultura da honra" no sul americano por Richard E. Nisbett e Dev Cohen, que em seu Prefácio endossam explicitamente os princípios subjacentes à psicologia evolucionária como "uma base metateórica emergente para as ciências sociais que é particularmente relevante para os estudos culturais" (1996: xvii). A disposição dos homens brancos, não hispânicos, do sul em responder com violência letal a insultos pessoais ou a ameaças às suas famílias e propriedade é amplamente evidenciada nas taxas de homicídios extraídos por Nisbett e Cohen dos registros do Departamento de Justiça dos Estados Unidos. Particularmente surpreendentes são as correlações com a residência rural no pastoreio comparadas às regiões agrícolas. Além disso, as diferenças regionais entre o sul e o sudoeste, por um lado, e o não sul, por outro, são significativamente mais marcadas no caso dos homicídios "relacionados a discussões" do que nos "relacionados a felonias". As correlações ecológicas são apoiadas tanto por dados de pesquisa como por resultados experimentais, e as hipóteses alternativas, convincentemente descartadas. Os descendentes dos imigrantes escoceses-irlandeses que se assentaram nos territórios de pastoreio de fronteira herdaram uma cultura que impõe violência na proteção da propriedade, retaliação física contra insultos pessoais, desconfiança da autoridade pública e lealdade inquestionável à família e aos parentes. Nisso, diferem dos sulistas não brancos tanto quanto dos brancos do norte. Mas suas atitudes são coerentemente formuladas e consistentemente expressas, e perseguem os interesses de suas famílias tão estrategicamente quanto qualquer outra pessoa. A explicação não deve ser buscada na genética do comportamento: não há razão para supor que sejam inatamente predispostos a violência em um nível significativamente maior do que a generalidade dos homens jovens adultos. Mas um potencial biologicamente herdado chegou a ser evocado como em nenhum outro lugar devido às pressões seletivas que favoreceram uma coevolução de memes e práticas por meio das quais a rixa persiste.

Sociologia humana como sociologia primata

11

O escritor científico Matt Ridley descreveu (1996: 159) o senso de estranha familiaridade com que reagiu a uma descrição das Guerras das Rosas[59] que leu logo após sua leitura da descrição que de Waal faz em *Política dos chimpanzés* sobre os eventos no zoológico de Arnhem: ali estava Margarida de Anjou, Eduardo o Quarto, e Warwick o Fazedor de Reis, comportando-se exatamente como Luit, Nikki e Yeroen em seus conflitos por lugar e poder. Paralelos desse tipo estendido entre os comportamentos humano e animal têm uma longa história na discussão literária e filosófica sobre a natureza humana. Mas a combinação de avanços na teoria neodarwiniana com os achados de primatologistas que tabalham no campo lhes deu uma precisão e um propósito maiores. Temos agora títulos de livros não meramente como *The naked ape* (*O macaco nu*) e *The third chimpanzee* (*O terceiro chimpanzé*), mas como *The arbitrary ape* (*O macaco arbitrário*), *The thinking ape* (*O macaco pensante*), *The ape that spoke* (*O macaco que falou*), *The protean primate* (*O primata proteu*), *The promising primate* (*O primata promissor*) e mesmo *Primates in the Classroom: an evolutionary perspective on children's education* (*Primatas na sala de aula:*

---

59. Uma série de guerras civis dinásticas (1455-1485) entre as casas de Lancaster e York pelo trono inglês [N.T.].

uma perspectiva evolucionária sobre a educação de crianças). Existe, portanto, um senso no qual a sociologia comparativa poderia ser chamada uma dentre outras subdisciplinas da primatologia comparativa. Com base no que "política dos chimpanzés" é um termo menos legítimo de ciência comportamental do que "monitoramento vigilante entre caçadores-coletores" ou "parentesco na África Subsaariana" ou "o Estado capitalista"?

Os sociólogos podem protestar que esse exemplo é muito fácil. Conflitos por dominância pessoal entre um pequeno número de competidores dentro de uma sólida classificação transitiva são um tema diferente dos movimentos variados e contínuos de pessoas entre papéis, e dos próprios papéis, no espaço social tridimensional, do tipo familiar das sociedades humanas com estruturas systáticas complexas e longas histórias de modos de produção, persuasão e coerção em desenvolvimento. Mas, recentemente, tive uma experiência muito similar à de Ridley ao reler um estudo clássico de política inglesa do período de 1675 a 1725 (PLUMB, 1967). Os jogadores nesse jogo estavam em disputa por poder em um ambiente institucional dominado por uma corte real e um parlamento bicameral em uma parte do qual a substituição de representantes de um partido ou facção por outros em eleições periódicas poderia ser decisiva para a manutenção ou perda de *status*. É um mundo, todavia, mais distante do zoológico de Arnhem do que das Guerras das Rosas, mas os favores dados e recebidos entre os políticos e seus apoiadores ainda correspondem ao asseio mútuo dos chimpanzés: os emolumentos monetários (ou subornos, se você quiser) correspondem aos presentes ou intercâmbios de alimento dos chimpanzés; os votos registrados nas assembleias ou no parlamento correspondem ao apoio que chimpanzés dão uns aos outros em circunstâncias de conflito real ou potencial; os machos de posição mais elevada em ambos os casos desfrutam de escolhas e de gratificações das quais os de posição mais baixa são excluídos; coalizões se formam e reformam com igual facilidade e velocidade; rituais de submissão são executados na corte ou no parlamento como são no zoológico de Arnhem; em ambos os casos, vínculos de parentesco, altruísmo recíproco e manipulação social "maquiavélica" são igualmente visíveis; e, em ambos os casos, podem ser discernidas diferenças nas tradições culturais compartilhadas por subgrupos dentro da população como um todo.

Não menos surpreendente são os paralelos nos detalhes de comportamento face a face evocados. Gestos estereotipados, expressões faciais, a manutenção da distância física e ações como curvar-se e agachar-se (ou, alternativamente, ficar de pé) são prontamente observáveis tanto em humanos como em chimpanzés, do mesmo modo que a instabilidade emocional manifestada em reversos abruptos na conduta. Humanos e chimpanzés mudam igualmente de resistência a submissão, ambos intervêm inesperadamente, seja como participantes, seja como mediadores, em conflitos previamente observados com aparente indiferença, e ambos são propensos a explosões de raiva coletiva. As vocalizações dos chimpanzés (inclusive risadas) portam significado[60], e sua falta de vocabulário, gramática e sintaxe não os impede de ter alguma noção de sua própria identidade e de atribuir algum grau de conhecimento e intenção a outros (inclusive humanos). Eles não só retaliam imediatamente contra seus inimigos como também praticam vingança retardada. Reconhecem aliados como aliados e rivais como rivais por longos períodos de tempo. Patrulham conjuntamente as fronteiras de territórios que consideram seus. Muitas vezes brigam, mas muitas vezes se reconciliam com aqueles com quem brigaram. Cuidam uns dos outros quando estão doentes ou feridos. Se dois chimpanzés consistentemente asseiam um ao outro, ajudam-se, brincam um com o outro, prestam atenção um no outro, aconchegam-se um no outro e compartilham entre si, o que mais têm de fazer antes que o primatologista que os está estudando possa falar deles como "amigos" que, como Aristóteles estipula (*Ética a Nicômaco*, 1.156a 3-4), querem fazer o bem um ao outro e são conscientes de que os outros fazem o mesmo?

12

Mas chimpanzés ainda são... bem, chimpanzés. Luit, Nikki e Yeroen não podem sentar-se a uma mesa-redonda de conferências para renegociar seus papéis como podem Margarida de Anjou, Eduardo o Quarto e Warwick o Fazedor de Reis. Se um primatologista voltasse do campo tendo encontrado uma população de chimpanzés com uma arquitetura monumental, uma mitologia ancestral e um conselho de anciãos, essa não seria uma população de chimpanzés. Seria uma população de outros primatas, embora devendo ser exatamente classificada, com uma diferença crítica, independentemente de qual exatamente possa ser, em sua herança genética e na estrutura de seus cérebros. Isso, como em nosso caso, teria levado muitas gerações desde o último ancestral comum. Mas essa também seria uma diferença de tipo. Como Darwin reconhecia, "nenhum animal é autoconsciente, se por esse termo está implicado que ele reflete sobre pontos como: de onde veio ou para onde irá, ou sobre o que é a vida e a morte, e assim por diante" (1882: 83). Mas isso é exatamente o que os entes humanos não conseguem deixar de fazer. Não somos apenas primatas que amam, odeiam, brincam, brigam, cooperam, dissimulam, ficam tristes e se alegram, mas que narram, especulam e sacralizam. Por mais importante que seja os sociólogos reconhecerem que o comportamento evocado é predominante em todas as sociedades humanas e que o comportamento adquirido não é exclusivo da espécie humana, nenhuma pesquisa que confirmou o alegado antropomorfismo de Darwin foi além das reservas que ele próprio explicitamente fez.

---

60. A uma extensão que a dos macacos verdes (*vervets*), p. ex., não (CHENEY & SEYFARTH, 1990); em comparação com os chimpanzés, os macacos verdes podem ser rotulados quase como solipsistas.

Da perspectiva da sociologia comparativa, portanto, o modo de colocar isso é dizer que em algum ponto da sequência evolucionária que leva a "nós", os primatologistas têm de se tornar antropólogos. Não sabemos, e talvez nunca venhamos a saber, exatamente quando nossos ancestrais começaram a falar entre si. Se, como sugerem as evidências anatômicas, passaram a ter a capacidade física para fazer isso cerca de 300.000 anos atrás, podem tê-la utilizado para gritar, rosnar, rir, cantar e encorajar muito antes de utilizá-la para debater o que fazer amanhã ou lembrar do que aconteceu na semana anterior. Mas em algum tempo inverificável, começaram a intercambiar julgamentos morais e especulações metafísicas assim como compartilhar informações práticas, aceder em planos para o futuro e comparar recordações do passado. Começaram a perguntar um para o outro coisas como: "Como você pode assentir com um comportamento tão mau?" e "Você pensa que os espíritos de nossos ancestrais estão nos observando?" O antropólogo que os localizasse no campo poderia inferir suas crenças e atitudes não somente observando suas ações exteriores, mas também ao aprender sua língua, ouvir o que pensam sobre suas ações e discutir com eles o que querem dizer ao falar sobre elas quando o fazem.

Após isso, não há escapatória para a disjunção perenemente problemática entre as conceitualizações dos nativos e dos observadores sobre seu comportamento. Nenhum primatologista no zoológico de Arnhem ou na estação de campo de Yerkes ou na floresta de Gombe está preocupado com um conflito entre "sua" descrição de seu comportamento e a "nossa". Mas todo antropólogo está preocupado com isso desde o primeiro dia de trabalho de campo, quer sejam "eles" falantes de uma língua que o antropólogo tenha de aprender do zero ou de uma língua que é também a sua. O procedimento máximo que segue da distinção traçada na Seção 5 do Prólogo entre intenções e motivos permanece igualmente relevante: os relatos dos nativos sobre o que estão fazendo são privilegiados em relação aos do observador, do mesmo modo que a explicação do observador de por que estão fazendo isso é privilegiada em relação à dos nativos. Mas uma vez que os nativos estejam dispostos a responder questões sobre suas próprias experiências subjetivas, o antropólogo que os observa tem os benefícios e os riscos correspondentes do acesso às evidências sobre o que e por que o estão fazendo, o que nem o chimpanzé, o golfinho ou o elefante mais inteligente podem fornecer.

Os primatologistas cujas experiências no campo os capacitaram a detectar as diferenças no temperamento e personalidade entre um chimpanzé e outro podem, como Darwin, recusar-se a aceitar que seus estados mentais subjetivos sejam indistinguíveis, e, menos ainda, que não tenham qualquer um. Não poderia haver uma fenomenologia do chimpanzé? (sem mencionar uma do golfinho ou do elefante). Por que as experiências subjetivas de Luit, Nikki e Yeroen não poderiam se prestar à incorporação em um romance tão persuasivo quanto *The inheritors (Os herdeiros)*, de William Golding, no qual o encontro entre neandertais e humanos é narrado da perspectiva de um protagonista neandertal hipotético cuja "consciência de vida turbada, estática e não abstrata" é um mundo "no qual nem a ação nem seu corolário, a fala, contêm quaisquer cláusulas subordinadas"? (GREEN, 1963: 46). Descrições autênticas sobre como é a experiência de outras pessoas para elas não exige que a descrição seja dada em palavras que estejam em suas cabeças. Descrições vívidas e elucidativas de estados mentais podem ser formuladas em uma linguagem que não poderia ter sido usada por "eles", fosse uma criança (ou um chimpanzé) em um estado de fúria extrema que não sabe o que é "extremo", ou um governante maquiavélico (ou o macho alfa na liderança de um bando de chimpanzés) que governou muito antes que Maquiavel tivesse nascido, ou um Otelo neandertal paleolítico (ou chimpanzé) consumido pelo ciúme sexual que nunca viu uma encenação de uma peça de Shakespeare. Mas a diferença crítica é que o observador pode sugerir aos humanos, mas não aos chimpanzés, que a descrição oferecida para o que se passa em suas cabeças se encaixa autenticamente em seu caso.

Não há evidências, após décadas de pesquisa de campo e de laboratório, de que chimpanzés tenham a capacidade para metarrepresentações. Ainda não podemos afirmar que os chimpanzés "maquiavélicos" que, como os elefantes isca de Darwin, "sabem bem o que estão fazendo", conduzem um monólogo interior, como os entes humanos, sobre aquilo que estão fazendo. Chimpanzés são capazes de trocar informações entre si em um nível maior do que se acreditava. Mas nenhum primatologista encontrou um chimpanzé que, para citar novamente Darwin, tivesse desenvolvido um poder de raciocínio a ponto de especular, mesmo "vagamente", sobre "sua própria existência" (1882: 94). Quando Frans de Waal observa duas chimpanzés adolescentes sendo punidas pelo resto da colônia no zoológico de Arnhem por se recusarem a entrar em seus dormitórios e, consequentemente, atrasando a refeição da noite de todos os demais (1996: 89), é difícil resistir à inferência de que algo muito semelhante a "bem-feito para elas!" estivesse passando dentro das cabeças dos punidores. Mas isso ainda não permite uma outra inferência ao "assim chamado senso moral" de Darwin. Experimentos subsequentes por De Waal e outros mostraram que não somente chimpanzés, mas capuchinos (BORSNAN & DE WAAL, 2003) registram consciência de uma diferença entre trocas justas e injustas. Mas respostas evocadas a "apropriações" ou recompensas "injustas" em vez de compartilhamento de alimento ainda estão longe da contenção autoconscientemente virtuosa do impulso de se apropriar, da atribuição de valor a um senso de justiça como tal, da avaliação da força relativa de uma asserção de necessidade em contraste com uma asserção de renúncia e do julgamento sobre o comportamento tanto de si quanto de outros como uma violação de uma norma especificamente moral. Entre chimpanzés, a tolerância à desigualdade pode aumentar com a proximidade social (BROSNAN et al., 2005), mas eles não exibem as preferências com respeito ao outro e a preocupação com o bem-estar dos membros não relacionados do grupo encontrados nos humanos (SILK et al., 2005).

Alguns leitores, incluindo particularmente donos de cães, podem responder dizendo que viram animais exibirem sinais inequívocos de culpa ao terem desobedecido a uma ordem. Mas isso é confundir culpa com vergonha. Culpa pressupõe a violação de uma norma da qual o violador é consciente de merecer ser punido por ela acarretar uma obrigação moral inerente de obedecê-la (manter uma promessa quando é pessoalmente desvantajoso fazê-lo) comparada a uma norma que não acarrete essa obrigação (falar corretamente a língua vernacular). Existe, contudo, um paralelo entre o assim chamado senso moral e o assim chamado senso estético. Assim como chimpanzés podem ser observados reagindo com o que pode ser considerado comparável à raiva justificável no comportamento de adolescentes incontroláveis que atrasam a refeição da noite, também podem ser observados reagindo à visão de uma fogueira ou de uma cascata com o que pode ser considerado comparável a uma apreciação estética. Mas para emprestar de Kant (a despeito de minha observação sobre ele no final da Seção 6 do Prólogo), dizer que algo é belo é dizer que todo mundo também deveria aprová-lo. Os chimpanzés impressionados diante de uma fogueira ou de uma cascata não têm a mesma coisa acontecendo dentro de suas cabeças que Henry Adams[61] impressionado diante da Catedral de Chartres (e depois decidindo dizer para o resto de nós quão merecedor de admiração ela é). Somente entre primatas que podem falar entre si a seleção cultural pode começar a gerar, a partir de um senso moral naturalmente selecionado, a diversidade de atitudes tanto morais quanto estéticas que, como a diversidade das crenças causais sobre o funcionamento do mundo, deve ser explicada por sociólogos comparativos, não por primatologistas culturais.

---

61. Referência provável a Henry Brooks Adams (1838-1918). Intelectual e historiador americano, descendente de dois presidentes, autor de *Mont Saint Michel and Chartres* (1913) [N.T.].

3
Seleção cultural e comportamento adquirido

Crenças e atitudes

1

Como, portanto, os sociólogos comparativos deveriam proceder ao contrastarem uma cultura ou subcultura humana a outra? Que tipo de *just-so story* explicará melhor por que *esses* e não *aqueles* memes são os que estão sendo adquiridos e executados?

Independentemente de como o processo de variação herdável e seleção competitiva de memes é concebido, terá de ser estimado tão acuradamente quanto possível exatamente quão amplamente as crenças e atitudes distintivas e as representações subjacentes a elas estão distribuídas entre a população de portadores. Por mais óbvio que isso possa ser, existem mais exemplos do que deveriam na literatura histórica e etnográfica onde um autor implica sem qualificação suficiente que os membros da cultura escolhida para estudo estavam todos portando praticamente os mesmos conjuntos de memes dentro de suas cabeças. Pode ocorrer que algumas representações, ao menos, sejam partilhadas com diferenças apenas insignificantes entre as informações na cabeça de um nativo e na de outro. Talvez Helena compartilhe de uma representação amplamente similar de Zeus, cada navajo, de uma representação amplamente similar de *hozho* (harmonia, beleza), e cada polinésio, de uma representação amplamente similar de *mana*. Mas o tipo ideal de uma cultura tradicional, na qual cada nativo possui exatamente as mesmas crenças e compartilha exatamente as mesmas atitudes, nunca foi mais do que isso. Não apenas tem de haver uma explicação de como originalmente um conjunto alegadamente não questionado de memes herdados passou a ser selecionado como também a capacidade da mente humana para ativamente reinterpretar ou reconstruir qualquer meme herdado significa que qualquer complexo de memes pelos quais o comportamento coletivo dos nativos é guiado tende a ser questionado por ao menos alguns dos membros de cada geração sucessiva. Isso ocorre mesmo quando o padrão de comportamento é o produto da coevolução meme-prática e uma ideologia imposta é respaldada por sanções institucionais que se vinculam aos papéis de anciãos, sacerdotes, literatos, professores de escola ou quadros de partidos. É verdade que existem (ou, de qualquer modo, existiram) culturas cujos membros são inconscientes de quaisquer outras culturas diferentes da sua. Mas isso não significa que a cultura em questão não tenha se desenvolvido a partir de uma anterior no passado ou não se transformará em uma outra no futuro, mesmo que permaneça protegida da invasão por memes de qualquer outra.

Não deveria ser assumido também que crenças, assim como atitudes, são carregadas dentro das cabeças dos nativos sem vacilação ou ambivalência[62], mesmo onde uma crença amplamente compartilhada é de um tipo autoevidentemente prático em vez de metafísico. Quesalid, o xamã kwakiutl de Franz Boas, tem orgulho de seus sucessos, mas é muito consciente de quanta fraude ele e seus colegas feiticeiros ministram (LÉVI-STRAUSS, 1963: 175-178), assim como os médicos-bruxos zande "sabem que sua extração de objetos dos corpos de seus pacientes é uma farsa, mas acreditam que os curam pela medicina que ministram" (EVANS-PRITCHARD, 1937: 255). Em matéria de saúde e doença, é de se esperar que a incerteza seja sentida, se não sempre admitida, tanto por xamãs, feiticeiros, oniromantes, curandeiros, astrólogos e médicos, por um lado, quanto por seus pacientes e clientes, por outro. Não surpreende que em qualquer cultura nos deparemos com o conselho dado por Samuel Johnson[63] em uma carta a seu amigo Bennett Langton de 17 de abril de 1775: "Minha opinião sobre a medicina alternativa não é elevada, mas *quid tentasse nocebit*?" – que mal faria se tentássemos? A antropóloga Mary Douglas, tendo descrito os !kung boxímanes como zombando da sugestão de que acreditam que seus rituais de chuva provoquem chuva, também comenta sobre os dinka que "é claro que esperam que rituais de chuva provoquem chuva" (1966: 58, 68), enquanto Evans-Pritchard registra sobre os nuer que "têm pouco interesse no ritual para trazer chuva e pensam inclusive ser presunçoso pensar em pedir a Deus por chuva antes de semear" (1956: 200). Plínio o Velho, em sua digressiva e enciclopédica *História natural*, numa passagem denuncia a "magia" como "a mais fraudulenta das artes" (XX.1), mas em outra (XXVIII.4) admite que funciona. Não há população humana cujos membros não possuam crenças, quaisquer que sejam, dentro de suas cabeças. Mas nem mesmo as declarações mais veementes de crença são uma garantia de que aquele que declara seja imune à possibilidade da dúvida.

---

62. A "meia-crença" no sentido de incerteza necessita ser distinguida da "meia-crença" no sentido de que nativos seguem uma regra como "nunca passar debaixo de uma escada", a despeito de negarem a "superstição" por trás dela (CAMPBELL, 1996). A congregação "realmente" acredita em purgatório? Os eleitores "realmente" acreditam que o desempenho da economia nacional melhorará significativamente por uma mudança de governo? Talvez não. Mas o que importa para a sociologia comparativa é se, na cultura ou na sociedade sob estudo, eles se comportam como se acreditassem.

63. Referência provável a Samuel Johnson (1709-1784), muitas vezes referido como Dr. Johnson, foi um escritor inglês que fez contribuições duradouras à literatura inglesa como poeta, ensaísta, moralista, crítico literário, biógrafo, editor e lexicógrafo [N.T.].

Contudo, como a sociologia comparativa está ocupada apenas com a reprodução e difusão das informações que demonstravelmente afetam os padrões de comportamento em nível populacional, isso significa, na evolução cultural, a substituição de um conjunto de memes por outro que atinge o ponto em que o último tem efeitos fenotípicos suficientemente consistentes, predominantes e distintivos para sociólogos de todas as correntes teóricas assentirem em que uma nova cultura (ou subcultura) emergiu. Sempre haverá zombadores e céticos como Diágoras de Melos, de acordo com Diógenes Laércio (VI.59), que, diante das dedicações votivas em um templo do deus do mar Poseidon, comentou que haveria muitos mais deles se aqueles que se afogaram tivessem sido capazes de fazer o mesmo. Mas o templo e as dedicações estavam lá para que Diágoras fosse cético em relação a eles, e eram parte do complexo de memes e seus efeitos fenotípicos estendidos cobertos pela designação convencional de "religião grega". É possível também que memes concorrentes coexistiam lado a lado nas mesmas cabeças, com o resultado de, por exemplo, um rei anglo-saxão manter um altar pagão junto a um cristão (BEDA. *Ecclesiastical History* II.15). Mas, uma vez que uma mudança qualitativa de larga escala em um padrão de comportamento cultural previamente estável é descrita como tendo ocorrido, sua explicação depende de se descobrir onde, na cadeia de efeitos fenotípicos estendidos, a pressão seletiva passou a incidir de tal modo a favorecer o que resultou nas mutações e combinações reprodutivamente mais bem-sucedidas dos memes particulares aos quais o padrão de comportamento está dando expressão fenotípica.

Não devemos esperar que os nativos estejam todos de acordo em suas crenças sobre o passado mais do que sobre o presente – sem falar de suas atitudes em relação a ambos. O antropólogo Robert Borofsky, fazendo trabalho de campo no atol polinésio de Pukapuka de 1977 a 1981, ficou impressionado por encontrar em operação uma forma tradicional de organização social que havia sido deliberadamente revivida pouco antes, mas que, com base nas evidências de antropólogos anteriores e de missionários e funcionários do governo, parecia nunca ter existido. Extensas entrevistas com informantes idosos revelaram que existira mais de uma vez no passado uma forma de organização social de duas (em vez de três) aldeias, mas observadores externos anteriores haviam falhado em revelá-la, e as percepções dos informantes sobre exatamente o que ocorria, sem falar em quando e por que, diferiam significativamente entre si (1987, cap. 1). Mas isso é em si mesmo exatamente o que ocorre quando, por exemplo, as lembranças das greves e protestos entre os membros das comunidades da classe trabalhadora na Europa e nos Estados Unidos são estudadas do mesmo modo (FENTRESS & WICKHAM, 1992, cap. 3). Todas as tradições culturais são invenções no sentido de que alguém tem de ter sido a primeira pessoa a reunir o pacote de memes que serão reproduzidos de forma reconhecidamente similar nas subsequentes gerações de leitores e ouvintes. As histórias, lendas populares ou mitos herdados, que afetam o comportamento dos nativos, não necessitam ter sido selecionados pelo grau de sua correspondência com observações que foram testadas por sua acurácia. É verdade que, em qualquer cultura, existem numerosas crenças sobre o passado que não são mais controversas do que as crenças transmitidas pelo aprendizado formal em gerações sucessivas de crianças escolares britânicas sobre as datas das batalhas de Hastings e Trafalgar. Mas representações "tradicionais" do passado se tornam assim em qualquer lugar, sempre e independentemente do modo como o ambiente no qual são legadas aumentou a adaptabilidade de seus memes constituintes, quer tenham, quer não tenham uma correspondência demonstrada com "os fatos".

2

Embora a capacidade naturalmente selecionada para raciocínio rápido e frugal e para avaliação intuitiva rápida não excluam a reflexão de segunda ordem sobre os méritos possíveis de outras teorias concorrentes, essa reflexão raramente é, como sugeri na Seção 2 do Capítulo 2, encontrada fora – e nem sempre dentro – de subculturas onde normas de pesquisa desinteressada e de teste de opinião herdada estão entre os memes rotineiramente adquiridos de professores por seus alunos. O chefe fijiano que disse ao missionário protestante "mosquetes e pólvora são verdadeiros, e sua religião deve ser verdadeira" (SAHLINS, 1983: 519) poderia estar falando com um toque de ironia. Mas como Donald T. Campbell observou em um de seus artigos, "Sacerdotes podem ser tão ignorantes quanto as populações supersticiosas que eles dominam sobre as funções adaptativas verdadeiras dos sistemas de crenças que eles perpetuam" (1975: 1.107).

Em geral, memes que encontram expressão em padrões estáveis de comportamento coletivo tendem a ser herdados mais por imitação do que por aprendizado, e, caso tenham sido herdados por aprendizado, menos pelo processo individual experimental do que pelo aprendizado social inicialmente passivo com pais e mentores. Uma vez que a mudança está em curso, a frequência/dependência[64] é por vezes uma explicação suficiente por si própria. Mas, uma vez mais, existe um portador exemplar de uma mutação que é imitada por outros com base no prestígio pessoal, não apenas nos casos de conversão religiosa (ou, igualmente, política), mas ao longo de todo o espectro dos efeitos fenotípicos, de costumes funerais à pesquisa científica natural. Na França, dois séculos após os francos terem se tornado cristãos, o precedente estabelecido por uma filha devota de Pepino I difundiu a substituição do costume merovíngio de enterrar os mortos com seus aparatos pelo costume cristão de sepulturas não adornadas (FLETCHER, 1997: 259). Na Inglaterra, o sucesso dos memes constitutivos do

---

64. Seleção dependente da frequência é um processo evolucionário pelo qual a aptidão de um fenótipo depende de sua frequência em relação aos demais fenótipos da população [N.T.].

programa de ciência experimental foi significativamente impulsionado pela invasão da subcultura da filosofia natural pelas "convenções, códigos e valores da conversação cortês" (SHAPIN, 1994: xvii), das quais Robert Boyle foi um portador exemplar. E os sociólogos estudando a formação da "opinião pública" nos Estados Unidos de meados do século XX descobriram que as informações relevantes eram transmitidas de líderes a seguidores dentro de suas comunidades locais, em um "fluxo comunicacional em duas etapas"[65] (KATZ & LAZARSFELD, 1955).

Essa deferência ao prestígio não é garantia de que os memes transmitidos serão vantajosos aos seus portadores individuais, caso executados, do modo que os próprios imitadores possam supor. É bastante provável que, uma vez que o prestígio não mais se vincule ao enterro conspícuo de bens materiais valiosos junto ao corpo do defunto, os herdeiros ganhem materialmente ao retê-los; que, uma vez que métodos experimentais se tornem demonstravelmente efetivos, filósofos naturais os adotem para ajudarem a promover suas carreiras; e que a presunção implícita por parte dos seguidores de opinião de que os líderes articulados têm acesso a informações às quais eles não têm lhes seja tão benéfica quanto a suposição, em um exemplo clássico, de que quanto mais longa é a fila na frente de um restaurante, melhor ele é. Contudo, como as seleções social e cultural estão envolvidas, a distribuição do poder institucional pode ser mais importante, evolucionariamente falando, do que a distribuição de crenças e atitudes; e os memes que, de outro modo, estariam melhor adaptados que seus competidores não se adaptam tão bem assim. É verdade que os incumbentes de papéis aos quais o poder se vincula não podem forçar outras pessoas a acreditarem em coisas que consideram falsas ou a aprovarem coisas que consideram repugnantes, mesmo com mosquetes e pólvora: como disse Kant, é o corpo, não a mente, que se curva a um superior, e a disposição para morrer por convicções fortes está tão bem documentada para os sectários do culto da Mãe Eterna na China Qing quanto para os primeiros mártires cristãos. Nem a conversão pode ser obtida simplesmente atacando, como pretensos reformadores fazem tão frequentemente, os efeitos fenotípicos estendidos dos memes ofensivos. Embora livros possam ser queimados e igrejas ou templos, destruídos, isso pode arraigar os memes ofensivos em vez de extirpá-los. Os sociólogos da religião observaram muitas vezes que pequenas comunidades sectárias estritas podem ser mais fortes e mais duradouras do que comunidades maiores e menos restritivas. Mas em uma sociedade cujas práticas incluem sanções institucionais empregadas pelos incumbentes dos papéis superiores contra qualquer um suspeito de seguir uma crença proibida, céticos, oportunistas e conformistas indiferentes não

---

65. No original, "two-step flow". Teoria da comunicação (formulada em 1948 por Paul Lazarsfeld, Bernard Berelson e Hazel Gaudet) que propõe que a interação interpessoal possui um efeito mais forte na formação da opinião pública do que os canais de mídia de massa [N.T.].

são apenas mais propensos apenas a ocultar suas convicções e a refrear o comportamento que possa atrair a atenção das autoridades, mas, também, menos propensos a transmitir os memes ofensivos aos seus filhos. Como na seleção natural, o critério de adaptação não é o tamanho da população de portadores[66]. Mas a seleção social tende a ser uma força evolucionária mais poderosa do que a seleção cultural em populações em que o compromisso é limitado ao que A.D. Nock, em seu estudo clássico sobre a conversão, chamou "mera adesão" (1933: 7). O ambiente institucional transformado, portanto, possui o mesmo efeito em separar o forte do fraco como o faz um ambiente ecológico transformado no qual a sobrevivência biológica em vez da cultural está em jogo.

Na medida em que a distribuição de memes é demonstravelmente correlacionada ao poder econômico, ideológico ou político vinculado aos papéis de seus portadores, algo, portanto, necessita ser retido dentro da sociologia neodarwiniana do que costumava ser chamado, um tanto equivocadamente, a "sociologia do conhecimento". O impacto causal sobre o papel do portador pode ser poder positivo – no sentido de que um interesse systáctico é diretamente apresentado – ou negativo – como quando, para emprestar um exemplo de Karl Mannheim (1936: 175), os memes constitutivos da ideia cristã de amor fraterno vão contra as práticas constitutivas da instituição da escravidão: o cavaleiro medieval pode ser um seguidor comprometido da Igreja, leal a seus superiores, cortês para com seus iguais e generoso para com seus inferiores, mas não pode executar uma estratégia de cooperação incondicional com seus semelhantes humanos sem abandonar seu papel. O apelo de diferentes doutrinas da salvação para os membros de diferentes *systacts* tem sido um lugar-comum entre sociólogos da religião desde Weber, e a resposta para a pergunta "O que exatamente está acontecendo aqui?" tem de incluir até que ponto mutações meméticas ou combinações que modificam uma norma existente de conduta têm em média maior probabilidade de ser reproduzidas e difundidas entre portadores cujos papéis são de um tipo em vez de outro. Assim como o metodismo na Inglaterra do século XIX apelava mais a comerciantes e artesãos do que a outras pessoas – não apenas por meio da persuasão inerente da teologia apresentada por seus pregadores carismáticos –, a ciência cristã apelava aos profissionais da classe média da Inglaterra do século XX mais do que a outras pessoas – não apenas por meio da persuasão inerente das crenças do Sr. Baker Eddy sobre saúde espiritual. É verdade que, em ambos os casos, os convertidos estavam fazendo uma escolha. Mas não estavam (para ecoar a seção 13 do cap. 1) *decidindo* no que acreditar fosse nesta vida ou na próxima. Estavam decidindo sobre o tipo de pessoas a quem se associar, a quais de suas atitudes se alinhar e em quais de suas crenças temporariamente confiar. Variações subculturais como essas não são diretamen-

---

66. Como George C. Williams pergunta retoricamente, "Uma população de raposas é menos bem-sucedida do que a mais numerosa de coelhos dos quais se alimenta?" (1966: 104).

te previsíveis a partir dos papéis dos convertidos individuais. Mas elas também não podem ser completamente explicadas, exceto por uma *just-so story* que leve em conta a probabilidade mais alta de difusão de memes nas mentes de pessoas cujos papéis estão situados numa região em vez de outra do espaço social. Na teoria selecionista, em lugar de "sociologia do conhecimento" deve-se ler "coevolução meme-prática".

3

Comparações interculturais em atitudes e crenças compartilhadas se tornam mais difíceis pela falta de acordo entre os participantes e os pesquisadores que lhes informam sobre a terminologia para fazer isso. Não há somente a questão familiar mencionada na Seção 5 do Capítulo 2 de se é legítimo aplicar aos memes nas cabeças de outras pessoas termos para os quais não existem termos correspondentes em sua própria língua vernácula. Há também – mesmo dentro da população cujo vocabulário é o mesmo que o do próprio observador – o problema de se atribuir a uma categoria convencional o mesmo conjunto de crenças e atitudes que os nativos atribuem. Na cultura dentro da qual este livro é escrito, é fácil apontar para padrões de comportamento coletivo com os quais o observador acadêmico e os nativos podem concordar serem "religiosos": existem os devotos entoando cânticos no domingo, os teólogos explicando o Antigo e o Novo testamentos, os enlutados no serviço fúnebre vocalizando sua fé na vida após a morte, e assim por diante. Mas e quanto aos casamentos civis, o hino nacional, tabus sobre comer animais domésticos, cartomancia, cura pela fé, presentes de Natal, rituais de iniciação, espiritualidade "*New Age*", reverência pela natureza e celebração dos mortos na guerra no Dia do Armistício?

A resposta selecionista a essa questão não é argumentar sobre a definição de "religião", mas identificar os memes coadaptativos em execução nos padrões de comportamento dos membros da cultura ou subcultura em estudo que são efeitos fenotípicos, seja de crenças nas agências supra-humanas, por um lado, seja de atitudes sacralizadas, por outro. Tão logo isso é feito, parte do que é convencionalmente denominado "religião" começa a se parecer cada vez mais com o que é convencionalmente denominado "ciência", e parte do que é convencionalmente excluído da "religião" começa a se parecer cada vez mais com uma parte dela. Uma crença causal, independentemente de quão hesitante ou ambivalentemente aceita como um guia de ação, não é uma crença menos causal se a agência estabelecida para determinar o que ocorre no mundo é um ente invisível quase pessoal ou uma força impessoal invisível. Quando o Imperador Marco Aurélio (*Meditation*, XII.38) disse saber que os deuses existem porque experienciamos seu poder, estava expressando o que incontáveis entes humanos ao longo de muitos milênios aceitavam como um truísmo: de um modo ou de outro o mundo funciona, sob vários aspectos, independentemente da escolha ou intervenção humana, e o fato de que ele *funciona*, embora misteriosamente, torna plausível supor que alguém ou algo esteja fazendo-o funcionar como funciona[67]. Em muitas culturas, a ontologia local leva em conta forças impessoais e quase pessoais ao mesmo tempo, por assim dizer: quando, para citar um exemplo romano, Lívio (III.vii.1-2) relata a mitigação de uma praga, ele está sinceramente aberto para a possibilidade de a causa ter sido intervenção divina ou uma melhora no clima. Para o sucessor de Newton como professor lucasiano[68] em Cambridge, "porque não podemos, no presente, dar uma solução direta" aos "demônios", sua existência não deve ser negada mais do que os experimentos do Sr. Boyle sobre a elasticidade do ar" (CLARK, 1997: 306). Essa é uma crença tão "científica" quanto aquela expressa a um antropólogo visitante pelos fang, da República de Camarões, segundo a qual aqueles dentre eles que são particularmente bem-sucedidos em oratória, negócios, horticultura ou feitiçaria nasceram com um órgão interno chamado *evur*, que não pode ser detectado diretamente (BOYER, 2001: 76). Pode ocorrer que, numa discussão mais aprofundada, os fang tenham padrões de evidências e de provas diferentes dos "nossos". Mas suas crenças sobre o *evur* não são menos crenças sobre como o mundo funciona do que nossas crenças sobre genes e cromossomos, bem como as crenças sobre demônios do sucessor de Newton.

Quando os memes executados no padrão de comportamento observado se originam no cérebro emocional e não no racional, é igualmente equivocado assumir que a adaptabilidade de atitudes "religiosas" deve ser diferentemente explicada da adaptabilidade de atitudes desconectadas de crenças sobre agentes super-humanos quase pessoais. A distinção de Durkheim entre o sagrado e o profano, embora empregada por ele em apoio à sua concepção muito criticada de religião como culto da sociedade por si própria, captura a universalidade da urgência de vincular um valor intrínseco aos tipos culturalmente construídos, independentemente de qualquer valor instrumental, como um meio para algum fim prático. Memes sacralizados que são executados em rituais de veneração são facilmente discerníveis em subculturas "irreligiosas" em campos da atividade

---

67. Uma crença de que o funcionamento do mundo está sob o controle de uma ou mais agências benevolentemente dispostas aos entes humanos é, por outro lado, tudo menos um truísmo. Ao contrário, quando um dos escravos cômicos de Aristófanes (*Knights*, linha 32) pergunta a outro por que ele acredita nos deuses e esse lhe responde "porque implicam comigo, não vês?", o questionador acha a resposta inteiramente convincente. Cf. Cohn (1993: 50) sobre a cultura da Mesopotâmia: "Como servos de deuses os mesopotâmicos sabiam muito bem que não deveriam confiar na boa vontade de seus senhores. Que os deuses poderiam agir impiedosamente, poderiam inclusive ser arbitrariamente destrutivos e cruéis – isso já era óbvio nos tempos das cidades-Estado sumerianas, e permaneceu óbvio enquanto a civilização mesopotâmica existiu".

68. No original, "*Lucasian Professor*": Professor de Matemática, na Universidade de Cambridge. Essa cátedra foi fundada em 1663 por Henry Lucas e estabelecida oficialmente pelo Rei Carlos II em 18 de janeiro de 1664 [N.T.].

humana como arte, esporte e política[69]. Pode ser que sua probabilidade de continuar a reprodução seja aumentada onde estejam combinados a memes constitutivos de uma crença de que o comportamento que ditam é aprovado por um deus, um santo ou pelos espíritos dos ancestrais mortos. Mas memes sacralizadores podem fazer com que um soldado ateu se disponha a morrer para manter uma bandeira regimental fora das mãos do inimigo, e com que um mártir cristão prefira ser jogado aos leões para morrer em vez de abjurar.

Quando os memes situados no cérebro racional e os situados no cérebro emocional são mutuamente adaptativos, não faz diferença se a estrutura da combinação é deliberada ou inconsciente. Não importa se Joseph Smith, o fundador do mormonismo, misturou ou não um coquetel de crenças do protestantismo, da maçonaria e do hermetismo, agregando, astutamente, poligamia e atitudes de aprovação da educação superior, porque decidiu, após cuidadosa reflexão, que essa era sua melhor chance de obter o maior número de convertidos prospectivos. A *just-so story* correta tem de mostrar, independentemente do que Joseph Smith pensava estar fazendo, do que tratava essa combinação que dá conta da taxa de difusão do mormonismo de 40% por década em cem anos. O marxismo oferece um exemplo similar, a despeito do – ou, talvez, devido ao – repúdio explícito de Marx à doutrina "religiosa" convencional. Muitos comentadores – Joseph Schumpeter, Karl Popper e Leszek Kolakowski, incluídos – falaram sobre os traços que o marxismo, ou o marxismo-leninismo, partilha com a cultura cristã à qual se opõe ostensivamente – uma combinação de hipóteses sobre por que o mundo é como é com profecias escatológicas, líderes carismáticos, textos sagrados, iniciações rituais, procissões cerimoniais, festivais anuais e, em particular, o Mausoléu de Lenin como "o centro simbólico, o "santuário sagrado"" (LANE, 1981: 80). Os efeitos fenotípicos estendidos dos memes que os governantes da União Soviética desejavam difundir entre os russos e outras populações subordinadas podem não ser um guia confiável para o que estava de fato ocorrendo nas cabeças dos nativos: se a expressão pública de dissentimento é reprimida efetivamente o bastante, tanto governantes como dissidentes podem equivocadamente acreditar que os memes prescritos pela ideologia dominante são mais amplamente difundidos do que de fato são (KURAN, 1995). Mas a crença na inevitabilidade do comunismo e na desaprovação do *ethos* do capitalismo tende a aumentar a taxa de difusão um do outro. A tentação que se deve resistir, aqui como em outra parte, é a da Falácia da Afinidade Eletiva – ou seja, a suposição de que uma afinidade conceitual seja causal quando não é. Independentemente de quão plausível seja a conexão na mente do observador, ela pode não estar de modo algum presente nas cabeças dos nativos. Na formulação de sua celebrada

---

69. Sua adaptação pode muito bem ter sido deliberadamente concebida como, p. ex., na apropriação dos símbolos romanos nos mitos e rituais da Itália fascista (GENTILE, 1996). A apropriação similar do passado romano durante a Revolução Francesa é brevemente discutida no cap. 4.

tese sobre a "Ética protestante", Weber comete uma falha fatal ao atribuir à ideia calvinista da predestinação a motivação que levou empreendedores "ascéticos intramundanos" a reinvestirem os lucros de seu trabalho em seus negócios em vez de gastarem no consumo hedonista privado ou na exibição pública ostentosa. Assim formulada, a tese fracassa por que nem Weber nem qualquer outra pessoa produziram as evidências para mostrar que os empreendedores protestantes fossem de fato motivados por crenças sobre a predestinação para se comportarem de uma forma que os empreendedores católicos não se comportariam e que eles próprios de outro modo não teriam se comportado. Isso não exclui a possibilidade de uma coadaptabilidade de outros memes protestantes – ou, mais acuradamente, puritanos – e certas práticas que Weber considerava críticas à evolução do capitalismo "moderno". Mas essa é uma *just-so story* muito diferente daquela que ele propôs em 1904, e retornarei a ela no final deste capítulo.

4

A série de crenças sobre como o mundo funciona, por mais ampla que seja, está longe de ilimitada, e as semelhanças entre elas através dos tempos e ao redor do mundo são muito marcadas para serem atribuíveis somente ao acaso. Mas o engenheiro reverso que está procurando por memes cuja combinação forma o *design* localmente ótimo[70] descobrirá uma vez mais que sua probabilidade de retenção contínua nas cabeças dos nativos é mais alta onde uma crença que não é diretamente óbvia está combinada a uma atitude que é fortemente sentida. O apelo do que é definido pela cultura local como "milagres" é que eles ao mesmo tempo convidam a assentir em alguma violação de suposições convencionais sobre causas e efeitos e a gerar sentimentos anormalmente elevados de veneração ou repugnância. Quando um antropólogo, ao comentar sobre o milenarismo brasileiro, diz que a habilidade de um líder carismático para "criar uma atuação que exiba seu poder divino e ensinamentos" (quando combinada "ao desenvolvimento de histórias de milagres por seus devotos") é crítica ao processo de sacralização (PESSAR, 2004), o mesmo poderia ser dito não apenas dos instigadores carismáticos de revoltas políticas seculares e curandeiros carismáticos que desafiam as predições de praticantes ortodoxos da medicina, mas de árbitros carismáticos de moda. Os *playboys* que veem o "Belo" Brummell[71]

---

70. Segundo o "princípio do *design* ótimo", estruturas biológicas, sujeitas a um tempo suficientemente longo a um conjunto específico de pressões seletivas, tenderão a assumir características que são ótimas com respeito àquelas circunstâncias. Para um conjunto de funções biológicas prescritas, um organismo possui o *design* possível ótimo com respeito à economia do material utilizado e ao gasto de energia necessário para o desempenho da função prescrita. Assim, a forma de uma estrutura biológica é vista como o resultado de uma operação de *design*, que visa à forma ótima com base em certos critérios [N.T.].

71. No original, "'Beau' Brummell" (George Bryan Brummell, 1778-1840), figura icônica na Inglaterra da Regência, árbitro da moda masculina e amigo do príncipe regente, o futuro Rei George IV.

descendo a Rua St James com sua gravata *desatada* são, ao mesmo tempo, levados a acreditar que seu *status* será aumentado em vez de diminuído ao violarem a convenção indumentária aceita e encorajada em seu desdém por aqueles a quem consideram muito tímidos ou muito obstinados para seguirem o exemplo de Brummell.

A busca pelos memes críticos em execução na emergência de uma nova cultura ou subcultura por vezes leva à formulação de uma *just-so story* de plausibilidade imediata. As novas crenças se aproximam tão claramente ao que os psicólogos definem como um "ótimo cognitivo", e as atitudes com que têm uma afinidade seletiva (em vez de eletiva) aumentam tão obviamente a autoestima dos adeptos, que seu sucesso reprodutivo é praticamente garantido. Mas, por vezes, os discípulos e convertidos são atraídos a crenças que não são apenas extravagantemente contraintuitivas, mas difíceis de compreender, e a atitudes que envolvem a sacralização de rituais e estilos de vida que não são apenas excêntricos, mas dolorosos. Esse aparente paradoxo é tratado pelo antropólogo Harvey Whitehouse em termos da distinção que ele estabelece entre modos "doutrinais" e "imagísticos". Ele próprio a restringe à "religião", definida por seu propósito em termos de "qualquer conjunto de crenças e ações compartilhadas que apelem à agência sobrenatural" (2004: 2), e evita a palavra "meme" porque deseja adotar uma posição intermediária entre a ênfase memeticista nas frequências de nível populacional de unidades discretas e culturalmente selecionadas, por um lado, e a ênfase dos cognitivistas sobre tendências inatas geneticamente selecionadas, por outro. Mas ele é explícito ao dizer que "A teoria proposta aqui opera sob os princípios da seleção" (2004: 74), e não há razão para não estendê-la para cobrir as "religiões" que não têm "deuses". Memes "doutrinais" dependem da memória semântica, para seu sucesso reprodutivo, e, da padronização do ensino autorizado, no qual memes "imagísticos" dependem da memória episódica, da atuação infrequente e da elevada excitação nos grupos sem liderança centralizada. As duas não são mutuamente exclusivas[72]. A busca, como sempre, é pelos memes que se combinam em um complexo coadaptativo, e a *just-so story* correta tem, como sempre, de estimar as contrapartidas. No

---

Estabeleceu um estilo masculino de vestir que rejeitava vestimentas ornadas em favor de trajes triviais, mas perfeitamente ajustados e confeccionados sob medida. Esse visual era composto por capas pretas, calças compridas e, sobretudo, por camisas de linho e gravatas com nós elaborados [N.T.].

72. Em todo caso, historicamente pode ser que na Europa paleolítica um modo imagístico tenha precedido o modo doutrinal, e a emergência de um modo doutrinal tenha requerido papéis políticos e sacerdotais e talvez alfabetização. Mas sobre esse ponto, "a teoria de Whitehouse é enfraquecida pelo fato de que as sociedades pré-alfabetizadas para as quais um modo imagístico de relação se propõe a abranger um imenso grau de variabilidade econômica e política, que, na Ásia Ocidental, p. ex., ia de caçadores-coletores de pequena escala, igualitários e altamente itinerantes, a caçadores-coletores hierarquicamente organizados e sedentários até agricultores vivendo em aldeias permanentes com construções de tijolos de barro de dois andares" (MITHEN, 2004: 20).

modo "doutrinal", a rotinização confere uma vantagem seletiva ao ortodoxo em detrimento de variantes heréticas dos memes críticos, e a contrapartida é que a rotinização ocorre às custas da motivação diminuída. No modo "imagístico", a contrapartida é entre a intensa coesão gerada pelos raros rituais climáticos e a reduzida probabilidade de difusão a outros grupos sem a mutação radical dos memes críticos no curso da transmissão. Mas muitos movimentos, partidos, denominações e seitas bem-sucedidos são bem-sucedidos precisamente porque seus padrões de comportamento distintivos são um efeito fenotípico de uma combinação de memes doutrinais e imagísticos coadaptativos.

Por trás da reprodução e difusão seletivas das combinações meméticas mais bem-sucedidas sempre pode ser discernida a disposição inata para formar times e cliques diferenciados por marcadores culturais. Como observei na Seção 2 do Capítulo 2, existem abundantes evidências tanto experimentais como etnográficas e históricas para a facilidade com que o comprometimento de recrutas para esses grupos deliberadamente construídos pode ser manipulado. Mas existem também muitas evidências tanto experimentais quanto etnográficas sobre até que ponto esse comprometimento pode ser reforçado por rituais de iniciação[73]. Na cultura dentro da qual este livro é escrito, ritos de passagem se estendem por todo caminho, de cerimoniais públicos elaborados como a coroação de reis ou rainhas até ritos secretos, como aqueles dos maçons, para a iniciação através da humilhação simbólica de novos membros de escolas, de gangues de rua ou de regimentos de exércitos. É possível às vezes que o mesmo resultado seja obtido simplesmente pela experiência compartilhada, que é uma função dos papéis ocupados e executados pelos membros do grupo: o "batismo de fogo", experienciado por soldados que não foram anteriormente enviados para o combate, é o bastante em si para ligá-los aos seus companheiros de armas do modo discutido na Seção 8 do Capítulo 2. Mas o engenheiro reverso buscará por *designs* que combinem memes "doutrinais" – que são facilmente compreendidos e frequentemente repetidos – com memes "imagísticos", cujo significado esotérico e internamente gerado está codificado em uma atuação infrequente, mas altamente emotiva difícil de esquecer. A conformidade pode ser reforçada pela coevolução meme-prática através das sanções institucionais que se vinculam aos papéis de anciãos, sacerdotes ou oficiais que controlam e empregam os meios de persuasão na sociedade em questão.

É necessário, consequentemente, uma *just-so story* da seleção nos três níveis para dar conta de como, conforme Macaulay, "A experiência de muitas épocas prova que as pessoas podem estar prontas para lutar até à morte, e a oprimir

---

73. Em um exemplo intrigante, Aronson e Miles (1959) mostraram, ao ministrar um "teste de embaraço" a garotas universitárias americanas que haviam se voluntariado para o experimento, que a severidade da iniciação estava certamente relacionada à preferência de grupo após manterem motivação constante para admissão.

sem piedade, por uma religião cuja crença não entendem, e cujos preceitos habitualmente desobedecem". Considere o massacre de prisioneiros, mulheres e crianças inclusive, pelo exército *Covenanter*[74] após a Batalha de Philiphaugh em 1645 (SMOUT, 1969: 64) ao grito de "Jesus e sem misericórdia!" O que possivelmente explicaria o massacre desses inocentes – que não representavam qualquer ameaça concebível a seus assassinos – em nome do pregador do Sermão da Montanha? Não basta apelar para a psicologia evolucionária para afirmar que quase qualquer coisa servirá como um grito de batalha pelo qual evocar o comportamento coletivo, mesmo que, por exemplo, soldados nos exércitos ingleses que responderam automaticamente à invocação de "São Jorge pela Inglaterra!"[75] não tivessem ideia alguma de quem na verdade era São Jorge (se sequer existiu). Tampouco basta citar os monofisistas que caminhavam nas ruas da Alexandria do século V gritando "Grite o nome de Jesus!" para observadores assustados, ou os adesivos "Buzine se você ama Jesus!", exibidos por motoristas no Cinturão Bíblico norte-americano. Os traços naturalmente selecionados que predispõem machos adultos à violência letal contra exogrupos estavam combinados, nesse exemplo, a memes culturalmente selecionados, extraídos de uma concepção de Deus do Antigo Testamento que obrigava esses seguidores a golpearem o inimigo em seu nome, e a práticas socialmente selecionadas, que impõem obediência militar a ordens superiores. As tropas do exército *Covenanter* podem ter sido menos motivadas do que os presbíteros da Igreja *Covenant* pela perspectiva de purificar a Igreja escocesa da prelazia em nome do "Rei Jesus". Mas eles os obedeceram muito prontamente. Esse é um exemplo claro de uma exaptação na qual um meme mutante inicialmente difundido entre os discípulos de um fundador carismático passa a ser executado no curso subsequente das evoluções cultural e social em um padrão de comportamento fenotípico diretamente contrário ao que o fundador carismático tinha em mente.

5

Memes executados em padrões de comportamento adquirido podem também ser adaptativos quando assumem a forma de crenças que tornam o ambiente dos adeptos, conforme o veem, mais manejável para eles, mesmo que seu comportamento seja estigmatizado pelos pares de sua própria cultura e punido pelos governantes de sua própria sociedade. Isso nos leva à categoria de com-

---

74. No original, "*Covenanting army*": exército escocês do século XVII. Os *covenanters* foram presbiterianos escoceses que objetavam a interferência episcopal inglesa em seu culto. Foram chamados *covenanters* porque apoiavam o National Covenant de 1638, que declarou oposição aos bispos ingleses [N.T.].

75. São Jorge é o santo patrono da Inglaterra, em uma tradição estabelecida no Período Tudor, baseada na popularidade do santo durante os tempos das Cruzadas e da Guerra dos Cem Anos [N.T.].

portamento convencionalmente chamado "mágico". Como com a "religião", nenhum propósito útil é oferecido ao se argumentar sobre sua definição. Mas é mais uma das palavras – outras virão no Capítulo 4 – da qual os sociólogos não podem prescindir, mesmo que possa ser tanto um obstáculo quanto um auxílio na identificação dos memes ou práticas críticos cuja adaptabilidade explica o comportamento observado.

Qualquer tentativa de comparação entre diferentes culturas tem de lidar não somente com o ceticismo de um antropólogo como Edmund Leach, que afirmava ter "quase chegado à conclusão de que a palavra não tinha qualquer significado" (1982: 133), mas com a de um historiador para quem "magia, como uma categoria definível e consistente da experiência humana, simplesmente não existe" (GAGER, 1992: 24). Mas podemos perguntar sobre qualquer cultura ou subcultura se seus membros estabelecem uma distinção entre conhecimento e habilidades relacionadas considerados como secretos, ilegítimos e acessíveis somente a iniciados. Formas de conhecimento aceitas como legítimas podem também ser consideradas acessíveis somente a discípulos que experienciaram um treinamento prolongado ou são dotados de um talento especial, como psicanalistas freudianos ou "médicos especialistas" ndembu[76], ou então aprendizes que dominaram os "mistérios" de seu ofício. Mas quando um *agyrtēs* grego e um feiticeiro visigótico reivindicam uma habilidade misteriosa para controlar o clima, ou então que agricultores africanos e romanos reclamam do mesmo modo que a produção agrícola de seus vizinhos se deve à sua invocação sub-reptícia de uma força sobrenatural, ou ainda que se acredita que "bruxas" (qualquer que seja o termo vernacular) estejam infligindo infortúnios de outro modo inexplicáveis sobre seus vizinhos por meios sobrenaturais, na Europa, nas Américas, na África Subsaariana, na Índia, em Madagascar e na Papua Nova Guiné, essas diferentes culturas possuem em comum uma distinção entre "bom" e "mau" conhecimento. Os praticantes podem continuar a ser desaprovados mesmo quando o conhecimento se torna geralmente acessível. Mas eles, então, deixam de ser "mágicos"[77]. Portanto, o envenenamento é explicitamente associado à magia nos escritos de Cícero (como antes dele nos de Platão) e no *Lex Cornelia de sicariis et veneficis* de 81 a.C. E os rumores em torno da morte de Germanicus

---

76. O paralelo se estende à exigência de que as médicas ndembu "devem em algum momento ter sido elas próprias pacientes (*ayeji*), e não podem se tornar praticantes até que sejam geralmente consideradas como tendo sido curadas após experienciarem o ritual" (TURNER, 1968: 57).

77. Em alguns casos onde a palavra é usada, é questionável se o conhecimento, ou habilidade, esotérico do mágico é culturalmente estigmatizado: a "mágica" não era "de modo algum ilegal ou socialmente anormal no Egito" (RIGNER, 1995: 53). Na Gana colonial antiga, em contraste, um etnônimo geral pejorativo era aplicado aos estrangeiros estigmatizados como "primitivos grosseiros" que eram apesar disso considerados "possuir acesso a uma série de forças rituais mais potentes, com o conhecimento esotérico necessário para mobilizá-las em defesa da ordem cultural" (PARKER, 2004: 401).

(TACITUS. *Annals* II.69) são ecoados por aqueles em torno do *affaire des poisons* na corte de Luís XIV (SOMERSET, 2003). Mas em um ambiente cultural que inclui uma farmacologia aceita, o envenenamento perde seu *status* oculto (mesmo que ainda não seja tão fácil de detectar quanto a polícia e os promotores gostariam que fosse). Inversamente, a habilidade tecnológica pode continuar a ser suspeita de "magia", como muitas vezes foi na Europa renascentista, até que sua eficácia, embora difícil para o não iniciado explicar, venha a ser considerada parte da rotina diária.

Uma vez que a reprodução e a difusão de memes "mágicos" são abordadas desse modo, dissolve-se a confusão que afligiu grande parte da literatura anterior entre comportamento que é o efeito fenotípico de memes "instrumentais" e o comportamento que é o efeito fenotípico de memes "expressivos". Antropólogos do século XIX e do começo do século XX não hesitavam frequentemente em designar como "mágicos" padrões de comportamento que são os efeitos fenotípicos de memes que não envolvem crença, de um modo ou de outro, sobre a efetividade do comportamento nas agências recrutadoras ou manipuladoras ocultas. Por vezes, admitidamente, é difícil entrar o suficiente nas cabeças dos nativos para se saber. Quando Malinowski (1935: 101) descreve o ritual trobriandês *talala* ("fazemos florescer") na "acepção de conferir fertilidade ao solo", com que evidências pode ele estar certo de se os trobriandeses estão celebrando um processo que sabem que sucederá como algo esperado, buscando persuadir uma agência invisível quase pessoal para assegurar que assim ocorra, ou executando um desejo fortemente sentido de que o solo seja tão fértil quanto possa ser? Mas onde a cera é derretida em uma "cerimônia de execração" (FARAONE, 1993: 63), o desejo simbolizado por meio dela – embora possa ter o efeito perlocutório de assustar aqueles contra quem é dirigida – não é mais do que a execução de um pacote de memes que inclui uma crença causal que é, por exemplo, o entalhe de uma inscrição em Andhara no século XIV que ameaça: "Aquele que roubar a terra concedida [...] nascerá como um verme no excremento por 60.000 anos" (TALBOT, 2001: 12)[78]. Existem também rituais performativos, em contraste com os instrumentais ou expressivos. Quando os sacerdotes feciais romanos arremessavam uma lança em direção ao território inimigo – ou, se a fronteira estivesse muito longe, em um pedaço de terra próximo ao templo de Bellona, que, por uma ficção legal deliberada, fora designada

---

78. Os contratos anglo-saxões sobreviventes são similarmente cheios de ameaças significando, p. ex., que "se alguém é tão presunçoso em relação a Deus a ponto de desejar alterar isso, o Deus todo-poderoso o removerá da bênção dos céus para o abismo do inferno, a menos que diante de sua morte faça reparações tão completamente quanto possível" (ROBERTSON, 1939: LXXXV). Os bispos e condes que testemunharam o documento realmente acreditavam nisso? A teoria selecionista sugere que o que está ocorrendo aqui não é uma afirmação de crença, mas a sinalização de um compromisso supostamente custoso para a cooperação (SOSIS, 2003; SOSIS & ALCORTA, 2003).

como tal (BEARD et al., 1998: 132-133) –, eles transformavam um estado de paz em um estado de guerra exatamente do mesmo modo que os marings, ao pendurarem "pedras de batalha" nos postes centrais de suas casas, transformavam oponentes em inimigos para se envolverem em batalhas completas com armas letais (RAPPAPORT, 1999: 75). Mas, nesses casos, os memes nas cabeças dos nativos não devem ser comparados aos memes codificados em talismãs, feitiços ou encantamentos, considerados capazes de curar uma doença, excitar a paixão de um amante, proteger uma posse valiosa, frustrar um competidor, ou apaziguar os espíritos de mortos não enterrados. Se os memes críticos executados no comportamento observado não foram corretamente identificados no início, a *just-so story* de sua reprodução e difusão estará em perigo de gerar uma explicação de algo que não estava de modo algum ocorrendo.

Na prática, o engenheiro reverso, tentando inferir a partir das evidências etnográficas ou históricas as características essenciais de um *design* memético adaptável, muitas vezes descobrirá que sua reprodução bem-sucedida depende de uma combinação de crenças e atitudes das quais algumas são localmente definidas como mágicas, enquanto outras não. Memes "mágicos" podem muitas vezes ser detectados, de um lado, entre os preceitos rotineiros práticos de médicos, agricultores ou técnicos, e, de outro, entre especulações obtusas e extravagantes de pregadores, teólogos ou místicos. A competição por adeptos é muitas vezes uma competição entre conjuntos de memes nos quais a adaptabilidade de afirmações de familiaridade, com agências ocultas questionavelmente aceitáveis e acessíveis somente a iniciados, depende de sua combinação com afirmações diretamente legítimas de eficácia prática. Quando o Bispo Hincmar de Rheims[79] recomendou *medicinae ecclesiasticae* como uma cura para a impotência sexual (FLINT, 1991: 294), estava vinculando uma pretensão à autoridade respeitável ao que poderia de outro modo ser considerado uma pretensão suspeita à competência desacreditada, do mesmo modo como os autoproclamados "ocultistas" da Inglaterra do século XIX vinculavam o prestígio da ciência vitoriana ao que poderia por outro lado ser considerado uma pretensão de ter descoberto um mundo oculto, suprassensível (OWEN, 2004) – uma alegação que alguns "cientistas" eminentes da época estavam dispostos, ao menos provisoriamente, a recepcionar (LAMONT, 2004). Não há razão para supor que o Bispo Hincmar ou Sir William Crookes (presidente da Royal Society) fossem confeccionadores cínicos de quaisquer combinações de memes que considerassem mais suscetíveis de atrair o maior número de pessoas. Mas se eram ou não, poderiam igualmente ter sido – como foram, por exemplo, os bem-vestidos, persuasivos, autodenominados caçadores de bruxas bembas, observados pelo antropólogo Audrey Ri-

---

79. Hincmar (806-882), arcebispo de Reims, amigo, conselheiro e propagandista de Carlos o Calvo. É considerado uma das figuras mais influentes na história eclesiástica do período carolíngio [N.T.].

chards no que era então a Rodésia do Norte, cujo ritual para a detecção e cura de feitiçaria era o efeito fenotípico de uma combinação judiciosamente concebida de memes tradicionais e cristãos (RICHARDS, 1935).

Um dos exemplos mais bem-sucedidos nos registros que uma vez mais emergiu em diferentes épocas e lugares é o assim chamado "mau-olhado". Como a rixa, é um produto tanto da seleção natural como das seleções cultural e social. A origem da ansiedade excitada por um olhar fixo e prolongado pode retroagir muito em nosso passado evolucionário (BURKERT, 1996: 43), e "a atribuição de suspeita ao contato olho no olho, um olhar direto, é tão difundida – e não restrita às populações humanas – que não é exagero dizer que um universal psicológico pode explicar por que o conceito é especificamente o mau-*olhado*" (SPOONER, 1976: 284). Nas sagas norueguesas, quando um feiticeiro é apreendido, um saco é imediatamente colocado sobre sua cabeça por o temerem (KIECKHEFER, 1989: 50). Mas o mau-olhado não é encontrado no mundo todo. Não é desconhecido no islã, mas não é encontrado na China. É menos comum na América anglófona do que na hispânica (*mal de ojo*), e menos comum na Índia do que na Europa Mediterrânea. Era geralmente reconhecido nos mundos não apenas da Grécia e Roma "antigas" como também no mundo bizantino. Os remédios prescritos para ele envolvem tipicamente efeitos expressivos ou performativos, assim como, ou como parte de, técnicas instrumentais (HERZFELD, 1986). No mundo greco-romano, faltam evidências arqueológicas compatíveis com as extensas evidências literárias, mas isso pode plausivelmente ser explicado pela confiança nas palavras e gestos para reagirem a ele ou em amuletos ou talismãs feitos de substâncias perecíveis (DICKIE, 2001: 97). Após o advento do cristianismo, a Igreja pôde, como em Bizâncio, tentar substituir a concepção "pagã" relacionada a ele pela ideia de intervenção santa em favor do olho de Deus que tudo vê (MAGUIRE, 1994), ou, como na Grécia moderna, denunciar remédios populares como pecado e estipular o uso de água-benta em seu lugar (DU BOULAY, 1974: 66). Como no caso da rixa, não se poderia compor qualquer generalização intercultural legiforme cuja incidência pudesse ser prevista de antemão. Mas os ambientes mais favoráveis à probabilidade de sua reprodução contínua são comunidades relativamente pequenas e relativamente pouco diferenciadas na distância social entre papéis, onde sentimentos de inveja são prontamente evocados e a relativa boa ou má sorte requer explicação especial (SCHOEK, 1969: 261; LIMBERIS, 1991: 171; OGDEN, 2001: 107; BOYER, 2001: 222). Cada *just-so story* possui suas próprias características distintivas. Mas a aparência do mau-olhado em culturas extensamente separadas sob pressões ambientais similares é um exemplo tão nítido de evolução convergente quanto a evolução convergente do próprio olho em diferentes espécies.

Codificado onde? Transmitido como?

6

Existe uma diversidade desconcertante de lugares onde memes podem ser codificados e rotas pelas quais podem ser transmitidos de mente a mente. Isso, por si só, é uma razão óbvia de por que a transmissão de informações de um portador a outro, por imitação ou aprendizado, é tão diferente da transmissão biológica de um portador a outro de informações passivamente copiadas no organismo receptor com a possibilidade apenas de mutação ocasional e limitada. Mas, da perspectiva da sociologia comparativa, a coerência e a estabilidade de culturas e subculturas amplamente diferentes são evidências da capacidade notável de combinações meméticas funcionalmente equivalentes para reproduzirem aquelas de suas unidades componentes de informações que afetam o comportamento no fenótipo, a despeito da perda de informações e da distorção e reconstrução intencionais ou não intencionais que – exceto em casos de formulação de estoque como o "Pai-nosso" cristão ou os hinos do *Rig Veda* indiano – são sempre mais prováveis do que imitação perfeita. Mesmo uma norma de conduta é transmitida de pai para filho, ou de mentor a pupilo, de forma deôntica estrita ("creme os mortos", "soe os trompetes na lua nova", "abstenha-se de carne suína e álcool", "dê um presente à sua mãe em seu aniversário"). Há um escopo para interpretações alternativas. E mesmo quando o padrão de comportamento distintivo observado é executado do mesmo modo por cada membro da população, o pacote de memes dentro da cabeça de um nativo pode, como já enfatizei, ser muito diferente daquele dentro da cabeça de um outro. Mas a *just-so story* correta será sempre uma história de como certos memes críticos conseguiram sobreviver à tradução sem grandes modificações – de uma língua a outra, ou de um meio ou modo de transmissão a outro – de forma a encontrarem expressão no comportamento fenotípico cujas intenções constitutivas são reconhecidamente as mesmas. As diferenças individuais entre portadores desaparecem como sempre para revelar conjuntos de informações que foram favorecidos em detrimento de seus competidores em nível populacional.

A aptidão reprodutiva de um complexo de memes coadaptados pode ser influenciada tanto por onde é codificada como por como é transmitida. Memes codificados verbalmente não são necessariamente mais adaptativos a esse respeito. Do mesmo modo, as palavras faladas, embora amplamente difundidas, não são necessariamente os repositórios dos memes dos quais o comportamento observado no fenótipo é a expressão. Não há dúvida de que a prensa tipográfica, e, depois dela, o rádio, a televisão, a gravação em fita magnética e o e-mail ampliaram o alcance, assim como a velocidade da transmissão memética. Mas ampliaram também o volume da redundância. A Reforma Protestante é um exemplo familiar no qual a palavra impressa é considerada entre seus historiadores como tendo influenciado a substituição de um conjunto de memes "religiosos" por outro nas cabeças da população de grande parte do norte da Europa. Mas a produção volumosa de panfletos antipapais da Genebra de Calvino foi menos efetiva em transmitir a mensagem protestante do que os salmos métricos, que Calvino emprestou dos huguenotes de Estrasburgo e se tornaram, nas palavras do historiador Diarmid MacCulloch (2003: 307-308), "a arma secreta da Reforma não meramente na França, mas aonde quer que os reformados levassem nova vitalidade à causa protestante". Eles podiam ser facilmente memorizados e igualmente entoados por homens e mulheres nas ruas ou mercados, assim como em igrejas, e eram acessíveis àqueles cujo nível de alfabetização ficava muito aquém do que era necessário para dominar As Institutas, de Calvino (que, de qualquer modo, não muitos deles poderiam comprar). Além disso, cantar os salmos métricos em uníssono poderia evocar em uma multidão de protestantes o que MacCulloch chama "companheirismo extático" do tipo conhecido, graças às pesquisas recentes, por ter um efeito psicofarmacológico nas endorfinas produzidas no cérebro pelo canto em uníssono. Quaisquer palavras cantadas nos mesmos tons teriam tido o mesmo efeito, assim como um grito de guerra será tão bom quanto qualquer outro. Na verdade, uma das características dos salmos, que uma engenharia reversa não deixaria de notar, é que eles davam aos cantores uma escolha que incluía, por exemplo, a do Sl 115 que MacCulloch cita como "o perfeito acompanhamento para destruir interiores de igrejas". Mas as palavras não teriam tido o mesmo efeito sem os tons.

Por outro lado, a impressão de jornais pôde promover a difusão de memes com um efeito importante sobre o comportamento fenotípico mesmo quando a maior parte de seus conteúdos era de informações de um tipo diferente incluídas por um propósito diferente. Um exemplo disso é a criação, por esse meio, de "comunidades imaginadas" (ANDERSON, 1983, cap. 4) na população da América hispânica no período entre a restrição da imprensa no México e em Lima, que durou até o final do século XVII, e a conquista de sua independência em relação à Espanha. Grande parte das informações transmitidas teria entrado nas cabeças dos leitores como pouco mais do que ruído – registros de alterações nos preços das mercadorias, do movimento dos navios, de casamentos ou eventos sociais ou de compromissos políticos que seriam rapidamente esquecidos. Mas algo do que ficou para trás dentro de suas cabeças gerou um senso de identidade cultural compartilhada entre pessoas que, embora conscientes da existência uma da outra, não se conheciam nem se contatavam pessoalmente. A "comunidade imaginada" era a subcultura de creoles nascidos localmente cujas crenças e atitudes, bem como o comportamento resultante, passaram a diferenciá-los cada vez mais dos peninsulares de origem espanhola que poderiam ser indistinguíveis deles em aparência, língua e denominação religiosa. Como muitas vezes ocorre, as consequências de longo prazo não foram percebidas no momento. Mas, quando o ambiente institucional mudou, os creoles em regiões separadas da América hispânica responderam às mudanças de um modo que normalmente não teriam respondido, a ponto inclusive de colocar sua propriedade e algumas de suas vidas em risco no que agora percebiam como uma causa comum.

Antes que as informações pudessem ser transmitidas de mente a mente pelos meios técnicos que agora são comuns, a difusão de memes de uma população a outra era normalmente efetivada pelo movimento físico de seus portadores. Comerciantes, soldados, pregadores, artistas, artesões, colonos, exilados, peregrinos e exploradores poderiam trazer com eles, aos territórios aos quais se moviam, memes de sua cultura de origem que poderiam ser copiados, com graus variados de distorção ou reinterpretação, e depois reproduzidos em gerações sucessivas da população receptora (ou, usualmente, alguma subcultura dentro dela). Memes budistas que se originaram no Vale do Ganges foram levados de um monastério recém-fundado na montanha a outro; memes dualistas, que se originaram nos Bálcãs, foram carregados ao longo de rotas de comércio para o norte da Itália e de lá através dos Alpes; e os memes cristãos foram carregados da Europa para a China pelos padres Ricci e Von Bell[80], que levavam consigo, como "vendedores de um tipo especial" (LANDES, 1998: 337), seus relógios mecânicos e observações astronômicas. Porém mais tarde, também, a afiliação ao nascente Partido Democrático Social na Suécia foi difundida ao longo de "redes mesoníveis" que emergiram das rotas percorridas por agitadores itinerantes (HEDSTRÖM et al., 2000). No curso dessas peregrinações, há sempre escopo para distorção das mensagens dos portadores. Mas a distorção observada é muito menor do que poderia sugerir o escopo para a reinterpretação corrente de memes. Alguns membros da população receptora rejeitam completamente a mensagem. Mas aqueles que a aceitam tendem a aceitar o pacote como um todo integrado. Ou, de qualquer modo, fazem isso suficientemente para seus efeitos fenotípicos serem facilmente visíveis: os convertidos se conformam a um novo padrão de comportamento que imediatamente os distingue, independentemente de diferenças pessoais, dos resistentes que continuam como antes. É o Paradoxo de Gellner da Seção 1 do Capítulo 2: culturas e subculturas distintas são muito mais coerentes e duráveis do que a mutabilidade de memes e a volatilidade de seus portadores pareceriam levar em consideração.

7

A transmissão de memes difere da transmissão não somente de genes como também de práticas na velocidade com que podem ocorrer. A seleção natural, mesmo em sua maior velocidade, funciona muito devagar nas populações humanas para explicar mudanças culturais e sociais que podem, ao fim e ao cabo,

---

80. Matteo Ricci (1552-1610), jesuíta italiano que introduziu o cristianismo na China; e Johann Adam Schall von Bell (1592-1666), jesuíta e astrônomo alemão, que passou a maior parte de sua vida como missionário na China, tornando-se conselheiro do Imperador Shunzhi da Dinastia Qing [N.T.].

ocorrer dentro de uma única geração. Mas a seleção social, quando contrastada à seleção cultural, é, via de regra, relativamente letárgica: na metáfora de Fernand Braudel (1996: II, 62), as sociedades "raramente marcham na cadência dos gigantes". As informações que afetam o fenótipo, transmitidas pela imitação e aprendizado, podem se disseminar rapidamente. Rumores e costumes podem ser transmitidos não somente dentro como também através de populações inteiras em questão de dias. Na seleção social, em contraste, mesmo que uma mudança radical seja imposta pelos incumbentes de papéis aos quais se vinculam um monopólio de meios de produção, persuasão e coerção, pode levar anos até que o novo padrão de papéis interativos se firme e as práticas que definem esses papéis se reproduzam consistentemente nas dimensões relevantes do espaço social. Roma não foi construída em um dia, seja física, seja institucionalmente. Mas a pregação de Wesley[81] poderia (dizem-nos) converter uma audiência tão grande quanto sua voz pudesse alcançar no curso de uma tarde.

Esse aspecto do comportamento adquirido serve também para reenfatizar a relativa desimportância da instrução formal em grande parte da seleção cultural. Em um piscar de olhos (como diz o ditado), todos os garotos do bairro viraram seus bonés de beisebol de trás para a frente e abandonaram uma banda de *rock* por outra. Esse pode não ser o material do qual as grandes mudanças culturais são feitas. Mas, uma vez mais, quando uma mudança cultural de nível populacional é examinada em detalhe, termina envolvendo a imitação quase imediata do comportamento observado e da aceitação imediata de informações verbalmente transmitidas de uma fonte na qual os recipientes estão dispostos a confiar. Por isso, a transmissão horizontal de memes é muito diferente da vertical, onde a socialização de crianças envolve muito mais transmissão de memes por instrução formal ao longo de um período maior. Em muitas das sociedades menores e mais simples nos registros etnográficos, a transmissão de memes, e particularmente tecnomemes, tem maior probabilidade de ser vertical ou oblíqua do que horizontal, e de ser relativamente mais lenta a esse respeito. Mas em sociedades grandes e complexas, memes herdados dos pais representam menos do comportamento observado no fenótipo adulto relativo aos genes parentais, por um lado, e da transmissão horizontal do ambiente não compartilhado, por outro, do que se costumava extensamente supor (HARRIS, 1998). Além disso, as crianças são mais imediatamente receptivas a novos memes do que os mais velhos. Isso levanta a possibilidade teórica – que mencionei na Seção 5 do Capítulo 1 – de que entre populações onde a escolha de estilos de vida seja suficientemente ampla e a novidade como tal seja valiosa o bastante, a taxa de mutação memética aumentará a ponto de a seleção cumulativa se tornar praticamente impossível. Mas enquanto a taxa de variação não superar a taxa de reprodução, a

---

81. Referência provável a Charles Wesley (1707-1788), pastor metodista inglês e escritor de hinos, irmão de John Wesley (1703-1791), teólogo inglês e fundador do metodismo [N.T.].

taxa de extinção de subculturas emergentes não será tão rápida a ponto de fazer com que a árvore darwiniana sempre em ramificação não desenvolva ramos sólidos, mas somente (para permanecer com a metáfora arbórea) pequenos galhos culturais de vida curta.

Enquanto isso, de qualquer modo, existem sempre os resistentes. Não importa quão rápido um meme mutante possa estar galopando a ladeira da curva logística em S, sempre haverá alguns nativos em cujas cabeças ele falha em penetrar. Os motivos dos resistentes podem bem ser de diferentes tipos, e a genética do comportamento pode muito bem ter uma contribuição a fazer à explicação de por que, dentro de uma dada população, alguns são mais resistentes do que outros. Mas onde os ambientes cultural e social sustentam fortemente a reprodução contínua de memes "tradicionais" arraigados, nem a frequência-dependência nem a transmissão tendenciosa em favor de modelos exemplares podem acelerar a taxa de conversão. A despeito de toda a dedicação e habilidade dos jesuítas que ergueram suas missões ao longo da rota que o Padre Ricci havia percorrido de Macau a Pequim, era improvável que os chineses letrados concluíssem, do que os jesuítas tinham a lhes dizer sobre a astronomia, cartografia e música europeias, que eles deveriam levar a sério uma visão da ordem cósmica, bem como o lugar da humanidade dentro dela, que parecia a muitos deles "somente uma forma bastarda de budismo, por vezes misturada com empréstimos do islamismo" (GERNET, 1982: 455). De um ponto de vista selecionista, contudo, a história dos jesuítas no Extremo Oriente possui um interesse duplo. De um lado, ela ilustra os obstáculos no caminho de qualquer tentativa de suplantar um conjunto de crenças e atitudes estabelecidas por imitação e aprendizado apenas sem imposição das práticas políticas, ideológicas e econômicas que apoiaram os esforços missionários cristãos em outras partes do mundo. Mas, por outro lado, a reprodução contínua de memes inovadores no interior das poucas comunidades cristãs onde conseguiram se fixar ilustra a força da pressão para se ajustarem em comunidades compactas de adeptos aos ensinamentos culturalmente definidos pela maioria da população como não ortodoxos e institucionalmente perseguidos como heréticos. Quando os jesuítas foram readmitidos no Japão após sua expulsão prolongada durante o regime Tokugawa, aqueles que chegavam a Nagasaki ficavam surpresos em ser recebidos pelos descendentes dos convertidos originais que desciam das colinas empunhando em suas mãos os crucifixos simbólicos de sua fé proibida.

8

Considerados em seu conjunto, a velocidade com que os memes podem invadir uma população até agora não afetada e a resistência que podem apesar disso encontrar dentro dela constituem uma das razões pelas quais podemos afirmar que a transmissão memética é "muito similar à transmissão de doenças infecciosas" (HEWLETT & CAVALLI-SFORZA, 1986: 23). Mas essa analogia, como a do próprio gene-meme, não deve ser levada muito longe. A implicação da patologia pode ser apropriada para surtos de violência coletiva ou das dançomanias medievais. Pode ser também de valor retórico para polemistas que consideram crenças e atitudes "religiosas" não somente de concepção errônea como de efeito pernicioso, ou para caçadores de heresias, xenófobos e propagandistas contrarrevolucionários ávidos por estigmatizar seus inimigos culturais como portadores de pragas. Pensar um meme como se fosse um "vírus da mente" que se copia onde quer que a oportunidade se mostre (BRODIE, 1996) pode ajudar a enfatizar igualmente que o sucesso reprodutivo de memes pode se dar às custas de seus portadores e que alguns portadores prospectivos serão resistentes a ele. Mas uma infecção requer somente um único portador, ao passo que a substituição de um meme por outro pode requerer confirmação ou reforço de fontes múltiplas (CENTOLA & MACY, 2007). O que quer que os memes sejam exatamente, não são bacilos, e as "mudanças da mente", como as descrevemos para nós mesmos, que alteram padrões de comportamento cultural não nos deixam, como as doenças, mortos, inválidos ou curados.

Uma resposta possível é que a noção de "contágio do pensamento" (LYNCH, 1996) não necessita excluir por definição a possibilidade de que – quaisquer que sejam as informações que estejam sendo passadas da mente de uma pessoa para a de outra – podem ser benignas em vez de patogênicas[82]. Há toda uma literatura psicológica sobre contágio "desinibidor", "reverberante" e histérico como formas distinguíveis de influência interpessoal (LEVY & NAIL, 1993), e essa influência pode ser – de acordo com o seu ponto de vista – quer para o bem, quer para o mal. Mas as rotas de transmissão meméticas que os sociólogos traçam em suas comparações entre uma cultura ou subcultura e outra são muito mais diversas do que as transferências interpessoais diretas às quais uma leitura literal do termo "contágio" é apropriada. Memes podem ser codificados em tantos lugares diferentes, e experienciam tantas mutações sucessivas antes de encontrarem expressão externa no comportamento fenotípico, que a busca pela *just-so story* correta de sua adaptabilidade local pode ser tanto obstruída como ajudada pelos paralelos que o termo "contágio" sugere, mesmo que a implicação da patologia tenha sido condenada.

Dois exemplos extraídos da sociologia da Grã-Bretanha do século XX ilustram isso de diferentes modos.

---

82. Há um precedente intrigante em uma carta a Rousseau de 6 de junho de 1761 escrita por um correspondente genebrino logo após um festival cívico, que é muito frequentemente citado por sua invocação inicial da tríade *égalité, liberté* e *fraternité*: "*si le mot* Contagion *pouvait être pris en vonne part, je vous dirous: la Contagion de l'amitié publique, avoit gagné tous les individus de la Société*" (LEIGH, R.A. (ed.). *Correspondance complète*, IX: 12).

O primeiro, que tem a vantagem da evidência quantitativa bem documentada, é até que ponto "os efeitos do "contágio social" (ERMISCH, 2005: 23) podem explicar o rápido aumento de gestações fora do casamento na Grã-Bretanha no último quarto do século XX. A percentagem aumentou de 9% em 1975 para 40% em 2000. Não há evidências para um declínio nos índices de fertilidade marital durante esse tempo, e as estatísticas para gestações interrompidas não mostram aumento. Os pesquisadores não entraram o suficiente nas cabeças dos nativos para avaliarem a adaptabilidade recíproca de suas crenças e atitudes sobre coabitação, contracepção, casamento e gestação. Mas é aparente que o que estava ocorrendo era a imitação de um grupo de referência escolhido, e que a probabilidade de coabitação era uma função da probabilidade esperada de coabitação no grupo imitado. Um modelo matemático da relação entre proporções reais e esperadas coabitando pode ser construído, o qual é consistente com os dados e mostra dois equilíbrios estáveis entre quais mudanças temporárias no ambiente que alteram o comportamento parental podem provocar um movimento dramático. O aumento da gestação fora do casamento se ajusta à curva logística familiar em S. Mas não se segue disso que qualquer coisa é obtida ao se relatá-lo em termos epidemiológicos. É uma *just-so story* sincera da frequência/dependência. Após um começo lento, a transmissão de memes que codificam atitudes e crenças sobre coabitação fora do casamento gera uma taxa rapidamente crescente de imitação que depois começa a declinar na direção de um novo equilíbrio onde os resistentes não são mais influenciados pela probabilidade esperada de coabitação no grupo de referência. É uma história mais de desintoxicação simbólica do que de contágio quase epidêmico. Imitação de um grupo de referência não é o mesmo que pegar uma doença infecciosa.

O segundo exemplo fornece outro daqueles contrastes quase experimentais que os sociólogos comparativos estão sempre buscando. Um observador de meados do século XX estudando as relações industriais britânicas durante a depressão entreguerras bem poderia ter desejado ser capaz de engendrar a inserção, como pela introdução de um bacilo, das crenças e atitudes do sindicalismo militante na população da classe trabalhadora de uma região onde o desemprego era relativamente baixo e a força de trabalho relativamente não organizada a fim de ver se a militância se mostraria contagiosa ou não (WHITING, 1983). Em uma hipótese de "contágio", a expectativa seria que os memes militantes começariam a ser transmitidos dos recém-chegados àqueles da força de trabalho local com quem entraram em contato, e que esses, em troca, infectariam seus pares locais até que os atributos individuais dos resistentes pudessem mantê--los imunes. Mas isso não foi o que aconteceu quando o experimento foi, de fato, realizado por mineradores, com uma forte tradição cultural de militância, que migraram de regiões de alto desemprego para lugares onde a indústria de automóveis em expansão estava recrutando trabalhadores para suas linhas de montagem. Os locais não "pegaram", no caso, os memes dos recém-chegados.

Em troca, adotaram uma estratégia de parasitismo nas negociações cada vez mais intransigentes com os empregadores que os recém-chegados conduziam em seus papéis institucionais como coordenadores sindicais autorizados a organizar greves coletivas.

9

Observei na Seção 3 do Capítulo 1 que os sociólogos são muitas vezes confrontados com um problema de sobredeterminação. Há tantas pressões seletivas favorecendo a reprodução e difusão de uma prática como a do trabalho assalariado, ou da educação formal, ou a da conscrição militar que invadiu uma população que até aqui não havia sido exposta, que o aumento no número de trabalhadores assalariados (e seus empregadores), alunos (e seus professores), e soldados (e os oficiais que os comandam) produz mais explicações do que o necessário. Mas existem culturas, também, nas quais tantos memes que parecem alterar o comportamento fenotípico são codificados em tantos meios de transmissão e transmitidos ao longo de tantos caminhos que o engenheiro reverso – que não pode conduzir os experimentos pelos quais o problema poderia em princípio ser resolvido – não consegue distinguir as mutações críticas do ruído.

Um tópico familiar sobre o qual essa dificuldade é particularmente aguda é o complexo de memes e práticas subsumido sob o conceito de "nacionalismo" – uma outra palavra da qual os sociólogos, antropólogos e historiadores são dificilmente capazes de prescindir, mas que torna mais difícil, e não menos, identificar os memes particulares que em diferentes contextos locais encontram expressão no comportamento "nacionalista"[83]. Ele é "moderno", ou também "antigo", é "secular" ou "religioso", é "progressivo" ou "reacionário"? Ele se aplica igualmente aos apelos de monarcas "medievais" aos seus súditos para se pensarem como "ingleses" ou "franceses", à representação anglo-saxã do *Engla Lond*[84], e aos sentimentos que Tucídides atribui a Péricles em sua homenagem aos mortos de guerra atenienses? Existe obviamente uma diferença entre os memes nas cabeças da audiência de Péricles e os memes nas cabeças dos nacionalistas europeus do século XIX ou dos nacionalistas africanos e asiáticos do século XX, conscientes de viverem em um ambiente de industrialização, secularização e do controle dos meios de persuasão pelos incumbentes de papéis institucionais cada vez mais poderosos. Mas da perspectiva da sociologia selecionista, o *explicandum* é a emergência, quer pela evolução convergente, difusão

---

83. Isso é expresso na admissão reveladora de um autor, que escreveu extensamente sobre "nacionalismo", segundo a qual "podemos realmente apenas esperar demonstrar uma "afinidade eletiva", em termos de significado subjetivo, entre certas características de identidade nacional e ideologia, e entre crenças particulares e práticas de uma ou mais comunidades étnicas e impérios ao longo de um período de tempo" (SMITH, 2003: 5).

84. "*Terra dos anglos*", em inglês antigo [N.T.].

lateral ou descendência homóloga de culturas nas quais a disposição universal, inata, para estigmatizar grupos exógenos definidos como "outro" assume uma forma local na qual a autoidentificação como membros de um grupo endógeno envolve mais do que língua, religião, território e parentescos em si mesmos. Não é qualquer traço que pode, como um sociólogo diz, ser "empacotado em uma nação" (BRUCE, 1998: 89), assim como não são quaisquer palavras que poderiam ter sido arranjadas para os salmos métricos que foram a "arma secreta" da Reforma Protestante, ou não é qualquer grito de batalha que poderia ser substituído pelo "São Jorge pela Inglaterra!" Mas o problema é explicar os padrões de comportamento coletivo de populações cujos membros não agiriam como agem se não se pensassem como pertencendo a uma "nação" (ou uma palavra em sua língua vernacular que corresponda a ela, que pode simplesmente ser uma palavra designando o povo "tal e tal"). É, além disso, um exercício não somente de rastreio de memes, mas de rastreio de práticas. O engenheiro reverso – que identificou os memes cuja combinação e reprodução os capacitaram a superar memes que codificam lealdade ao clã, à localidade, ao *systact* ou ao credo – tem também de identificar as práticas que ampliam a probabilidade de reprodução contínua daqueles memes pela vinculação de sanções institucionais aos papéis dos governantes e de seus agentes que, ao controlarem os meios de persuasão, podem impor à população uma ideologia formalmente nacionalista.

Isso, contudo, pode às vezes ser feito. Considere a *just-so story* contada pela historiadora Linda Colley sobre a emergência na Grã-Bretanha do século XVIII de uma forma distinta de nacionalismo que pode ser remontada a uma combinação identificável de memes críticos. O efeito fenotípico para o qual Colley chama a atenção em particular é a disposição dos homens jovens e mesmo de meia-idade para se voluntariarem ao serviço militar durante as guerras napoleônicas e a "velocidade e unanimidade com que as milícias e os corpos voluntários em diferentes partes da Grã-Bretanha se reuniram infalivelmente durante os vários alarmes falsos de um desembarque francês" (1992: 310). Os 100.000 milicianos que haviam se voluntariado para o serviço na época que o Supplementary Militia Act (Ato de Milícia Suplementar) de 1796 estava em pleno vigor teriam feito isso por uma variedade de motivos individuais: medo do desemprego, deferência aos proprietários de terras ou ao clero, suscetibilidade à persuasão pela família ou amigos, ou simplesmente pela perspectiva de um escape para a pugnacidade inata. Colley tampouco se nega a mencionar o comportamento evocado observável quando destacamentos recrutadores chegavam a pequenas aldeias e exploravam completamente o impacto de seus instrumentos de sopro, tambores e címbalos. Mas o comparecimento de uma proporção tão significativa do grupo etário em nível populacional reflete a reprodução e a difusão de memes distintamente protestantes quando foram combinados às representações estereotípicas dos "papistas" franceses e codificados em tratados, homilias, jornais, almanaques, no *Livro dos mártires* de Foxe[85], em sermões, lendas populares, canções, peças, cerâmicas (BREWER, 1982: 328) e noites de fogueira. Inevitavelmente, não existem meios de reconstruir as evidências que tornariam possível um teste conclusivo da hipótese de Colley. Mas se os dados pudessem cobrir completamente a procedência, a criação e as relações dos pares, tanto de voluntários como de não voluntários, as técnicas-padrão de análise multivariada gerariam os contrastes quase experimentais a partir dos quais poderia ser inferido o quanto uma exposição maior ou menor a memes separadamente identificáveis – ou a uma combinação deles – aumentaria ou diminuiria a probabilidade de voluntariado. Se Colley está certa, veríamos aumentar exponencialmente a probabilidade do voluntariado à medida que os memes patrióticos e protestantes fossem identificados lado a lado dentro das cabeças dos homens britânicos socializados na cultura distinta de "britanidade" (*Britishness*) que se desenvolveu logo após a "Revolução Gloriosa" de 1688 e do Act of Settlement (Ato de Estabelecimento) de 1701.

Mentes coletivas e o que as move

10

Embora a teoria selecionista não admita uma entidade como consciência coletiva, *Zeitgeist* ou *conscience colletive* – e a unanimidade não deve ser assumida mesmo nas culturas mais "tradicionais" – isso não significa que toda menção aos "gregos", aos "protestantes", aos "vitorianos" ou mesmo aos "asiáticos", em contraste com a mentalidade "ocidental" (NISBETT, 2003), deva ser eliminada da literatura da sociologia comparativa[86], bem como menções à concepção "ameríndia" da relação entre natureza e cultura (VIVEIROS DE CASTRO, 1998) em contraste com a "cartesiana", ou a hindu, a budista e a confuciana em contraste com as concepções cristãs de "mal" (PARKIN, 1985). Tampouco isso implica qualquer desacordo com a insistência dos antropólogos culturais em que o significado é sempre uma função do contexto social e do comportamento individual inseparáveis das relações sociais. Contudo, o que é necessário é que esse discurso seja validado por relatos acurados sobre a distribuição e reprodução contínuas de memes identificáveis que influenciam significativamente o curso das evoluções cultural e social. Os dois grossos volumes de *Sociologia descritiva*, ou *Fatos sociológicos de grupos*, de Herbert Spencer – com sua peculiar lista

---

85. Publicado em 1559, de autoria do puritano inglês John Foxe (1516-1587), é uma descrição gráfica e polêmica daqueles que sofreram pela causa do protestantismo [N.T.].

86. Isso não é dizer que as conclusões de Nisbett sobre os diferentes memes que ele declara encontrar nas cabeças "ocidentais", em contraste com as "asiáticas", são corretos ou que os critérios que ele aplica na distinção entre "ocidental" e "asiático" não sejam abertos à crítica: Lloyd (2007: 169) assinala a ironia sobre o fato de uma noção característica de Aristóteles "parecer distintamente 'oriental' e conflitar com o que Nisbett considera ser característico 'ocidental'".

de títulos como "vigias em cada prédio público" e "fumar tabaco até perder os sentidos" – ainda servem como um alerta horrível sobre o que evitar a esse respeito. Memes que possuem influência importante nas mudanças de padrões de comportamento cultural em larga escala têm de ser separados do ruído, e deve-se provar que eles se reproduzem com fidelidade suficiente – a despeito das reinterpretações conscientes e das distorções inconscientes – para que asserções da forma "os gregos agora acreditavam..." ou "a atitude dos vitorianos se tornou..." resistam a um escrutínio detalhado.

Não seria necessário reenfatizar que essas asserções devem ser propostas com cuidado. Pense como seria apressado generalizar, digamos, sobre a "mentalidade cristã" ou "a mentalidade budista". Qualquer tentativa assim revelaria imediatamente a ampla diversidade de memes que os autoproclamados cristãos ou budistas trazem em suas cabeças – mesmo que suas origens possam remontar, por descendência homóloga, às doutrinas atribuídas, respectivamente, a Jesus, filho de um carpinteiro de Nazaré, e a Sidarta Gautama, filho de um xátria do clã sakya. Somente em subculturas locais – como (talvez) o cristianismo anglicano no sul da Inglaterra em meados do século XVI, ou o budismo teravada da Tailândia rural no século XX – seria possível identificar pacotes de memes com efeitos fenotípicos consistentes que se aproximassem da fixação em nível populacional. Mesmo no ambiente mais restrito é provável que a busca leve à descoberta não de uma tradição fundamental, mas apenas de semelhanças familiares entre grupos relacionados de memes. O problema é idêntico àquele familiar aos sociólogos – ao estudarem estruturas systáticas de sociedades industriais capitalistas – que descobrem que os entrevistados têm em mente coisas muito diferentes quando dizem em entrevistas que se consideram como pertencendo à "classe média" ou à "classe trabalhadora", mesmo que suas autoatribuições terminem se correlacionando significativamente no nível populacional com seus estilos de vida e hábitos de votação. Inversamente, similaridades entre diferentes ambientes locais podem explicar a evolução convergente de, por exemplo, representações de entes sobrenaturais intermediários a quem é atribuído o poder de influenciar os assuntos humanos – os santos e demônios do cristianismo, de um lado, e os *devas* e espíritos *nats* do budismo, de outro.

A construção de *just-so stories* da evolução cultural muitas vezes se torna mais difícil ainda pelo fato de, como os mesmos indivíduos podem ocupar papéis dentro de várias instituições diferentes, podem carregar em suas cabeças os memes de várias subculturas diferentes, como o rei anglo-saxão de Beda citado na Seção 1. Para voltar ao conceito elusivo de "nacionalismo": o que "inglesidade" (*Englishness*) significa para a população da Inglaterra, em comparação com a da "Grã-Bretanha", no começo do século XX? Que o termo tenha um significado partilhado pela esmagadora maioria da população da Inglaterra dificilmente pode ser questionado. Observadores tanto domésticos como estrangeiros eram muito conscientes de um senso inglês não apenas de nacionalidade como também de superioridade nacional – que Engels denunciou caracteristicamente como um senso de superioridade nacional "imaginária" – se estendendo ao longo de todos os *systacts* e arredores. Mas o patriotismo belicoso coexistiu com uma marcada diferenciação subcultural entre atitudes e crenças da classe trabalhadora e da classe média[87] e com o que um historiador chama a "cultura de xenofobia local" que, quando necessário, foi leal à precedência da "paróquia, vizinhança, vilarejo ou propriedade" em detrimento da lealdade quer à nação, quer à classe. Os voluntários de todas as seções de suas comunidades locais, que participaram nas cerimônias de celebração do Milenário do Rei Alfredo em 1901 (READMAN, 2005: 171), estavam dando expressão a um interesse voluntário em comemorar um passado explicitamente "inglês". Mas isso poderia ser muito consistente com um repúdio às crenças e atitudes da elite inglesa e uma recusa em consentir aprovação ao que muitos viam como um modo explorador de produção, um modo desigual de persuasão e um modo não democrático de coerção da Inglaterra. Se houve alguns memes afetando o comportamento fenotípico que praticamente todos os homens e mulheres ingleses haviam adquirido por imitação ou aprendizado com seus pais ou professores ao longo de sua criação, houve outros que eles adquiriram de subculturas inglesas concorrentes, incluindo aquelas que geraram padrões de comportamento coletivo diretamente em conflito com crenças e atitudes "inglesas" como definidas pela elite ideológica da Inglaterra.

11

A melhor chance de identificar memes críticos é onde existe uma diversidade de subculturas dentro de uma cultura comum maior e onde o ambiente muda de tal modo a revelar aqueles cuja mutação ou, como pode ser, a extinção teve um efeito detectável no comportamento fenotípico ao longo da população da cultura comum. Disso, encontramos um exemplo instrutivo em uma parte bem documentada da cultura da Grécia antiga. A "mentalidade grega" incluía uma consciência unânime de uma identidade cultural compartilhada que distinguia os "helenos", conforme se viam, dos egípcios ao sul, dos persas ao leste e dos trácios e outros "bárbaros" ao norte (com a Macedônia sendo um caso-limite problemático tanto social como culturalmente). Mas as centenas de póleis separadas – e as etnias (*ethnē*) tribais que sobreviveram com elas – transmitiram às gerações sucessivas seus próprios cultos, moedas, calendários, dialetos e artefatos distintos, cuja reprodução acurada foi mantida pela rígida conformidade endogrupal e pela contínua hostilidade exogrupal. Seu senso de helenismo com-

---

87. Gênero e etnicidade podem ser relevantes também, como ilustrado por Byrne (2007) em um estudo baseado em entrevistas com mulheres brancas mães de crianças pequenas vivendo no sul de Londres.

partilhado de modo algum os inibiu de lutarem entre si. Ao contrário: a paz era, como diz Platão (*Leis*, 625a), meramente um estado de guerra não declarado entre as póleis; guerras de "cidades vizinhas" (*astygeitones*), como Aristóteles as chamava (*Política*, 1330a), eram consideradas uma parte normal da experiência do cidadão adulto; e Heródoto (I.30.4-5) cita Sólon dizendo que um ateniense desconhecido chamado Télos era o homem mais feliz porque havia morrido em uma batalha vitoriosa precisamente em uma guerra assim e recebeu um enterro público no lugar onde caiu. A cultura helênica, em outras palavras, da qual todos os gregos se viam como membros, era entre outras coisas uma cultura guerreira que não só sancionava como também encorajava a violência letal organizada contra pares gregos cujas diferenças subculturais ajudavam, com isso, a preservar e inclusive a exacerbar. Mas essa cultura guerreira estava sendo radicalmente modificada sob uma pressão seletiva não antecipada na mesma época em que Platão e Aristóteles a tinham como assegurada.

Nessa época, guerras intra-helênicas estavam sendo travadas por exércitos de cidadãos de infantaria fortemente armados, alinhados em ordem cerrada (e instintivamente avançando pela direita), que entravam em um combate corpo a corpo, com armas brancas, que era brutal, exaustivo e assustador em um grau sem paralelo entre outras sociedades de agricultores camponeses (DAWSON, 1996: 50). Isso não pode ser explicado em termos quer de uma hipótese ecológico-comportamental sobre a maximização de aptidão reprodutiva inclusiva, quer de uma hipótese psicológico-evolutiva sobre um "imperativo territorial" supostamente universal. Embora a exploração sexual de mulheres estrangeiras ou servis fosse algo comum (DOVER, 1974: 210) – e concubinas tenham sido distribuídas entre os gregos vitoriosos após a derrota dos persas em Plateia (Herodotus, IX.81.1-2) –, as mulheres não eram normalmente parte dos espólios da vitória. A escravidão das mulheres e crianças de uma pólis derrotada, onde ocorria, era motivada pelo desejo de infligir punição exemplar, não de aumentar a população do vitorioso. Tampouco tinha como objetivo a anexação do território. As plantações do inimigo poderiam ser destruídas e as videiras deliberadamente danificadas, mas sem ocupação e subsequente exploração de sua terra produtiva. Os cidadãos-soldados da falange hoplita se esforçavam para se preservar contra ameaças potenciais à sua independência, para assumir ou reter o controle de um lugar que poderia ser usado contra eles, para apoiar um aliado que solicitara ajuda, para se vingarem, ou para impedir uma acumulação ameaçadora de poder de uma pólis rival. A verdadeira importância da guerra hoplita, nas palavras de um historiador, deve ser encontrada "em seus vínculos estreitos com quase todo aspecto importante da cultura" (CONNOR, 2004: 35), ou, nas palavras de outro historiador, no fato de ser "mais do que uma formação tática. Ela representava um modo de vida, um código de masculinidade e moralidade" (FERRILL, 1985: 145).

Homens gregos jovens obtinham de pais, mentores e modelos exemplares um critério de prestígio que era concedido não a guerreiros heroicos como Hector ou Aquiles, mas àqueles que eram considerados incapazes de sair da linha. Comandantes lutavam ao lado de seus soldados e partilhavam com eles de uma vida social local na qual se conheciam pelo nome e comiam (e, mais importante, bebiam) juntos em clubes ou ranchos (MURRAY, 1991). A covardia não era meramente estigmatizada individualmente, mas ideologicamente sancionada pela forte reciprocidade. Vitórias eram celebradas, mas nunca pelos triunfos de estilo romano. Batalhas eram travadas de acordo com uma sequência de rituais prescritos nos quais a invocação de deuses escolhidos era combinada à reafirmação simbólica da solidariedade cívica: presságios, juramentos, preces, libações, adivinhações, sacrifícios, troféus, dedicações, funerais e memoriais relembravam constantemente artistas e suas audiências da colaboração que lhes incumbia como concidadãos atenienses, espartanos, e assim por diante. Qualquer que fosse a proporção nos vários exércitos de conscritos relutantes e hoplitas covardes (CHRIST, 2006, cap. 2 e 3), a solidariedade reafirmada e fortalecida pelas guerras entre as póleis era uma autodiferenciação coletiva contra o "outro" e uma celebração cultural do papel social do cidadão adulto autônomo e portador de armas.

A obrigação de lutar, quando convocado a fazê-lo, era suplementada, no pacote de memes mutuamente adaptativos, por injunções específicas para celebrar os mortos em batalha e para dedicar os espólios de guerra aos deuses apropriados. A tradição de prestar homenagem aos mortos na batalha permeia não apenas as fontes literárias, incluindo os discursos que os historiadores colocam nas bocas dos generais ou líderes políticos, mas também as muitas inscrições registradas por Pausânias no século I da Era Cristã e confirmadas pela arqueologia subsequente. Em Atenas, um ataúde era engrinaldado e carregado em procissão para aqueles cujos corpos não tivessem sido recuperados (Tucídides, II.34.3-4); e Platão menciona a ênfase de Sócrates (*Menexenus*, 234a) segundo a qual o cidadão mais pobre que morre em batalha não terá um funeral menos esplêndido que o do mais rico. Ao mesmo tempo, os capacetes e escudos dos inimigos mortos eram usados para "coroar as moradas puras dos deuses" (AESCHYLUS. *Seven Against Thebes*, linha 278) em uma escala notável, tanto nos templos locais como nos santuários pan-helênicos como Delfos e Olímpia. A partir de um multiplicador retirado de ânforas panatenaicas, calcula-se que, entre 700 e 500 a.C., somente a Olímpia foram dedicadas uma média de 1.000 capacetes por ano (SNODGRASS, 1980: 131). A essa distância, e sem o benefício da evidência de observação participante ou de questionários, é difícil dizer até que ponto o motivo orientador era uma exibição conspícua do *status* superior em vez da expressão de gratidão a uma agência supra-humana quase pessoal que se supunha ter favorecido o lado vencedor. Mas bronze era caro, e a panóplia hoplita requeria muitas horas de trabalho qualificado. A racionalidade econômica nada tinha a ver com isso.

A subsequente desmilitarização da mentalidade coletiva grega é uma *just-so story* clássica da coevolução meme-prática. A mudança que a originou foi a rápida expansão na e após a Guerra do Peloponeso do número de mercenários que lutaram nas guerras pan-helênicas no território helênico. O papel dos guerreiros mercenários é corroborado desde o período mais antigo do equipamento e táticas hoplitas, e os homens excedentes, particularmente das regiões mais montanhosas e inférteis da Grécia, estavam sempre disponíveis para contratação a serviço dos governantes do Egito ou da Lídia. Mas como as campanhas se tornaram mais longas, as táticas mais diversificadas, cercos e emboscadas suplementaram cada vez mais batalhas campais entre falanges opostas. A *ville-foyer* (GARLAN, 1974: 277), da qual os cidadãos-soldados irrompiam para defender suas fazendas, tornou-se uma *ville-bastion*, protegida por fortificações elaboradas, e os comandantes se tornaram estrategistas administradores em vez de estrategistas de batalha. Sociedades mais ricas recrutavam números cada vez maiores de mercenários de sociedades mais pobres e a proporção de mercenários para soldados cidadãos aumentava constantemente. Mercenários se apresentavam em centros de recrutamento conhecidos, e apareceriam "mesmo sem terem sido convidados" (McKECHNIE, 1989: 87) em lugares dos quais rumores sobre operações militares futuras tivessem sido espalhados. Os mercenários formavam grupos cooperativos com suas próprias subculturas internas. Os memes que haviam encontrado expressão fenotípica nas campanhas em que participaram os cidadãos hoplitas foram continuamente levados à extinção. Homens jovens gregos não mais assumiam – como seus pais e avôs fizeram – que em algum momento de suas vidas teriam de estar prontos para mostrarem seu valor em combate. Rituais celebrando os mortos em batalha não eram mais executados quando esses eram "estrangeiros" (*xenoi*) – como Xenofonte e Demóstenes os chamavam. Panóplias tomadas do inimigo morto não eram mais dedicadas em templos locais ou em santuários pan-helênicos. E o estigma vinculado à covardia enfraquecia constantemente à medida que o *miles gloriosus*[88] se tornava uma figura estereotípica na cena cômica (HUMPHREYS, 1978: 174, apud WEBSTER, 1953: 39).

12

Até aqui, podemos dizer, tudo bem. Mas a teoria selecionista explica também o que não ocorre – ou seja, a ausência da mudança onde ela poderia ser esperada, assim como sua ocorrência onde não poderia. Na evolução cultural, onde a mutação frequente e a rápida difusão de memes são lugares-comuns, existem ao mesmo tempo culturas onde é necessário ser explicado por que a mentalidade coletiva permanece inalterada ainda que a população esteja aberta a invasão por uma variedade de crenças e atitudes concorrentes propostas por

---

88. Referência provável à comédia latina *Miles Gloriosus* (*O soldado fanfarrão*) de Titus Maccius Plautus, adaptada do original grego "*Alazon*" [N.T.].

inovadores ativos e eloquentes. Disso, a cultura da Roma "antiga" é um caso particularmente revelador devido à sua combinação única de memes "religiosos", "científicos" e "mágicos" transmitidos a sucessivas gerações de sua população da primeira monarquia até a adoção do cristianismo como religião oficial do Estado romano. A despeito das mudanças difundidas e por vezes drásticas em suas instituições sociais, a cultura de Roma foi transmitida de geração a geração sem qualquer questionamento efetivo à tradição ancestral. Por que não?

Em nenhuma parte da cultura romana jamais emergiu a ideia de que a sabedoria dos ancestrais (*maiores*) deveria ser descartada e substituída, ou que um "Mandado do Céu" pudesse ser retirado de um governante injusto, ou que o direito de ocupação de um papel político poderia depender da conformidade a um padrão de moralidade imposto de cima, ou que os governantes pudessem estar sob uma obrigação vinculante de satisfazer as necessidades ou promover os interesses dos governados. Não há razão para duvidar da autenticidade da desaprovação de Cícero ao abuso de poder por um governador provincial como Verres, de sua admiração por Bruto e Cássio como tiranicidas, ou de sua disposição em considerar as leis romanas de herança como concebidas para o benefício dos homens e, portanto, injusta para com as mulheres (*de Republica*, III.x). Mas é sintomático que, quando, em sua aposentadoria forçada da política, começou a escrever dois diálogos baseados na *República* e nas *Leis* de Platão, sua república ideal termina sendo a do Estado romano e suas leis ideais as do Estado já considerado o melhor, isto é, Roma. Nem os *pontífices* nem qualquer outro membro do sacerdócio se viam como portadores de um ideal transcendental pelo qual os detentores do poder econômico, ideológico ou político pudessem ser julgados e censurados. Tampouco, a despeito do interesse mostrado pelos romanos alfabetizados nas doutrinas dos estoicos, esse interesse se estendeu para além do reconhecimento dos ideais de moderação, clemência, desapego e autodisciplina no exercício do poder. Nada há nos escritos de Posidônio (até onde podem ser reconstruídos) – que parece ter sido o filósofo mais admirado pelos membros da elite romana – que sugira senão que os triunfos do imperialismo romano estivessem confortavelmente de acordo com a providência divina. Embora muitos romanos tenham se envolvido em especulações filosóficas, ou tenham se agrupado em nome de uma divindade escolhida para propósitos cerimoniais, isso nunca equivaleu a uma autoidentificação com uma religião e injunções associadas sobre a gestão justa do bem da sociedade. No máximo, achava-se que, como uma autoridade diz, "não se poderia pedir positivamente aos deuses que mantivessem o Estado, embora os romanos estivessem se comportando de modo a poder comprometê-lo" (LIEBESCHUTZ, 1979: 100).

Todavia, essa falta do que Weber chamava uma "ética de salvação" tem de ser reconciliada com as evidências abundantes de que os romanos em todos os níveis systácticos, e não meramente aqueles cujos seus superiores sociais consideravam "estúpidos" (OVÍDIO. *Fasti* II.531), partilhavam com Marco Aurélio, como citado na Seção 3, de uma crença na capacidade de agentes quase pessoais invisíveis de influenciar o curso tanto de eventos naturais como de assuntos humanos. É improvável que qualquer um deles esperasse seriamente ver deuses aparecerem na Terra sob a forma aparentemente humana[89]. Mas não apenas preces e sacrifícios como também a leitura de presságios, lançamento de feitiços, cultos misteriosos, haruspicações, encantamentos, dedicações e incubações eram fatos da vida cotidiana romana. Havia os previsíveis céticos, zombadores e cínicos, e os políticos que manipulavam os rituais costumeiros para seus próprios propósitos. Mas a consulta aos Livros Sibilinos[90] não era meramente encenação, e o despacho de Fábio Pictor para consultar o Oráculo de Delfos após a vitória cartaginesa em Canas não foi meramente um exercício hipócrita de relações públicas. Os romanos celebravam regularmente festivais sazonais, exibiam terracotas votivas em locais santuários, erigiam estátuas de espíritos guardiões em casas ou em cruzamentos, creditavam a praticantes do oculto poderes "mágicos" suspeitos, e tratavam certos lugares, espaços e traços do mundo natural como sagrados. Datas de expiração eram cuidadosamente adotadas, fórmulas tradicionais eram repetidas e deuses eram corretamente interpelados[91]. A conformidade para procedimentos e fórmulas estabelecidos não excluía a reinterpretação de memes herdados: um exemplo para o qual existem boas evidências epigráficas bem como literárias é o culto dos "Irmãos Arvais"[92], cujos rituais, após inicialmente se ocuparem com assegurar a fertilidade do solo, foram modificados para incluírem votos e sacrifícios dirigidos ao bem-estar de sucessivos imperadores. Deidades estrangeiras eram admitidas no panteão romano, e cultos estrangeiros tolerados contanto que não oferecessem ameaça ao Estado. Mas em nenhuma parte em tudo isso pode ser encontrado qualquer questionamento à tradição ancestral.

A resposta ao problema deve ser encontrada não na religião romana (independentemente de como "religião" é definido), mas nos memes e práticas constitutivas do direito romano. De seu começo obscuro na, e antes da, Lei das Doze

---

89. Pausânias diz que acreditava que os deuses por vezes costumassem aparecer entre os humanos, mas depois tenham cessado de fazê-lo (VII.2.4), como Cátulo em um poema (LXIV.386), onde se supõe que os deuses tenham aparecido na época "em que a devoção ainda não era desprezada (*nondum spreta pietate*)". Compare Sir Thomas Browne em *Religio Medici*: "que os milagres tenham cessado não posso provar nem absolutamente negar".

90. Conjunto de livros que a Sibila de Cumes levou ao rei de Roma Tarquínio o Soberbo (495 a.C.), consultados em crises momentosas ao longo da história da república e do Império Romano [N.T.].

91. Não que isso fosse peculiar ao paganismo: a *reverentia* cristã para com os santos envolvia uma homóloga "etiqueta para com o sobrenatural, da qual cada gesto era cuidadosamente delineado" (BROWN, 1981: 119).

92. Na religião romana antiga, os *Irmãos Arvais* (*Arval Brethren*, do latim *Fratres Arvales*, "Irmãos dos Campos") eram um corpo de sacerdotes que ofereciam sacrifícios anuais aos lares e deuses para garantir boas colheitas [N.T.].

Tábuas de meados do século XV a.C., os historiadores e sociólogos de todas as correntes teóricas reconheciam sua singularidade. As primeiras *leges regiae* parecem ter sido tanto *ius divinum* como *ius civile*. Mas mesmo que algum traço da autoridade supra-humana sobreviva nas Doze Tábuas, na simplificada *legis actio*, ela desapareceu (JOLOWICZ & NICHOLAS, 1972: 79). A *just-so story* selecionista pode ser sumarizada ao dizer que a politização da religião romana evoluiu em uma relação coadaptativa com a secularização do direito romano. É uma história de coevolução meme-prática na qual as práticas que definem os papéis do sacerdócio romano revelam com clareza exatamente o que estava ocorrendo. Os *pontífices* foram, por um longo tempo, responsáveis pelo controle do calendário romano, assim como das regras que os cidadãos ordinários deveriam seguir em assuntos como funerais. Mas nunca reivindicaram legitimidade teocrática, e nunca questionaram as pressuposições sobre as quais o *ius civile* repousava. Os conflitos que periodicamente irrompiam entre os incumbentes de papéis sacerdotais eram conflitos sociais sobre quem deveria ocupar os papéis aos quais estava vinculado o controle dos colégios sacerdotais e não conflitos culturais sobre doutrina. Os sacerdotes romanos não estavam mais dispostos que os juristas romanos a questionar o direito de governar dos governantes, e os juristas eram explícitos sobre a impropriedade de questionar as *rationes* para coisas ancestralmente estabelecidas (*a maioribus constituta*). Embora os juristas reconhecessem uma distinção implícita entre o espírito e a letra da lei – *aequitas* versus *ius* –, em suas opiniões (*responsa*), eles se preocupavam apenas com a aplicação de conceitos e procedimentos legais tradicionais às necessidades e circunstâncias particulares dos que recebiam seus conselhos: nenhum deles expôs em lugar algum uma doutrina de direitos ou uma filosofia do direito que pudesse ser interpretada como seriamente crítica ao sistema de cuja interpretação estavam incumbidos. Leis anacrônicas não eram abolidas, mas simplesmente deixadas cair em desuso. Na ausência de uma lei anterior que poderia ser tomada como um precedente, o guia apropriado era o costume (*consuetudo*). Quando o eminente Caio Cássio Longino, como relatado por Tácito (*Annals*, XIV.42-43), disse nunca ter duvidado de que o que havia sido estabelecido em tempos anteriores sempre fosse certo, e a mudança fosse sempre para o pior, estava expressando a opinião senatorial convencional em sua maioria inflexivelmente reacionária. Mas não estava argumentando contra pretensos reformadores para quem a lealdade respeitosa à sabedoria dos *maiores* ancestrais, conforme herdada pelos *patres* senatoriais, era inerentemente malconcebida. Não havia memes reformistas heterodoxos contra os quais fosse necessário o argumento dos portadores.

No modo romano de persuasão, as práticas que definiam o papel do sacerdote tornavam seus incumbentes agentes do Estado romano do mesmo modo que as práticas que definiam os papéis dos magistrados sob a forma da coerção. Nem todo magistrado era um sacerdote. Mas sacerdotes e magistrados partilhavam de uma origem systáctica comum e herdavam o mesmo conjunto tradicional de memes. (Eles também, em muitos casos, partilhavam seus genes, embora as altas taxas de mortalidade entre a elite senatorial envolvessem o frequente recurso da adoção.) Roma não era uma sociedade "tradicional" no sentido de que suas instituições políticas e ideológicas fossem arraigadas umas nas outras a ponto de que nenhuma distinção pudesse ser feita entre elas. Mas evoluiu de tal modo que o direito se tornasse desarraigado da religião sem que a religião se tornasse desarraigada da política. Indivíduos ambiciosos não tinham escopo para mobilidade social ascendente dentro de uma igreja romana institucionalmente distinta do Estado romano. Quando Augusto como imperador se arrogou o papel de *pontifex maximus*, seu comportamento foi consistente com uma tendência que remontava a dois séculos, quando um *pontifex maximus* havia sido ao mesmo tempo cônsul. Foi somente após a conversão de Constantino que passou a haver uma área de espaço social na qual práticas mutantes puderam formar papéis cujos incumbentes pudessem ter sido portadores de memes que expressassem uma tensão entre algum padrão moral transcendental e o desempenho de seus papéis econômicos, ideológicos e políticos tradicionais pelos membros reconhecidos da elite romana. A inércia cultural, nesse exemplo, não se deveu ao isolamento memético nem aos custos da imitação ou aprendizado, mas ao efeito das práticas que definem os papéis constitutivos das instituições ideológicas e políticas de Roma no curso contínuo da coevolução meme-prática.

Ortodoxias vencedoras e heresias perdedoras

13

Na evolução cultural, heresias são perdedoras por definição, uma vez que, se forem bem-sucedidas, tornam-se ortodoxias. Mas o resultado da competição entre ortodoxia e heresia é, pelas razões descritas no Capítulo 1, raramente decidido pela avaliação desapaixonada do mérito intelectual: mesmo na história da matemática, existem inovadores que são pilares da ortodoxia para seus sucessores, mas foram inicialmente estigmatizados como heréticos. Vimos que, onde os portadores de memes culturalmente definidos como não ortodoxos estão sujeitos a sanções sociais como heréticos e, portanto, subversivos, pode-se esperar que os "meros adeptos" caiam ao mesmo tempo em que os entusiastas são fortalecidos em seu compromisso. Mas a perspectiva da imposição de sanções institucionais surge somente após os memes heréticos terem sido suficiente e amplamente difundidos pela imitação e aprendizado para que a necessidade de contestá-los seja percebida pelos incumbentes dos papéis aos quais se vincula o poder de impor as sanções.

Em qualquer cultura, a criança em desenvolvimento herda um conjunto inicial de memes dos pais e de outros guardiões e mentores. Quando ambos os pais partilham os mesmos memes com os mentores institucionais como professores de escola e sacerdotes, a probabilidade de sua reprodução contínua em uma forma relativamente inalterada é alta. À medida que se dirigem à vida adulta, alguns serão mais receptivos às alternativas do que outros por razões que a genética comportamental pode ser capaz de explicar[93]. Mas na sociologia comparativa o problema para o engenheiro reverso é identificar o que há no *design* memético de uma heresia que a capacita a apresentar um questionamento bem-sucedido à ortodoxia estabelecida em nível populacional. A adaptabilidade intencional pode estar envolvida, mas pode estar envolvida em ambos os lados em uma corrida armamentista cultural. Os engenheiros meméticos da Igreja Católica Romana, que transferiram a doutrina do purgatório do quarto livro dos *Diálogos* de Gregório para o apêndice à constituição do Segundo Concílio de Latrão *cum sacrosancta* (LE GOFF, 1984: 285), poderiam se parabenizar merecidamente por terem promovido uma consciência elevada do pecado entre os fiéis ao mesmo tempo em que encorajavam encomendas de missas a serem proferidas em nome dos mortos. Inversamente, a competição sectária em uma época de revivificação pode aumentar significativamente a adaptabilidade de memes rivais (FROESE, 2001). Podemos esperar que o acaso desempenhe seu papel usual. A grande controvérsia bizantina entre iconófilos e iconoclastas – que os primeiros venceram finalmente no ano de 843 – foi assentada somente após uma sucessão de reviravoltas completamente imprevisíveis na herança dinástica, nas políticas eclesiásticas e nos destinos da guerra. Os protagonistas principais podem ter tido concepções fortes e bem fundamentadas sobre se imagens são símbolos por meio dos quais adoradores podem ser levados para mais perto da realidade invisível que existe para além do âmbito de visão humana ou se tratá-las como objetos de adoração é um repúdio blasfemo aos próprios mandamentos de Deus ao povo de Israel. Mas quantos dos adoradores colocaram isso para si mesmos nesses termos? A reprodução de memes iconófilos foi favorecida pelo apelo de seus efeitos fenotípicos estendidos entre portadores para os quais as figuras de Cristo, sua mãe, seus apóstolos e seus santos nas igrejas e casas privadas respondiam a uma necessidade que sentiam de representações visíveis de forças invisíveis, consideradas capazes de dar ou de retirar conforto e proteção em tempos de infortúnio e perigo. Mas a existência de uma necessidade assim não é garantia de que será satisfeita. A *just-so story* correta tem de identificar tanto os memes críticos – cuja probabilidade de difusão e reprodução foi aumentada enquanto o ambiente mudou – quanto os eventos críticos – que poderiam igualmente ter sido aleatórios – que mudaram o ambiente como mudaram.

Nem todos os memes ortodoxos são expelidos de uma população cultural por meio do confronto direto com seus concorrentes heréticos. Eles podem simplesmente cessar de ser transmitidos às gerações sucessivas como previamente

---

93. Pode ser relevante também a associação de rebeldia com ordem de nascimento (SULLOWAY, 1996).

foram. De acordo com a assim chamada "tese da secularização", que foi ela própria um pouco ortodoxa entre sociólogos da religião do final do século XX, isso é exatamente o que estava acontecendo nas várias culturas cujos membros não partilhavam mais as crenças em deuses, demônios, bruxas, espíritos ancestrais, milagres, portentos, profecias e fantasmas de seus pais ou avós. Não há dúvidas de que no curso da evolução cultural muitas dessas crenças se extinguiram mesmo que outrora parecessem estar próximas à fixação. Mas um declínio na taxa de reprodução de práticas "religiosas" e um estreitamento do escopo de instituições "religiosas" são perfeitamente compatíveis com uma intensidade crescente de experiências "religiosas" individuais (GORSKI, 2000: 162). A "tese da secularização" é equívoca tanto se for interpretada como postulando uma extinção de crenças em agentes supra-humanos quase universais quanto se for interpretada como postulando uma extinção de atitudes sacralizadas. Mutações adaptativas dentro de tradições arraigadas como o judaísmo, o cristianismo e o islamismo, assumiram a forma não apenas de variantes heréticas do núcleo ortodoxo, mas de reafirmações explícitas de ortodoxia do tipo convencionalmente chamado "fundamentalismo". O problema para a sociologia selecionista, aqui como em outros lugares, é separar casos de coevolução meme-prática de casos em que a receptividade psicológica universal, inata, a memes constitutivos de crenças metafísicas e atitudes sacralizadas gera uma nova "religião" apenas pela seleção cultural. As pressões seletivas no ambiente institucional são tão obviamente relevantes à probabilidade de reprodução e difusão dos memes que se originaram nas cabeças de Confúcio ou Marx quanto aquelas dos memes que se originaram nas cabeças de Maomé ou Lutero. Um compromisso com qualquer conjunto de crenças metafísicas e atitudes sacralizadas compartilhadas será biologicamente adaptativo na medida em que aumenta a probabilidade de cooperação dentro do grupo e, portanto, como Darwin previu, uma probabilidade mais elevada de reprodução dos genes dos membros do grupo relativo com que estão competindo. Mas o que explicará a adaptabilidade dos memes particulares que têm esse efeito, e onde o engenheiro reverso encontrará a seleção de grupo cultural em funcionamento em sua forma mais pura?

De todas as heresias que se tornaram ortodoxias, o cristianismo primitivo fornece o exemplo registrado mais promissor para tratar essa questão. Isso não é porque o sucesso final do cristianismo tenha sido tão surpreendente quanto certamente seria para qualquer observador contemporâneo. O mesmo poderia ser dito do islamismo e da extraordinária sequência de eventos casuais que guiaram sua história inicial. É porque a *just-so story* do cristianismo, diferente daquela do islamismo, ocorre em duas partes distintas: primeiro de seleção cultural e depois de seleção social. Sem a vitória de Constantino na Ponte Mílvia e o tê-la atribuído ao apoio do Deus cristão, o cristianismo teria permanecido uma entre muitas religiões rivais competindo por adeptos dentro do mundo romano. Somente após as inovações institucionais que seguiram – incluindo, sobretudo, as imunidades concedidas por Constantino ao clero "no primeiro ardor de sua conversão" (JONES, 1964: 92) –, as sanções econômicas, ideológicas e políticas vinculadas aos papéis dos imperadores e seus oficiais subordinados garantiram seu sucesso. Mas a escolha de Constantino não teria surgido de modo algum se um grupo tão pequeno não tivesse se tornado um problema tão grande (BROWN, 1971: 65) – tão grande que o Imperador Diocleciano foi persuadido por César Galério a publicar o decreto de fevereiro de 203 que iniciava o que os cristãos chamaram a "Grande Perseguição". Os primeiros cristãos foram membros deliberadamente apolíticos de uma pequena e obscura seita judaica. À medida que crescia, o papel do ancião ou pregador se transformava no papel de bispo. Os bispos se tornaram grandezas locais (*local grandees*), e eram tratados como tais pelos oficiais romanos. Mas a difusão dos memes cristãos antes da conversão de Constantino é uma *just-so story* de seleção cultural para a qual a seleção social é quase totalmente irrelevante.

14

Durante esse período inicial, não houve qualquer atividade missionária organizada do tipo adotado mais tarde ao redor da Europa e em outros lugares. Os memes cristãos eram adquiridos pela transmissão informal em locais de trabalho, nas esquinas, entre amigos ou pelas influências pessoais de um proprietário de terras ou chefe de família, cujos dependentes seguissem sua liderança. O celebrado testemunho de Plínio o Jovem (em uma carta da Bitínia ao Imperador Trajano), sobre a universalidade do apelo do cristianismo, tem de ser qualificado por sua raridade no exército romano, entre a elite senatorial, ou nos acampamentos dos bandos de escravos rurais. Mas não foi (como Nietzsche afirmava) uma "revolta de escravos" dos oprimidos, nem (como Weber afirmava) uma religião de artesãos urbanos que haviam conquistado, ou estavam conquistando, sua liberdade. Como Plínio relatou a Trajano, os cristãos eram de todas as idades e vinham de todas as posições sociais (*"omnis ordinis"*), tanto mulheres como homens. Todavia, não é como se o cristianismo fosse único em oferecer a seus adeptos a esperança de uma vida após a morte ou os confortos do cerimonial, do mistério e do companheirismo nesta vida. Tampouco foi único em seu monoteísmo, uma vez que mesmo separado do judaísmo um número cada vez maior de filósofos e intelectuais estava pronto a postular uma deidade única e suprema. Tampouco foi único em sua oferta de ajuda sobrenatural na doença: numerosos concorrentes ofereciam o mesmo, com as mesmas provas de testemunhas para apoiá-los (incluindo, em uma ocasião, uma cura alegadamente influenciada pelo Imperador Vespasiano). Tampouco é como se a religião tradicional de Roma tivesse perdido seu apoio anterior, como evidenciado, sobretudo, pelo tempo que levou o assim chamado "paganismo" para ser levado à margem cultural que os portadores dos memes cristãos haviam outrora ocupado, e para os não cristãos se tornarem, como dito por um historiador, "finalmente foras da lei" (MacMULLAN, 1984: 101). A explicação da difusão do cristianismo tem de ser situada em algum lugar na subcultura das comunidades locais que foram "exclusivas e totalitárias de um modo que nenhum clube nem mesmo qualquer associação ritualista pagã foi" (MEEKS, 1993: 78).

Os cristãos eram iniciados através do ritual do batismo (o qual tinham permissão para postergar, se quisessem, até próximo à morte), em uma comunidade mundial, cujos membros eram, desse modo, simbolicamente purificados de seus pecados e lhes era oferecida a perspectiva de salvação. A maioria esmagadora deles permaneceu em seus mesmos papéis sociais após sua conversão, e disputas doutrinais, por mais acrimoniosas que pudessem ser, tinham pouca importância nas ruas de Roma, Antioquia, Éfeso ou Edessa, assim como para a aristocracia proprietária de terras e políticos locais que escolhiam aderir ao cristianismo por razões pragmáticas, mas se encontravam com pares cristãos em intervalos regulares para reafirmar seu compromisso, participavam de refeições comuns, amparavam uns aos outros durante a vida e cuidavam uns dos outros na morte. Não era esperado que assumissem literalmente as injunções do Sermão da Montanha. Esperava-se apenas que estivessem dispostos a oferecer alguma parte, ao menos, de seu tempo, atenção e dinheiro para suas igrejas. Comunidades cristãs rivais muitas vezes discordavam entre si e de seus bispos, dando, desse modo, um enorme prazer a comentadores pagãos como Amiano Marcelino. Mas entre as injunções que se esperava que levassem a sério estava o dever de benevolência para com membros de fora do grupo, assim como para com seus pares cristãos.

A caridade como tal não era um efeito fenotípico de memes unicamente cristãos. Mas na tradição cultural judaica da qual a caridade descendia, as distribuições das sinagogas eram muito mais estreitamente restritas aos membros do grupo do que as distribuições das igrejas. Havia na tradição cultural romana também a ideia de *benevolentia* desinteressada. Mas os atos de caridade eram feitos não por ágape paulina, mas *ob honorem* para aumentar o prestígio do benfeitor de acordo com o modelo da relação entre patrono e cliente (lembre na Seção 5 do Prólogo o desdém do *urbis moderator* Lampádio pelos beneficiários de sua doação). Na filosofia estoica, é próprio oferecer alívio ao sofrimento, mas não por clemência (*clementia*), nem por piedade (*misericórdia*). As distribuições de mercadorias e dinheiro eram periodicamente feitas pelo Estado, mas pelo critério do *status*, e não da necessidade. Esquemas "alimentícios" como o de Trajano, que permitiam a manutenção de crianças acima dos quinze ou dezesseis anos, "não se constituíam em uma exceção à regra de que o mundo romano tinha pouca compaixão pelos pobres e que nenhum governo antigo jamais os considerou como sua responsabilidade" (WOOLF, 1990: 227). Nenhuma outra agência fornecia orfanatos ou asilos de pobres ou casas para viúvas ou hospitais como as igrejas cristãs forneceram[94]. Evidências convincentes para a singularidade da caridade cristã vêm não apenas de cristãos como Lactâncio (no Livro 6 de seu *Institutos divinos*), mas dos oponentes do cristianismo, mais notavelmente das cartas do imperador "apóstata" Juliano, nas quais aponta para a necessidade de os sacerdotes e sumo sacerdotes que criara corresponderem aos seus equivalentes cristãos em benevolência àqueles em necessidade, incluindo prisioneiros e pobres.

Quem quer que sejam os recipientes, contudo, a caridade cristã nos leva diretamente de volta à seção 6 do Prólogo e ao contraste de Darwin entre os "baixos" motivos daqueles que esperam algo em troca e os motivos dos genuínos altruístas que exemplificam o "mais nobre atributo humano". Os cristãos que eram generosos para com os não cristãos, embora não lhes pedissem coisa alguma em troca, ainda assim poderiam ter sido motivados pela antecipação de recompensa na vida após a morte. Se acreditassem seriamente que ao doarem suas posses terrenas assegurariam uma bênção póstuma, o interesse pessoal racional ditaria presumivelmente que o fizessem. Esse é o cálculo custo-benefício apresentado explicitamente por Clemente de Alexandria em *A salvação do homem rico*, onde oferece como um "belo negócio" (*ō kalēs emporias*) a compra da incorrupção eterna com dinheiro perecível. Mas não há evidências de que isso fosse de fato o que estava ocorrendo nas cabeças dos convertidos. As comunidades cristãs em expansão não eram guiadas pelo comunismo primitivo descrito nos *Atos dos Apóstolos* nem pelo ascetismo do movimento monástico posterior. A renúncia ao modelo do conselho de Jesus aos jovens ricos na história do Evangelho para abrirem mão de tudo que tivessem e "seguir-me" era tão rara quanto o martírio autoescolhido. Cipriano de Cartago parece ter sido um dos poucos que abriu mão de sua fortuna pessoal, mas havia alusões nas fontes de que tenha mantido parte dela ou de que tenha adquirido mais tarde outras posses. De qualquer modo, comprar favores de Deus na forma de uma compra de mercado ou na forma do *do ut des* (*dou para que dês*) do sacrifício pagão seria a antítese da ágape cristã. Os "primeiros doadores" foram os ricos (COUNTRYMAN, 1980: 114). Mas as doações regulares em uma escala compatível com a conduta normal da vida cotidiana eram o elemento principal da caridade cristã. Grande parte do que cada comunidade local recebia era aplicada no sustento das próprias igrejas, na manutenção de seus próprios funcionários, e no auxílio aos cristãos em necessidade, incluindo no resgate de prisioneiros. Em Roma, de acordo com Eusébio (*Ecclesiastical History* 6.43.11), a comunidade cristã cuidava de cerca de 1.500 pessoas necessitadas, além de seus próprios funcionários. Mas a diferença era que combinavam a sanção da desaprovação que sustentava a conformidade à injunção

---

94. Essas eram enfermarias (*valetudinaria*). Mas não eram para os pobres. Inicialmente, eram para os soldados, e depois, por extensão, para membros da corte imperial ou para as famílias ricas (HANDS, 1968: 141).

de doar com uma norma de benevolência às pessoas com quem não tivessem qualquer tipo de vínculo.

Isso, portanto, produziu um exemplo clássico do problema dos aproveitadores. Quaisquer que fossem os motivos individuais de doadores cristãos mais ou menos generosos, as comunidades cristãs estavam destinadas a ser vulneráveis, como o satirista Luciano observava na época (*The Passing of Peregrinus*, 13), para qualquer charlatão esperto (a palavra de Luciano é *goēs*) que tirava dinheiro de cristãos ingênuos e depois partia. Internamente, as comunidades cristãs eram constituídas de tal modo que a pressão seletiva favorecia a reciprocidade forte. As congregações das igrejas domésticas eram pequenas o bastante para seus membros se conhecerem pessoalmente, para monitorarem o comportamento uns dos outros diretamente, para preservarem recordações de não cooperação e para reunirem informações sobre a confiabilidade de diferentes indivíduos. Não há dúvida de que eram explorados de tempos em tempos do modo que Luciano sugere. Mas era, como sempre, a contrapartida que contava. Se, para cada estrangeiro que terminava se mostrando um trapaceiro, houvesse em média mais de um que se juntava à comunidade de doadores incondicionalmente benevolentes e obedecessem às suas normas, a estratégia seria, independentemente de quão lenta, difundida; e se os pais cristãos criassem seus filhos para serem do mesmo modo incondicionalmente benevolentes, ela seria reproduzida na proporção de sua fertilidade (a qual alguns historiadores acreditam ter sido em média consistentemente mais alta do que a dos pagãos).

Existe, contudo, um aspecto da benevolência incondicional dos cristãos para o qual o sociólogo americano da religião, Rodney Stark, chamou a atenção em particular (1996, cap. 4) e que deve, em certa medida, ter aumentado o número de convertidos: sua disposição em cuidar de não cristãos, assim como de cristãos durante as pragas pelas quais a população do Império Romano era periodicamente afligida. Stark se baseia nas estimativas de epidemiologistas atuais segundo as quais em epidemias do tipo que, até onde podemos dizer, essas eram, cuidados rudimentares – água, um pouco de comida, um cobertor e um cuidador – poderiam reduzir o que de outro modo seria a taxa de mortalidade em cerca de dois terços. A descrição retórica dada por Eusébio (*Ecclesiastical History*, 7.22.7, 10) – de pagãos abandonando seus familiares para morrerem nas ruas enquanto os cristãos cuidavam dos doentes sem considerar o risco a si próprios – não pode ser tomada acriticamente. Mas basta apenas a possibilidade de que tenham sido mais cristãos do que não cristãos a terem cuidado dos doentes, e que tenham cuidado ao menos de alguns não cristãos, mesmo que dessem preferência a cristãos, para que resulte que um número significativo de não cristãos tenha visto por si mesmo que um número significativo de não cristãos, cuidados por cristãos, tenha sido curado. A epidemia do ano de 165 foi seguida por uma outra em 189 – que, de acordo com Dio Cássio (LXII.14.3-4), matou 2.000 pessoas em Roma em um único dia – e depois por outra em 250. Gerações sucessivas de pagãos incluirão, portanto, uma proporção, embora pequena, de sobreviventes cuidados por cristãos, dentre os quais alguns podem ter permanecido vinculados à religião tradicional na qual foram criados, mas outros terão se convertido ao cristianismo pela experiência e transmitido suas descrições dessa experiência e sua conversão a suas famílias e amigos.

Dada a irremediável falta de evidências quantitativas, esse é, todavia, um outro tópico onde os modelos matemáticos disponíveis aos teóricos da seleção cultural atuais não podem ser colocados em uso efetivo. Historiadores do cristianismo do século XXI não estão melhor situados do que Gibbon para revisar, seja para cima, seja para baixo, sua suposição de que 5% da população do Império Romano era de cristãos na época da conversão de Constantino. Mas a *just-so story* descrita acima se encaixa nas evidências que temos. Em qualquer nível de abordagem dos 5% de Gibbon, a taxa de crescimento de uma seita judaica diminuta que mal sobreviveu à execução de seu fundador só pode, na ausência de conversões impostas, ser explicada pela adaptabilidade de algum pacote distintivo de seus próprios memes mutantes ou recombinantes; e desses, o candidato mais plausível é a norma peculiar de benevolência incondicional que foi estendida a estrangeiros de um modo que nenhum culto ou seita concorrente havia tentado fazer.

15

O sucesso subsequente dos memes cristãos em um número cada vez maior de formas mutantes é ainda, em parte, uma história da transmissão cultural pela descendência filogenética e pela difusão lateral que poderia, em princípio, ser modelada do mesmo modo que o das línguas ou tipos de artefatos. Mas ela se transforma também em uma história social-evolucionária de diferenciação geopolítica, conversão forçada e imposição colonial ou imperial na qual sanções institucionais são tão importantes quanto a imitação e aprendizado interpessoal. Na época em que o protestantismo estava se aproximando da fixação nas populações do noroeste da Europa e da América do Norte, as crenças e atitudes passadas de pais e mentores para crianças em seu nome, como no exemplo citado na Seção 9, tinham a ver tanto com nacionalismo quanto com teologia, e a relação de conduta nessa vida com a esperança de salvação na próxima era tamanha que levou Weber a vincular os ensinamentos de Lutero e Calvino à emergência de um padrão de comportamento distintivo entre empreendedores capitalistas protestantes.

A "tese de Weber" é, como já observei na Seção 3, indefensável em sua formulação original. Mas se nos dirigirmos da descrição de Weber dos capitalistas protestantes da Europa do século XVII para sua descrição dos capitalistas que encontrou em pessoa em sua visita aos Estados Unidos no começo do século XX, surge uma *just-so story* selecionista na qual há uma similaridade surpreendente entre os memes nas cabeças dos últimos e daqueles nas cabeças dos membros das primeiras comunidades cristãs. A hipótese selecionista é a de que, em comunidades americanas protestantes de cidades pequenas onde os memes constitutivos das normas de tratamento justo de pessoas de fora e consumo pessoal restrito haviam sido transmitidos tanto vertical como lateralmente a incumbentes sucessivos de papéis empreendedores, as práticas comerciais daqueles empreendedores que aderiram a elas desfrutavam de uma vantagem competitiva dentro de seu ambiente econômico local. Não há qualquer sugestão nisso de que os protestantes fossem em geral mais propensos a ser capitalistas em consequência de suas crenças religiosas ou de que em outros ambientes – na América do Norte como em outros lugares – essas normas não pudessem ser desvantajosas na competição com os "Pierpoint Morgans, Rockfellers, Hay Goulds etc.", a quem Weber caracteristicamente descrevera em termos nietzscheanos como "para além do bem e do mal" (1922: 214). A *just-so story* é uma história de coevolução meme-prática na qual um equilíbrio localmente ótimo foi refratário a estratégias alternativas enquanto duraram certas condições ambientais distintivas.

Essa história começa nas comunidades puritanas da Nova Inglaterra do século XVII. Suas populações fundadoras não eram muito obviamente um exemplo representativo da população da qual provieram. Como MacCulloch coloca (2003: 538), "Nem todos que lotaram os barcos de migração atlântica eram puros de coração ou buscavam a divindade". Mas os homens adultos eram predominantemente pequenos manufaturadores, fazendeiros, artesãos, comerciantes e negociantes que se conheciam pessoalmente, envolvidos em repetidas transações entre si, e se lembravam das estratégias dos outros em interações passadas. Como as comunidades cristãs primitivas nas cidades do Império Romano, eram vulneráveis aos aproveitadores e trapaceiros que poderiam explorá-los em encontros de uma única vez e depois partirem. Mas os custos impostos pelos desertores poderiam ser compensados pelos ganhos obtidos por novos entrantes que, caso se conformassem às normas da comunidade, poderiam receber pagamentos financiados por reciprocadores prontos a empregarem as sanções do ridículo, censura e ostracismo contra hipócritas de sinalização falsa que exploravam os ingênuos enquanto juravam falsamente lealdade ao princípio da "Honestidade é a melhor política" como conduta agradável a Deus.

Ao mesmo tempo, o monitoramento vigilante por parte de vizinhos e seus pares frequentadores de igreja reforçava as normas de frugalidade, diligência e consumo pessoal sem ostentação. Nas palavras do historiador no qual Weber se baseava principalmente, o puritano da Nova Inglaterra, tendo "perdido a capacidade para despesas luxuriosas", deve, quando prospera, "manter seu dinheiro em um cofre ou então empregá-lo no comércio" (DOYLE, 1887: 35). Nisso, os capitalistas da Nova Inglaterra foram, como Weber sabia bem, diferentes não só da aristocracia proprietária de escravos do sul dos Estados Unidos como também dos grandes mercadores anglicanos de New Hampshire e Maine. Mas suas atitudes e estilos de vida são reconhecíveis até hoje nessas partes dos Estados Unidos, onde empresários protestantes do interior são regulares frequentadores de igreja, estão completamente comprometidos com os negócios que administram, possuem estilos de vida confortáveis, mas sem ostentação, e praticam tanto honestidade como poupança. Não que estilos de vida ascetas sejam únicos ao cristianismo protestante, mas, como Weber enfatizava, tende em outros lugares a assumir a forma de recuo e repúdio a instituições econômicas da sociedade nas quais subculturas ascetas são formadas e mantidas. Quaisquer que sejam as reservas necessárias sobre a tese de Weber e sua formulação original, ele não estava enganado em identificar o que chamou "ascetismo intramundano" como uma variante distintiva do que chamou "rejeições religiosas do mundo".

A cooperação incondicional não era, e nunca pode ser, uma estratégia adaptativa em populações grandes e fluidas, onde comerciantes honestos "perdidos em um mar de anônimos" (MACY, 1991: 2, apud James S. Coleman) nunca serão capazes de construir redes de confiança mútua e os pagamentos aos aproveitadores e trapaceiros são multiplicados pelas oportunidades disponíveis a eles em encontros de uma única vez e a dificuldade para reciprocadores fortes formarem coalizões estáveis. Ao longo de grandes partes da América do Norte, durante o século XIX, à medida que a fronteira se movia para o oeste, a economia se expandia em um ritmo acelerado e a população era aumentada continuamente pelas ondas sucessivas de imigrantes, os "outros anônimos" chegaram a incluir não apenas os Pierpoint Morgans, Rockefellers e Hay Goulds como todo um exército de promotores de fala rápida que prometiam fortuna, lavradores itinerantes, aventureiros, vendedores ambulantes, charlatães, pistoleiros, jogadores de cartas trapaceiros, produtores de espetáculos que apareciam nas páginas do romance de Melville, *O homem de confiança* (TANNER, 2000, cap. 5). Mas o que Weber observou em primeira mão durante sua visita aos Estados Unidos em 1904 foi a reprodução sobrevivente e contínua, nas comunidades que visitou, de memes e práticas ainda reconhecíveis de puritanos da Nova Inglaterra. As cidades pequenas e médias, onde grande parte do crescimento do produto interno foi gerada durante o século XIX, não eram réplicas daquelas do século XVII. Mas eram suficientemente pequenas, e suas populações suficientemente estáveis, para manufatureiros, comerciantes e banqueiros locais integrarem novos entrantes em suas redes existentes de igrejas e outras associações voluntárias, para monitorarem sua conduta comercial, e aplicarem o peso da sanção da opinião pública sobre eles, caso falhassem em se adequar. O custo da punição aos punidores era baixo, mas o custo a um manufatureiro, negociante ou financista de sinalização falsa apresentando uma reputação confiável era severa[95]. Não há dúvida de que

---

95. Em um exemplo anedótico revelador, Weber testemunhou na Carolina do Norte o batismo de um recém-chegado que queria (como um parente de Weber lhe explicou) abrir um banco em uma cidade vizinha (1922: 210).

os extraviados ocasionais enganavam seus clientes, não honravam seus acordos e fugiam com o dinheiro de outras pessoas. Mas enquanto a comunidade permanecesse pequena e estável esses episódios tenderiam mais a reforçar o monitoramento vigilante de novos entrantes do que a encorajar um efeito de seleção descontrolada (*runaway effect*)[96] da deserção dependente da frequência.

Quão mais bem-sucedidos foram os capitalistas puritanos do que seus concorrentes, e, como resultado, quão mais adaptáveis foram as práticas das quais eram os portadores, não pode ser mensurado por coisa alguma que se aproxime da acurácia requerida. Mas, em um mercado em rápido crescimento, uma disposição para lidar de forma justa com pessoas de fora mesmo sem a garantia de reciprocidade – embora combinada com a retenção de excedentes passíveis de investimento, que não haviam sido dissipados em consumo pessoal – criou oportunidades para aumento da participação do mercado menos prontamente disponível aos concorrentes para os quais nada disso era verdadeiro. Alguns desses concorrentes sem dúvida prosperaram, e alguns empresários honestos e frugais fracassaram. Mas, na média, ao longo do tempo, e até que as economias de escala passassem a dar vantagem competitiva para as grandes corporações com seus múltiplos acionistas, burocracias assalariadas e relações sociais impessoais, os ganhos para os portadores de memes ainda reconhecidamente puritanos excediam as perdas. Há, além disso, uma *just-so story* similar que foi contada para a Escócia. O protestantismo calvinista nada fez inicialmente para acelerar a difusão e reprodução das práticas capitalistas. Mais tarde, porém, quando as oportunidades se tornaram disponíveis em um ambiente econômico diferente, os portadores de memes puritanos eram aqueles mais aptos para explorá-las (MARSHALL, 1981).

O exemplo com o qual concluo este capítulo é apósito por três razões. Primeiro, porque ilustra a continuidade que persiste entre as noções dos pais fundadores da sociologia do século XX e sua reformulação dentro da teoria selecio-

---

96. Com base na teoria da seleção sexual, a hipótese da seleção descontrolada (*runaway selection*) – proposta pelo estatístico inglês R.A. Fisher na década de 1930 para explicar a rápida evolução de traços específicos em machos de certas espécies – explica como uma característica não adequada pode surgir, evoluir e se tornar típica da espécie. Ou seja, como a seleção sexual pode acelerar a evolução de características para além do que seria possível pela seleção natural, supondo que, uma vez que uma preferência por um traço (com frequência uma preferência da fêmea por um traço nos machos) se torna estabelecida, somente aqueles machos que exibem formas extremas do traço conseguem reproduzir, ainda que a um custo à sua sobrevivência. (Um exemplo clássico do efeito de seleção descontrolada na teoria da seleção natural é a cauda do pavão, cuja expansão esplendidamente colorida da plumagem atrativa em pretendentes machos representa um custo na aptidão reprodutiva a outros genes aparentemente mais adaptativos.) Na seleção cultural, o efeito de seleção descontrolada (*runaway effect*) seria o desenvolvimento de traços culturais extremos, exagerados, com vistas aos benefícios marginais que possam compensar seus custos diretos. (Para um exemplo desse efeito na teoria da seleção cultural, cf., mais adiante no texto o caso da competição entre os ilhéus de Ponape pelo cultivo de inhames cada vez maiores em detrimento de sua eficiência nutricional.) [N.T.].

nista. Segundo, porque ilustra quão homóloga a evolução descendente e convergente podem estar envolvidas, assim como a difusão lateral, em *just-so stories* de seleção cultural que se estendem ao longo de grandes distâncias no tempo e no espaço. Mas, terceiro, porque ilustra o benefício a ser obtido com a reformulação em termos da coevolução meme-prática da questão perene da relação entre interesses "ideais" e "materiais" como guias das mudanças. Na metáfora bem conhecida de Weber, ideias funcionam como guarda-chaves dirigindo o curso das mudanças institucionais ao longo de uma dentre muitas linhas ferroviárias. Mas a metáfora é duplamente equívoca. Não há caminhos determinados para que a evolução siga, e não existem terminais no fim das diferentes linhas. A interação de memes mutantes ou recombinantes ou de práticas mutantes ou recombinantes é contínua e indefinida, e seus resultados são explicáveis somente por referência às pressões seletivas cujos efeitos não podem ser identificados exceto em retrospecto. Em qualquer população humana onde a transição da cultura para a sociedade foi feita, a "coevolução meme-prática" é a resposta correta para a questão "O que exatamente está acontecendo aqui?", à medida que trata das questões fundamentais da sociologia comparativa como formulada em outros termos por Spencer, Marx, Weber e Durkheim.

4
Seleção social e comportamento imposto

Papéis, *systacts*, sociedades, impérios

1

A essas alturas deveria estar bastante claro o quão diferente são os mecanismos de variação herdável e seleção competitiva de informações que afetam o comportamento fenotípico quando a seleção social em vez da natural ou da cultural está guiando a força evolucionária. Se a *just-so story* arquetípica da seleção cultural é o pregador visionário do qual um grupo crescente de discípulos adquire por imitação e aprendizado um novo conjunto de memes e um estilo de vida significativo cuja reprodução corrente é favorecida pelo ambiente, a *just-so story* arquetípica da seleção social é o empreendedor inovador que no âmbito de uma economia pré-capitalista baseada no sistema doméstico de produção[97] que – com ou sem os memes de uma "ética protestante" dentro de sua cabeça – impõe a uma força de trabalho em expansão a prática nova, mas altamente adaptativa, do trabalho assalariado, forçando, assim, seus competidores a saírem do mercado ou a também empregarem trabalhadores assalariados. Não há, certamente, uma prática única "para" um modo distintivo de produção (ou persuasão, ou coerção) assim como não há um único meme "para" um padrão de comportamento cultural distintivo ou um único gene "para" um traço de personalidade distintivo. Mas no nível social, assim como no cultural e no biológico, em algum lugar em meio a todo o barulho e desordem, existem as mutações e combinações críticas nas informações que afetam o comportamento no nível populacional que têm de ser identificadas e descritas.

Como a seleção cultural, a seleção social é neutra com relação ao *design* intencional e não intencional. Os exemplos mais inequívocos de adaptabilidade intencional são encontrados em tempos de escolha constitucional, quando os marcadores das instituições, em cujos papéis constitutivos os futuros incumbentes devem ingressar, determinam as práticas que os definirão: eleições para

---

97. No original, "*putting-out economy*". O sistema *putting-out* ou *doméstico* de produção consistia na produção manufatureira baseada no trabalho a domicílio. Nesse sistema, a matéria-prima era fornecida ao trabalhador para que ele manufaturasse o produto em casa [N.T.].

cargos políticos em um sufrágio especificado, julgamentos por ofensas definidas como criminosas diante de um juiz e de um júri, recrutamento compulsório de homens adultos para o serviço militar em tempos de guerra, e assim por diante. Mas mesmo aí, a renegociação constante de práticas, como a constante reinterpretação de memes no processo contínuo de seleção cultural, introduz um elemento de adaptabilidade evolucionária e de escopo para a difusão e reprodução de mutações das quais os criadores originais não tinham conhecimento nem previsão. Na transição primordial da cultura para a sociedade, a deriva aleatória (*random drift*)[98] e o processo experimental individual podem por vezes ter sido tão importantes quanto o aprendizado social. Mas, uma vez que as práticas estejam aí definindo os papéis institucionais dos nativos, as díades de papéis interativos se formaram e os termos para os papéis complementares entraram no vocabulário dos nativos. É a pressão seletiva do ambiente em seus efeitos fenotípicos que determina quais práticas ganham e quais perdem no nível populacional nas gerações subsequentes de portadores.

É mais fácil ver o que exatamente está acontecendo quando um papel é deliberadamente concebido por uma pessoa à qual o próprio papel vincula poder para impor diretamente uma mutação de práticas existentes, como na "Tabela de Patentes" de 1722, de Pedro o Grande, que determinava que o mérito em vez do nascimento deveria ser a base de indicação para os cargos governamentais russos, ou a divisão de Sólon dos cidadãos atenienses em quatro classes de propriedades em 594 a.C. Mas proclamações, como já observei, raramente devem ser tomadas acriticamente, e as regras são muitas vezes desprezadas ou ignoradas. Existem também muitos casos-limite, não apenas durante períodos de transição, mas quando o poder econômico, ideológico ou político vinculado a um papel reconhecido é tão tênue a ponto de mal ser discernível. Os bispos cristãos da Seção 15 do Capítulo 3 são um exemplo tão claro de uma transição evolucionária de influência interpessoal para o poder institucional como são os papéis emergentes citados do registro etnográfico na Seção 8 do Capítulo 1. Mas por vezes a transição é impossível, mesmo onde o incumbente do papel é uma pessoa de habilidade e determinação excepcionais. A clássica análise de Weber da legitimidade "carismática" e sua impermanência inerente mostra como o líder – cujo comando de um séquito repousa na proeza pessoal que funde a fonte da autoridade com sua agência – gera a expectativa de uma sequência de sucessos quase milagrosos: a "rotinização" (*Veralltäglichung*) pode ser obtida somente se o "dom da graça" é de algum modo transmitido da pessoa para um papel que outros podem subsequentemente ocupar (*Amtscharisma*). Um exemplo praticamente típico-ideal do registro etnográfico de um papel que, sem uma mudança no ambiente, não pode se tornar completamente institucionalizado, é o de um

---

98. Processo no qual a população varia sua taxa de replicação por meio de processos aleatórios e não por seleção natural [N.T.].

xeique entre os beduínos rwala: como só pode exercer os meios de coerção pelo emprego de sua riqueza e de seu prestígio pessoal de "bom homem" (*rajul tayyib*), podemos dizer que essa é uma sociedade na qual "o poder político não existe" (LANKASTER, 1981: 96). Na verdade, algo semelhante ocorre onde, como em grande parte da África pré-colonial, a terra não é um bem escasso e os líderes têm de "atrair tanto quanto restringir" (GOODY, 1971: 30). A diferença é que os chefes africanos – embora seus papéis não tenham (exceto na Etiópia, que tinha o arado) evoluído para um senhorio por sobre um campesinato atrelado ao solo – não conseguiram manter um estreito controle coercivo sobre seus soldados, mulheres e escravos subordinados e foram mantidos em seus papéis pela entrega de alimentos e outros itens materiais produzidos pelo trabalho de subordinados fora do círculo de suas famílias e seguidores pessoais.

O exemplo clássico de um papel-limite é o dos "grandes-homens" que apareceram brevemente na Seção 9 do Capítulo 1. Os grandes-homens estão particularmente bem documentados na Melanésia Ocidental, onde a comparação-padrão é com os chefes polinésios na cabeça de seus clãs cônicos que comandam corpos permanentes de soldados profissionais, assistentes cerimoniais e supervisores de recursos estocados. Mas práticas análogas que definem papéis similares são encontradas não apenas entre pastores nômades, mas, por exemplo, na Islândia, onde a posição do *goði* (que é literalmente um "sacerdote") depende de sua capacidade de reter popularidade pessoal entre seguidores dispostos a lutarem por ele (FOOTE & WILSON, 1970: 135), ou na Bretanha durante a primeira Idade Média, onde o poder dos *machtierns* locais de tributar, instaurar processos e aplicar multas depende da boa vontade de sua *plebe* local (DAVIES, 1987: 139). Existem numerosos exemplos no registro etnográfico de líderes de facções cujas posições derivam de suas qualidades pessoais de inteligência, habilidade de lutar, generosidade, capacidade profissional e conhecimento dos costumes locais. A essência de todos esses papéis é que, como o antropólogo Marshall Sahlins diz, seus incumbentes devem "construir pessoalmente seu poder sobre outros" em contraste com os papéis cujos incumbentes "chegam ao poder" (1974: 139)[99]. Embora os grandes-homens melanésios sejam muitas vezes sucedidos por seus filhos, e sejam ocasionalmente capazes de designar um sucessor preferido, os sucessores têm então, por sua vez, que demonstrar seu valor – o que se torna ainda mais difícil em áreas da Cordilheira Central da Nova Guiné, onde existe uma alta taxa de migração. (Na Bretanha, em contraste, havia famílias *machtierns* que se estendiam através de várias *plebes*.)

Uma *just-so story* arquetípica de como um grande-homem autoexaltador pode efetuar a transição é a história que Heródoto (I.96-100) conta de Deioces, que, tendo adquirido sua reputação como um bem-sucedido mediador de

---

99. Um sintoma revelador da diferença é que enquanto um "grande-homem" comemora seus seguidores, um "rei" anglo-saxão é comemorado por eles (WICKHAM, 2005: 344).

disputas, recusou-se a continuar até que lhe fossem garantidos servos armados e um palácio, com os quais foi capaz de se impor sobre uma população então subjugada como o primeiro rei de Media. Mas, de modo algum, esse é o único modo pelo qual a transição pode ser obtida. O papel de um monitor pode ser o resultado de um acordo voluntário, sem que as sanções vinculadas a ele permitam que um incumbente autoexaltador o converta em realeza. Como observei na Seção 6 do Capítulo 2, os contratos sociais podem ser livremente negociados entre pessoas independentes que decidem entre si estabelecer um papel institucional – para ser ocupado por uma pessoa de fora designada ou por um deles – ao qual se vincula a capacidade para observar e informar sobre desertores sem a aplicação dos meios de coerção. Existem registros de exemplos de lugares tão distantes entre si quanto a Suíça e as Filipinas, onde instituições para o gerenciamento dos recursos de uso comum se assemelham a um modelo de teoria dos jogos para a execução de contratos autofinanciados. Nem todos são reproduzidos com sucesso, e aqueles que são podem permanecer estáveis somente através de negociação complementar das práticas que definem seus papéis constitutivos. Mas, como um dos primeiros contribuintes dessa literatura coloca: "Culturas primitivas estáveis parecem ter descoberto os perigos da posse de uma propriedade comum e desenvolvido medidas para protegerem seus recursos. Ou, caso se prefira uma explicação mais darwiniana, podemos dizer que somente as culturas primitivas que desenvolveram tais instituições evoluíram" (GORDON, 1954: 134-135).

2

Os papéis institucionais, contudo, não são somente partes a serem executadas – das quais o mesmo indivíduo pode desempenhar várias –, mas vetores dentro de um espaço social tridimensional delimitado. A desigualdade inerente de poder dentro dessas díades familiares – como capitalista e trabalhador assalariado, bispo e paroquiano, ou combatente e conscrito – vincula os papéis dominantes e subordinados respectivamente em *systacts* que surgem e desaparecem um em relação ao outro ao mesmo tempo em que indivíduos se movem para cima ou para baixo entre os próprios papéis. *Just-so stories*, por exemplo, do "declínio da aristocracia" e do "surgimento da burguesia" são histórias selecionistas de grupo na medida em que a coesão diminuída de um *systact* e a coesão ampliada de um outro afetam o sucesso reprodutivo das mutações associadas nas práticas que definem papéis "aristocráticos" e "burgueses". No caso da sociedade inglesa no período de sua "primeira modernidade", o que estava ocorrendo era uma substituição das díades de papéis senhor/servo pelas díades de papéis capitalista/arrendatário (e, com isso, arrendatário/trabalhador assalariado) – uma evolução à qual Adam Smith vinculou particular importância no contraste que estabeleceu entre a Inglaterra e a Escócia. E, mais tarde, quando os trabalhadores assalariados se uniram para formar sindicatos, os mais bem-sucedidos foram aqueles que continham a mais alta proporção de reciprocadores prontos a punirem não apenas os aproveitadores como também os companheiros trabalhadores relutantes em puni-los. (Os empregadores, de sua parte, enfrentaram o mesmo problema quando membros de associações comerciais descumpriram um acordo para resistirem a uma greve convocada por um sindicato.)

Mas conflitos intersystácticos resultantes de desigualdades institucionais de poder não são sempre operadores de evolução social. Uma sociedade pode estar repleta de conflitos econômicos, ideológicos e políticos endêmicos sem que seus modos de produção, persuasão ou coerção sejam modificados a esse respeito. O Egito mameluco é um exemplo, e o Haiti do século XIX, outro. O pré-requisito para a mudança é que – não importa de onde – apareçam práticas mutantes que modifiquem papéis existentes ou criem novos. Posteriormente, sua reprodução e difusão podem ser uma questão de seleção individual ou de grupo. Se os sindicatos competindo por membros enquanto negociam com seus empregadores por melhores condições são um exemplo clássico de seleção de grupo, um exemplo clássico de seleção individual é dado por Marc Bloch quando, ao discutir a vassalagem, fala sobre "o processo de evolução que transformou o que era anteriormente uma subvenção pessoal em uma propriedade patrimonial e um artigo de comércio" (1961: 212). A mutação de uma prática que havia originalmente confinado um único vassalo a um único senhor em outra que permitia uma pluralidade de vínculos potencialmente conflitantes criados pelo respeito a diferentes senhores em troca de feudos não era, como Bloch assinalou, logicamente necessária. No Japão, embora feudos vassalos fossem tanto hereditários quanto alienáveis, a fidelidade múltipla era conhecida somente como um abuso ocasional. Mas o ambiente politicamente fragmentado da Europa pós-carolíngia favoreceu sua difusão de indivíduo para indivíduo a ponto de os juristas em breve estarem lidando com os dilemas e contradições que resultaram dela como algo rotineiro.

Quando emerge um novo papel definido pelas práticas mutantes ou recombinantes, ele pode às vezes equivaler a uma mudança modal por si mesmo, como quando Augusto transformou Roma de uma república oligárquica em uma monarquia autocrática. Mas, mais frequentemente, as práticas que definem o novo papel têm de ser difundidas ao longo da população relevante: um único empresário que paga salários não cria um modo de produção capitalista, assim como um único sacerdote consagrado não cria um modo eclesiástico de persuasão, nem um único mandatário eleito, um modo democrático de coerção. Por vezes, as práticas são lateralmente transmitidas por imitação ou aprendizado: um proprietário de terras muda do cultivo da terra para o arrendamento por ver que outros proprietários de terras bem-sucedidos fizeram isso; uma congregação decide institucionalizar a hierarquia de uma igreja rival; ou um governo parlamentar formula seus procedimentos eleitorais com base nos procedimentos de um outro. Na Itália do século XIII, a difusão do papel da profissão *podestà*[100] é um exemplo clássico de "imitação institucional" (EPSTEIN, 1999: 18). Mas, por vezes, não é tanto a imitação quanto a evolução convergente em resposta à inescapável pressão seletiva: se práticas militares ultrapassadas não são substituídas a tempo, o exército será derrotado e o país será conquistado. Novos *systacts* podem também ser formados simplesmente por um aumento suficiente na taxa de mobilidade social individual. Embora uma porção de manumissões deixe a estrutura da sociedade inalterada, um fluxo constante de abolição da escravidão cria um *systact* de escravos libertos, que, mesmo que nunca tenham agido conjuntamente na busca de um interesse comum, continuam a ser coletivamente classificados no espaço social abaixo daqueles nascidos livres.

3

Após a transição da cultura para a sociedade, sociedades de tipos cada vez mais divergentes se desenvolvem a partir da variação herdável e seleção competitiva de práticas, do mesmo modo que, após a transição da natureza para a cultura, culturas de tipos cada vez mais divergentes se desenvolvem a partir da variação herdável e seleção competitiva de memes. Mas ao mesmo tempo, essas sociedades – a menos, como a Tasmânia, que não tenham por muitos séculos contatos de qualquer tipo com outra sociedade – tendem a estar em competição com outras sociedades por território e poder econômico, ideológico e político. A imposição das práticas de uma sociedade mais forte à população de uma sociedade mais fraca não tem de ser pela força, embora com frequência seja. Mas uma vez que os governantes de uma sociedade central, metropolitana, sejam capazes de exercer um domínio efetivo sobre uma ou mais sociedades periféricas, estamos em um mundo não apenas de sociedades, mas de impérios. Impérios são, ao mesmo tempo, mais do que grandes sociedades e menos do que ligas de sociedades aliadas das quais uma é mais poderosa do que as restantes. Por vezes, a anexação forçada resulta na absorção dos membros da sociedade mais fraca e periférica como acréscimos à população central da mais forte. A absorção inglesa dos escoceses permitiu que um escocês ambicioso ocupasse um dos papéis mais elevados no que foi na época o Estado "britânico", assim como a absorção romana dos latinos permitiu a um *inquilinus* ambicioso se tornar um cônsul romano. Mas, na sociologia comparativa do império, os casos interessantes são aqueles onde a anexação inicial não é tão completa, a ponto de a distinção entre grande sociedade e império ser eliminada, nem tão breve – como nos casos de Lugalzagesi, de Carlos Magno ou de Asoka[101] –, a ponto de não haver tempo

---

100. Nas comunas italianas medievais, título do magistrado judicial e militar mais elevado [N.T.].

101. Existe, contudo, uma distinção a ser estabelecida entre o colapso de um império com a morte de seu fundador e a derrota do fundador na guerra por um imperialista rival: no caso de Lugalzagesi, logo após emergir da transição suméria da cultura para a sociedade, para o mundo

para que possíveis mutações adaptativas de memes e práticas imperiais adaptativas sejam reproduzidas. Impérios exigem explicações como essas, onde a sociedade central domina as sociedades periféricas por um período estendido sem completamente absorvê-las ou completamente se desligarem delas. As periferias podem ser tão remotas quanto as Filipinas da Espanha ou tão próximas quanto o Tibete da China. O centro pode ser representado nas periferias por um punhado de soldados, comerciantes e missionários, ou por guarnições militares permanentes, grandes empresas comerciais e uma rede implantada de templos, igrejas ou escolas. As periferias podem ser colônias, vassalas, tributárias, satélites ou clientes do centro. Mas a única palavra mais apta é "protetorado", como definido por Halsbury em 1890 (BURROUGHS, 1999: 194): "um estado conveniente entre anexação e mera aliança". A questão então é: Pode a relação entre os papéis central e periférico atingir um pico de aptidão local refratária a práticas que se tornarão impossíveis de sustentar?

A resposta é não. Sociedades podem sobreviver a conflitos revolucionários de classes, subversão de hierarquias tradicionais de *status* e derrota militar ou guerra civil. Mas impérios não. Nenhum império dura para sempre, ou coisa que o valha. As dificuldades que enfrentam são bem reconhecidas por seus governantes: os custos são muito altos, com fronteiras muito expostas, receitas muito difíceis de coletar, ressentimentos muito arraigados, administradores muito ineficientes, monopólio de tecnologia militar muito impermanente, rotas de comércio repletas de extorsão, suborno[102], contrabando e pirataria, rebeliões muito frequentes, e assim por diante. Na visão deles, pode parecer notável que qualquer império consiga durar tanto quanto alguns deles duram[103]. O enge-

---

de assembleias, templos, proprietários de terras e reis, para reivindicar o domínio "do mar inferior ao longo dos rios Tigre e Eufrates até ao mar superior" (OATES, 1979: 28), ele foi capturado por Sargão de Agade e exibido diante dos portões de Ekur com uma coleira em torno do pescoço. No caso de Asoka, embora a "fragmentação, reafirmação local de independência e rivalidades e invasões inter-regionais tivessem seguido imediatamente a morte do deus-rei-pai", "a primeira grande dinastia da história indiana continuou o domínio sobre Magadha ao menos até 184 a.C." (WOLPERT, 1977: 69).

102. Alguns governantes imperiais, e alguns historiadores, são tentados a culpar a "corrupção" pela dificuldade de manter um domínio central sobre as periferias. Mas práticas e papéis pelas quais favores são trocados em aparente contravenção de regras oficiais podem ser estáveis no sentido preciso no qual estabilidade é definida na teoria evolucionária dos jogos, e os benefícios são tais que o sistema "corrupto" é impérvio a qualquer estratégia mutante. Como Elliott diz sobre a América Espanhola (2006: 229), "Na prática, a difusão da corrupção sistematizada dotou a estrutura imperial de uma flexibilidade que sua rígida estrutura parecia ocultar". Cf. Veyne (1981) sobre a corrupção *au service de l'état* no final do Império Romano.

103. O acaso, como sempre, desempenha sua parte, incluindo o que pode ser chamado "sorte mineral". Como poderia o Império Ateniense ter sido sustentado se as minas de prata de Ática não tivessem, por acidente geológico, prescindido da necessidade de uma tecnologia de bombeamento avançada para combater o risco de inundações (FINLEY, 1965: 30), ou o Império Britânico sem o abundante carvão barato situado próximo da demanda de consumo e da habilidade do artesão?

nheiro imperial – que é o colega nocional do engenheiro religioso do Capítulo 3 – pode ser solicitado a designar os papéis cujas práticas definidoras terão a melhor chance de dar continuidade à reprodução, mas serão adaptativas somente em um ambiente onde há pouca ou nenhuma pressão seletiva guiando o centro e as periferias na direção, seja da absorção, seja do desligamento; e uma pressão assim está sempre presente. No auge dos impérios mais famosos, a chance de desligamento pode parecer tão remota quanto a chance de absorção. Seria tão improvável um observador contemporâneo do Império Britânico na época do Jubileu da Rainha Vitória em 1895 questionar seu sucesso quanto um observador do Império Romano na época da abdicação de Diocleciano em 305. Mas a história do Império Britânico durante o governo da Rainha Vitória é uma história de crises e improvisações que seguiram uma a outra e repetidamente falharam em produzir uma solução duradoura para os problemas que lhes haviam surgido, assim como as reformas de Diocleciano foram uma resposta a um período de ruptura e desordem durante o qual o Império Romano havia praticamente cessado de existir. O período após o reinado da Rainha Vitória terminou se revelando um pequeno estágio do "Estado conveniente" de Halsbury para o autogoverno colonial e depois para o desligamento imperial, assim como o período pós-Diocleciano terminou se revelando um pequeno estágio da derrota e morte do Imperador Valente em Adrianópolis para o estabelecimento dos bárbaros nas fronteiras, dos saques de Roma, da captura de Cartago, e da – na época irrelevante – deposição de Rômulo Augusto em 476. Por um tempo, a dominação do centro sobre as periferias pode parecer não apenas política, mas econômica e ideologicamente segura: as práticas que definem os papéis de vice-reis, procônsules, corregedores, harmostas e comissários são coadaptativas àquelas que definem os papéis de empreiteiros, comerciantes, empresários, financistas e lavradores e àquelas que definem os papéis de missionários, professores de escola, propagandistas e sacerdotes. Mas não removem as pressões seletivas que guiam o sistema na direção, seja da absorção, seja do desligamento.

Todo império, dos egípcios e hititas em diante, possui sua própria trajetória evolucionária. Mas se existe um problema comum que confronta todos os imperialistas incapazes ou relutantes, seja em absorver, seja em se desligar das populações das sociedades periféricas subordinadas a eles, é o problema colocado pelas práticas que definem os papéis *intermediários*. Sejam os intermediários agentes do governo imperial, sejam de elites locais exercendo poder sobre as periferias sob condições que o governo imperial estabeleceu, o governo impe-

---

(POMERANZ, 2000: 66). É verdade que a "Revolução Industrial", que não foi, sociologicamente falando, uma revolução e apenas parcialmente industrial, dependeu das inovações tecnológicas que permitiram que a riqueza mineral da Grã-Bretanha fosse explorada; mas escapar da restrição malthusiana imposta, como Ricardo acreditava, pelas leis da natureza (WRIGLEY, 2003: 166) só foi possível devido à quantidade e acessibilidade de uma fonte de energia de base mineral, como oposta à orgânica.

rial é defrontado pelo mesmo dilema: quanto menor o poder que se vincula aos papéis dos intermediários, maior o risco de as periferias escaparem do controle do centro, ao passo que, quanto maior o poder que se vincula aos papéis dos intermediários, maior o risco de que escapem do controle do centro e levem a população da sociedade periférica com eles. Os papéis intermediários constituem um *systact* distinto situado em uma ou mais das três dimensões do espaço social. Coletores de impostos são um exemplo claro de uma classe econômica. Mas nobres escrivães podem igualmente constituir um *systact* distinto dentro do modo de persuasão, assim como militares locais podem constituir um *systact* distinto dentro do modo de coerção. Por vezes, como nos impérios Otomano e Mughal, a posse de terras por distribuição a partir do centro era combinada ao controle local delegado dos meios de coerção. Por vezes, como na América Espanhola, igrejas ou ordens monásticas eram proprietárias substanciais de terras ou mutuantes para proprietários de terras locais, que poderiam achar tão difícil saldar seus débitos para com aquelas quanto seus peões subordinados achavam difícil saldar os seus para com eles. Mas em nenhuma combinação de práticas, bem como dos papéis definidos por elas, o problema dos intermediários era permanentemente resolvido. Com frequência, práticas que eram adaptáveis no curto prazo terminavam sendo inadaptáveis no longo prazo. No modo de produção, a coleta de impostos pode parecer um mecanismo promissor para extrair recursos da periferia, mas depois vê piorar tanto os excessos dos coletores como a resistência dos contribuintes. No modo de persuasão, a fundação de missões e escolas pode parecer um mecanismo promissor de educação de crianças da população da periferia à medida que o governo imperial requer somente que as crianças usem sua educação para fomentar a oposição ideológica ao centro. No modo de coerção, o recrutamento de homens adultos jovens da periferia para servir no exército imperial pode parecer um mecanismo promissor para reduzir a probabilidade de rebeliões locais e aumentar a capacidade de suprimi-las somente com as tropas nativas para rebeliões. Embora nenhuma generalização legiforme possa ser formulada sobre esses resultados, é mais do que um truísmo dizer que manter impérios sob um controle de longo prazo sem absorção ou desligamento é mais difícil do que foi para originalmente adquiri-los.

A seleção cultural de crenças e atitudes pode por vezes aumentar tanto a aquiescência das populações das periferias em sua subordinação aos governantes do centro quanto o esforço feito pelos governantes e seus conselheiros para conceberem, para o propósito, a arquitetura monumental e os rituais e cerimônias a serem nela executados. Mas a seleção cultural de memes, que levam seus portadores a se comportarem como se comportam através de imitação genuína ou aprendizado, tem como sempre de ser claramente distinguida da seleção social de práticas que impõem sobre os incumbentes de papéis subordinados – quaisquer que sejam os memes dentro de suas cabeças – o comportamento que se conforma à ideologia dos governantes imperiais. A impressão feita sobre os emissários das periferias do Império Assírio – que foram levados através dos pátios e colunatas do enorme palácio de Assurbanipal à sua presença – pode ter sido tão efetiva como aquela feita sobre os dignitários levados à presença de Luís XIV em Versalhes. Mas governantes de impérios que são conscientes do prestígio institucional que se vincula aos seus papéis são por vezes pouco hesitantes em assumir que existem, portanto, memes nas cabeças dos nativos na periferia que podem não estar lá[104]. Entre as elites periféricas, a atração da cultura do centro imperial era tão evidente entre os chefes de cinturão e adornados com joias das tribos bárbaras ao longo do Reno e do Danúbio na época de Diocleciano quanto entre os governantes jogadores de bilhar e de polo dos estados principescos indianos na época da Rainha Vitória. Mas os ressentimentos dos liturgistas do Egito romano que são eloquentemente documentados nos papiros sobreviventes são tão prontamente explicáveis quanto os dos representantes de cada província na Índia Britânica que participaram da primeira reunião do Congresso Nacional Indiano em Bombaim em dezembro de 1885. Como pode um discurso engendrado implantar nas cabeças das pessoas, cujo trabalho foi "conectado, subjugado e tornado tributário" (BAYLY, 2004: 64), memes que os reconciliarão permanentemente aos seus papéis subordinados e tributários? Algumas formas de comportamento adquirido podem ser difundidas do centro pela transmissão lateral ao longo de toda população das periferias. Tradições nativas podem ser desalojadas através da dependência frequente e da imitação dos modelos exemplares prestigiosos a ponto de, por exemplo, as crianças dos jamaicanos pobres assumirem o jogo de críquete e seus pais lhes darem nomes "cristãos" emprestados dos membros da aristocracia britânica. Mas isso não é a solução para o dilema que os governantes imperiais enfrentam quando buscam persuadir a população das periferias de seu benevolente paternalismo. O paternalismo implica que a criança doce crescerá para ser o equivalente dos supostos pais. Mas, nesse caso, as crianças passam a ter direito de serem tratadas como adultos, seja como pares de uma cultura comum, seja como pessoas independentes que aprendem ou imitam a partir da cultura imperial o quanto escolherem. Tanto em relações culturais – em que o comportamento é adquirido e não imposto – quanto em relações sociais de dominação e subordinação econômica, ideológica e política, só é possível preservar um estado intermediário estável entre absorção e desligamento por um período limitado.

---

104. Os paralelos entre a retórica da Grã-Bretanha e da Roma imperiais são muito fáceis de traçar: "terra de esperança e glória" corresponde a *"rerum pulcherrima Roma"*; "o império no qual o sol nunca se põe" corresponde a *"quae caret ora cruore nostro?"*; o paternalismo proconsular de Cromer no Egito corresponde ao de Cícero na Cilícia; e as efusões dos propagandistas do final da era vitoriana em prol da *pax britannica* são, se tanto, superadas pelas de Élio Aristides em prol da *pax romana*. Mas as vítimas das balas dum-dum dos soldados britânicos poderiam endossar tão prontamente quanto as vítimas das espadas de lâminas largas dos soldados romanos o ditado muito citado "onde os romanos criam um deserto (*solitudinem*), eles chamam paz" (TACITUS. *Agricola*, 39).

Além disso, existe uma outra razão para a impermanência inerente de impérios. A seleção natural – em contraste com a seleção cultural ou a social – pode parecer relevante ao estudo de impérios somente na medida em que dotou a espécie humana da disposição inata para a colaboração endogrupal e a hostilidade exogrupal que as origina. Lembre-se, contudo, do problema geral posto pelas populações cujo tamanho excede a possibilidade de mantê-las unidas pela combinação da Regra de Hamilton com o altruísmo recíproco. A seleção cultural ajuda a resolvê-lo pela punição altruística, reciprocidade forte e redes de informações por meio das quais uma reputação confiável pode ser monitorada e avaliada. A seleção social ajuda a resolvê-lo por meio das práticas econômicas, ideológicas e políticas que estendem o alcance do poder vinculado aos papéis dominantes: os mercados regulados vinculam progressivamente números maiores de compradores e vendedores em relações econômicas mais extensivas; igrejas e escolas atraem progressivamente grupos cada vez maiores de discípulos para relações de subordinação ideológica; e a negativa alometria das elites monopolizando os meios de coerção permite que 10.000 soldados controlem dez milhões de pessoas mais facilmente do que um soldado controlando uma centena delas. Mas não manterão os membros de uma sociedade periférica subordinada sob controle indefinido de uma central dominante, a menos que a absorção, quer forçada, quer voluntária, transforme o império em uma grande sociedade; e mesmo grandes sociedades – como a Rússia e a China em certas épocas em suas respectivas histórias, e os Estados Unidos da América em meados do século XIX – podem estar em risco de fragmentação do mesmo modo que os impérios.

Modos de produção, persuasão e coerção

4

Uma consequência da adoção de uma abordagem selecionista para a comparação de diferentes sociedades e seus papéis econômicos, ideológicos e políticos constitutivos é que a inadequação do padrão do vocabulário sociológico – feudalismo, capitalismo, absolutismo, totalitarismo, socialismo, democracia, oligarquia, teocracia, plutocracia etc. – se torna aparente muito rapidamente. (A pior de todas é a dicotomia metafórica arraigada de "esquerda" e "direita", que contribuiu bastante tanto para retardar a explicação sociológica quanto para encorajar uma retórica política tendenciosa.) Considere o "feudalismo". Os historiadores há muito denunciaram a "tirania" (BROWN, 1974) do conceito e as contradições e confusões que o cercam. Todavia, foram consistentemente relutantes em descartá-lo. Embora possam, como Bloch fez (1961: 446), propor uma lista de diferenças "fundamentais", incluindo, para começar, a diferença de que no Japão a prática da vassalagem definiu uma cadeia de relações entre os papéis dominantes e subordinados que culminou no papel do xógum, não do imperador (*tennō*). Se "feudal" é definido em termos não de uma fusão de benefício e vassalagem ou de posse de terras sob a condição de prestação de serviço militar ou da atrelagem dos camponeses à terra, mas simplesmente da descentralização do poder econômico, ideológico e político vinculado aos papéis dominantes da sociedade, então sociedades tão distantes quanto Japão, China, Irã, Etiópia, Polônia e México, em certos períodos de suas histórias, podem ser classificadas como "feudais". Mas isso nada explica sobre como suas instituições econômicas, ideológicas e políticas se desenvolveram até que diferentes práticas que definem os diferentes papéis descentralizados fossem identificadas e sua adaptabilidade vinculada às características críticas de seus ambientes locais. No modo de produção, os detentores locais do poder extraem excedentes econômicos por meio do arrendamento, tributos, serviços de mão de obra ou cobrança de impostos? No modo de persuasão, seu *status* deriva do nascimento, estilo de vida ou acesso a símbolos e rituais sagrados? No modo de coerção, seus soldados e administradores são conscritos, clientes, assalariados, ou proprietários de terras detentores da posse de armas? Uma sociedade cessa de ser "feudal" se os detentores locais do poder são integrados em um sistema mercantil e monetário internacional, se formam uma casta endôgamica fechada, ou se são aptos a servir por meio da autoridade real em um exército nacional? As sociedades pastorais nômades são "feudais"?

Essas questões retóricas não levam diretamente à *just-so story* correta com a qual explicar as trajetórias evolucionárias, em parte similares, em parte diferentes, das sociedades da Europa pós-romana. Mas observe que essa *just-so story* muito contada não é uma *just-so story* de. As pesquisas dos historiadores do mundo pós-romano, que exploraram completamente as evidências documentais, arqueológicas, numismáticas, epigráficas e papirológicas deixaram pouco ou nada, quer da *just-so story* de Marx sobre uma progressão para um modo de produção feudal a partir de um modo escravo de produção, quer da *just-so story* de Weber sobre uma regressão de um capitalismo nascente restringido pela burocracia para uma economia feudal descomercializada[105]. Nessa história, as práticas que definiam o controle da terra e as relações entre os que a controlavam e os incumbentes dos papéis subordinados que a trabalhavam também são críticas. Mas não é apenas em parte uma história da evolução da "servidão" para fora da escravidão. É mais como uma história de uma renegociação diversa na mudança de ambientes locais de práticas que definem os graus relativos de desigualdade institucional nas três dimensões do espaço social. A escravidão, além disso, continua a ser parte dela por muitos anos mais, e o conceito de escravidão, diferente do conceito de "feudalismo", permanece central a ela como um

---

105. Um exemplo surpreendente é o modo pelo qual as evidências papirológicas transformaram a compreensão dos historiadores da sociologia do Egito romano e bizantino ao revelarem a diversidade e flexibilidade das práticas que definiam as relações entre proprietários de terras, de um lado, e, de outro, escravos, colonos, meeiros, trabalhadores assalariados casuais, arrendatários, subarrendatários e empregados residentes de tempo integral (BANAJI, 2007).

caso-limite da subordinação total. Ela fornece o contraste histórico e analítico em função do qual a importância dos *coloni, vilani, colliberti, prebendarii, aldi* e *originarii* das fontes documentais da Europa "feudal" (ou suas contrapartes em outros lugares) pode ser medida, e a diferença feita pelas mutações nas práticas que definem seus papéis, avaliada.

5

Há sempre escopo para argumentar sobre como exatamente "escravidão" deve ser distinguida de todas as outras formas do que os antropólogos por vezes chamam "direitos sobre as pessoas" (*rights-in-persons*) (KOPYTOFF & MIERS, 1977: 7) como penhora ou compra de parentes adotivos. Mas onde existe um conjunto de práticas que definem um papel ao qual não se vincula qualquer poder contraposto institucionalmente sancionado, em quaisquer das três dimensões do espaço social, qualquer palavra para ele na terminologia vernacular pode ser traduzida *salva veritate* pela palavra "escravo". A sociologia comparativa, portanto, revela um complexo de gradações variáveis entre a subordinação total dos escravos e as práticas que definem os papéis daqueles acima deles. Os relativamente mais livres não estão necessariamente por si sós numa situação melhor do que alguns escravos. Mas os escravos não podem negociar as práticas que definem seu papel, exceto em termos puramente pessoais (trabalhar devagar, insubordinação, fingir estar doente ou, alternativamente, adulação, manipulação e obediência aparentemente voluntária). Se a subordinação institucional é total, não se torna menos assim se for representada em uma linguagem de parentesco fictício ou punição legal, se escravos forem tratados tão gentilmente como Cícero tratava Tiro, se lhes forem garantidos privilégios ou prerrogativas por seus senhores[106], ou mesmo se exercerem poderes delegados tão extensivos quanto aqueles que surpreenderam observadores ocidentais do Império Otomano. A escravidão é encontrada tanto nas sociedades da África Subsaariana pré--colonial quanto no Egito faraônico, em Roma, na Inglaterra anglo-saxã, Moscóvia, China, Coreia, Zanzibar, na América hispânica e portuguesa, na Costa Noroeste do Pacífico, na Índia, nas ilhas caribenhas, no sul dos Estados Unidos, na Alemanha nazista e na União Soviética[107]. Tão difundida é no registro his-

---

106. Incluindo seus próprios escravos: em uma inscrição bem conhecida dos historiadores de Roma (*Corpus Inscriptionum Latinorum* 6.5197), a tumba de um caixa servil em um banco no reino de Tibério porta uma dedicatória de dezesseis subescravos que estavam com ele quando morreu. Mas escravos não são menos escravos quando têm seus próprios escravos, assim como arrendatários quando têm subarrendatários e assalariados quando têm também de pagar a outros por seu trabalho.

107. Na União Soviética, os presidiários do gulag, encarcerados sob sentenças indefinidamente renováveis, não eram tratados como mercadorias, uma vez que em um modo socialista de produção eram propriedade do Estado e não privada, e eram libertos por absolvição e não por manumissão. Mas sendo igualmente privados de qualquer porção do produto de seu trabalho e

tórico e etnográfico que podemos dizer que sua emergência, ou reemergência, é um problema menor para a teoria da seleção social do que sua extinção. Sua evolução convergente não é – ou não deveria ser – menos surpreendente para os sociólogos comparativos do que a da rixa.

A escravidão não é de modo algum um universal social, e onde a encontramos existe sempre junto a outras relações econômicas, ideológicas e políticas de dominação e subordinação. Mas existem muitos ambientes diferentes nos quais a engenharia reversa pode mostrar que ela tem sido um *design* localmente ótimo. A origem da mutação inicial é, como sempre, de relevância limitada para a explicação de sua adaptabilidade. Alguém, em algum lugar, deve ter sido a primeira pessoa a escravizar inimigos capturados na batalha em vez de matá-los ou libertá-los; alguém, em algum lugar, deve ter sido a primeira pessoa a vender uma criança para escravidão para evitar a fome em uma época de fome[108]; alguém, em algum lugar, deve ter sido a primeira pessoa a organizar uma expedição com o propósito expresso de raptar escravos potenciais dentre os membros de uma população vizinha; alguém, em algum lugar, deve ter sido a primeira pessoa a se tornar escrava ao perder uma aposta feita contra sua própria pessoa – uma rota usual de mobilidade social descendente, verificada na Tailândia (FEENY, 1993: 97), assim como entre os kwakiutl (MACLEOD, 1925). Mas onde escravos são uma mercadoria desejada, seja por sua capacidade produtiva, seja por seu valor como item de consumo conspícuo, e onde em acréscimo são retirados de um grupo de *status* desprivilegiado e mantidos sob controle coercivo estrito, a combinação de práticas pelas quais o papel é definido tem uma alta probabilidade de continuar a reprodução por tanto tempo quanto a população servil possa ser reposta por meio de compra, captura ou criação. Dada a reposição, tampouco essa probabilidade diminui em sociedades onde a possibilidade de manumissão é significativa como em Roma ou, mais tarde, no Brasil[109].

---

sujeitos a coerção física nas mãos de seus guardas, eram privados de seu *status* ideológico como cidadãos soviéticos mesmo que fossem membros do Partido Comunista, e suas famílias poderiam ser deliberadamente desfeitas (SAWYER, 1986: 199). Similarmente, os trabalhadores camponeses de Kampuchea, forçados ao trabalho servil durante o regime de "Pol Pot" (KIERNAN, 1996, cap. 5 e 6), não estavam somente sob o controle coercivo total do "centro" do Partido Comunista, mas ideologicamente estigmatizados por um modo de persuasão que categoricamente excluía qualquer membro da população definido como "não verdadeiro khmer".

108. Não que a criança não possa ser vendida para escravidão por outros motivos para impedir que suas "cabeças", como um verbete no *Liber Vitae* de Durham coloca, "sirvam de alimento nos dias ruins" (WHITELOCK, 1979: 610). No sistema mameluco, onde "existem evidências amplas da cooperação dos governantes com os chefes dos nômades no tráfico de escravos e também para a prontidão dos próprios nômades de venderem seus parentes" (AYALON, 1975: 56, n. 3), os pais poderiam ver oportunidades de uma vida melhor para seus filhos que poderiam ascender a posições de poder secundário mesmo que permanecessem à disposição do governante e sob risco de punição sumária ou morte.

109. A despeito da disponibilidade ocasional de evidências numéricas (p. ex. LIBBY & PARIA, 2000, onde a taxa em uma comunidade brasileira é cerca de 1% ao ano), as taxas de manumissão

Ao mesmo tempo – e, novamente, como sempre – o acaso tem muito a ver com a possibilidade de essas condições serem satisfeitas. Na evolução de uma plantação escravista de larga escala no Caribe e no sul dos Estados Unidos, o cultivo não apenas de açúcar como também de tabaco pode ter parecido surpreendentemente favorável para a exploração do trabalho de escravos operando em grupos sob supervisão coerciva de capatazes. Mas a *just-so story* correta é diferente. Longe de ser o primeiro estágio em uma evolução para fora do modo doméstico de produção na direção de um modo tributário e depois capitalista, a escravidão no Caribe e na América do Norte foi uma consequência inesperada da incapacidade de adaptação de uma prática que tinha inicialmente aparecido para ser difundida em direção à fixação: a servidão[110]. A servidão, além disso, foi uma mutação não – como se poderia supor – da prática da aprendizagem de um ofício, mas da prática do serviço agrícola (GALENSON, 1981: 6), com a diferença de que a servidão era negociável e o credor livre para vendê-la a qualquer momento antes que o débito do servo tivesse sido extinto pela quantia do trabalho realizado. Homens jovens fisicamente aptos insatisfeitos com suas perspectivas na sociedade de origem poderiam negociar sua passagem para uma sociedade que oferecia oportunidades mais atrativas hipotecando sua força de trabalho por um período limitado, e os empregadores cronicamente em necessidade de força de trabalho poderiam contratá-la a distância com a opção de venda futura caso o trabalhador falhasse no desempenho de suas funções. Inicialmente, tanto trabalhadores brancos como negros nas plantações de tabaco haviam trabalhado de acordo com as "práticas inglesas costumeiras" (BERLIN, 1998: 32), que descendiam do Estatuto Elisabetano dos Artífices. Mas a servidão foi uma prática inadaptável na medida em que os empregadores tinham um forte incentivo para explorar os servos, e esses um forte motivo para se libertarem em um ambiente onde a terra era abundante e a força de trabalho era escassa. O que ocorreu, portanto, foi que o fornecimento de recrutas diminuiu em uma época em que

---

são notoriamente difíceis de calcular. Algumas bases registradas para ela podem se aplicar somente a um número insignificante de casos. Com que frequência um escravo visigótico era libertado por informar sobre um falsário (CLAUDE, 1980: 164), ou uma *ancilla* romana era libertada por ser vendida com uma condição que vedava sua prostituição, a qual o comprador posteriormente violou? (BUCKLAND, 1908: 550). Mas existem vantagens óbvias aos compradores de escravos com dotes ou atributos comercializáveis (incluindo a aptidão para a prostituição) na prática de lhes permitir comprar sua liberdade em parcelas, particularmente se, como "quase universalmente" (PATTERSON, 1982: 240), uma condição da manumissão seja a prestação continuada de serviços ao dono anterior (ou aos seus herdeiros). Cícero, em um de seus discursos (*Philippics*, VIII.x.32), sugere, incidentalmente, que escravos diligentes (*frugi et diligentes*) poderiam antecipar sua liberdade em seis anos. Mas teriam de estar em uma posição de mostrar que *mereciam* ser libertados: contraste o destino do porteiro de Sêneca, deixado para trás no país (*Epistles*, 12), com o de Lucilius Voltacilius Pilutus, um porteiro da cidade libertado por sua manifestação de inteligência e por seu interesse em literatura (Suetonius, *Grammarians* 27).

110. No original, "*indenture*": contrato de prestação de serviços por tempo determinado, geralmente em troca de sustento, como no caso da relação entre aprendiz e mestre [N.T.].

o fornecimento de africanos capturados no interior por governantes locais para serem vendidos a traficantes de escravos na costa era o bastante para manter o preço baixo, e um aumento na proporção de trabalho escravo para trabalho servil não aumentou o custo marginal da força de trabalho do modo que atrair mais servos faria. Quando, no devido tempo, os escravos não estavam mais prontamente disponíveis para compra pelos proprietários dos meios de produção, a prática da servidão se tornou novamente adaptativa onde a demanda por força de trabalho em economias em expansão pudesse ser satisfeita por outras partes do mundo onde o crescimento populacional havia superado a capacidade da economia local de absorvê-lo.

Enquanto isso, em meados do século XVII, um semiexperimento apósito estava disponível na história da colônia puritana de breve duração estabelecida na Ilha Providence em 1630, onde – após escravos negros importados se tornarem significativamente mais baratos do que servos brancos – "considerações sobre a divindade, portanto, perderam diante das duras realidades financeiras" (ELLIOTT, 2006: 103).

Tamanha é a repugnância moral pela escravidão sentida pela maioria esmagadora daqueles que escrevem sobre ela, e tamanho é o apelo da teleologia implícita em histórias tanto marxistas como whiggistas de emancipação, que é tentador subenfatizar exatamente o quanto as práticas definidoras da escravidão mutuamente adaptativas muitas vezes estiveram sob condições ambientais locais. No caso dos Estados Unidos, ela foi uma instituição que havia sido explicitamente aceita pelos signatários da Declaração de Independência, mesmo que fosse repudiada no ambiente diferente do norte. A abolição do tráfico de escravos do Atlântico não teve efeito sobre uma sociedade na qual a população escrava havia se tornado autossubsistente[111]. Os fugitivos eram distinguíveis imediatamente pela população livre, uma vez que a interação negros/brancos era categoricamente proibida e a taxa de manumissão praticamente nula. Os escravos não tinham perspectiva realística de acumular um *peculium* suficiente para lhes permitir comprar sua liberdade, uma vez que a pequena economia local era o domínio dos brancos mais pobres. Tampouco tinham a oportunidade de escapar das comunidades quilombolas (*maroon communities*) consolidadas e bem defendidas em contraste aos bandos impermanentes de criminosos fugitivos sobrevivendo como podiam de roubos e bandidagem. Rebeliões de larga escala eram impossíveis de organizar, e qualquer revolta era fácil de suprimir.

---

111. A criação de escravos não era desconhecida em Roma (APPIAN. *Bellum Civile*, 1.1.7): os capatazes dos escravos, em particular, tinham permissão para ter esposas e filhos, e havia um termo vernacular para os papéis dos escravos domésticos criados em casa (*vernae*). Mas não há evidências, sejam literárias, epigráficas ou arqueológicas, que licenciem uma inferência à reprodução demográfica da população escrava ou qualquer coisa próxima à escala americana. Os *vernae* "parecem ter tido uma posição privilegiada e não infrequentemente haviam se tornado herdeiros de seus senhores" (RAWSON, 1989: 18).

Antes da guerra, como um historiador coloca (HAHN, 1990: 78), os plantadores do sul "representavam uma das mais – se não a mais – imponentes elites agrárias do mundo ocidental". O começo da guerra não era inevitável. O acaso desempenhou seu papel usual. O governo esteve inicialmente disposto a aceitar a continuação da escravidão se os rebeldes se juntassem novamente à União. Mesmo após as hostilidades terem iniciado, poderia ter havido uma paz negociada. Mesmo que a contrapartida fosse uma taxa de crescimento no produto doméstico bruto *per capita* mais baixa do que no norte, isso não impediu a reprodução contínua da escravidão.

Embora os escravos fossem frequentemente indistinguíveis fisicamente – para a exasperação de, entre outros, aristocratas atenienses na época de Platão que se chocavam com eles nas ruas –, e pares da mesma sociedade tradicional pudessem, apesar disso, ser condenados ao *status* de proscrito pelo nascimento[112], a associação da escravidão com a cor da pele no sul americano era um aspecto adicionalmente adaptativo de seu *design*[113]. Essa também foi a combinação de algumas concessões deliberadas sob as condições dos senhores com as sanções duplas de coerção física irrestrita[114] e a ameaça sempre presente de serem "trapaceados". Solicitado a propor um conjunto de práticas que dariam à instituição da escravatura a mais alta probabilidade de reprodução contínua em um ambiente demográfico ecológico e favorável, um engenheiro reverso tenderia a sugerir que os escravos deveriam ter permissão para criar suas próprias famílias, mas não necessariamente mantê-las unidas; receber ostensivamente lotes de terra para cuidarem em dias ou horas ocasionais, mas permanecerem dependentes de seus senhores para receberem rações; receber a concessão de uma "liberdade da alma" (MORGAN, 1988: 688) que poderia encontrar expressão nas formas de culto, discurso e dança, mas terem negada qualquer oportunidade de educação formal; e serem recompensados com modestos privilégios, incluindo cuidado de outros escravos, por serviços leais, sendo ao mesmo tempo punidos

---

112. Como, notavelmente, no caso da "raça invisível" do Japão (DE VOS & WAGATSUMA, 1966) – os *burakumin* descendiam dos membros de comunidades residenciais vinculadas aos nobres regionais aos quais era atribuída a realização de tarefas ocupacionais que o modo de persuasão estigmatizava como poluído. Os antropólogos americanos e japoneses que os estudaram logo após a Segunda Guerra Mundial descobriram que os japoneses comuns acreditavam que fossem sujos, perigosos e doentes, embora (ou, precisamente, porque) nunca se associassem a eles (DONOGHE, 1957).

113. Contraste a situação no Peru, onde não brancos libertos passavam onde podiam por hispânicos de pele escura (BOWSER, 1974: 333).

114. Senhores não eram livres para matar seus escravos à vontade, mas as cortes raramente proferiam um veredito de assassinato ilegal: a restrição era somente a sanção da opinião pública nas comunidades locais conscientes do risco de "desprezar o próprio impedimento" (WYATT-BROWN, 1982: 372). Como o ex-escravo Frederick Douglass deliberadamente atenuou em sua autobiografia (1855: 53), a opinião pública "não tende a ser muito eficiente em proteger o escravo da crueldade" em uma comunidade rural de vizinhos proprietários de escravos.

por desobediência. No norte, as denúncias da brutalidade dos proprietários de escravos do sul – impérvios às injunções para "usarem bem suas pessoas" – levariam à extinção da escravidão tanto quanto as denúncias no sul sobre a rapacidade dos empregadores no norte explorando seus trabalhadores assalariados ao limite levariam à extinção das práticas que definem os papéis constitutivos do capitalismo industrial. As práticas que negavam aos escravos qualquer poder compensatório contra seus senhores eram mutuamente coadaptativas em todas as três dimensões do espaço social. Visto comparativamente, a escravidão não era bem a "instituição peculiar" que os contemporâneos frequentemente a chamavam; e, na ocasião, foi levada à extinção somente quando a sociedade da qual era a instituição peculiar foi destruída na guerra.

6

Todavia, se a escravidão era tão adaptativa como foi no ambiente do sul dos Estados Unidos, como foi levada à extinção no Caribe sem uma guerra, a despeito das pressões seletivas similares a seu favor? Essa história foi contada muitas vezes e de perspectivas muito diferentes. Existem histórias de progresso inexorável em direção à emancipação, histórias de grupos de interesse rivais em busca de supostas vantagens de curto prazo, histórias de santos e heróis derrotando as forças do mal, histórias de uma contradição inescapável entre escravidão e capitalismo, histórias de emancipação "a partir de cima", e histórias de emancipação "a partir de baixo". Mas quando vista de dentro da teoria selecionista, a sequência de eventos imprevisíveis por meio dos quais se originou oferece um contraste tão surpreendente para a história do declínio da escravidão na Europa pós-romana quanto para a história de sua extinção no sul dos Estados Unidos. O acaso uma vez mais desempenhou seu papel. A abolição foi favorecida por eventos imprevistos que iam desde as revoluções Americana e Francesa e os levantes de escravos no Haiti e na Jamaica até à distribuição de assentos na Casa dos Comuns britânica, que sucedeu a passagem do Primeiro Projeto de Lei de Reforma (First Reform Bill) por um único voto. Mas quaisquer que fossem as discordâncias entre historiadores rivais sobre os "poderia-ter-sido", o sucesso dos abolicionistas na culminância de uma série prolongada de discussões e concessões dependeu, dentre outras coisas, de uma difusão e reprodução de duas mutações culturais independentes que terminaram coincidindo.

Nenhum observador presente na Conferência de Paz de Paris teria como deixar de ficar surpreso ao ouvir que a escravidão seria condenada pelo Congresso de Viena. Até meados do século XVIII, memes abolicionistas mal existiam fora das cabeças de um punhado de juristas ou filósofos. As críticas ocasionais expressas por sacerdotes cristãos não eram mais satisfatoriamente difundidas e reproduzidas do que aquelas de seus equivalentes islâmicos (CLARENCE-SMITH, 2006). Mas, então, ocorreu uma mutação memética centrada em uma subcultura cristã particular: a dos quacres. Conforme o registro de um historiador, dois dos incidentes importantes nessa história: "Em 1758, o Encontro Anual de Filadélfia resolveu cautelosamente excluir das reuniões de negócios quaisquer membros que subsequentemente comprassem ou vendessem escravos negros; a reunião também autorizou um comitê a visitar proprietários de escravos quacres, iniciando uma campanha silenciosa, caridosa e, ao fim e ao cabo, efetiva para persuadir todos os amigos a manumitir seus escravos. Em 1761, o Encontro Anual de Londres determinou que, dali para frente, traficantes de escravos quacres deveriam ser repudiados" (DAVIS, 1984: 107). A velocidade com que essa atitude foi difundida entre os membros de outras denominações cristãs durante as décadas seguintes é notável não apenas por ser um exemplo de um efeito de seleção descontrolada (*runaway effect*), mas porque os quacres não estavam, sociologicamente falando, situados numa posição mais elevada do modo de persuasão dentro de sua sociedade do que seus concorrentes denominacionais. Eles podem ter sido admirados por sua devoção e respeito ao seu quietismo, mas não controlavam os recursos ideológicos, quer dos metodistas, quer da Igreja Anglicana estabelecida. Não havia razão óbvia para esperar que sua oposição à escravidão fosse mais amplamente endossada por outros cristãos do que sua oposição à guerra. Mas os memes abolicionistas nas cabeças quacres foram tão satisfatoriamente difundidos entre outras congregações dissidentes e evangélicas que seus efeitos fenotípicos se estenderam às "recorrentes irrupções de petições em uma escala cada vez maior" ao Parlamento, culminando em mais de 5.000 no clímax da campanha em 1833 (TURLEY, 1991: 65). Ao mesmo tempo, aqueles mesmos memes foram levados para a Jamaica, em particular, por missionários batistas e wesleyanos que os difundiram pela primeira vez pela transmissão direta de missionários a convertidos e, depois, após uma outra mutação, para a população de "batistas nativos" em expansão – "um termo genérico para uma proliferação de seitas nas quais os escravos desenvolviam formas religiosas, de conteúdo mais ou menos cristão, que refletiam suas necessidades mais atentamente do que as igrejas ortodoxas, negras ou brancas" (TURNER, 1982: 58)[115]. Quando os missionários enviaram aos leitores das Igrejas Batista e Wesleyana revistas e relatos do *Anti-Slavery Monthly Reporter* sobre os maus-tratos aos escravos, eles combinavam, para efeito adaptativo, tanto doutrinas protestantes de expiação como crenças e atitudes anticatólicas do tipo cujos efeitos fenotípicos em um contexto anterior foram discutidos na Seção 11 do Capítulo 3.

Ao mesmo tempo, mas por razões muito diferentes, a escravidão estava cada vez mais sob ataque de economistas políticos que a consideravam de visão es-

---

115. Aqui, o contraste instrutivo é com o "Catolicismo Popular" da América hispânica (PALMER, 1976: 152), que foi similarmente difundido entre a população escrava, mas sem qualquer condenação equivalente da escravidão como tal.

treita, retrógrada e antieconômica. É verdade que a objeção de Adam Smith a ela era tanto moral quanto política: ele pensava que ela corrompia os proprietários de escravos ao gratificar seu "amor por dominar". Mas ele e outros como ele acreditavam que os escravos, como tinham negada qualquer oportunidade para melhorar sua própria condição por seus esforços, estavam destinados a ser menos produtivos do que trabalhadores assalariados recrutados em um mercado de trabalho competitivo aberto. O intrigante nisso, como os comentadores de Smith frequentemente apontaram, é que sua afirmação no Livro III de *A riqueza das nações*, segundo a qual "a experiência de todas as épocas e nações" havia mostrado que escravos são menos produtivos do que trabalhadores assalariados, é apoiada por nada mais nada menos do que três referências a Plínio, Columela e Aristóteles, respectivamente. Em todo caso, uma vez que os escravos foram libertados, preferiram o papel de pequenos agricultores ao de trabalhadores assalariados. Em Antígua e Barbados, onde havia muito menos terra disponível na qual pudessem se estabelecer, a pressão seletiva em favor da proletarização foi, por essa razão, mais forte. Mas na Jamaica a produção de açúcar foi reduzida pela metade tão logo os antigos escravos terem sido completamente libertados e não contratados sob vínculo de trabalho servil (como foram por um período inicial de quatro anos logo após a emancipação). Os argumentos dos plantadores contra os economistas terminaram melhor embasados do que os abolicionistas estavam preparados para conceder. Mas, de um ponto de vista selecionista, essa é uma *just-so story* de coevolução meme-prática guiada por preconceito indireto. Acreditava-se nos economistas não porque seus argumentos tivessem sido testados, mas porque eram seus autores, e os abolicionistas evangelizadores eram os beneficiários de seu prestígio.

Portanto, a comparação para a qual a extinção da escravidão no Caribe britânico convida é com a abolição da escravatura no Brasil, onde os abolicionistas foram cada vez mais bem-sucedidos nos anos que sucederam a legislação formal promulgada em 1880 no encorajamento dos proprietários de escravos locais em favor da manumissão. Contudo, os memes nas cabeças dos abolicionistas brasileiros não eram os mesmos aos daqueles nas cabeças de seus predecessores britânicos e norte-americanos. Após a decisão tardia do governo brasileiro – sob pressão britânica para suprimir o tráfico de escravos no Atlântico, do qual dependia a reposição de 2,5 milhões de escravos do Brasil – membros da elite brasileira "embebiam [na metáfora escolhida pelo autor para transmissão memética] valores liberais com puro entusiasmo" (CAIN & HOPKINS, 1993: 300). Mas seu motivo era preservar sua posição e, com isso, sua capacidade de obter crédito aos olhos do governo britânico e da City de Londres, e para serem percebidos como "modernizadores". Os plantadores brasileiros não tiveram escolha senão aquiescer na emancipação quando defrontados não apenas com o corte do fornecimento de escravos, mas com a "ação direta descentralizada" (DRESCHER, 1988: 45) de escravos migrando em massa das plantações para as "zonas livres". Comparados aos plantadores do sul americano, eles estavam em uma dupla desvantagem: a prática muito mais difundida de manumissão havia estreitado a distância ideológica entre os escravos de pele escura e os brancos livres, e os plantadores careciam dos meios de coerção disponíveis aos seus equivalentes no sul americano (ou em Roma, no tempo de Spartacus), que os teria permitido perseguir, capturar, matar ou reescravizar os fugitivos. A evolução do modo brasileiro de produção a partir da quase total dependência da escravidão, em regiões produtoras de açúcar ou café, para um modo de produção baseado em trabalho assalariado (incluindo imigrantes da Europa, assim como brasileiros nativos), quando ocorreu, foi muito rápida e inesperada para os membros dos primeiros governos pós-coloniais. Não houve lá, como no México e no Peru, uma história de recrutamento extensivo da população indígena sobrevivente para o trabalho assalariado por meio das práticas e papéis que criaram as instituições do *repartimiento* e *mita*. As práticas pelas quais a escravidão brasileira foi definida estavam condenadas à extinção de uma forma que não havia sido aplicada no Caribe nem no sul dos Estados Unidos. As pressões seletivas que as condenaram são facilmente discerníveis em retrospecto: a história que sumarizei brevemente não é, até onde sei, controversa entre os historiadores brasileiros atuais, mas demonstra uma vez mais exatamente quão diferentemente o processo subjacente comum da variação herdável e seleção competitiva de informações que afetam o fenótipo pode produzir o mesmo resultado evolucionário em ambientes locais diferentes.

7

Consequentemente, é devido à diversidade de práticas que caem entre escravidão e outras formas de dominação – não porque a escravidão seja um estágio predeterminado em uma progressão teleológica da sociedade "antiga" para a "moderna", passando pela "feudal" – que a *just-so story* da evolução dos modos de produção, persuasão e coerção das sociedades da Europa pós-romana é tão instrutiva para a sociologia comparativa. O ponto de partida é um ambiente no qual o tipo de plantação escravagista como o do Caribe ou do sul dos Estados Unidos foi confinado a relativamente poucas áreas em certas partes da Itália, Gália do Sul e Sicília: como um historiador colocou, o sistema exposto por Cato, Columela e Varrão, em vez de levar à extinção das práticas do minifúndio e da ocupação, "preencheu uma lacuna" na agricultura italiana (RATHBONE, 1983: 162). Para os historiadores de Roma é certo que houve uma importação em larga escala de escravos no período após as Guerras Púnicas. Mas os escravos estavam distribuídos por toda força de trabalho civil. Eles incluíam os acompanhantes improdutivos dos servos domésticos nas famílias dos ricos, os possuidores de habilidades comercializáveis comprando sua liberdade em parcelas, os funcionários servis de governo das famílias dos imperadores e os incumbentes de papéis semiprofissionais como os de supervisor, secretário, arquiteto e médico. A quantidade de fugitivos bem-sucedidos[116] é ainda menos possível de calcular do que a de manumissões. Mas havia sempre um pouco de ambos. O surpreendente símile de Weber da economia romana devorando entes humanos como um alto-forno devora carvão é duas vezes equívoco: os escravos não eram, desse modo, o combustível do qual sua produção *per capita* dependia, e, desse modo, não trabalhavam sistematicamente até à morte[117]. Mas a proporção de escravos na população como um todo pode bem ter sido comparável à do Caribe e do sul dos Estados Unidos, e seu declínio tem de ser explicado como uma parte, embora somente uma parte, da *just-so story* da evolução dos modos de produção, persuasão e coerção das sociedades da Europa pós-romana.

Após a queda (se essa metáfora é a correta) do Império Romano no Ocidente, em nenhum lugar houve uma mutação cultural como a quacre que tenha substituído memes abolicionistas pela aceitação consagrada de que uma pessoa poderia legitimamente ser mantida à total disposição de outra. Homens e mulheres ainda designados como *servi*, *ancillae* ou *mancipia* e comprados, vendidos e listados junto ao gado e às ferramentas em disposições testamentárias, tinham negada a liberdade de movimento, eram proibidos de casar com quem quisessem e eram submetidos a punições de um tipo degradante. A mudança foi que as práticas que definem seus papéis se tornaram cada vez mais negociáveis à medida que os papéis constitutivos das instituições do Estado romano perdiam o controle dos meios de coerção anteriormente vinculados a eles. Os "escravos" começaram a possuir mercadorias cujo uso controlavam completamente, lares que podiam chamar de seus e esposas que eram reconhecidas como tais[118]. Seu direito a dias de folga começou a ser publicamente reconhecido. Começaram a receber bonificações que adquiriram a sanção do costume local. Seus papéis ainda estavam situados próximo ao ápice da pirâmide invertida do poder econômico, ideológico e político, mas um "escravo" a quem era institucionalmente concedido um direito costumário não era mais completamente privado da liberdade.

---

116. Incluindo aqueles que fizeram barganhas coniventes com um capturador de escravos usando o *peculium* ou mercadorias roubadas (DAUBE, 1952).

117. Ironicamente, o símile de Weber poderia ser mais adequadamente aplicado em seu próprio país uma geração depois aos papéis dos trabalhadores escravos nas "usinas centrais" subterrâneas da Alemanha nazista durante a Segunda Guerra Mundial (SPEER, 1970: 500). As taxas de mortalidade podem, contudo, ter sido tão elevadas (ou seja, no caso alemão, até 4% ao mês) quanto nas minas de trabalho escravo da Espanha romana (*Diodorus Siculus*, V.38), como também nas minas de ouro e prata da América hispânica e do Brasil.

118. Esse último também foi verdadeiro – ou parece ser – sobre a escravidão brasileira, onde as *Constituições Primeiras* publicadas em Lisboa em 1719 exigiam que os proprietários de escravos lhes permitissem casar "sem obstrução ou ameaça" (SCHWARTZ, 1985: 385). Mas uniões entre escravos poderiam ser rompidas a qualquer momento pela venda separada conforme a vontade do proprietário.

Quando as diferentes trajetórias evolucionárias das diferentes sociedades que emergiram nos territórios da Itália, França, Alemanha, Inglaterra e Espanha são contrastadas entre si, os temas subjacentes que emergem são o do declínio simultâneo no número dos completamente livres e o do aumento na taxa de mutação das práticas que definem os papéis dos relativamente mais livres. Essa ênfase pode resultar em parte da natureza das fontes documentais, particularmente dos registros de disputas entre proprietários de terras e seus arrendatários preservados pelos proprietários em razão de seus próprios interesses. Mas a impressão geral que deixam é a de sociedades nas quais os papéis estão sendo renegociados o tempo todo em todas as três dimensões do espaço social, com cortes sendo "usadas dentro de estratégias de negociação social" (FOURACRE, 2005: 49; cf., p. ex., GOETZ, 1993: 42) que são elas próprias competitivamente selecionadas à medida que o ambiente muda. As práticas que definem os papéis dos minimamente livres, dos metade livres, dos tacitamente livres e dos formalmente libertos são sujeitas a constante mutação a despeito da distância social entre os senhores e seus inferiores em poder econômico, ideológico e político. No modo de produção, não somente os arrendatários, mas os dependentes que prestam serviços nas terras de propriedades bipartidas, estão fazendo seu trabalho diário de acordo com as fórmulas costumárias: o trabalho de corveia é compulsório, mas os trabalhadores de corveia não são escravos cujas obrigações são limitadas somente pela quantidade de trabalho que pode ser extraída deles pela força. No modo de persuasão, mesmo os *mancipia*, "sujeitos à total subordinação econômica e legal", são, como um historiador do Vale do Reno médio colocou, "vistos também como atores por si mesmos" (INNES, 2000: 79). No modo de coerção, embora a rebelião se deparasse diretamente com repressão militar, as *concilia* ou *conjurationes* poderiam assegurar concessões pelas quais a resistência aberta fosse evitada. As "ferramentas discursivas" (*instrumenta vocalia*) dos juristas romanos, para quem a lei não era senão a vontade de seu senhor, podem agora atuar em defesa de seu *status* como pessoas, independentemente de quão limitado permanece o poder equivalente vinculado aos seus papéis modificados[119].

As mutações das práticas que geraram as novas relações institucionais entre os membros dos *systacts* dominantes e seus vassalos, clientes, soldados, arrendatários, servos, administradores, bailios, servos de posse, servos pessoais, trabalhadores sem terra, trabalhadores domésticos e os mercadores citadinos e artesãos com quem também lidavam eram pouco influenciadas pelas mutações meméticas que estavam ocorrendo junto a eles. Havia muitas dessas que podem ser tão prontamente identificadas e descritas como mutações de práticas.

---

119. Uma diferença crítica era que "ser vendido com a propriedade agrária, independentemente de como a transferência de posse fosse formulada, não possuía quaisquer das consequências pessoais de ser vendido e transportado. Um mantinha a família e a humanidade; o outro não" (DAVIES, W., 1996: 246).

Crenças e atitudes sobre a criação e aplicação da riqueza, sobre os critérios de prestígio social e sobre o uso e mal-uso dos meios de coerção estavam sendo ativamente reinterpretados o tempo todo. A história em curso do cristianismo europeu é repleta de controvérsias doutrinais apaixonadas. Mas não foi a Igreja que desenhou os mapas dos papéis das sociedades dentro das quais suas próprias estruturas institucionais evoluíram. Ao contrário, a Igreja os refletia. A aceitação da igualdade diante de Deus e a expectativa de uma vida futura eram muito consistentes com a aquiescência na desigualdade econômica, ideológica e política nesta vida. Escravos poderiam ser libertos como atos de piedade pessoal, mas a escravidão como tal nunca era condenada como inaceitável para Deus, e as fundações eclesiásticas eram tão invejosas quanto qualquer senhor leigo dos poderes que buscavam reter sobre seus dependentes tanto servis quanto livres. Para os abades e bispos, a contrapartida era entre o controle total do trabalho dos servos e a extração de dízimos e impostos dos livres. Mosteiros e conventos espelhavam em sua organização interna as hierarquias do mundo exterior. Em contraste à *just-so story* contada na Seção 5, as pressões seletivas que determinavam as relações entre papéis superiores e inferiores na Europa pós-romana eram preponderantemente sociais, não culturais. Nesse ambiente, os operadores da coevolução meme-prática eram as práticas, não os memes.

Comparações sociológicas entre a Itália pós-romana, a França, a Alemanha, a Inglaterra e a Espanha (WICKHAM, 2005) são complicadas pela dificuldade de as *just-so stories* regionais serem muitas vezes construídas de dentro das tradições historiográficas nacionais, que pressupõem que uma deve ser o modelo do qual as outras são variantes. Assim, as controvérsias em torno do paradigma do *seigneurie banale*[120] e *mauvaises coutumes* impostas pelos senhores acastelados após *la mutation de l'an mil*[121] – se tal realmente houve (BARTHÉLEMY, 1997) – são em parte uma função de um desacordo duradouro entre os historiadores franceses e outros historiadores sobre se o que aconteceu no território governado, ou de qualquer modo reivindicado, por Carlos o Temerário, pode ser generalizado como uma evolução pan-europeia. Mas a sociologia da Île de France de modo algum é a mesma que a do oeste ou a do sul, para não mencionar a sociologia da Catalunha ou do Latium. O vácuo institucional deixado pelo colapso do poder romano oferece uma oportunidade excepcionalmente favorável para observar os processos de seleção social operando de diferentes modos à medida que diferentes populações se moviam nos espaços tanto sociais quanto geográficos agora abertos a elas. Uma sociedade, em particular, oferece o que Bloch

---

120. Ou *seigneurie noble*, na Idade Média europeia, consistia em um território no qual o titular exercia os direitos de posse pública: poder de justiça, de polícia, de comando (direito de banir) etc. [N.T.].

121. "*A mutação do ano mil*": tese segundo a qual uma série de mudanças ocorridas no Ocidente medieval a partir do ano 1000 teria sido responsável por uma transformação radical das estruturas sociais, políticas e econômicas da Europa [N.T.].

(1961: 181) chamava "o mais precioso dos exemplos – o de uma sociedade de estrutura alemã que, até o fim do século XIX, preservou um curso quase completamente espontâneo de evolução": a Inglaterra anglo-saxã.

8

O espaço social que os romanos deixaram atrás de si após sua evacuação da Grã-Bretanha foi praticamente mais vazio do que em qualquer outro lugar, com exceção da Islândia, onde povos similares àqueles que atacaram e por vezes se assentaram na Inglaterra se moveram em um território totalmente despovoado e criaram uma sociedade dividida por rixas de agricultores proprietários de escravos independentes, frouxamente unidos sob a liderança ideológica de seus sacerdotes. Embora os registros arqueológicos revelem alguma continuidade da ocupação das vilas romanas, somente a partir de um período muito posterior há evidências de artefatos elaborados, edificações elevadas ou de comércio extensivo; e embora a população nativa britânica não tenha sido exterminada nem expulsa pelos ingressantes, sobreviventes institucionais além de algumas igrejas e cemitérios são difíceis de encontrar. Os papéis e instituições do período "tardio" da sociedade anglo-saxã se desenvolveram a partir de séculos de ataques quase contínuos, invasões, conquistas e reconquistas dentro de um modo de produção no qual "o arado é o rei" (J.H. Round, apud LENNARD, 1959: 350), um modo de persuasão controlado (a despeito de alguns sobreviventes pagãos obstinados) por uma Igreja romana e não celta, e um modo de coerção no qual exércitos de líderes de altos postos e seus soldados de infantaria subordinados, apoiados por auxiliares desarmados, lutavam entre si com espadas, machados, lanças, adagas, dardos e arpões. A Inglaterra não foi impérvia à transferência lateral de memes e de práticas das sociedades da Europa Continental: a imitação dos estilos francos na vestimenta e joias femininas é tão bem confirmada quanto a adoção da consagração ao estilo franco da unção de um herdeiro real, e em áreas de ocupação e assentamento dinamarquesas práticas senhoriais estão muito menos em evidência do que mais a oeste. Mas a seleção social pode ser observada em funcionamento ao longo de metade de um milênio em uma sociedade cuja *just-so story*, a despeito de todas as semelhanças entre seus papéis constituintes e os das outras sociedades europeias pós-romanas, era muito própria.

O ponto de partida é um ambiente de pequenos reinos tribais – "reinos", porque são controlados por líderes que, como observei na Seção 1, não são "grandes-homens", mas governantes que, na frase de Sahlins, chegaram *ao poder*; e "tribais", porque as relações de parentesco são críticas tanto para o reconhecimento da identidade social comum quanto para a manutenção da ordem. A partir daí, por meio de uma combinação de agregação e exaltação se desenvolveu (BASSETT, 1989) uma sociedade que, como observei na Seção 5 do Capítulo 1, foi de muitos modos similar, a despeito das óbvias diferenças na ecologia e no clima, à Babilônia de Hamurabi. Em termos gerais, ela tinha o tipo de estrutura systáctica de quatro níveis que a evolução convergente originou em incontáveis tempos e lugares. No topo estava uma elite de reis, nobres e proprietários de terras tanto seculares como eclesiásticos a cujos papéis se vinculava um quase monopólio de poder econômico, ideológico e político. Na base, estavam mendigos, criminosos, prisioneiros e escravos: uma estimativa afirma que de 10 a 12% da população da Inglaterra era de escravos na época da Conquista Normanda (MOORE, 1998), não nas casas dos ricos ou dos escritórios administrativos do rei, mas nas propriedades rurais dos *ceorls*[122], assim como de bispos, abades e *thegns*[123]. Acima desses estavam os agricultores arrendatários dependentes, os pequenos proprietários de terras, os artesãos, os servos, os soldados, os pastores de ovelhas e de porcos, os caçadores de aves, os padeiros, os extratores de sal, os ferreiros, os moleiros e os trabalhadores assalariados ocasionais (*hyrmen* ou *hyringmanna*). Mas acima desses, e abaixo da elite, a partir dos papéis dos guerreiros associados dos reis tribais primitivos, desenvolveram-se os papéis dos administradores e oficiais ajudantes dos quais os incumbentes dos papéis superiores passaram cada vez mais a depender. Junto aos burgueses, mercadores, baixo clero e aristocratas rurais (GILLINGHAM, 1995) estão os "cavaleiros", os *drengs* (soldados), os *geneats* (vassalos) e os *radcnihts* (ginetes) cujos papéis envolvem a execução de serviços para seus senhores que não são, na dimensão ideológica do poder, degradantes. O papel de chefe magistrado (*gerefa*) se torna cada vez mais ubíquo: além dos chefes-magistrados do rei, há altos chefes-magistrados e chefes-magistrados da aldeia, do porto, do pedágio, de *wapentake*[124], responsáveis pela coleta de dízimos e impostos, pelo pagamento de salários a *hyrmen* (servos) e pela execução de criminosos condenados. É uma história na qual as carreiras dos protagonistas principais, dramáticas como muitas vezes são, são incidentais para as pressões seletivas que, à medida que os recursos totais da sociedade continuavam a se expandir, originavam um *systact* crescente de papéis empoderados para inspecionar seu uso. Mas existem, ao mesmo tempo, três coisas que *não* são uma *just-so story* de.

Para um sociólogo comparativo, que vem para a historiografia da Inglaterra anglo-saxã a partir de fora, o longo debate entre os partidários de um modelo "senhorial", de um lado, e um modelo de "proprietário camponês", do outro, é desconcertante. Uma história de exploração rápida e abrangente entre nobres senhoriais camponeses desarmados e pobres é tão implausível quanto uma história de um entrincheiramento rápido e abrangente de grupos democraticamen-

---

122. Um homem livre da mais baixa posição na Inglaterra anglo-saxã [N.T.].

123. Na Inglaterra anglo-saxã, um homem livre comum ocupando a terra de um rei ou nobre em troca de serviços [N.T.].

124. Em algumas regiões da Inglaterra, uma divisão, ou distrito, responsável por uma centena de outras regiões [N.T.].

te organizados de guerreiros livres mantendo seus acres de terra (ou *hides*)[125] sujeitos a nenhum outro superior senão seus reis eleitos. Os *ceorls* das fontes sobre os primeiros reinos eram claramente homens de alguma substância com direitos a terra arável, pastagens e bosques e a seus próprios dependentes[126]. Mas o que ocorreu após isso variou de acordo com as diferentes pressões seletivas que passaram a incidir nos diferentes ambientes de diferentes regiões. Na época da Conquista Normanda, há vários feudos do tipo descrito no memorando sobre a administração da propriedade conhecido como *Rectitudines Singularum Personarum*. Mas esse documento vem de Bath (HARVEY, 1993), uma área de modo algum típica, onde há muito havia oportunidades para estabelecer grandes propriedades divididas entre uma *inland* diretamente explorada – que "era reconhecida como privilegiada, no sentido de ser isenta de uma grande gama de serviços públicos e, no fim, do pagamento de impostos (*geld*)" – e uma *warland*[127] externa – sujeita ao imposto (*geld*), cujos habitantes deviam obrigações públicas em vez de privadas (FAITH, 1997: 16)[128]. *Inlands* senhoriais são características particularmente das propriedades eclesiásticas trabalhadas por um número substancial de monges, ou "pessoal semimonástico" (BLAIR, 2005: 255), cujos papéis não são facilmente distinguíveis daqueles de outros arrendatários não livres e cujo trabalho gera o excedente do qual o mosteiro depende para o sustento de seus membros improdutivos, de suas despesas com novas terras e novas edificações e com a aquisição de bens de prestígio. Há pouca dúvida de que a extração dos excedentes e a imposição de serviços intensificaram tanto a posse leiga quanto eclesiástica. Mas há grandes áreas da Inglaterra, tanto

---

125. Antiga unidade inglesa de terra cuja medida variava usualmente de 60 a 120 acres [N.T.].

126. As leis de Ine (rei de Wessex), cujo texto gerações de historiadores têm buscado para extrair qualquer semi-inferência ou inferência semidedutiva, são inequívocas tanto sobre a posse de propriedades por parte de nobres nas quais tinham arrendatários que lhes deviam arrendamento ou trabalho (em marcado contraste com a Irlanda contemporânea, onde a prática adaptativa era a do clientelismo em vez do arrendamento) quanto sobre as relações dos *ceorls* independentes entre si com suas próprias famílias, gado, arados e cotas em bosques e pastagens comuns. Nas leis de Etelberto, rei de Kent, é explicitamente contemplado que um *ceorl* pode ter seu próprio *loaf-eater* (*hlafaeta*) – servo –, e o pagamento devido a ele, caso alguém matasse seu servo (*loaf-eater*), é o mesmo que aquele devido a ele por parte do primeiro dos vários invasores de sua propriedade (LIEBERMANN, 1903: 4).

127. Sobre a distinção entre *inland* e *warland*. *Inland* era uma terra que pertencia ao senhor, embora não pudesse ser arrendada. Era distinguida por ser permanentemente isenta de pagamento de impostos e era, portanto, não avaliada em *hides* ou *carucates* (unidades de medidas de área de terra). Em contraste, a *warland* compreendia as terras que eram avaliadas para propósitos de tributação, quer em *hides*, quer *carucates*. A *warland* pagava impostos se pertencesse a camponeses, mas era isenta caso formasse parte do domínio (*demesne*) – a terra trabalhada para o lucro direto do senhor [N.T.].

128. Roffe (1990: 327) chama a atenção para as "convenções caligráficas elaboradas" adotadas para distinguir terra tributária de terra de domínio.

dentro quanto fora da Danelaw[129], onde práticas senhoriais dificilmente haviam penetrado na época da Conquista: planaltos remotos com fazendas e vilarejos dispersos, assentamentos recém-lavrados de florestas e resíduos, regiões de herança divisível e fazendas familiares conjuntamente controladas, regiões onde os *censarii* (censores) locatários executavam serviços de mão de obra mínimos, aldeias não subordinadas a um único senhor, regiões onde as *agrarii milites* são para o propósito de defesa e regiões onde a criação de ovelhas por prósperos *sokemen*[130] suplementa a produção das terras aráveis. Por trás do padrão variegado de posse de terras nos diferentes ambientes e histórias locais (até onde podem ser reconstruídos) de diferentes propriedades individuais, existe uma tendência geral para um distanciamento do modo tributário de produção dos primeiros reinos tribais na direção do arrendamento (*gafol*) e da tributação (*geld*). Mas é uma tendência que algumas grandes propriedades fossem aumentadas enquanto outras fragmentadas, alguns *ceorls* adquirissem terra o bastante para se tornarem *thegns* enquanto outros *thegns* inferiores fossem deixados com feudos que mal mereciam esse nome, e alguns cultivadores dependentes fossem confinados a propriedades cada vez menores enquanto outros pudessem comprar sua liberdade de movimento com terra ou dinheiro. A terra estava constantemente mudando de mãos – não somente por herança, usurpação ou legado, mas em um ativo mercado de arrendamento e vendas (no qual os testamentos sobreviventes mostram mulheres e homens participando diretamente) – e novos territórios estavam sendo estabelecidos ou restabelecidos ao mesmo tempo em que propriedades estavam sendo organizadas mais sistematicamente e exploradas com vistas a melhores resultados.

O que também surpreende um sociólogo comparativo é a popularidade entre os historiadores anglo-saxões de uma terceira *just-so story*: a da evolução progressiva de um Estado central forte. "Estado", como "instituição", tem gerado inutilmente muitos desacordos definicionais na literatura da sociologia, e há sempre escopo sob qualquer definição para concepções alternativas sobre como a força de um Estado deve ser avaliada. Na teoria selecionista, uma sociedade é um "Estado" se e somente se o controle institucional dos meios de coerção se vincula a papéis especializados extrafamiliares nos quais os governantes, seus representantes e oficiais associados sucederam um ao outro em uma base regular: um Estado não é um Estado, assim como um império não é um império, se não sobrevive à morte de seu fundador e a legitimidade carismática vinculada à sua pessoa. As práticas que definiam os papéis dos reis anglo-saxões faleci-

---

129. Parte da Inglaterra regida pela "Lei Dinamarquesa" (*Danelaw*), que foi um conjunto de leis estabelecido pelos invasores e colonizadores dinamarqueses no nordeste da Inglaterra nos séculos IX e X [N.T.].

130. Forma plural de *sokeman*: indivíduo livre, que desfruta de direitos extensivos, especialmente sobre sua terra, pertencente a uma classe de arrendatários, que ocupa uma posição entre os arrendatários livres e os arrendatários vinculados [N.T.].

dos os tornaram significativamente mais poderosos do que seus predecessores itinerantes, com seus acompanhantes, dependentes dos alimentos-tributos (*food-rents*)[131] coletados das diferentes partes de suas *shires*[132]. Eles tiveram "o primeiro imposto regular e permanente sobre a terra conhecido no Ocidente durante a Idade Média" (LOYN, 1962: 305), que poderiam, quando necessário, usar suas tropas para coletar (CAMPBELL, 2000: 227); controlavam a cunhagem, que era sofisticada e flexível e lhes permitia se beneficiarem diretamente de novas emissões (LAWSON, 1993: 197); poderiam convocar guerreiros para *expeditiones regum* (expedições do rei) quase em escala nacional; e sua administração da justiça se estendia dos proprietários de jurisdições[133] às *hundreds*[134] e *wapentakes*. Mas eles falharam no teste sociológico-padrão: não controlaram os meios de coerção ao longo do território ocupado por aqueles que reconheciam seus papéis titulares. A eles pertencia, na terminologia de Weber, um Estado "patrimonial" no qual a avaliação e a coleta de impostos, o recrutamento de soldados e de auxiliares e a apreensão e a punição de malfeitores estavam nas mãos de *ealdormen*[135], abades, bispos e *thegns*, que desempenhavam papéis de nobreza serviçal e de burocracia assalariada. Os reis eram cuidadosos em consultá-los como *seniores* ou *sapientes* sempre que iniciativas da realeza eram esperadas. Embora a justiça que administrassem fosse a justiça do rei, podiam obter lucro ao fazerem isso diretamente. Um rei podia ser deposto, e o *witan*[136] podia escolher um aspirante em detrimento de outro. Os reis não possuíam um grupo de informantes e espiões que lhes prestassem contas. Eles não podiam estar certos de que seus subordinados iriam cumprir suas obrigações de manter pontes e fortificações em reparo ou a disciplina dos criminosos de seu distrito como era esperado que o fizessem. Seus códigos de leis eram enunciados de aspiração tanto quanto de fato[137]. Eles não aboliram a rixa e não podiam impor o pagamento

---

131. No original, "*food rents*": arrendamento sob a forma de quantidades e tipos específicos de alimento pagos a um senhor por um arrendatário ou vassalo, nos tempos anglo-saxões e feudais [N.T.].

132. As partes da Inglaterra consideradas os bastiões da cultura rural tradicional, especialmente as Midlands [N.T.].

133. No original, "*sake and soke*". Significa *jurisdição* e provavelmente se refere ao direito de instaurar processos na área e/ou de lucrar com quaisquer multas aplicadas [N.T.].

134. Antiga divisão administrativa inglesa que era geograficamente parte de uma região maior [N.T.].

135. Forma plural de *ealdorman* (do inglês antigo, significando, literalmente, "homem velho"): termo usado para um oficial real de alta posição e ao magistrado principal de uma *shire* ou grupo de *shires* anglo-saxãs no século IX [N.T.].

136. Conselhos de reis anglo-saxões na Inglaterra medieval [N.T.].

137. De todos eles, o código de leis cujas sanções são menos convincentes é o do Rei Edgar, promulgado em algum momento entre 959 e 963 (LIEBERMANN, 1903: 194-207). Quantas vezes devemos acreditar que um pagador atrasado da "St Peter's pence" (taxa anual de um pêni paga pelos proprietários de terras ao tesouro papal em Roma) levou-o pessoalmente a Roma e pagou

de compensação no lugar dos assassinatos por vingança. Não havia burgos reais ao norte de York. Existiam *villani*[138] ricos demais para serem punidos[139]. Os reis eram reconhecidos como governantes de toda Inglaterra, mas a unidade do reino era mais ideológica do que econômica ou política. Maitland estava certo ao observar como fez que foi o esplendor deles que cresceu mais do que seu poder.

Não há como saber de que modo a sociedade inglesa teria evoluído sem a Conquista Normanda, assim como não sabemos de que modo o sul americano teria evoluído sem sua derrota pelo norte. Mas para um sociólogo selecionista tentando detectar exatamente o que estava ocorrendo até 1066, as duas características distintivas dos modos de produção, persuasão e coerção da Inglaterra anglo-saxã são, primeiro, a diversidade de seus papéis constitutivos, e, segundo, a extensão da mobilidade social inter e intrageneracional entre esses papéis. As taxas de mobilidade não constituem em si uma diferença modal entre uma sociedade e outra: indivíduos podem surgir e desaparecer em todas as três dimensões do espaço social sem que seu movimento tenha qualquer efeito nas práticas que definem os papéis entre os quais se movem. Mas sanções institucionais contra qualquer possibilidade de mobilidade constituem uma diferença modal: se no modo de produção filhos são compelidos a seguirem as ocupações de seus pais; se no modo de persuasão os membros de um grupo de *status* podem escapar de suas origens somente por *passing*[140], ou se no modo de coerção a participação na tomada de decisões políticas é proibida a qualquer membro da população que não seja um cidadão por nascimento ou decreto formal, então a relação delas com os incumbentes dos outros papéis pelos quais sua sociedade é constituída resultará qualitativamente diferente. Na Inglaterra anglo-saxã, a distância social entre papéis econômicos, ideológicos e políticos ampliou constantemente à medida que a mutação em curso e a renegociação de práticas originaram a estrutura systáctica descrita acima. Mas as gradações entre papéis eram estreitas e a possibilidade de movimento entre uma e outra estava sempre aberta. Independentemente de como for classificada, não era, enfaticamente, uma sociedade de castas.

Sociólogos que calculam taxas de mobilidade para sociedades industriais atuais a partir de dados de pesquisas e censos estão familiarizados com a com-

---

120 xelins ao rei em seu retorno, ou que um juiz que fez um julgamento injusto pagou ao rei 120 xelins, ou que um comprador e um vendedor de lã, em comum acordo, que pagaram ao rei, além do preço prescrito, 60 xelins cada?

138. De *villeins* (ou *custumarii*): arrendatários convencionais não atrelados à terra, cuja condição econômica era descrita como livre em relação a todos, exceto ao seu senhor [N.T.].

139. Como admitido explicitamente em uma carta dos bispos e "homens sábios" de Kent ao Rei Etelstano (LIEBERMANN, 1903: 170).

140. *Passing*, conforme Goffman, é quando uma pessoa com um estigma que não é do conhecimento de outros (p. ex., a desonra) se "passa", em público, por uma pessoa "normal" (i.e., como alguém sem um estigma) [N.T.].

binação de um aumento na proporção de papéis de posição elevada, ocupados por entrantes vindos de baixo, com a ausência de um aumento correspondente nas chances de indivíduos provenientes de famílias de posição inferior ascenderem a papéis de posição elevada. A mobilidade "estrutural" aumenta devido à necessidade de um número crescente de papéis de posição mais elevada serem preenchidos, mas há pouca mobilidade "de intercâmbio" na qual indivíduos em descensão, provenientes de famílias de posições mais elevadas, são diretamente substituídos a partir de baixo. Mas na Inglaterra anglo-saxã há evidências abundantes para ambos nas três dimensões do espaço social. Não apenas grandes proprietários de terras necessitavam de assistentes habilidosos, mas uma Igreja em expansão necessitava de sacerdotes alfabetizados e senhores locais necessitavam de guerreiros experienciados que – embora perfidamente – jurariam lealdade (ABELS, 1988: 153). Ao mesmo tempo, *thegns* em descensão social estavam sendo substituídos por *sokemen* em ascensão, "ex-clérigos infelizes" (JOHN, 1977: 180) estavam sendo substituídos por noviços melhor educados (*gelaeredum*), e escravos (de acordo com o Arcebispo Wulfstan) estavam fugindo para o lado dos vikings e escravizando os *thegns* que haviam sido seus senhores. Se, na época da Conquista, cerca de três quartos da população inglesa estavam em papéis de *villani*, *cottarii*[141] ou *bordarii*[142] (com quase todas as mulheres assumindo a "posição secundária", no sentido sociológico, em relação aos homens), somente uma proporção muito pequena deles poderia esperar superar seu *systact* de nascimento. Mas os papéis acima dos seus não estavam sendo todos preenchidos por indivíduos nascidos naquele nível. Além disso, dentre os que permaneceram *villani*, alguns estavam se tornando significativamente mais ricos do que outros em terras ou em animais de arado, alguns desfrutavam um prestígio mais elevado do que outros como testemunhas e defensores, e alguns tinham melhor capacidade que outros para se defender contra predadores ou, possivelmente, dos agentes da justiça real. Essas diferenças evoluíram das diferentes práticas negociadas por subordinados com seus superiores[143] em um ambiente de violência endêmica, competição intensa pelo controle da terra e um declínio na *wergild*[144] como o critério de *status* em favor da natureza de serviços

---

141. De *cottars* ou *cottagers*: subarrendatários usualmente ocupando parcelas de terra determinadas de quatro acres (uma *cotland*: terra vinculada a uma cabana) ou que trabalhavam nos domínios dos *villanii* [N.T.].

142. Ou *bordmen* ou *bordimanni*: arrendatários de uma condição menos servil que a dos *villani*, que possuíam uma pequena casa, em um pequeno pedaço de terra, concedido a eles, sob a condição de suprir o senhor com galinhas e ovos, e outras pequenas provisões para sua alimentação ou entretenimento [N.T.].

143. O modo pelo qual *gesith* – o termo vernacular para acompanhante em vez de criado – "luta uma batalha perdida contra *thegn*" desde o começo do século X (LOYN, 1955: 530) é diretamente sintomático da mutação de práticas que definem a relação de nobres com reis.

144. Ou "*weregild*", conhecido também como o "preço de um homem", era o valor colocado em cada ente humano e propriedade, na lei anglo-saxã e germânica, pago pelo culpado como resti-

executados e do estilo de vida que os acompanhava. Dizer que era uma sociedade em constante fluxo é reafirmar o óbvio. O que é notável sobre o que estava ocorrendo é que era uma sociedade na qual os papéis constitutivos de suas instituições econômicas, ideológicas e políticas em transformação poderiam ser ocupados por indivíduos se movendo neles a partir de outras origens systácticas sem as restrições capazes de mantê-los dentro de seu *systact* de origem – filhos *gesiths*[145] de nobres como nobres, *ceorls* como filhos de *ceorls*, e filhos de escravos como escravos.

Uma vez mais, portanto, como tantas vezes em *just-so stories* de seleção social, o que não estava ocorrendo era tão instrutivo quanto o que estava. Ao examinarmos o que está por trás da retórica dos códigos de leis, da questionável confiabilidade das fontes narrativas (incluindo a *História eclesiástica* de Beda), da terminologia dos testamentos, alvarás, cartas e wirits que sobreviveram acidentalmente, das indicações incrustadas na literatura contemporânea (o *Colóquio* de Elfrico ou as homílias de Wulfstan não menos que o *Beowulf* ou *A batalha de Maldon*) e das ambiguidades e inconsistências tantalizantes do *Domesday Book* em relação às práticas que definiam os papéis da sociedade, nos surpreendemos com a ausência de conflito intersystáctico, seja entre classes econômicas, grupos de *status* ideológico ou facções políticas. Não há revoltas de camponeses ou greves coletivas, nem igrejas heréticas ou seitas milenares, nem rebeliões revolucionárias ou estados separatistas. A Inglaterra, como seus historiadores frequentemente observaram, era em 1066 uma sociedade antiga, e, na época, uma sociedade muito diferente daquela que fora meio milênio antes. Mas sua evolução havia sido gradual, a despeito da competição incansável dentro dela por poder econômico, ideológico e político. Qual, portanto, é a implicação mais ampla a ser extraída para a sociologia comparativa? Isso a faz uma exceção ou uma regra?

Mutações incrementais e equilíbrios pontuados

9

Biólogos têm discordado desde Darwin sobre se, como Darwin pensava, a seleção natural procede mais por meio de uma sequência de mudanças graduais ou por longos intervalos de estabilidade pontuada por saltos abruptos ocasionais. Para os sociólogos comparativos – para quem exemplos de mudanças tanto graduais como repentinas vêm facilmente à mente –, pode parecer surpreendente que o desacordo entre biólogos pudesse ser tão veemente como foi. As seleções natural, cultural e social não procedem todas de diferentes ritmos sob

---

tuição aos parentes ou ao senhor caso a propriedade fosse roubada, ou alguém fosse ferido ou morto [N.T.].

145. Um acompanhante ou assistente de um rei anglo-saxão [N.T.].

diferentes condições ambientais? Mas há uma questão maior em discussão. Talvez a de que podem ser listados antecedentes específicos de crise, interrupções e rebeliões que tornam mais prováveis transformações importantes de instituições sociais. Mas práticas possuem uma capacidade para se reproduzir por períodos mais longos, e com menos e menores mutações, do que observadores contemporâneos esperam. Observadores contemporâneos, embora bem-informados, são bem capazes de se convencer, institucionalmente falando, tanto de que nada mudou – quando de fato mudou – como de que uma transformação social revolucionária ocorreu – quando de fato não ocorreu. Como sempre, é nas práticas, não nas pessoas, que a atenção dos sociólogos, não dos historiadores, necessita ser fixada.

Contudo, "revolução" é uma outra palavra da qual nem sociólogos nem historiadores são capazes de prescindir, mas que, como "nacionalismo" e "feudalismo", significa também várias coisas diferentes para diferentes pessoas. Definida como a repentina substituição de um conjunto de práticas e, portanto, de papéis por outro, que é suficientemente geral e suficientemente duradouro para todos os observadores concordarem que a sociedade evoluiu de um modo de produção, persuasão ou coerção para outro, a mudança "revolucionária" pode ser orientada quer a partir de baixo, quer a partir de cima, e imposta quer de fora, quer de dentro. Mas é mais do que uma fase em um ciclo recorrente de práticas, e mais do que a substituição de um conjunto de incumbentes de papéis existentes por outro. As práticas mutantes têm de ser identificadas, sua transmissão detectada e sua adaptabilidade explicada. Que os fazedores de revoluções possam desencadear eventos cujas consequências não são meramente diferentes de – mas contrárias a – seus objetivos declarados é um lugar-comum histórico. Mas a expressão "equilíbrio pontuado"[146] captura a distinção entre a mudança qualitativa – que resulta de uma renegociação firme e contínua de práticas – e a mudança qualitativa – que resulta de saltos quase instantâneos dentro de um espaço de *design* institucional de três dimensões. Algumas mutações nas informações herdáveis que afetam o fenótipo são mais revolucionárias do que outras, e os sociólogos selecionistas necessitam descobrir o que está *acontecendo* exatamente quando elas são.

De todas as revoluções no registro histórico, aquela que à primeira vista parece mais próxima ao tipo ideal de uma rápida, abrangente e prospectivamente duradoura transformação institucional é a Revolução Boliviana de abril de 1952. Após três dias de luta, uma aliança clássica de radicais da classe média, mineradores e camponeses, sob a liderança de um partido reconhecidamente revolucionário, derrotaram o governo no poder e o exército que o apoiava. Após

---

146. *Equilíbrio pontuado* é uma teoria na biologia evolucionária que propõe que uma vez que uma espécie aparece no registro fóssil ela se torna estável, mostrando poucas mudanças em grande parte de sua história geológica [N.T.].

isso, o controle dos meios de coerção foi entregue às milícias civis; foi concedida igualdade de *status* ideológico à população indígena, o qual lhe havia sido negado por muito tempo; e as terras agrícolas foram entregues aos sindicatos de camponeses ao mesmo tempo em que o controle das minas foi entregue para a *Corporación Minera de Bolivia*, que era controlada pelo governo. Mas não houve mutações ou recombinações de práticas suficientes para transformar os papéis constitutivos dos modos de produção, persuasão ou coerção da sociedade boliviana. O exército foi reconstituído. Os camponeses estavam preocupados acima de tudo com o título de posse para a terra que haviam tomado, e o suprimento de alimentos para as cidades estava tão reduzido que o governo se tornou dependente de importações de larga escala fundeados pelos Estados Unidos. Os *hacendados* (fazendeiros) foram substituídos pelos chefes dos sindicatos, mas, caso permanecessem (como muitos de fato fizeram), continuavam a executar as funções necessárias para a produção e comercialização da agricultura comercial. Os mineradores continuaram a vender sua força de trabalho em troca de salários sob condições similares às de emprego. Os membros da classe média urbana sofreram uma drástica redução no valor de suas propriedades como uma consequência da desvalorização da moeda, mas não foram desapossados. Os ex-*hacendados* não desfrutavam mais dos serviços pessoais que a prática da *pongueaje*[147] havia imposto sobre os indígenas em suas propriedades[148], mas os papéis patronais e as expectativas associadas dos serviços de clientes e suas famílias passaram aos chefes dos *sindicados* locais. Para sociólogos interessados nos papéis em vez de em seus incumbentes, a questão relevante é por que as práticas que os revolucionários estão determinados a extinguir são, como nesse caso, apesar disso, muitas vezes aptas à reprodução sobrevivente e contínua. E isso não se aplica menos ao que é, para muitos historiadores, "a" revolução – aquela que em 1789 desmantelou as instituições do que consequentemente se tornou, quase literalmente da noite para o dia, o *Ancien Régime* da França. Como um tópico na sociologia selecionista, a Revolução Francesa oferece um estudo de caso praticamente ideal-típico de um equilíbrio pontuado cuja ocorrência foi imprevista e seu resultado evolucionário, paradoxal.

10

Nem aqueles historiadores da França, que acreditam que o *Ancien Régime* estivesse fadado à inevitável extinção, discordarão da conclusão de Georges Lefebvre de que a Revolução requeria uma "verdadeiramente extraordinária e imprevisível (*vraiment extraordinaire et imprévisible*) combinação de causas

---

147. Serviço doméstico que os índios são obrigados a prestar de graça nas fazendas [N.T.].

148. A *pongueaje* havia, ironicamente, sido formalmente abolida em 1945 por Gualberto Villaroel, que seria enforcado pela multidão em um poste de luz fora do palácio presidencial no ano seguinte. Mas o decreto nunca foi posto em vigor (KLEIN, 1982: 219).

imediatas" (1954: 247). Os vários "poderia-ter-sido" na sequência de eventos que culminaram nas medidas passadas pela Assembleia Constituinte na noite de 4 de agosto de 1789 se estenderam durante todo o processo: das decisões que levaram à derrota dos franceses pelo exército prussiano em Rossbach em 5 de novembro de 1757 até às decisões que levaram à retiradas das tropas das ruas de Paris na noite de 12 de julho de 1789[149]. Todos os historiadores do período concordam que a conduta de Luís XVI introduziu uma perturbação aleatória em uma sequência que teria sido muito diferente sem ele. Lefebvre estava tão pronto quanto qualquer outro a conceder que as coisas teriam terminado de outro modo se o trono tivesse sido ocupado por *"un Henri IV, ou même un Louis XIV"* (1939: 29). Se Luís XVI tivesse se disposto em 1789 a permitir com que uma comissão de auditores inspecionasse suas finanças, ou caso tivesse permitido uma votação sobre o registro de novos empréstimos na sessão real do *Parlement* de Paris realizada em 19 de novembro daquele ano, ou caso tivesse concordado em anunciar na sessão real dos Estados Gerais de 23 de junho de 1789 que as três ordens poderiam deliberar e votar em comum, ou caso não tivesse datado sua demissão de Necker de modo que a notícia dela tivesse sido revelada em um domingo (o que significou que, embora a Assembleia não estivesse reunida, a população trabalhadora estava livre para se amotinar), não teria havido a queda da Bastilha no dia 14[150]. Mas o rei não teria sido confrontado pelas escolhas que lhe couberam fazer caso não tivesse havido a conjunção fortuita da pior safra de alimentos de que se tem notícia, com o colapso da capacidade do governo de fazer empréstimos. É verdade que safras ruins e um aumento consequente no preço do pão a ponto de provocar uma desordem pública eram um risco perene que todo governo do século XVIII enfrentava. É verdade também que o estado precário das finanças do governo era conhecido desde ao menos o verão de 1786. Mas em nenhuma teoria pode ser plausivelmente suposto que houvesse uma conexão predeterminada entre os dois eventos. Ambos foram resultado de sequências de causa e efeito que os historiadores do período analisaram em detalhes. Mas para um sociólogo, sua conjunção era uma intrusão tão aleatória no curso da evolução social como é, para um biólogo, uma mudança repentina no clima que altere o que de outro modo teria sido a evolução de uma espécie animal.

---

149. Nunca saberemos o que poderia ter acontecido se, em um conselho de guerra realizado pelo rei na manhã de 16 de julho, o Marechal de Broglie não tivesse repetido sua visão do dia anterior de que a atitude das tropas eliminou qualquer esperança de operações militares contra Paris. Mas sabemos que, em Rennes no dia seguinte, as tropas da infantaria de Artois e Lorraine e os Dragões de Orléans se recusaram a obedecer à ordem do comandante militar da cidade de disparar contra a multidão (SCOTT, 1978: 60, 70).

150. Nem, em todo caso, necessitaria a Bastilha ter caído então. Mesmo na descrição marxista ortodoxa dada por Godechot (1965: 271), é concedido que "um comandante determinado (*un chef résolu*)" poderia ter resistido contra os atacantes.

Consequentemente, uma vez que o equilíbrio do *Ancien Régime* havia sido pontuado, o espaço de *design* institucional tridimensional aberto à invasão por práticas mutantes se expandiu em uma escala acelerada. Mas o escopo que oferecia para liberdade, igualdade e fraternidade era muito menos do que o *slogan* implica. O erário da realeza estava falido e a coleta de impostos havia cessado, mas a economia continuou a funcionar e a favorecer aqueles que possuíam propriedades em detrimento dos demais. A dominação da monarquia havia sido fatalmente danificada, mas distinções atributivas de *status* social sobreviveram. Os meios de coerção não estavam mais no monopólio de controle do rei e seus ministros, mas ainda eram empregados pelos incumbentes de papéis aos quais se vinculava o comando efetivo sobre burocratas, soldados e polícia[151]. Embora não tenha havido qualquer contrarrevolução bem-sucedida, a despeito da violenta oposição em algumas partes da França, e a despeito das ambições de seus líderes e do fervor de seus seguidores, a Revolução terminou mudando muito menos as instituições econômicas, ideológicas ou políticas da sociedade francesa do que seus apoiadores haviam esperado e seus oponentes temido.

Se uma comparação pode ser feita em termos das diferenças institucionais ainda visíveis uma década após o equilíbrio ter sido pontuado, a França em 1799 era mais diferente da França em 1789 do que a Bolívia em 1962 da Bolívia em 1952, embora menos diferente do que a Rússia em 1927 da Rússia em 1917 ou a China em 1959 da China em 1949. Estudos regionais detalhados mostraram que o que ocorreu naqueles anos e depois foi muito diferente do que ocorreu ao longo de toda França. Na verdade, na época em que a geografia eleitoral da França do século XX pôde ser traçada por sociólogos políticos, descobriu-se que o padrão de votação refletia muitas das mesmas diferenças regionais que haviam sido discernidas após 1789. Mas nenhum historiador vai tão longe a ponto de afirmar que a posição systáctica da nobreza como havia sido em 1789 tivesse permanecido a mesma. Os direitos e receitas senhoriais nunca foram restaurados; o mesmo grau de deferência nunca foi concedido a *status* derivado unicamente de nascimento; e as carreiras políticas permaneceram abertas a aspirantes sem pretensão à nobreza. A mudança não foi meramente cíclica, e não envolveu meramente a ascensão e a descensão social de incumbentes individuais entre papéis. Não há necessidade de os historiadores ou sociólogos começarem a discutir entre si sobre se a Revolução Francesa foi "realmente" uma revolução. Mas o que a torna de interesse particular para a sociologia selecionista é que muitas das práticas mutantes que emergiram dela terminaram sendo inadaptáveis, e muitas daquelas que terminaram adaptáveis foram favorecidas pelas mudanças que estavam ocorrendo em seu ambiente.

---

151. É sintomático disso que, p. ex., a Convenção tenha restabelecido o controle coercivo sobre *colporteurs* (vendedores de livros religiosos) itinerantes tão logo foram suspeitos de comercializar material contrarrevolucionário (HEMMINGS, 1987: 97).

No modo de produção, embora quantidades substanciais de terras que anteriormente estavam na posse de nobres ou da Igreja tenham mudado de mãos, não passaram aos membros do que teria constituído, consequentemente, uma nova classe média de proprietários camponeses independentes. Muitos nobres recuperaram ao menos alguns dos hectares que haviam perdido, mesmo que possam ter tido de contrair empréstimos extensivamente para esse fim. As práticas que definem papéis familiares de cultivadores, proprietários, arrendatários, meeiros, pequenos proprietários e trabalhadores rurais sem terra e criados continuaram a ser reproduzidas no interior como antes. Assim, nas cidades, o mesmo ocorreu com aquelas práticas que definem os papéis dos empregadores industriais e comerciais, dos financistas, dos profissionais independentes e dos empregados assalariados (incluindo os numerosos criados domésticos). Ainda era exigido que trabalhadores industriais carregassem seus *livrets* (cadernetas)[152], e suas tentativas de organização coletiva na busca por melhores salários e condições de trabalho ainda tinham a legitimidade negada. Impostos continuaram a ser cobrados quase do mesmo modo que eram durante o *Ancien Régime*: nas palavras de um historiador, "a Revolução fez pouco mais do que lhes dar novos nomes. A *taille* se tornou o *impôt foncier*, a *capitation* se tornou o *personnelle-mobilière*, os *droits de jurande* foram transformados na *patente*" (ZELDIN, 1973: I, 710). Gerações sucessivas de homens e mulheres jovens continuaram a suceder uma à outra como antes em papéis constitutivos de um mercado formalmente livre de mercadorias e trabalho.

No modo de persuasão, o impacto imediato da Revolução foi observável na desaparição de formas deferenciais de tratamento, na vestimenta ostentosa das roupas revolucionárias, na decapitação de estátuas, na destruição de igrejas ou de sua conversão em estábulos ou oficinas, e na pilhagem de bibliotecas e arquivos. Os efeitos fenotípicos da nova ideologia incluíam casamentos de sacerdotes e freiras e abjuração de cargos clericais, assim como a substituição imposta de rituais católicos por revolucionários, a reforma do calendário e a substituição do sacerdote pelo professor de escola como o preceptor moral dos jovens. Todavia, a extensão e profundidade da hostilidade popular à descristianização, mesmo na ausência de liderança clerical organizada, é tão surpreendente quanto a furiosa iconoclastia dos *armées révolutionnaires*[153]. Como observou um historiador, é uma "expressão notável da força duradoura da religiosidade popular" que "centenas de comunidades que haviam perdido seus sacerdotes os tenham substituído por leigos, às vezes humildes artesãos ou camponeses, muitas vezes

---

152. Embora empregadores frequentemente estivessem dispostos, como se poderia esperar, a contratar trabalhadores *sans papiers* (KAPLAN, 1979: 54).

153. Assim como a "*rapidité incroyable*" da difusão descontrolada de memes descristianizadores, e, com isso, de festivais e bailes de máscaras dessacralizantes, por toda França dentro da mesma quinzena em 1792 (BIANCHI, 1987: 231).

ex-professores escolares paroquiais e outros assistentes eclesiásticos, que poderiam executar cerimônias que a tradição requeria" (ANDRESS, 2004: 253). Os sacerdotes que se negaram a fazer o juramento de lealdade foram cobertos e protegidos da prisão, e os que o fizeram foram excluídos e por vezes atacados. Embora o clero assim como a nobreza nunca tenham reocupado sua posição systáctica de 1789, em nenhuma teoria a sociologia da França do século XIX reflete uma concretização dos objetivos proclamados dos revolucionários na dimensão ideológica do espaço social. Além do contínuo controle da Igreja Católica sobre os meios de persuasão, os indicadores sociológicos comuns – comensalismo e endogamia – revelam um padrão de relações entre grupos de *status* superiores e inferiores que teriam sido imediatamente familiares a qualquer sobrevivente do *Ancien Régime*. Os papéis de financista, senhor de terra, comerciante, manufatureiro e profissional assalariado constituíam não somente uma classe capitalista, mas um grupo de *status* burguês que excluía não apenas mulheres, mas também "pequenos" burgueses (HARRISON, 1999: 224) e estava firmemente situado acima do corpo geral de trabalhadores e camponeses os quais os panfletários revolucionários haviam inicialmente incluído com eles no Terceiro Estado.

No modo de coerção, as práticas que se mostraram adaptativas foram aquelas que vincularam poder crescente aos papéis dos agentes do governo central. Quaisquer que fossem as expectativas daqueles revolucionários que acreditavam, ou alegavam acreditar, na democracia direta, em um Estado mínimo e no acesso aberto a cargos eletivos, as pressões seletivas decorrentes da desordem nacional e da guerra contra inimigos estrangeiros favoreciam práticas burocráticas em detrimento daquelas práticas que tinham definido os papéis dos *officiers* e *comissionaires* sob o *Ancien Régime*. Mas, nos níveis superiores e inferiores do novo serviço público, a "estratificação administrativa" estava "estreitamente conectada às distinções sociais" (CHURCH, 1981: 203), do mesmo modo que nas carreiras militares. A seleção por mérito, determinada nos concursos públicos estabelecidos no curso da Revolução, era perfunctória. O patrocínio pessoal e as conexões familiares permaneceram tão úteis como sempre foram. A extensão esporádica do sufrágio, que no início incluía somente uma minúscula proporção do total da população adulta masculina da França, não transferiu o poder político para *le peuple*, com a legitimação retórica dada àqueles que agiam em seu nome. A despeito da importância das mulheres nos eventos da Revolução, só foram emancipadas em 1945.

Nada disso é, até onde sei, controverso. Mas a conclusão à qual aponta é que, de uma perspectiva sociológica, em contraste com uma histórica, a Revolução foi desnecessária em um duplo sentido. Ela não teria ocorrido de modo algum sem uma extraordinária conjunção de eventos e decisões casuais, ou falhas em tomadas de decisões, da parte de agentes individuais cujos caracteres e temperamentos, em outras circunstâncias, não teriam qualquer impacto na evolução dos modos de produção, de persuasão e de coerção da França. Ao mesmo tempo, as mudanças nesses modos, que ocorreram ao longo do século XIX, foram o resultado de mutações e combinações de práticas que teriam sido selecionadas de qualquer modo. Portanto, não é uma questão de escolher entre uma *just-so story* de mudança gradual e uma *just-so story* de transformação repentina. A história da evolução da sociedade francesa após 1789 é uma história de ambas.

Mas isso não é tudo. Os eventos de 1789 criaram não apenas um espaço de *design* social vazio que permitiu que práticas mutantes fossem difundidas ao longo dos modos de produção, persuasão e coerção, mas também um espaço de *design* cultural vazio que permitiu que memes mutantes fossem transmitidos de mente a mente ao longo e igualmente dentro de fronteiras systácticas. O resultado foi que os memes revolucionários terminaram tendo uma probabilidade muito maior de reprodução contínua do que as práticas revolucionárias.

11

Crenças e atitudes hostis tanto à monarquia quanto à Igreja eram comuns durante as décadas de 1770 e 1780, e todos os historiadores do período concordam que a conduta de Luís XVI e de Maria Antonieta nada fizeram para mudá-las[154]. Mas em nenhuma teoria é plausível supor que os memes nas cabeças dos *philosophes*, jansenistas, maçons, *parlementaires*, jornalistas e oficiais do exército insatisfeitos fossem derrubar a instituição da monarquia. Nem os *philosophes* nem os maçons eram pregadores da revolução ou do regicídio, e os descontentamentos articulados nos *cahiers* do Terceiro Estado não podem ser interpretados como antecipando o programa da Assembleia Constituinte. Somente depois que a iniciativa para conceber uma solução para os problemas que confrontavam a França haviam passado aos Estados Gerais, e o poder para legislar passado, então, à Assembleia Nacional, houve uma seleção descontrolada (*runaway selection*) de memes nas cabeças dos representantes e de seu público que transformaram as crenças e atitudes reformistas em revolucionárias. Nos meses seguintes, os efeitos fenotípicos de novos símbolos e discursos eram visíveis em toda parte, e o que quer que fosse culturalmente definido como "privilégio" foi denunciado em todas as suas formas. Embora os intransigentes impérvios não estivessem confinados aos primeiro e segundo estados, e nem todos os nobres e o clero estivessem entre eles, a escala e velocidade de transmissão de informações por imitação e aprendizado foi tal que os memes que em nenhuma parte estiveram dentro das cabeças mesmo do mais veemente dos críticos ao governo em 1788 haviam atingido as populações de todas as regiões e *systacts* em 1790.

---

154. Isso não quer dizer que todos os ataques à desafortunada Maria Antonieta tenham sido fundados em fatos. Ela não pode ser justamente responsabilizada pelo caso do colar de diamantes em 1783 nem pela inundação de *libelles* que o caso provocou, uma vez que "o esquema todo foi uma fraude organizada por uma gangue de trapaceiros" (BLANNING, 2002: 413). Mas os *libelles* são em si sintomáticos da desestima na qual ela se encontrava.

De um ponto de vista selecionista, o aspecto mais intrigante do que ocorreu entre essa época e o *coup d'état* de Napoleão de 1799 é o destino dos rituais deliberadamente planejados e diligentemente propagados por meio dos quais o ideal de virtude republicana foi pensado para inspirar e elevar a população inteira da França. Parte do comportamento a ser observado foi tanto evocado como adquirido ou imposto. Vestimentas, gorros, rosetas[155], e mesmo a louça e cartas de baralho se tornaram objetos cuja visão poderia evocar não meramente insulto verbal como ataque físico[156]. Muitas das dezenas de milhares de "árvores da liberdade"[157] plantadas em todo país pelos apoiadores da Revolução foram desenterradas novamente com igual entusiasmo por seus oponentes e depois replantadas pelas autoridades municipais. Mas as "cerimônias elaboradas que se centravam em juramentos de irmandade e lealdade", como aquelas realizadas por 10.000 guardas nacionais do leste da França no Plaine de l'Étoile em novembro de 1789 (MAZA, 2003: 92), pretendiam influenciar o comportamento subsequente daqueles que participavam e ao mesmo tempo lhes permitir expressar sentimentos de lealdade patriótica. Elas eram explicitamente religiosas[158], e empregavam uma iconografia complexa própria. Mas, novamente, para o propósito da sociologia comparativa, as fontes dos símbolos empregados são irrelevantes. Muitas delas desapareceram tão rapidamente quanto surgiram, enquanto outras – notadamente a tricolor e a comemoração da queda da Bastilha – não. Mas, independentemente de quais delas foram ou não reproduzidas ao longo do período mais longo, foi iniciada uma sequência de variação herdável e seleção competitiva de memes dos quais alguns continuaram a ser reproduzidos muito tempo depois da extinção das práticas com as quais pareciam ter no início uma afinidade seletiva, e não meramente eletiva.

A história das doutrinas e programas reconhecidamente socialistas – bem como a dos anarquistas e comunistas – na cultura da França dos séculos XIX e XX pode ser contada como uma sequência de disputas sectárias, rivalidades pes-

---

155. Como foi o caso com os marcadores simbólicos que diferenciavam um grupo humano de outro nos vários estágios iniciais da evolução cultural, a origem do simbolismo é, ou pode igualmente ser, aleatória. O próprio tricolor foi um substituto, na observação contemporânea do duque de Dorset, para uma escolha inicial de verde para as rosetas patrióticas (HUNT, 1984: 57, n. 12) – com o verde sendo associado aos seguidores do radical Duc d'Orléans.

156. O *bonnet rouge*, que em 1792 ainda estava sendo usado pelos homens parisienses (não pelas mulheres) como um marcador do entusiasmo revolucionário, em 1795, expunha os que ainda o vestiam a ataques nas ruas por "jovens dândis" (HARRIS, 1981: 310).

157. As árvores foram interpretadas como uma reciclagem da "imagem arquetípica da árvore" que "se inspirou no simbolismo remoto das árvores genealógicas, como se a árvore da liberdade tornasse visível o desejo de erradicar as antigas estruturas de poder hierárquico" (MALAUSSENA, 2004: 162). Mas talvez devessem ser decodificadas simplesmente como "símbolos de uma revolução se enraizando" (HÉBERT, 1995: 141).

158. "Religiosas" no sentido do que o principal historiador dos festivais revolucionários chama uma "transferência de sacralidade" (OZOUF, 1988: 267). Cf. nota 68 na Seção 3 do Capítulo 3.

soais, alianças variáveis, publicações polêmicas de curta duração e grupamentos evanescentes que não conseguiram sobreviver a seus fundadores carismáticos. Mas nela é claramente discernível toda uma reprodução e difusão de crenças e atitudes cuja oposição à monarquia e à nobreza foi seletivamente combinada a uma oposição à posse em larga escala da propriedade privada. Como frequentemente ocorre, as combinações foram tão importantes quanto as mutações. Os memes críticos eram aqueles pelos quais havia hostilidade vinculada aos herdeiros do privilégio aristocrático e hostilidade contra os possuidores "burgueses" – como Louis Blanc os definia – dos "instrumentos de trabalho". Foi antes e independentemente de Marx que a burguesia passou a ser definida na França não como uma *classe moyenne*, mas como um *systact* seminobre simultaneamente separado do, e hostil ao, *peuple*. O mesmo opróbrio nunca foi (até onde posso ver) dirigido pelos críticos republicanos aos incumbentes quer de papéis militares, quer de papéis administrativos. A burguesia consistia – aos olhos de seus críticos – naqueles franceses que haviam lucrado com a Revolução às custas daqueles em nome dos quais havia sido executada e cujos esforços a haviam salvado de seus inimigos. Foi, portanto, a extinção das práticas mutantes que os revolucionários haviam tentado introduzir na sociedade da França que criou um ambiente favorável para a aptidão contínua dos memes mutantes que haviam introduzido em sua cultura.

Um dos muitos textos que foram descobertos por historiadores da cultura da França pós-revolucionária, e que é particularmente revelador nesse contexto, é o prospecto da revista *L'Artisan*, fundada no começo da Monarquia de Julho de Luís Felipe. Essa foi uma época em que os trabalhadores ainda se organizavam em *compagnonnages* e *societés de secours* em vez de sindicatos, e o socialismo era aquele pregado por Fourier e os saint-simonianos em vez do que seria pregado por Proudhon e depois dele (e contra ele) por Marx. Mas ele oferece um exemplo clássico de reinterpretação memética. Sua importância, como assinalada por Sewell (1981: 656), é "sua 'adaptação criativa' (*adaptation créatrice*)" da retórica revolucionária-padrão. Em particular, elege como alvos jornalistas invectivos se calando em sua *petit bourgeousie aristocratique*, que persistem em considerar a classe trabalhadora como nada além de máquinas de produção para a satisfação de suas necessidades únicas. A ideia aparentemente anômala de uma *petite bourgeoisie aristocratique* combina deliberadamente hostilidade a privilégio injustificado com a suposição de que a linha divisória systáctica mais importante é aquela entre os produtores oprimidos dos bens materiais e seus consumidores ingratos. Nas décadas seguintes, a evolução do modo de produção capitalista da França se tornaria uma história de coevolução meme-prática cada vez mais intensiva, à medida que a reinterpretação contínua de memes revolucionários influencia e é influenciada pela renegociação contínua de práticas que definem a díade de papéis *patron* e *ouvrier*. Na França, como em outros lugares, episódios de partidarismo e rivalidade proletários se alternaram com episódios de solidariedade e colaboração. Mas a subcultura da classe trabalhadora francesa incluía agora uma representação da fraternidade proletária cuja descendência homóloga pode remontar, através de mutações sucessivas, aos memes nas cabeças dos revolucionários que não haviam visto um conflito de classes fundamental entre burgueses que possuíam propriedades e proletários destituídos delas.

Os "poderia-ter-sido" de 1789 em diante possuem uma volumosa literatura própria na qual os mitos da direita não são menos obstinados que os da esquerda. Na direita, uma crença no que teria sido a própria capacidade da nobreza de executar reformas combinadas com uma atitude de repulsa à violência desencadeada pela Revolução para representar o *Ancien Régime* como uma monarquia constitucional em formação que foi desviada do curso por fanáticos malévolos. Na esquerda, uma crença no que teria sido a criação de uma nação de cidadãos livres e iguais combinada a uma atitude de ódio dos partidários da reação para representar a Revolução como uma república democrática em formação que foi desviada do curso por traição doméstica e agressão estrangeira. Mas o contraste selecionista é entre a adaptabilidade dos memes que continuaram a influenciar o comportamento fenotípico de gerações subsequentes de pretensos revolucionários e a inadaptabilidade das práticas que esses memes encorajaram os pretensos revolucionários a tentarem impor a seus compatriotas. O equilíbrio institucional foi uma vez mais pontuado brevemente em 1848 e 1871, e os novos revolucionários que o pontuaram carregavam em suas cabeças memes "jacobinos". "Jacobinismo", na época e desde então, tem significado, como "revolução", diferentes coisas para diferentes usuários do termo[159]. Mas não há disputa quanto ao seu legado cultural – combinado por vezes ao desafortunado "Conspiracy of the equals" (*Conspiração dos iguais*), de 1796, de "Gracchus" Babeuf – ter motivado pretensos sucessores a imitá-los e aprendê-los. Na ocasião, e ao longo de uma sequência diferente de eventos igualmente extraordinários, encontravam-se os bolcheviques, que, quando o equilíbrio da sociedade russa foi pontuado em 1917, puseram a concepção jacobina de revolução em prática. Mas, nessa época, o paradoxo é que foram as práticas mutantes no modo de coerção que permitiram aos bolcheviques levarem a cabo sua revolução em nome de uma teoria que privilegiava modos de produção sobre modos quer de persuasão, quer de coerção. Os jacobinos originais, em contraste, não tinham disposição nem aptidão para fazer coisa alguma para substituir as práticas capitalistas pelas quais as relações de propriedade existentes eram definidas.

---

159. Diferenças sobre seu significado são igualmente refletidas nas interpretações que os historiadores rivais fazem dos escritos uns dos outros: cf. o "mal-entendido da sensibilidade política" atribuído a William Doyle, em uma revisão da tradução francesa de François Gresle de seu *Origins of the French Revolution* (1989: 646), com base no fato de que o tratamento que Doyle faz de Lefebvre confunde jacobinismo com marxismo.

Direções da evolução social

12

A evolução nunca retrocede. Gerações sucessivas de portadores das unidades de seleção nunca se tornarão cada vez mais semelhantes aos seus ancestrais biológica, cultural ou socialmente. Quando, na Seção 13 do Capítulo 3, disse que a assim chamada "tese da secularização" é duplamente equívoca, não pretendia com isso dizer que o cristianismo europeu jamais pudesse se tornar novamente o que fora nos dias de Santo Tomás de Aquino. Mas isso não exclui o que os biólogos chamam "atavismos": os bichos-pau, por exemplo, mostraram que podem redesenvolver asas muito tempo depois de os genes dos quais as asas são o efeito fenotípico terem sido considerados extintos, assim como podem reemergir efeitos fenotípicos de memes que há muito se consideravam abolidos. Inversamente, traços que eram adaptáveis em um ambiente anterior podem terminar sendo inadaptáveis em um posterior a ponto de serem eliminados completamente da população. A teoria selecionista tem de levar em conta não somente o *design* subótimo (*sub-optimal design*)[160] como também a falha frequente de *designs* localmente ótimos para manter a probabilidade contínua de reprodução dos genes, memes e práticas a partir das quais foram inicialmente constituídos. Inadaptações são tão familiares na sociologia (FRIEDMAN, 1982; TAINTER, 1988; EDGERTON, 1992) como na biologia. Mas, no estudo da seleção social, é necessário fazer uma distinção entre o declínio de uma sociedade e seu colapso. Uma sociedade pode sofrer uma queda em larga escala de sua população, de sua produtividade, de sua influência sobre outras e mesmo de sua capacidade de se defender sem que seus modos de produção, persuasão ou coerção tenham sido modificados. Mas no colapso repentino da região maia central no período convencionalmente designado "Clássico Terminal", uma drástica queda na população foi acompanhada pela cessação tanto da construção monumental como residencial, do desaparecimento de outras mercadorias manufaturadas não essenciais, da perda quase total da escrita e da extinção total das práticas definidoras dos papéis da até então elite dominante. O peso relativo a ser atribuído às várias causas contingentes do colapso é tema de um contínuo debate arqueológico. Mas, uma vez que a culminância é atingida – como quando os governantes do Império Romano ocidental não puderam mais elevar impostos o suficiente para pagarem por um exército e uma burocracia adequados para defenderem as fronteiras e assegurarem que os impostos fossem pagos –, práticas há muito estabelecidas podem ser levadas à extinção com a mesma rapidez com que outrora ascenderam à curva logística em S.

---

160. O argumento do *design* pobre, ou subótimo (também conhecido como argumento disteleológico), é um argumento contra a existência de um Deus criador, baseado no raciocínio de que um Deus onipotente e onibenevolente não criaria organismos com os *designs* manifestamente subótimos que podem ser vistos na natureza [N.T.].

Um exemplo igualmente bem conhecido, mas em menor escala, é o que tem sido chamado "a aproximação mais estreita que temos a um desastre ecológico se desdobrando em completo isolamento" (DIAMOND, 2005: 82) – a Ilha de Páscoa. A *just-so story* de Diamond foi questionada por Hunt (2007), que atribui a regeneração interrompida da floresta à predação por ratos. Mas o enigma das estátuas gigantes de pedra cujas ruínas surpreendem visitantes desde que o explorador Jacob Roggereen as avistou pela primeira vez na Páscoa de 1722 foi decifrado pelas pesquisas combinadas de arqueólogos, ecólogos, petrólogos, dendrologistas e climatologistas. Thor Heyerdahl da famosa *Kon-tiki*[161] estava errado. A ilha foi colonizada (embora Hunt discorde de Diamond também sobre a data) por polinésios vindos do Ocidente que trouxeram consigo uma tradição cultural existente da qual as estátuas que representavam ancestrais de posição elevada eram um efeito fenotípico estendido. Por várias gerações, excedentes de alimentos foram adequados para suportar uma população em crescimento e a força de trabalho requerida para a extração da pedra e para a construção, transporte e construção das estátuas que poderiam chegar à altura de cerca de 9 metros e cerca de 75 toneladas. Depois, quaisquer que possam ter sido exatamente as causas próximas, a aceleração do desmatamento e a exploração excessiva ou extinção de espécies comestíveis de pássaros e peixes resultaram em fome, colapso demográfico e guerra interna. Sociologicamente, a história é uma história de clãs rivais de chefes dominantes e aldeões que colaboraram suficientemente para tornar possível a todos erigirem suas estátuas separadas e competirem entre si em tamanho. O resultado foi um efeito de seleção descontrolada (*runaway effect*) reminiscente dos ilhéus de Ponape, que continuaram a competir entre si no cultivo de inhames cada vez maiores muito além do ponto da eficiência nutricional (BASCOM, 1948). Em um ambiente fechado, os memes e práticas, cuja coadaptação havia inicialmente permitido que as estátuas fossem construídas e erigidas, haviam se tornado cada vez mais inadaptáveis para os genes dos nativos. Os ilhéus encontrados em 1774 pelo Capitão Cook (apud DIAMOND, 2005: 109) lhe pareceram "pequenos, magros, tímidos e miseráveis". Após o colapso, um novo modo de produção foi desenvolvido baseado em uma produção agrícola muito reduzida e na criação extensiva de frangos, um novo modo de persuasão baseado no culto de um único Deus criador, e um novo modo de coerção baseado no domínio por líderes militares cujo papel era designado por um novo termo vernacular (*matatoa*). Mas nenhuma inconsistência com a teoria selecionista está implicada na caracterização da história que precedeu essas mudanças de modo como a de um declínio que se transformou em um colapso.

---

161. Nome da jangada construída pelo antropólogo norueguês Thor Heyerdahl, para realizar uma travessia do Oceano Pacífico em 1947, partindo da América do Sul para as Ilhas Polinésias [N.T.].

13

Uma outra possibilidade é que a evolução social é impedida de seguir a trajetória de caminho-dependente que de outro modo teria seguido por uma prática parasítica que se reproduz às custas de outros. O exemplo que escolhi – por ser diretamente relevante aos tópicos discutidos na Seção 11 – é a venda de cargos na França entre 1467, quando os cargos se tornaram vitalícios e estáveis sujeitos apenas à supressão real, em 1789, quando a venalidade foi abolida (sujeita à compensação) pela Assembleia Nacional. A venda de cargos é uma daquelas práticas cuja adaptação a curto prazo pode muito facilmente ocultar suas consequências inadaptativas de prazo mais longo. Na Seção 3, citei a coleta de impostos como um exemplo familiar onde a atração para os governantes buscando extrair recursos de suas periferias imperiais pode levar à exploração excessiva dos agricultores e a consequente inadimplência por parte dos contribuintes. Mas, na França, a magnitude dos cargos vendidos, muitos dos quais criados simplesmente para esse fim, estendeu-se tanto que se tornou a exceção que requer um comentário – a marinha, a justiça e a coleta de impostos diretos por comissários indicados especificamente para o propósito. Ninguém sugeriu, na época, que os incumbentes dos papéis venais estivessem sendo selecionados individualmente por sua habilidade em realizá-los bem – ao contrário, afirma-se que um dos controladores gerais de Luís XIV tenha mencionado jocosamente que o rei não criou cargos antes que Deus tivesse criado os tolos para comprá-los. Tampouco sugeriram que a prática tenha promovido o comércio do país, seu nível de investimento produtivo ou a eficiência de sua administração central ou local. Todavia, em 1789, havia cerca de 70.000 papéis venais ocupados pelo que equivalia a 1% da população adulta masculina total da França. O que estava ocorrendo?

A resposta deve ser encontrada no modo de persuasão da sociedade. O motivo dos compradores era adquirir prestígio social como institucionalmente definido por uma ideologia de *status* herdado, e, com isso, a deferência imposta por ele, que descendia do rei através dos *ducs et pairs*, dos *nobles d'épée* e dos *nobles de robe* para os rústicos bem-nascidos, cuja pobreza era tal que tiveram de lhes emprestar espadas quando se apresentaram como representantes potenciais aos Estados Gerais em 1789 (COBBAN, 1964: 29). Mas a nobreza não era uma casta, embora seja por vezes descrita como tal por seus críticos. Dos 70.000 cargos venais de 1789, mais de 4.000 enobreceram, quer seus incumbentes, quer os herdeiros de seus incumbentes, e esse era um privilégio pelo qual um suprimento contínuo de burgueses estava feliz em pagar e, se necessário, tomar emprestado dos intermediários a fim de ser capaz de fazê-lo. Havia alguns retornos pecuniários a serem obtidos de investimentos em cargos, mesmo que os papéis financeiros superiores, que davam acesso à receita da coroa, fossem os únicos cujos compradores se tornariam seriamente ricos. Alguns cargos portavam o direito de cobrar impostos, alguns davam direito aos seus possuidores a lucro sobre a soma capital que haviam pago, e muitos os isentavam de impostos aos quais de outro modo teriam de pagar. Mas privilégios "eram um atributo muito mais importante do que qualquer retorno financeiro dos cargos mais divulgados", e "privilégio dizia respeito tanto a prestígio quanto a lucro, e não meramente o prestígio óbvio do enobrecimento" (DOYLE, 1996: 155). Uma posição social numa comunidade local, uma ocupação com deveres desproporcionalmente pequenos em relação ao papel ostentatório, uma túnica vermelha, um título que soava bem, um assento em uma bancada coberta de *fleur-de-lys* em uma corte soberana e uma associação em termos iguais com outros similarmente privilegiados – essas eram as recompensas institucionais que a venalidade colocava em oferta e que permitiam aos compradores se posicionarem acima de suas origens systácticas na dimensão ideológica do espaço social.

Todavia, a prática da venalidade estava sendo constantemente criticada, e os críticos sempre tinham o melhor dos argumentos – o que pode em parte explicar a disposição desmedida a aboli-la em agosto de 1789 por parte de deputados, muitos dos quais detentores de cargos venais. Seus poucos defensores a viam mais como um mal necessário do que como um bem positivo. Os Estados Gerais de 1614 protestaram contra ela, mas em vão. Colbert, Maupeou e Necker, por sua vez, tentaram suprimi-la, mas a despeito de seus esforços o mercado se tornou mais ativo do que antes e cargos comercializáveis continuaram a ser criados ou restabelecidos. Na metáfora escolhida de Doyle, o sistema "gerava" cargos inferiores (1996: 10) para os quais sempre poderiam ser encontrados proponentes. Foi do interesse de sucessivos governos, independentemente das opiniões pessoais dos ministros individuais, manterem o sistema existindo, não somente porque não poderiam comprar os direitos dos detentores existentes, mas porque a demanda era tal que o mercado poderia suportar manipulação periódica dos termos em favor da coroa. A ideia de que o prestígio social podia ser comprado e vendido era tão ofensiva para aqueles a quem a descendência patrilinear era o único critério legítimo de *status* nobre quanto para aqueles para quem as carreiras no serviço do Estado deveriam ser abertas a aspirantes talentosos extraídos de todos os *systacts* de origem. Mas os compradores recebiam pelo que pagavam e os vendedores garantiam que o recebessem. A população de papéis venais era refratária a práticas mutantes definidoras de papéis dos tipos alternativos que atendessem às necessidades do Estado na Inglaterra, Alemanha ou Rússia.

O desvio de recursos do que poderia de outro modo ter sido investimento produtivo não condenou à extinção a venalidade mais do que a escravidão foi condenada no sul dos Estados Unidos pelo que poderia ter sido a maior produtividade de investimento na indústria manufatureira e no emprego de mão de obra formalmente assalariada. Mas a natureza parasítica das práticas definidoras de papéis venais se torna aparente tão logo a questão "O que exatamente está acontecendo aqui?" é focada na parte do sistema onde as recompensas pecuniárias aos compradores de cargos eram as mais altas. A França não possuía um banco central, e as quantias que podiam ser recolhidas em favor do governo pela municipalidade de Paris ou pelas províncias eram limitadas. Igualmente limitado era o escopo para uma redução na despesa suficiente para eliminar os déficits anuais. Historiadores subsequentes não foram mais capazes do que contemporâneos de calcular exatamente quão sério era o estado das finanças reais ao longo da década de 1780. Mas quaisquer que sejam as somas envolvidas, o governo não poderia resolver seus problemas financeiros sem uma reforma fiscal, mas não poderia arcar com uma reforma fiscal até que seus problemas financeiros tivessem sido resolvidos. Quem quer que fossem, os incumbentes dos papéis ministeriais não tinham outra escolha senão tomar emprestado em termos suficientemente atrativos para compensar os investidores pelo risco da inadimplência, com a consequência de que empréstimos existentes poderiam ser mantidos somente com dinheiro obtido por novos empréstimos. O controle das finanças do governo estava nas mãos dos arrecadadores gerais de impostos e dos compradores dos cargos inferiores de tesoureiro ou arrecadador que emprestavam de volta ao rei seu próprio dinheiro com juros punitivos. Havia, em teoria, a opção de inadimplência deliberada à qual os franceses e outros governantes recorreram no passado. Mas uma vez que a inadimplência fosse declarada, ou mesmo suposta, o governo arriscava a ficar impossibilitado de tomar empréstimos. Nenhum historiador afirma que a venalidade dos cargos financeiros tornou a Revolução Francesa inevitável. Mas a venalidade é um exemplo clássico de uma prática parasítica que continuava a viver de seus hospedeiros.

Mesmo o voto da Assembleia Nacional na noite de 3 de agosto de 1789 não extinguiu completamente a prática. Em 1866, quando Napoleão III permitiu que 628 negociadores de mercadorias fossem desapossados e compensados pela média de vendas de sete anos pagas pelos outros negociadores que operavam livremente, "O sucesso da operação enviou uma onda de pânico através dos 9.924 notários, 3.419 *avoués*, 7.850 oficiais de diligências, 412 leiloeiros, 3.457 registradores e 60 advogados na corte de cassação, que constituíam as profissões venais" (DOYLE, 1996: 315). As funções executadas pelos incumbentes desses papéis eram, admitidamente, muito diferentes daquelas executadas pelos arrecadadores gerais de impostos, cujos interesses adquiridos haviam retardado o que poderia de outro modo ter sido a reforma do sistema de finanças do governo durante o *Ancien Régime*. Tampouco se tornaram disponíveis à venda do mesmo modo que aqueles anunciados e negociados antes da Revolução. Os pagamentos ao governo eram feitos agora como empréstimos forçados definidos como "dinheiro de caução", e um direito de apresentação de um sucessor escolhido foi substituído pela prática tradicional de resignação *in favorem*. Mas a sobrevivência desses cargos é uma ilustração surpreendente da capacidade de práticas parasíticas de reprodução continuada mesmo em um ambiente muito mais desfavorável do que havia desfrutado anteriormente.

14

Existem, contudo, muitos sociólogos que, embora aceitando que a direção futura da evolução social não seja previsível, ainda a veem como tendo se movido no passado, e continuando a se mover no presente, em uma direção geral que, a despeito da reversão ou demora ocasional, é fácil de ver. Afinal, foi exatamente uma consciência como essa que inspirou grande parte da agenda dos sociólogos do século XIX cuja influência perdura até hoje. Quaisquer que sejam suas esperanças ou medos, ou seu viés eurocêntrico (ao qual retornarei no cap. 5), todos se veem como vivendo através de uma série sem precedentes de mudanças fundamentais sobre cuja tendência geral poderia haver pouco escopo para desacordo. Eles dificilmente poderiam deixar de observar no mundo em torno deles uma evolução do modo de produção agrícola em direção ao industrial, do modo de persuasão teocrático em direção ao secular e dos modos de coerção monárquico e oligárquico em direção ao democrático. O ritmo da mudança pode ter sido diferente em algumas partes do mundo em relação a outras. Mas foi uma mudança de cujo impacto nenhuma sociedade poderia ter escapado por muito tempo.

Por isso, o termo "modernização" passou a ser cada vez mais amplamente utilizado por sociólogos que escreveram na segunda metade do século XX. Mas essa palavra não possui valor explicativo em si mesma. No curso contínuo da evolução social, todas as sociedades e seus modos de produção, persuasão e coerção são modernos no começo e antigos no devido tempo. A implicação de uma teleologia subjacente, intencional ou não, é difícil de evitar: como muitos comentadores assinalaram na época, os escritos dos teóricos americanos do século XX sobre "modernização", para quem sua própria sociedade era o modelo que outros estavam destinados a seguir, espelharam os escritos de seus oponentes marxistas, para quem o modelo que outros estavam destinados a seguir era o da União Soviética. Se, por outro lado, nenhuma sequência predeterminada de qualquer tipo está na mente do autor, caracterizar uma mudança institucional como uma transição do que é por definição "pré-modernidade" é meramente indicar um critério pessoal pelo qual é concedida à mudança assim caracterizada uma significação excepcional. Afirmar, por exemplo, que, "Por consenso geral, a modernização foi atingida primeiro na Grã-Bretanha" (DAVIES, N., 1996: 764) equivale a dizer que a sociedade britânica se desenvolveu de um modo sem precedentes associado com a assim chamada "Revolução Industrial"; e afirmar que a economia dos Países Baixos foi a "primeira economia moderna" (DE VRIES & VAN DER WOUDE, 1997: 257) equivale a dizer que nenhuma outra sociedade deixou tão cedo de empregar sua força de trabalho na agricultura quanto os Países Baixos.

Mas disso não se segue que o conceito de modernização não tenha lugar na sociologia selecionista. Isso porque, como o historiador C.A. Bayly coloca em seu escrito sobre o que chama o "nascimento do mundo moderno" entre 1870 e 1914, "uma parte essencial de ser moderno é pensar que você é moderno" (2004: 10). Ser "moderno" não é um estado da sociedade. É um estado de espírito, e tem sua contribuição a fazer para a explicação do que está ocorrendo sempre que a *just-so story* correta seja a da coevolução meme-prática na qual os efeitos fenotípicos desse estado de espírito desempenhem uma parte. Inovadores institucionais são modernizadores à medida que são motivados pelo desejo de substituir práticas e papéis existentes por outros que serão percebidos como uma "modernização", estejam eles imitando ou aprendendo dos modernizadores de outra sociedade ou então criando eles próprios o precedente. (Lembre da Seção 6 dos abolicionistas brasileiros.) Ao mesmo tempo, nada os impede de portarem memes modernizadores e arcaizantes em suas cabeças. No caso da Revolução Francesa, seus historiadores são todos conscientes do "recurso misterioso, embora obsessivo, à Antiguidade" por parte dos revolucionários (OZOUF, 1988: 271) segundo o qual as virtudes imaginadas da Roma republicana eram invocadas em paralelo a uma visão milenária de uma sociedade futura purgada da injustiça e corrupção do passado.

Modernidade "antiga" não é, portanto, uma contradição em termos dentro da teoria selecionista. O excelente exemplo é a Atenas "antiga", cujos membros articulados não só eram conscientes, mas orgulhosos, de suas diferenças tanto em relação a outras sociedades contemporâneas como ao que ela própria tinha sido em seu passado recente. Não faz diferença o fato de não haver uma palavra grega que corresponda a "moderno". Nenhum leitor de Tucídides pode duvidar de que ele se pensa como um historiador moderno e o cidadão de um Estado moderno que vem travando uma guerra moderna da qual ele próprio era um veterano[162]. Igualmente, nenhum leitor de *As suplicantes*, de Eurípides, pode duvidar de que ele considera a si mesmo e à sua audiência como membros de uma sociedade de "voto igualitário" (*isopsēphos*) da qual se orgulham – a despeito da invocação do legendário Teseu – não porque é a revivificação de um passado glorioso, mas porque exigiu, de um modo sem precedentes, que os detentores de cargos políticos se responsabilizassem por seus atos perante os cidadãos dentre os quais foram escolhidos por eleição ou circunstância. A "modernidade" do modo ateniense de produção tem sido há muito tempo um tópico de debate acadêmico: se uma economia "moderna" requer produção industrial, um mercado de ações, uma escrituração de dupla entrada e manuais de teoria econômica, então a economia ateniense é irremediavelmente "antiga". Mas não podemos considerar que os cidadãos e os metecos (e, por vezes, os

---

162. Se, além disso, a "diferenciação funcional" é o conceito integrante de "todas as teorias da modernização independentemente de suas diferentes escolas de pensamento e disciplinas" (SCHELKLE, 2000: 92), então a visão de Tucídides de que "menos complicado e menos organizado = primitivo" (HORNBLOWER, 1991: 10) o torna um "teórico da modernização", que vê sua própria sociedade como exemplificando precisamente essa mudança.

escravos), que emprestavam, tomavam emprestado, comercializavam, tributavam, hipotecavam, descontavam, executavam, asseguravam, orçavam, fixavam preços, dotavam, desfalcavam, auditavam e litigavam, como faziam (COHEN, 1992; LOOMIS, 1998), não tivessem consciência de que ao fazerem isso estavam "modernizando" – independentemente de como possam ter se colocado isso – as práticas pelas quais os papéis constitutivos do modo de produção de sua sociedade eram definidos.

Contudo, mesmo onde memes autoconscientemente "modernizadores" podem ser claramente identificados nas cabeças dos portadores de práticas mutantes ou recombinantes, existe a necessidade de estabelecer até que ponto esses memes são a força impulsora da evolução econômica, ideológica ou política. Quando Bayly diz sobre o que ele chama o mundo islâmico "central" e o norte e leste da África, que "a aspiração para criar estados modernos se espalhou com a velocidade de um bacilo no começo do século XIX (2004: 280), ele está contando uma *just-so story* de seleção cultural na qual memes constitutivos da representação das instituições de um Estado "moderno" estão sendo rapidamente transmitidos por imitação e aprendizagem da mente de um governante para a do outro. Mas às vezes é difícil detectar até que ponto a seleção cultural, em vez da social, é exatamente o que está ocorrendo. Um caso-teste é uma sociedade não referida por Bayly: o Afeganistão do século XIX. Embora os soldados no exército de Amir Sher Ali usassem uniformes de estilo europeu "como um símbolo de modernidade" (KAKAR, 1979: 95), as práticas que deram aos governantes afegãos do século XIX um controle significativamente mais firme sobre o modo de coerção não eram uma expressão do desejo autoconsciente do governante de parecer "moderno". As duas inovações mais efetivas foram: a vinculação do controle dos meios de coerção aos papéis dos generais – em vez de aos dos governadores provinciais – e o emprego de uma rede de informantes pagos que se reportavam diretamente ao emir (para o qual o modelo não era britânico ou russo, mas do reino vizinho de Bukhara). Amir 'Abd al-Rahman Khan tornou ainda mais rigoroso seu controle sobre seus súditos insubordinados e belicosos despojando-os de seus papéis aqueles mulás que se recusassem a interpretar o Alcorão, de modo a reforçar sua autoridade. Mas muitos governantes em épocas e lugares diferentes pressionaram os controladores dos meios de persuasão a promoverem seus objetivos políticos. O que parece imitação ou aprendizado do exemplo de outros na causa do "ser moderno" pode terminar sendo uma outra *just-so story* de evolução social convergente, e algum meio deve ser encontrado para descobrir qual é.

15

Se existe alguma tendência unilinear que a evolução social possa ter mostrado seguir ao redor do globo nos milênios desde a transição da cultura para a sociedade, é a própria "globalização". Mas isso não significa senão que a difusão geográfica de práticas econômicas, ideológicas e políticas de lugar a lugar atingiu o ponto no qual a evolução social autônoma se tornou uma coisa do passado. Por mais de dez mil anos, tem havido sociedades se desenvolvendo fora do alcance de qualquer invasão possível por práticas exógenas. Somente em meados do século XX dois exploradores tropeçaram, para surpresa mútua, nas sociedades, até então, desconhecidas da Cordilheira Central da Nova Guiné. A essas alturas, deixou de ser possível haver casos de evolução convergente do tipo que produziu as semelhanças entre os modos de produção, persuasão e coerção da Babilônia de Hamurabi e daqueles da Inglaterra anglo-saxã, ou entre aqueles dos astecas e os de seus conquistadores espanhóis. Mesmo assim, é possível vislumbrar um futuro no qual catástrofes naturais e provocadas por humanos se combinem para isolar as poucas sociedades humanas sobreviventes umas das outras e para extinguir as técnicas que as colocariam de volta em contato. Mas, por agora, tanto memes como práticas podem viajar a qualquer lugar do mundo. Chegamos ao fim de uma longa e fascinante história de consciência mútua crescente entre as populações humanas do globo até então separadas. Se, em retrospectiva, essa história puder ser dividida em estágios ou períodos evolucionários que não são senão extrapolações por afinidade eletiva de pressuposições do próprio narrador, é uma questão que será brevemente tratada no capítulo que segue.

5
Teoria selecionista como história narrativa

Histórias de histórias

1

Insistir – ao mesmo tempo em que se proclama os méritos de uma abordagem neodarwiniana para a sociologia comparativa – em que não existe narrativa mestra da história humana é provocar a réplica segundo a qual a própria teoria selecionista é uma tentativa de impor sua própria narrativa mestra (LANDAU, 1991). Mas, embora a teoria selecionista traga com ela uma multidão de narrativas, essas são de um tipo que deixa espaço para muitas outras, compatíveis com elas. Como a agenda da sociologia comparativa é estabelecida pelas semelhanças e diferenças observadas entre culturas e sociedades humanas, toda explicação de como uma cultura ou sociedade se desenvolveu para ser o que é será uma *just-so story* sobre memes e práticas vencedores e perdedores. Mas *just-so stories* que são bem-sucedidas em realizar isso não possuem "enredos" autorais do modo que se exige que "boas" histórias, quer factuais, quer ficcionais, possuam (WELLEMAN, 2003). Elas não possuem finais conclusivos, nem desenlaces finais planejados, nem pontos de vista privilegiados, nem campos preferenciais de pensamento e ação, nem hinos à virtude e nem denúncias de perversidades. Elas são histórias sobre o que se deu em uma ou outra parte da árvore evolucionária sempre se ramificando (ou de fluxo entrelaçado sempre fluindo) da qual continuam a emergir novos e distintos padrões de comportamento cultural e social que não são inexplicáveis nem pré-ordenados.

Isso não significa que histórias selecionistas não possam ser, em seus efeitos perlocutórios, tão excitantes, apavorantes ou encorajadoras quanto se tivessem sido deliberadamente construídas com esses efeitos em vista. Contudo, de um ponto de vista selecionista, podemos ver a Revolução Francesa em um duplo sentido desnecessário, que não torna nem um pouco menos convincentemente legíveis as sequências de eventos dramáticos narradas por Carlyle ou por Michelet, ou mesmo por seus vários imitadores e sucessores. Tampouco histórias sobre a extinção de memes e práticas pelas quais culturas e sociedades aparentemente duradouras estavam sendo previamente mantidas são menos dramáticas do que histórias sobre as vidas de seus portadores. A derrubada da última palmeira na

Ilha de Páscoa foi um evento que, independentemente de quão desapaixonadamente narrada, pode deixar alguns leitores completamente impassíveis, ainda que nada seja conhecido sobre a pessoa que a derrubou. Histórias selecionistas podem ser tão efetivas quanto qualquer história convencional sobre triunfos e desastres, reveses inesperados da sorte, coincidências surpreendentes e alegrias e tristezas na geração de uma resposta emocional mesmo entre aqueles leitores que estão mais firmemente comprometidos com a proposição de que a escrita histórica é, ou deveria ser, mais uma ciência do que uma arte. Uma vez que o acaso, sem dúvida, desempenha um papel tão grande nas evoluções cultural e social, *just-so stories* selecionistas têm uma capacidade para eliciar respostas exatamente do tipo que dramaturgos e romancistas tanto trágicos quanto cômicos ativamente exploram nas tramas que elaboram para esse propósito.

Mas uma *just-so story* correta, caso o seja, é correta, independentemente das reações que provoque. Como histórias selecionistas são sempre histórias de vencedores e perdedores, é inevitável que venham a ser diferentemente contadas por narradores que apoiam uns ou outros. Uma tentação à qual isso pode levar é a flagrante complacência gentilmente caricaturada pelo historiador cultural Ralph Samuel em suas observações sobre as histórias de livros escolares que tratam do imperialismo britânico (1998: 86): "Incidentes duplos no caráter de parábolas, enfatizando lições de conduta e moralidade. Exploradores intrépidos levados ao desconhecido; missionários-mártires, como o Bispo Harrington, enfrentam a fúria de canibais; soldados encurralados, cercados por vociferantes dervixes, exibem tremenda coragem". Ou na formulação muito diferente de um eminente historiador militar, "Os impérios *foram* vencidos; e foram vencidos, na maioria esmagadora dos casos, por pequenos grupos de pessoas excepcionais em sua energia, inteligência, persistência e coragem física, mesmo que tenham tido o poder da civilização industrial a seu favor" (HOWARD, 1984: 34). Inevitavelmente, narrativas como essa provocam anti-histórias nas quais os heróis se tornam vilões e, os vilões, heróis, e hipóteses contrafactuais são defendidas em prol do propósito aberto de persuadir o leitor de que os vencedores não mereciam seu sucesso e não deveriam ser admirados porque o atingiram. Mas a diferença feita pelo imperialismo britânico ao que, por outro lado, teria sido a evolução das culturas e sociedades, que foram por um breve período partes constituintes do Império Britânico, é a mesma, independentemente dos juízos morais que diferentes leitores possam estar dispostos a transmitir aos portadores de memes e práticas que fizeram a diferença.

A acusação de eurocentrismo frequentemente levantada contra os sociólogos mais famosos dos séculos XIX e XX é difícil de negar. Eles subestimaram a extensão da evolução autônoma nas culturas e sociedades não europeias e a extensão à qual a evolução das culturas e sociedades europeias foi influenciada por inovações difundidas a partir do Oriente para as partes ocidentais do continente eurasiano. Mas não estavam equivocados em sua consciência de que havia algo que necessitava ser explicado nas disparidades de poder econômico, ideológico e político que viam no mundo ao redor deles. Não era como se vissem as colônias africanas sendo descobertas nas costas da América do Norte, ou exércitos chineses lutando pelo controle do território da França, ou mesquitas islâmicas substituindo catedrais e igrejas da Itália, ou os produtos das fábricas polinésias sendo importados para a Grã-Bretanha. A assim chamada "Revolução Industrial", embora definida por referência a novas forças de energia, novas tecnologias e novos métodos de produção, ocorreu na Grã-Bretanha e não – embora pudesse ter ocorrido praticamente – na China. Mas, então, a diáspora humana iniciou na África, a domesticação de plantas e animais começou no sudeste da Ásia e a primeira formação de Estado teve início na Mesopotâmia. Esses são os lugares onde foi o caso de essas coisas acontecerem pela primeira vez e onde as *just-so stories* de como aconteceram têm, portanto, de ser situadas. Tampouco é como se os eurocêntricos estivessem sob a ilusão de que a hegemonia do Ocidente fosse imutável. Afinal, foi Kipling quem escreveu o poema "Recessional" e Macaulay quem vislumbrou um neozelandês contemplando as ruínas da Catedral de São Paulo. Tocqueville terminou sendo notavelmente presciente sobre um futuro no qual a América e a Rússia um dia dividiriam o mundo entre si. Mas ele não sugeriu que nesse ponto a história chegaria a um fim.

2

A longa querela entre "individualistas" e "holistas" – à qual me referi na Seção 15 do Capítulo 1 – pode (para os sociólogos, embora não para os filósofos) ser enterrada com a teoria selecionista, assim como aquela entre os partidários da explicação "idiográfica" e "nomotética". A suposta contradição entre "história" e "ciência" possui sua "solução evolucionária" (BLUTE, 1997): embora toda sequência de variação herdável e seleção competitiva que cria novas formas biológicas, culturais ou sociais seja historicamente única, não seria uma sequência de causas e efeitos se não houvesse regularidades legiformes no funcionamento do mundo em um nível subjacente. Com muita frequência, esses podem ser pressupostos, assim como nas *just-so stories* da ciência natural: Um geólogo que resolve o enigma de um planalto até então inexplicado, demonstrando que é o resultado de desnudamentos subaéreos para um nível do mar abaixo do atual, não necessita invocar uma lei física do mesmo modo que um sociólogo não necessita invocar uma lei psicológica ao explicar um aumento na mobilidade social apontando para as mudanças na economia que levaram a um aumento na proporção de papéis ocupacionais não manuais em relação a manuais. Mas, às vezes, pode ser por apelo direto a uma regularidade legiforme que o enigma é resolvido: se termina ocorrendo que os membros de um grupo ou comunidade – cujo comportamento é excepcionalmente altruísta – são (ou se acreditam ser) geneticamente relacionados, então a Regra de Hamilton servirá muito bem. Explicações de semelhanças entre culturas ou sociedades em termos de evolução convergente implicam uma generalização subjacente da forma "ambiente similar, resposta similar", embora explicações em termos de descendência homóloga impliquem que a similaridade ambiental seja menos importante do que os detalhes da sequência local de transmissão vertical por herança cultural ou social. Mas a importância evolucionária significativa de analogia e homologia em um ou outro caso não é algo que possa ser utilmente debatido *a priori*.

Contudo, uma vez que uma hipótese selecionista se provou compatível com as evidências relevantes tão bem ou melhor que suas competidoras, a *just-so story* aceita como a correta pode se tornar uma candidata para inclusão entre as histórias "cedo ou tarde", que podem ser tão persuasivas, mas também tão problemáticas, para os biólogos evolucionários como para os sociólogos evolucionários. A espécie humana estava destinada a, cedo ou tarde, emergir no planeta onde emergiu, ou emergiu somente devido a uma série completamente extraordinária de mutações das quais qualquer uma poderia não ter ocorrido e os entes humanos jamais teriam evoluído? A história da evolução das espécies é uma história de "uma miríade de caminhos evolucionários possíveis, afetada pelas reviravoltas das circunstâncias históricas" que, como resultado, "terminarão com mundos alternativos radicalmente diferentes", ou é uma história na qual "as restrições que vemos na evolução sugerem que subjacente à confusão aparente de formas existe uma previsibilidade interessante"? (CONWAY MORRIS, 1998: 139). Nas evoluções cultural e social, embora a "profusão de formas" seja – até agora – menos diversa do que a de bilhões ou mais de espécies biológicas que evoluíram desde que a vida na Terra começou, ela é diversa o bastante para invalidar quaisquer supostas generalizações legiformes propostas para cobri-las. Mas não é só o âmbito de formas possíveis que está longe de indeterminado, como também o das sequências possíveis ao longo das quais uma sucede a outra.

Conway Morris dá como um exemplo a evolução das baleias (1988: 202). Da perspectiva do período cambriano, elas não são mais prováveis do que outras centenas de possibilidades, mas "a evolução de algum tipo de animal oceânico rápido que peneirava a água do mar para obter alimento é com certeza muito provável e talvez quase inevitável". Dado o conhecimento suficiente da história prévia e das restrições contínuas, torna-se cada vez mais plausível supor que cedo ou tarde certos traços culturais e sociais aparecerão em uma ou outra cultura ou sociedade, assim como certos traços biológicos aparecerão cedo ou tarde em uma ou outra espécie. Podemos dizer que as histórias da domesticação de plantas e animais, da urbanização, da formação do Estado ou da industrialização são, como a história das baleias, sobre algo que após um certo ponto estava "esperando para acontecer" ou "nas proximidades", ou que era "apenas uma questão de tempo", sem qualquer reintrodução sub-reptícia de pressuposições teleológicas ilegítimas.

Essa afirmação – ou, se você preferir, concessão – pode parecer se acomodar desconfortavelmente à insistência em que a sociologia não é e nunca será uma ciência preditiva, assim como a biologia. Mas resultados que antes haviam sido impossíveis imaginar, quem dirá prever, podem se tornar no devido tempo progressivamente tão prováveis que ao final da sequência o resultado passe a ser visto por observadores contemporâneos como inevitável. Na época em que recursos minerais, novas tecnologias e força humana de trabalho se reuniram no ambiente britânico, um "sistema de fábrica" de produção industrial foi tão previsível por aqueles que o deploravam como por aqueles que o acolheram. Tão previsível quanto *A riqueza das nações*, de Adam Smith, em 1776, foi a de *Industry and trade* (*Indústria e comércio*), de Alfred Marshall, em 1919 – com sua história sobre "o ponto de vista do negócio" como o que ele chamou uma "característica principal da evolução econômica", ele ou qualquer outra pessoa poderia ter previsto o modo de produção que estava se desenvolvendo na época na União Soviética.

3

A história da escrita da história pode ela própria ser contada como uma *just-so story* selecionista à medida que crônicas, anais e lendas populares são substituídos por narrativas baseadas em testemunhos oculares ou registros documentais dos quais resultados reportados possam convincentemente ser vinculados a causas antecedentes. Mas eles não são mutuamente exclusivos. *Just-so stories* selecionistas sobre padrões de comportamento humano não tiram todos os cronistas, analistas e folcloristas da atividade ou negam sua habilidade para construírem histórias que podem se provar verdadeiras. Tampouco os sociólogos selecionistas estão em competição com outros sociólogos cujo propósito é um tanto diferente da explicação de como os comportamentos coletivos das populações de diferentes culturas e sociedades se tornaram o que são. Sociólogos podem desejar usar apenas registros dos padrões de comportamento de pessoas muito diferentes deles próprios para comunicarem aos seus leitores como é ser um "deles". (Retornarei novamente à relação entre descrição e explicação mais adiante neste capítulo.) Outros podem desejar somente coletar dados para que deles possam estimar frequências ou calcular tendências. Outros podem desejar somente oferecer um comentário geral sobre algum aspecto da condição humana, ou construir conceitos com os quais possam reformular generalizações empíricas sobre o comportamento coletivo humano, em termos mais abstratos. E, todavia, outros podem desejar, sobretudo, apresentar aos seus leitores observações sobre o comportamento que levarão esses leitores a partilharem emoções de aprovação ou desaprovação que essas observações evocaram neles próprios.

Existem, contudo, dois tipos de narrativa, além da mítica e da providencial, que a teoria selecionista desaprova categoricamente. A primeira é a narrativa dos historiadores autoproclamados "não nonsense", para os quais "o registro fala por si mesmo" e a explicação é apenas uma questão de averiguar os motivos dos indivíduos particulares cujas decisões influenciaram o curso dos eventos e consequências subsequentes que se seguiram dessas decisões. Esse tipo de narrativa é bem-ilustrado, por exemplo, nos escritos de Geoffrey Elton (SKINNER, 2002, cap. 2). Para esse tipo, a resposta selecionista é que narrativas que são limitadas desse modo, por mais bem validadas que possam ser, ignoram as questões que elas próprias levantam sobre o que torna as decisões dos tomadores de decisões efetivas na alteração do curso das evoluções cultural e social em relação ao que poderia ter sido. A segunda é a narrativa do tipo no qual o narrador ilustra um tema preconcebido sobre o curso das histórias cultural e social sem referência às comparações relevantes. Para esse tipo, a resposta selecionista é que a correlação sincrônica não é prova de causalidade subjacente, assim como a sequência diacrônica não é prova de processo subjacente. Esse tipo de narrativa é bem-ilustrado por Norbert Elias em *The civilizing process* (*O processo civilizatório*). Elias conta uma história bem documentada e convincente sobre as mudanças sequenciais ocorridas nos hábitos e costumes europeus ao longo de um período escolhido, mas ignora mudanças similares nas culturas europeias, incluindo a subcultura refinada do Japão; e, como tem sido assinalado desde sua publicação original na Alemanha em 1939, a suposição implícita em seu título escolhido estava sendo falsificada na própria sociedade na qual estava sendo escrito seu trabalho durante os anos em que a estava escrevendo.

Eras e estágios

4

Como lamentei na Seção 8 do Capítulo 4, a sociologia, por enquanto, não possui uma taxonomia, seja das culturas, seja das sociedades, que se assemelhe a algo como uma lógica lineano-darwiniana. Mas nenhum sociólogo negará que existe uma sequência demonstrável de modos de produção, persuasão e coerção de diferentes tipos, assim como existem semelhanças institucionais demonstráveis entre sociedades extensamente separadas tanto no tempo como no espaço. Orquestras sinfônicas não poderiam ter precedido o canto na evolução cultural, ou a democracia parlamentar, os grandes-homens ou chefes de grupos de parentesco, mais do que elefantes poderiam ter precedido as bactérias na evolução biológica. Imagine o que aconteceria se um arqueólogo descobrisse uma série de marcas na parede de uma das cavernas de Lascaux junto às descrições de animais e pessoas que terminassem sendo a notação de uma peça de música que poderia ter sido escrita por Mozart! O paradigma evolucionário inteiro desmoronaria.

Por outro lado, a aparência de instituições familiares em épocas e lugares diferentes confrontam sociólogos selecionistas com a necessidade de estabelecer que similaridades entre papéis e práticas são adaptações cuja forma comum é explicada por sua função comum em oposição quer a exaptações – que têm uma vantagem reprodutiva por uma razão diferente daquela pela qual foram originalmente selecionadas –, quer a subprodutos sem qualquer efeito sobre o curso subsequente da evolução da sociedade. Quais semelhanças importam, e quais não? Basear uma taxonomia em uma semelhança que não possui uma lógica evolucionária é atrair o comentário famosamente descortês de Edmund Leach (1961: 4), quando comparou classificações malconcebidas por antropólogos precipitados à ideia de que identificar uma classe de "borboletas azuis" poderia contribuir para a compreensão da estrutura anatômica da lepidóptera.

Considere a categoria sociológica da "cidade-Estado". Um grande número delas está documentado em detalhes em partes extensamente separadas do mundo, do Oriente Médio à Grécia, Itália, Alemanha, Rússia, Ásia (incluindo o sudeste da Ásia), Mesoamérica e África tanto do norte quanto do sul do Saara. Elas podem ser comparadas entre si por referência a uma lista típica-ideal de semelhanças familiares (GRIFFETH & THOMAS, 1981; HANSEN, 2000), mas têm em comum somente que, por definição, seus governantes exercem o controle sobre um território vizinho e/ou de uma rede de comércio associada de um único centro urbano. O que se ganha na compreensão da evolução social ao colocar Esparta (que em todo caso carecia de um centro urbano) junto a Florença, Amalfi, ao *Reichstädte* alemão, Novgorod, Kano, Tenochitlan e Mônaco? Suas semelhanças e diferenças familiares nos modos de produção, persuasão e coerção não se aplicam menos às sociedades que não caem na definição, incluindo entre outras os estados nômades, estados oásis e os cantões suíços que juravam fidelidade mútua na pradaria de Rutli em 1293. Se, por outro lado, a história que está sendo contada é sobre as consequências da dominação de um centro urbano desproporcionalmente influente na trajetória evolucionária de uma sociedade, então a dominação de Londres sobre a Inglaterra entre 1650 e 1750 (WRIGLEY, 1987, cap. 6) é tão relevante quanto a de Esparta sobre a Lacônia ou a de Florença sobre a Toscana. Ou, se a história é sobre as compensações negociadas pelos governantes de pequenos estados em um ambiente dominado por estados maiores, então a existência independente da Suíça é tão relevante quanto a de Singapura.

Isso não torna um erro falar, em um exemplo familiar, tanto de uma "Era da Pólis" na Grécia "antiga" como de uma "Era da *Statto-città*" na Itália "medieval". As semelhanças em sua combinação de hostilidade entre, e conflito dentro de, uma multidão de sociedades separadas buscando estender seu controle de um centro único sobre seus territórios vizinhos incluem relações intersystácticas similares que afetavam igualmente seus modos de produção, persuasão e coerção. No modo de produção de ambas, os interesses dos proprietários de terras competiam com os mercantis; no modo de persuasão de ambas, grupos de *status* definidos por nascimento competiam com grupos de *status* definidos por sucesso pessoal; e no modo de coerção de ambas, pretensos monopolistas do uso da força competiam com assembleias, comitês e conselhos. Mas existem diferenças tão surpreendentes quanto semelhanças. Não há equivalente na Itália à "revolução hoplita" na Grécia; não existe paralelo na Era das Póleis aos papéis de bispos e do clero na Itália medieval; e, embora as práticas e papéis econômicos de Atenas, em particular, e da Itália medieval não fossem menos diferentes do que alguns historiadores da Grécia sustentavam, não existem papéis em qualquer pólis grega equivalente àqueles das dinastias de banqueiros como a Bardi e a Peruzzi. Tampouco, em todo caso, a "cidade-Estado" era universal, quer na Grécia "antiga", quer na Itália "medieval": as póleis e poderosas *ethnē* tribais como a Tessália coexistiam, assim como coexistiam as *stati-città* e as comunas municipais que não atingiram – e em muitos casos nem desejaram atingir – independência em relação aos principados que as incluíam.

De um ponto de vista selecionista, o paralelo interessante não é a conjunção de centro urbano com periferia rural, mas a reemergência entre as cidades-Estado italianas da determinação para reduzir, tanto quanto possível, a possibilidade da oligarquia se tornar uma tirania similar àquela documentada entre as póleis. Os limites impostos por grupos de cidadãos à estabilidade no cargo de um *podestà* ou incumbente de algum outro papel semiconsular e, portanto, potencialmente monárquico são ao mesmo tempo reminiscentes das limitações similares impostas pelos cidadãos de alguma das póleis sobre seus magistrados (*kosmoi, arcontes*, ou *prítanes*)[163]. Em nenhum caso se desenvolveram instituições que pudessem ser denominadas "democráticas" do modo como esse termo é agora compreendido. Um *dēmos* grego não era mais abrangente, quem dirá igualitário, do que um *popolo* italiano. As diferenças eram entre práticas constitutivas de formas mais ou menos restritas de um modo oligárquico de coerção. Por vezes, uma proporção maior e por vezes menor de cidadãos – sempre homens – tinham o direito de participar da tomada de decisões políticas, e famílias importantes tinham por vezes mais e por vezes menos influência sobre a seleção de detentores de cargos políticos e as decisões que eles tomavam. Os camponeses dos *contadi* italianos não tinham mais direito de opinar nessas decisões que os hilotas espartanos (ou que os *killyrioi* siracusanos, os *gymēntes* argivos, os *woikiatai* locrenses, os *apetairoi* cretenses). Mas isso torna fácil ver que o que estava ocorrendo era a seleção sob pressões ambientais similares de memes e práticas similares. Não era o resultado apenas da evolução convergente. Não só os constituintes italianos aprendiam uns com os outros e imitavam uns aos outros – assim como os *nomotheteis* da

---

163. As similaridades são por vezes tão estreitas que, p. ex., os três "chefes" retirados de um comitê de quarenta retirados, por sua vez, de um "Grande Conselho" de 300 ou 400 na Veneza do século XIII (LANE, 1973: 100) equivalem a três extraídos de um comitê de quinze extraídos, por sua vez, de um conselho de 600 em Massilia no século VI a.C. (STRABO, [s.d.]: 179).

207

Grécia – como também eram explicitamente conscientes do passado romano, em particular, como um precedente[164]. Mas na época em que, no começo do século X, as instituições do Estado italiano haviam se enfraquecido irrecuperavelmente, as cidades estavam, para usar aquele modo de falar, "esperando" para se tornarem – o quanto antes – os centros nos quais as elites locais, incluindo bispos residentes, seriam os portadores das práticas definidoras dos papéis políticos. Na Grécia, após a queda dos palácios miceneus, muito tempo se passou até que o mundo de aldeias dispersas, populações reduzidas, comércio de pequena escala, séquitos patriarcais, líderes e bandos guerreiros locais ou tribais evoluíssem para o mundo das póleis com seus exércitos de cidadãos e suas relações diplomáticas formais entre si. Mas não há implicação teleológica oculta em apontar as semelhanças que existiram entre a evolução das práticas e papéis oligárquicos da Era da Pólis e, um milênio mais tarde, a evolução dessas práticas e papéis oligárquicos da Era das *Stati-città* italianas.

Essas "eras", contudo, não foram estágios, quer em um ciclo de monarquia a oligarquia para democracia e de volta à monarquia, quer em uma progressão linear de tribos a estados e desses para impérios. Tampouco houve algo sobre os papéis constitutivos das instituições das cidades-Estado que as destinasse, quer a abandonarem um modo oligárquico por um monárquico de coerção, quer a entregarem sua soberania a alguma entidade territorial maior. Veneza não apenas reteve sua independência como também adquiriu – por um tempo – um império, assim como Roma. É verdade que por duas vezes durante o século XIV Veneza escapou da *signoria*[165] por muito pouco. É também verdadeiro que o fracasso da oligarquia romana em vincular a lealdade dos legionários ao *Senatus Populusque Romanus* – cujo acrônimo portavam em seus estandartes – em vez de aos seus comandantes individuais, levou a um período prolongado de guerra civil que foi resolvida somente por uma evolução da oligarquia para monarquia. Mas em nenhum dos casos o resultado pode ser explicado pela concentração de poder em um único centro urbano. Inversamente, os atenienses podem ter vencido a Guerra do Peloponeso e podem ter então reunido um exército pan-helênico para iniciar uma invasão à Pérsia, como Isócrates, por exemplo, recomendou explicitamente – a despeito da inabilidade das póleis gregas em se unirem contra a Macedônia como haviam feito (com algumas exceções) contra a Pérsia. A *just-so story* selecionista não é mais (nem menos) do que uma história de uma sequência similar de coevolução meme-prática que ocorreu em dois tempos e lugares separados e calhou de envolver um número relativamente pequeno de

---

164. Veneza, que poderia se esperar estar entre as primeiras, foi na verdade a "última no desenvolvimento de um interesse pelo republicanismo romano como um modelo político" (BROWN, 1991: 102). Mas Veneza não possuiu um papel equivalente à "tribuna do povo" romano.

165. Autoridade governante em muitas das cidades-Estado italianas durante os períodos medieval e renascentista [N.T.].

centros urbanos que controlavam seus territórios adjacentes e lutavam regularmente, ainda que inconclusivamente, entre si.

5

Todavia, existem algumas "eras" que *foram* estágios de um mesmo tipo. Na evolução tanto da tecnologia como da arte existem algumas eras que – como, por exemplo, a "Era do Bronze" ou a "Era Barroca" – podem incontestavelmente ser distinguidas em termos do que podemos considerar, em retrospectiva, uma sequência transicional coerente de variação e seleção entre o que as precedeu e o que as sucedeu. Para os propósitos da sociologia comparativa, contudo, registrá-las nesses termos contribui para a explicação do curso contínuo das evoluções cultural e social somente na medida em que especifica mudanças qualitativas de nível populacional nas crenças ou atitudes compartilhadas na mente coletiva, num caso, e nos papéis constitutivos de diferentes modos de produção, persuasão ou coerção, em outro. Os limites raramente podem ser marcados por uma única data, mesmo quando a mudança ocorreu por meio de um equilíbrio pontuado em vez de uma mutação incremental de memes ou práticas; e mesmo que possam, sempre que uma era é considerada um estágio. Tanto a Falácia da Periodização Preventiva (*Pre-emptive Periodization*) quanto a Falácia da Afinidade Eletiva necessitam ser cuidadosamente evitadas.

A Falácia da Periodização Preventiva é claramente exemplificada pela divisão convencional da história humana em "antiga", "medieval" e "moderna", que se deve a um obscuro – exceto por isso – acadêmico alemão do final do século XVII (BURROW, 2007: 416). Os historiadores parecem incapazes de descartar a expressão "Era Medieval" de seu vocabulário padrão – e o termo "feudalismo", regulamente associado –, e muitos a aplicam às histórias do Oriente Médio e Extremo Oriente do mesmo modo como à da Europa. Mas em relação à história da evolução humana até hoje, o termo é tão paroquial quanto equivocado (SMAIL, 2008). Na evolução cultural, as grandes transições são, primeiro, a emergência da linguagem e do simbolismo, e, segundo, a emergência da alfabetização. Na evolução social, as grandes transições são, primeiro, a emergência das práticas e papéis constitutivos de estados, e, segundo, o resultado institucional da irrupção – enquanto dura entre as populações às quais se aplica – da restrição malthusiana do demográfico sobre o fornecimento de alimento (CLARK, 2007). Por mais estranho que soasse chamar o período entre a primeira e a segunda dessas transições "medieval", seria tão lógico quanto chamar "medieval" o período entre a queda do Império Romano e a assim chamada Renascença europeia. Na Seção 14 do Capítulo 4 já observei que a Atenas "antiga" era – para Tucídides e outros de seus contemporâneos – "moderna" em relação ao que a precedeu; e, embora em capítulos anteriores eu tenha me referido do modo convencional ao período da "primeira modernidade" da sociedade inglesa, o termo é uma cunhagem do século XX que, para a sociologia comparativa, não possui qualquer valor explicativo.

A Falácia da Afinidade Eletiva é claramente exemplificada no conceito da assim chamada "Era Axial" na história da evolução cultural humana (EISENS-TADT, 1982; BELLAH, 2005). Para Karl Jaspers, que cunhou a expressão, foi nos mesmos séculos pré-cristãos que emergiram na China, Índia, Irã, Israel e Grécia os primeiros exercícios autoconscientes de reflexão crítica sobre a condição humana por referência a um padrão transcendental ao qual se chegou por especulação teórica. A originalidade das doutrinas expostas por inovadores notáveis como Zoroastro, Confúcio, Buda, os profetas hebreus ou os filósofos gregos não está em dúvida. Mas agrupá-los, como Jaspers faz, como pertencendo a uma única "era" distintiva na qual, como ele coloca, "Os humanos, como os conhecemos hoje, passaram a existir", nada faz para explicar as trajetórias evolucionárias muito diferentes que explicam seus graus variados de sucesso reprodutivo. Existe, sem dúvida, algo em comum entre os ambientes nos quais emergem – naquele momento e a partir dele – "novos modelos de realidade, apreendidos mística, profética ou racionalmente" que são "propostos como uma crítica dos, e uma alternativa aos, modelos correntes" (MOMIGLIANO, 1975: 9). Mas não há uma *just-so story* de evolução convergente, como a do mau-olhado, ou a de descendência homóloga como a das línguas austronésias que se difundiram pelo Pacífico, ou a de difusão lateral como a dos tecnomemes levados por artesãos itinerantes de uma sociedade a outra. Existem semelhanças, mas também diferenças muito grandes, não apenas nos memes constitutivos de seus ensinamentos e dos ambientes sociais nos quais os introduziram, mas em seus efeitos fenotípicos estendidos sobre o comportamento dos membros das diferentes populações. As crenças dos filósofos gregos não são de modo algum as mesmas dos profetas hebreus com sua experiência unicamente desorientadora de profanação e exílio; os *Analetos*, de Confúcio, são tão diferentes dos diálogos platônicos ou da *Avesta* zoroastrista quanto dos livros de Oseias, Amós, Ezequiel ou Dêutero-Isaías; a atitude budista em relação ao poder político e daqueles que o exercem não é mais a de Confúcio do que a dos filósofos gregos ou a dos profetas hebreus; o modelo *varna* das quatro ordens é único à Índia védica, e assim por diante. E com relação à cultura da Roma "antiga" na "Era Axial"? Como já argumentei na Seção 12 do Capítulo 3, nenhuma tensão entre o poder mundano e um padrão transcendental pelo qual sua posse e uso devessem ser criticados jamais foi conceitualizada na cultura romana. Tampouco, a despeito da influência duradoura da *República* de Platão (que pressupunha a continuação da escravidão e da guerra), desenvolveu-se em parte alguma da cultura helênica qualquer concepção de direitos humanos possuídos independentemente de qualquer ordem social dada. Talvez os ambientes das póleis da Grécia e dos "estados guerreiros" da China fossem similarmente favoráveis à reflexão crítica sobre a política; talvez o culto a Alá no islamismo possa ser remontado, por descendência homóloga, ao culto de Jeová em Israel; talvez tenha havido alguma difusão de especulação teórica ao longo de fronteiras societais nas quais a Pérsia aquemênida desempenhasse um papel. Mas a "Era Axial" de Jaspers é uma categoria derivada da antropologia filosófica neo-hegeliana, não da sociologia comparativa neodarwiniana. Ela é definida por afinidades eletivas que são o produto mais da própria filosofia existencial de Jaspers do que das afinidades seletivas no mundo cujas culturas e sociedades distintivas evoluíram do modo que evoluíram. Histórias bem documentadas sempre podem ser narradas em termos como o do "crescimento da autocompreensão humana", da "cristalização cultural da mudança conceitual" ou do "triunfo da razão". Mas não são histórias que explicam por que os memes mutantes referidos nesses termos eliminaram seus rivais onde e quando o fizeram. Tampouco são histórias nas quais memes constitutivos de reflexão crítica sobre a condição humana levam seus competidores míticos à extinção: o legado cultural mais influente de Zoroastro foi o mito escatológico da vitória última do Deus bom (Ahura Mazda) sobre o satã mau (Angra Mainyu).

6

Contudo, assim como você é "moderno", caso se pense como moderno, estará também vivendo em uma "era" distinta, se isso é o que você sente, falando descritivamente. Como observei na Seção 12 do Prólogo, os vitorianos que acreditavam estar vivendo em uma "era de melhoramentos" de fato *estavam*, já que, por seus padrões pessoais, assim lhes parecia. Igualmente, os cristãos, que se viam como vivendo em um *medium aevum* entre a primeira e a segunda vinda de Cristo, *estavam* vivendo em uma "era medieval" na medida em que acreditavam que a segunda vinda era um evento esperado para – o quanto antes – ocorrer. A diferença é que você não pode se ver como vivendo em uma era que Karl Jaspers batizaria subsequentemente de "Axial" mais do que numa "pré-cristã" ou "pré-renascentista" ou "pré-industrial". Você pode, talvez, ver-se como vivendo em uma era "dourada", caso esteja convencido de que um dia no futuro seus descendentes considerarão nostalgicamente a época em que você viveu como "dourada". Mas permanece a disjunção perene entre explicação e descrição da Seção 5 do Prólogo e da Seção 12 do Capítulo 2. Sim, você é privilegiado em relação ao observador acadêmico em sua noção de como *você* sente sua experiência. A introspecção, como disse na Seção 11 do Prólogo, pode lhe dizer muito sobre você, independentemente de quão veementemente os behavioristas possam negá-lo. Mas o observador acadêmico é privilegiado em relação a você ao explicar por que sua experiência é o que é. Sua própria explicação *pode* ser tão boa quanto, ou melhor que, a do observador acadêmico. Mas se é, é porque você mesmo está olhando para ela a partir de uma perspectiva do observador acadêmico. Sua experiência subjetiva é relevante para a explicação de seu comportamento cultural e social somente em razão dos termos que você usa para se convencer de que seu comportamento é diferente do que poderia ser. Você pode estar refletindo tão profundamente quanto sabe sobre sua noção de viver em uma era de melhoramentos, de barbarismo, da pessoa comum, dos estados guerreiros, da cavalaria, do imperialismo, em uma era romântica, em uma era das trevas ou em uma era de fé. Mas disso não se segue que você saiba como e por que seu comportamento e o de seus contemporâneos está sendo influenciado por esse sentimento, muito menos que você rastreou a seleção dos memes e práticas que distinguem uma era assim de outra e identificou as pressões ambientais que os levaram a ser selecionados em lugar de seus concorrentes.

Descrevendo a impressão que causou

7

Não é apenas porque os informantes humanos podem ser tão desavergonhadamente desonestos e voluntariamente falsos, como frequentemente são, que os sociólogos podem achar que enganaram seus leitores. É também porque mesmo o mais cândido e autoconsciente dos informantes pode estar tão seriamente equivocado como muitas vezes está sobre o que está ocorrendo em sua cabeça. Para tomar um exemplo atual, se você vive em uma sociedade "democrática" e participa de suas eleições periódicas para papéis governamentais, pode pensar que sabe melhor do que ninguém – e está pronto para dizer ao sociólogo que está entrevistando você no degrau de sua porta – que em uma eleição recente você votou para o candidato A devido à sua antipatia pessoal pelo candidato B, a despeito de ter sido criado em uma família que apoiava o partido do candidato A. Você também sabe melhor do que qualquer outra pessoa como é sentir a antipatia que você sente. Mas você tem certeza de que sabe por que a sente, e por que você a sente dessa maneira? De qualquer modo, você sabe por que você e outros do eleitorado perdem tempo votando quando a chance de que seu voto decida o resultado da eleição é tão pequena a ponto de ser insignificante? Você está ciente de que tende mais a votar na próxima eleição se na última votou no candidato vencedor ou se apoiou o candidato perdedor mesmo sem ter votado? (KANAZAWA, 2000). Um sociólogo bem-informado está muito melhor situado do que você para explicar a participação eleitoral em nível populacional e até que ponto ela é uma função da motivação expressiva, cálculo tático, de um senso de dever cívico ou "altruísmo fraco" – ou seja, a utilidade derivada do apoio a um candidato que ajudará a implementar programas que ajudariam diferencialmente outros por quem você, o eleitor, tem simpatia (JANKOWSKI, 2007).

Alguns leitores que pensam empiricamente podem desejar argumentar nesse ponto que descrições de agentes individuais de suas próprias experiências são completamente irrelevantes para a agenda da sociologia selecionista. Por mais interessante que possa ser saber como era ser um "deles", que diferença isso faz para a correta identificação das pressões seletivas que agem no nível populacional sobre os efeitos fenotípicos dos genes, memes e práticas que são os protagonistas em *just-so stories* de evolução biológica, cultural e social? Sempre haverá o modo muito diferente de responder à questão "O que exatamente está acontecendo aqui?" que gera as histórias de experiência pessoal imediata do tipo pelo qual o sociólogo Erving Goffman é corretamente celebrado – histórias sobre "gerenciamento da impressão", "estrutura de rompimento" e todo o repertório de mecanismos comportamentais por meio dos quais todos nós, conscientemente ou não, empregamos as manobras e subterfúgios que são uma parte inescapável da interação humana no nível cotidiano, face a face. Mas, por mais reveladoras sobre as vidas das outras pessoas que essas histórias possam ser, e por mais entretida que seja sua leitura, em que contribuem para a explicação de como as culturas e sociedades dentro das quais elas estão ocorrendo evoluíram para serem o que são?

A resposta é que excluir completamente da literatura da sociologia comparativa as experiências subjetivas dos portadores de conjuntos de informações herdavelmente variáveis e competitivamente selecionadas que transformam culturas e sociedades no que são seria tratar esses portadores como se não fossem, afinal, psicologicamente diferentes dos chimpanzés de Frans de Waal. Dizer que uma cultura ou sociedade humana é de um certo tipo é dizer, dentre outras coisas, que membros representativos de suas subculturas e *systacts* constituintes tendem a ter certas experiências subjetivas que tendem a influenciar seu comportamento de certos modos. A descrição dessas experiências exige habilidades na escolha de palavras e frases e a construção de metáforas e símiles, que são obviamente diferentes das habilidades ensinadas em cursos sobre modelagem matemática ou métodos estatísticos. Mas ambos dependem igualmente das evidências: o observador acadêmico não tem o direito de lhe dizer que você sente coisas que não sente – por menos que você possa explicá-las –, e você não tem o direito de dizer ao observador acadêmico que sua cultura ou sociedade se tornou o que é por meio de uma sequência de causas e efeitos pela qual ela não passou (por mais convencido que você esteja disso).

8

A despeito da habilidade demonstrável de alguns historiadores, antropólogos e sociólogos (e muitos romancistas) de descreverem exatamente como "suas" experiências foram para "eles", existem muitas perspectivas alternativas a partir das quais culturas e sociedades são vistas por seus membros, e muitos detalhes relevantes a partir dos quais muitas histórias poderiam ser apresentadas ao leitor, para que descrições sociológicas de diferentes observadores sejam classificadas acima ou abaixo uma da outra em uma única escala ordinal de autenticidade e representatividade. Mas descrições autênticas e representativas podem ainda ser distinguidas de descrições inautênticas e não representativas. A dificuldade prática é que historiadores não podem interrogar os mortos, e é relativamente raro que os antropólogos em cujo testemunho os sociólogos comparativos têm de confiar tenham conduzido extensas conversações com os nativos destinadas a testar tão rigorosamente quanto possível a autenticidade das descrições a serem apresentadas aos leitores em casa. Alguns, como por exemplo os antropólogos colombianos Gudeman e Rivera (1990: 4,8), esforçam-se muito para deixar claro que conduzem seu trabalho de campo como "uma discussão perpétua", e para assegurar seus leitores de que "Quase tudo que descrevemos foi submetido ao "teste" da conversação pela população rural". Mas observe as aspas em torno da palavra "teste". O perigo é que essa conversação distorça a experiência subjetiva dos nativos por meio do próprio ato de explorá-la. Longe de ajudar os antropólogos a chegarem a uma melhor explicação de por que os nativos se comportam como se comportam, ela pode simplesmente enganá-los. O que é necessário é que os antropólogos tenham conduzido extensas conversações com informantes nativos bem-informados, que estão também completamente familiarizados com a própria cultura do antropólogo e podem, portanto, chegar a uma compreensão compartilhada da diferença entre autenticar a descrição e validar a explicação dos padrões distintivos de comportamento que os antropólogos observaram.

Um exemplo que ilustra isso mais claramente do que qualquer outro que eu tenha sido capaz de encontrar é a descrição da antropóloga Caroline Humphrey (HUMPHREY, 1996) sobre as prolongadas conversações que teve sobre o xamanismo mongol daur com seu informante e amigo Urgunge Onon, cuja criação em uma aldeia mongol remota foi seguida pela captura por bandidos, educação em Qiqihar, prestação de serviço no movimento de libertação mongol, graduação em uma universidade japonesa, fuga para os nacionalistas chineses e emigração para os Estados Unidos aos vinte e oito anos em 1948. Carolina fala sobre Urgunge como desejando "explicar" o xamanismo, mas fica claro em seu texto que ele não está preocupado com as origens históricas do xamanismo mongol nem com as razões para a herança e seleção de seus memes constitutivos na competição com seus rivais, mas com fazer Caroline entender o que o xamanismo daur significa para *ele*, de modo que ela possa usar a *expertise* antropológica dela para descrevê-lo para nós. O exercício é conduzido na suposição de que quatro pressuposições são compartilhadas por Urgunge, Caroline e seus leitores potenciais. Primeiro, existe uma clara distinção entre o literal e o metafórico: no exemplo de Caroline, nós, ela e Urgunge sabemos todos que, quando um jornal inglês traz a manchete "Seis escapam da morte em acidente estranho", seria um erro inferir que o povo inglês pensa a morte como uma pessoa que pode ser literalmente enganada. Segundo, existe uma série de respostas humanas básicas compartilhadas entre a cultura dele, a dela e outras culturas: Caroline não tem dificuldade de reconhecer nas canções dos xamãs uma compreensão intuitiva da psicologia das relações humanas. Terceiro, crença não é um tema bem-definido e definitivo: Urgunge observa sobre a ambiguidade com que algumas crenças daur sobre xamãs são sustentadas e expressa incerteza em relação àquilo no que seus ancestrais "realmente" acreditavam. Quarto, as atitudes e crenças de diferentes membros da mesma cultura são afetadas por seus traços pessoais: Caroline vê, por exemplo, que Urgunge fracassou, como homem, em recordar o papel que, na perspectiva dela, as mulheres por vezes desempenhavam no xamanismo daur. Nem Urgunge nem Caroline esperavam que os leitores de Caroline fossem persuadidos pela descrição dela a partilharem da visão de mundo de Urgunge. Eles desejam apenas que o vejamos de um modo inteligível e coerente e que compreendamos como o xamanismo pode parecer para Urgunge – embora não para Caroline ou para nós – "a melhor orientação para viver em nossos tempos".

Eles começam sugerindo paralelos entre as crenças e atitudes "deles" e as "nossas", como quando Caroline vê a vestimenta dos xamãs como partilhando as mesmas ressonâncias históricas das vestimentas de um sacerdote e igualmente objetivando o poder dos xamãs. Seus leitores, na verdade, tendem a achar que esses paralelos lhes ocorrem quase automaticamente. Quando Ugunge diz que pensa o *tengger* (o céu) como um sábio antigo e uma entidade metafísica atemporal, isso é imediatamente reminiscente das representações cristãs de Deus como uma figura paterna onisciente e uma presença incorpórea eternamente imanente[166], e quando ele diz para Caroline que pensa o *Usun-Khan* (deus das águas) de um grande rio como um ancião com uma longa barba, podemos nos lembrar das estátuas de anciãos com longas barbas que descrevem os míticos deuses de rios que ornamentam parques e estátuas em algumas de nossas cidades. A afirmação de Urgunge de que os daur vão aos xamãs em busca de ajuda na doença, e particularmente na doença mental, que não podem curar por si próprios do mesmo modo que pessoas como Caroline vão aos seus clínicos gerais, não é igualmente difícil para Caroline aceitar. Xamãs, reconhecidamente, adquiriram suas habilidades através da experiência de uma "metamorfose interior" que ativa "meios especiais de se relacionar com forças invisíveis" em vez do tipo de treinamento profissional experienciado por estudantes de medicina em nossa cultura. Mas então necessitamos apenas nos lembrar dos "adeptos médicos" de Ndembu que citei como um paralelo aos "nossos" psicanalistas freudianos na Seção 5 do Capítulo 3.

---

166. Caroline confessa ter dificuldade com a insistência de Urgunge em que *tenggur* é tanto uma pessoa como um lugar, como Irmu Khan, o senhor do inferno (1996: 109). Ela concorda em parte com sua resposta sorridente de que, quando estudantes dizem "Fui para Cambridge", referem-se tanto ao lugar quanto às pessoas, mas depois estabelecem por acordo mútuo "lá em cima" para *tengger* e "lá embaixo" para Irmu Khan.

Não surpreende que Caroline fique sem saber se Urgunge está, talvez, fazendo uma piada antropológica às suas custas quando lhe diz que xamãs e animais selvagens (que os xamãs são proibidos de caçar) são "primos cruzados". Mas ele não lhe deixa dúvida quanto aos daur viverem em um mundo que é povoado por espíritos intermediários do céu e da Terra e que os xamãs, além de preverem doenças e explicarem sonhos, invocam e negociam com espíritos, conduzem rituais de sacrifício em pagamento a espíritos, expulsam ou apaziguam espíritos quando atacam pessoas, exorcizam espíritos por meio de objetos substitutos e resgatam almas humanas que foram roubadas por eles. Caroline vê a construção xamã da causalidade – em contraste com a do ancião bem-informado que é responsável pelos campos de caça daur e que torna necessárias as oferendas noturnas de alimentos para assegurar o sucesso da caça – como "fundada em uma premissa particular, flagrantemente não realista" (1996: 39). Mas ela aceita que as "visões de externalidade" dos daur fossem "reais, no sentido de que eram as compreensões dos processos psicológicos reais, e que era a tarefa do xamã capturá-las e controlá-las, para recriar uma unidade e equilíbrio" (1996: 226-227). A disposição dela em ver o mundo, com a ajuda de Urgunge, como os daur veem não se estende a ver espíritos "lutando ferozmente", como ela diz, "contra outros poderes no mundo" (a despeito das afinidades possíveis com anjos zoroastristas e cristãos). Mas ela sente que compreende como os daur veem o mundo, mesmo que não o veja do mesmo modo, e que Urgunge está satisfeito com o fato de que ela conseguiu isso e que ele usou sua familiaridade com a cultura dela o melhor que pôde para ajudá-la. Suas conversações com Urgunge dão aos seus leitores a sensação de que ambos foram bem-sucedidos em entrar na mente coletiva dos daur a ponto de serem capazes de dar a descrição autêntica mais próxima possível de como é ver o mundo como os membros representativos da população mongol daur veem.

O exercício tão cuidadosamente conduzido por Caroline e Urgunge ainda não é livre de perigos familiares a qualquer um que tenha alguma vez conduzido conversações extensas com informantes nativos sobre suas atitudes e crenças, incluindo sociólogos que conduziram as assim chamadas entrevistas "profundas" com colegas de sua própria cultura, em que os entrevistados tinham de responder a um tipo de perguntas que eles nunca haviam feito a si mesmos. Primeiro, a busca pelos detalhes vívidos e iluminadores pode levar o questionador a construir uma descrição que perde em representatividade o que ganha em autenticidade. Segundo, a disposição do respondente em ajudar o questionador pode levar o questionador a construir o que é em efeito uma redescrição manufaturada pela incorporação por parte do respondente de pressuposições que são do questionador e não do próprio respondente. Terceiro, tanto questionador como respondente podem ser igualmente inconscientes de até que ponto as questões do questionador refletem pressuposições únicas à sua própria cultura. Por exemplo: Mary Douglas, ao discutir a diferença entre as escolas de etnografia francesa e britânica, faz uma pergunta retórica perturbadora: "O que saberíamos sobre os nuer, se eles tivessem estado no Sudão francês; e sobre os dogon, se eles tivessem estado nas margens do Nilo Branco? É difícil imaginar, porque os dogon agora se parecem inequivocamente franceses, urbanos, articulados e cheios de ideias filosóficas" (1975: 124); e Evans-Pritchard, por vezes, foi suspeito de projetar nos nuer pressuposições sobre a natureza da experiência religiosa subjetiva que são em parte uma reflexão sua. Mas as dificuldades no modo de apresentar ao leitor uma descrição autêntica e representativa de uma cultura – quer seja extravagantemente remota em relação à cultura do leitor, quer seja a do próprio leitor – não é uma razão para abandonar a tentativa, assim como as dificuldades de encontrar evidências que forneçam um teste quase experimental de uma hipótese causal sobre a evolução de um padrão distintivo de comportamento coletivo não são uma razão para abandonar a tentativa de explicá-la. Nada há no paradigma neodarwiniano que impeça as *just-so stories* corretas de como culturas e sociedades se tornaram o que são de incluírem descrições das experiências subjetivas dos homens e mulheres que foram os portadores em suas mentes e papéis dos memes e práticas que os constituem. Tampouco, as histórias descritivas são mais arbitrariamente conjeturais do que as explicativas. Elas são, mais precisamente, discricionárias de um modo que histórias explicativas não são na medida em que o narrador é livre para selecionar e enfatizar algumas partes das evidências em detrimento de outras como nos comunicando melhor "sua" experiência. E, embora a descrição seja um ato de fala categoricamente diferente da explicação, é perfeitamente plausível que, quando necessário, possa extrair de dentro das cabeças dos nativos algo do que está acontecendo lá que ajude a explicar o que tornou os memes constitutivos de sua cultura adaptativos em seu ambiente local. (Recorde da experiência subjetiva do historiador William H. McNeill, na Seção 8 do Capítulo 1, sobre efeitos universais de vínculo no exercício de ordem unida.)

9

A discussão construtiva sobre a relação entre a descrição e a explicação de padrões distintivos de comportamento foi complicada ainda mais na literatura da sociologia pela noção da "descrição densa" (*thick description*) que foi emprestada pelo antropólogo Clifford Geertz do filósofo Gilbert Ryle. No exemplo de Ryle – com o qual Geertz abriu sua influente exposição sobre a diferença entre descrição "superficial" (*thin*) e "densa" (*thick*) (1973: 7) –, ele contrastava uma descrição "superficial" do que alguém está fazendo ("rapidamente contraindo sua pálpebra direita") com uma descrição "densa" ("praticando uma caricatura de um amigo fingindo uma piscada a fim de enganar um ingênuo, fazendo-o pensar que uma conspiração está em curso"). Mas isso não é mais do que uma ilustração elaboradamente preparada da necessidade do observador de compreender o que uma pessoa está fazendo ao executar uma ação física cuja intenção definida não pode ser inferida da própria ação. Geertz, contudo, tinha mais do que isso em mente. As ações cujas intenções definidas o etnógrafo deve obter corretamente têm também de ser situadas dentro de um contexto de outras que fornecem o que Geertz chamava as "informações de fundo" necessárias para capacitar o etnógrafo a elucidar as "estruturas de significação" de rituais focais, costumes tradicionais ou eventos dramáticos do modo que uma literatura crítica elucida as suposições latentes e nuanças implícitas de um texto. Quando isso é feito – e muitos antropólogos e historiadores o fazem como algo rotineiro sem sentirem qualquer necessidade de justificação metodológica –, pode ser apresentado, e muitas vezes é, como um exercício explicativo no sentido de que respostas estão sendo oferecidas à pergunta "Por quê?" Por que os nativos se vestem assim? Porque esses são uniformes militares e esse é um desfile de vitória. Por que recitam essas palavras e frases em uníssono? Porque elas são extraídas de um livro sagrado e esse é um funeral. E assim por diante. Mas como essa sociedade passou a ser do tipo em que são realizados desfiles militares desse tipo? Como essa cultura passou a ser do tipo em que recitações desse tipo são consideradas apropriadas para celebrar os mortos? Por que, em outras palavras, são *esses* os padrões de comportamento evoluídos que o etnógrafo está registrando e descrevendo para os leitores potenciais? Para essas questões, "descrições densas" não oferecem, nem pretendem oferecer, respostas.

É devido a essa confusão de propósitos que Geertz pode ser classificado como foi pelos psicólogos evolucionários John Tooby e Leda Cosmides de exemplarmente culpado da invocação malconcebida da cultura como "a cola universal e a variável explicativa que sustentava as explicações das ciências sociais" (1992: 41). O problema, em sua visão, não é tanto os diferentes significados que os diferentes autores dão à "cultura" quanto seu uso como uma explicação geral e, portanto, infalsificável da forma típica de "as mulheres querem parecer mais jovens porque a aparência jovem é valorizada em sua cultura". Como em muitas disputas acadêmicas desse tipo, existe uma tentação de ambos os lados exacerbarem seu desacordo atribuindo uns aos outros opiniões que não sustentam de fato. Mas, para os propósitos deste livro e deste capítulo nele, o erro a ser evitado é o de assumir muito facilmente que a antropologia cultural, como praticada por Geertz, e a psicologia evolucionária, como praticada por Tooby e Cosmides, estejam em contradição irreconciliável entre si. Não estão. A sociologia comparativa necessita de ambas.

Os críticos de Geertz estão certos em afirmar que ele pratica muita "caça ao exótico" (sua própria frase), assim como os críticos de Tooby e Cosmides estão certos em afirmar que estão muito prontos a assumir um ambiente ancestral uniforme e, portanto, uma mente humana uniforme criada para responder a ele. Mas não há contradição entre uma descrição autêntica, nos termos de Geertz, do que está ocorrendo dentro das cabeças dos nativos durante uma rinha de galos balinesa e uma explicação válida sobre o *status* de rivalidade envolvido nela como um exemplo de uma disposição psicológica latente em todos os entes humanos que essa forma cultural permite particularmente evocar. A autenticidade da descrição e a validade da explicação têm, portanto, de ser estabelecidas do modo usual, contrapondo-as a quaisquer descrições alternativas e explicações rivais que os observadores possam propor – não em uma competição entre descrição e explicação, mas em uma competição entre descrições rivais, de um lado, e explicações rivais, de outro. A sociologia comparativa é difícil o bastante sem sociólogos que tenham propósitos e interesses inocuamente diferentes sendo induzidos à disputa sobre mais outra falsa dicotomia.

Epílogo
Sociologia em um mundo pós-darwiniano

Duas desilusões

1

Para qualquer sociólogo atual, a palavra "desencantamento" traz à mente ao mesmo tempo o "*Entzauberung der Welt*" de Weber – a substituição, em um mundo "desmagificado" do sobrenatural, do numinoso e do oculto pela observação direta do experimento controlado e da argumentação lógica. Não foi – ou não na extensão que ele supôs – uma evolução única para o Ocidente. Tampouco foi tão irreversível ou tão penetrante como ele e muitos de seus contemporâneos e sucessores se dispuseram a assumir. Mas depois do assim chamado "Iluminismo", a mente europeia coletiva da assim chamada "Idade Média" pôde ser vista, com a complacência da retrospectiva, como uma cultura de misticismo, preconceito e superstição na qual anjos e demônios lutavam pela posse das almas humanas, o funcionamento da natureza era apreendido através de sinais, portentos e milagres, e o céu estava, por assim dizer, tão perto de nossas cabeças quanto o inferno sob nossos pés. Na época em que T.H. Huxley debatia com o Bispo Wilberforce, e Marx publicava o volume I de *O capital*, a teologia havia perdido o controle que outrora tivera sobre o estudo do funcionamento do mundo. Ela não havia sido abrangentemente substituída pela filosofia "natural" ou "mecânica", mas foi forçada a entregar sua autoridade anterior na área cada vez mais vasta que a *Wissenschaft* agora alegava ser sua.

Havia, contudo, um desencantamento diferente por vir. O que intelectuais europeus dos séculos XVIII e XIX preservaram é tão notável como o que rejeitaram. Não é apenas o fato de crenças e atitudes dentro das cabeças de racionalistas burgueses conversando em salas de visitas e cafés ainda serem muito diferentes daquelas dentro das cabeças dos nobres, clérigos e da população sem educação de orientação tradicional. Mesmo o mais radical dos comentadores seculares sobre a condição humana estava menos desencantado do que se consideraria estar caso fosse julgado pelos padrões de seus equivalentes do século XXI. Sob dois aspectos, em particular, estavam menos desencantados do que otimistamente, para não dizer animadamente, reencantados pela perspectiva de que os dogmas desacreditados do passado, controlados pela Igreja, seriam substituídos pelas certezas de um tipo novo e melhor fundado. O fim da teleologia era, embora não inconcebível, em todo caso, não concebido; e nenhum deles antecipou os debates que seus sucessores estavam por realizar sobre os tópicos do acaso, por um lado, e da moralidade, por outro.

Antigas concepções sobre o acaso na tradição intelectual europeia haviam sido um amálgama mutável e por vezes contraditório das ideias sobre o capricho dos poderes invisíveis pelos quais as vidas humanas são influenciadas, por um lado, e a inexorabilidade do pré-ordenado, por outro. Mas a preocupação subjacente era com a inabilidade perturbadora dos entes humanos para preverem e, portanto, prevenirem-se contra qualquer dissabor que o destino (ou "os destinos"), a providência, a sorte, o futuro, Deus (ou *um* deus) ou a fortuna e a "Roda da fortuna" (MURRAY, 1978: 98-101) pudessem lhes reservar. O herói homérico está à mercê de impulsos repentinos e incontroláveis que afligem seu *thymos* (disposição) a partir de fora, e é levado implacavelmente a uma morte inescapável cujo modo, hora e lugar não podem ser alterados mesmo por um deus ou deusa que esteja a seu lado. O *preux chevalier* cristão, por mais forte que fosse sua fé e por mais sinceras que fossem suas preces, é vítima de terrores sobrenaturais, tentações abomináveis e do risco de morrer sem absolvição com sua própria salvação em jogo. Mas no século XVIII, se não antes, o mistério do que jaz no impenetrável futuro começou a ser não apenas desmistificado como domesticado. A distinção entre o "natural" e o "sobrenatural" poderia agora ser resolvida simplesmente incorporando ao natural qualquer credibilidade que restava ao sobrenatural. Tabelas de vida atuarialmente calculadas, prêmios de seguro contra incêndio, loterias públicas e aritmética política (a "arte do raciocínio por meio de números sobre coisas relacionadas ao governo", de Davenant) tornaram as incertezas da vida humana menos assustadoras e mais controláveis. Todavia, era um mundo intelectual tão longe do mundo de Darwin ou de Nietzsche quanto do mundo de Aquino ou de Dante – um mundo no qual as leis da natureza, às quais a humanidade estava sujeita com o resto da criação divina eram consideradas firmemente verdadeiras, embora não pudessem produzir conhecimento preditivo de futuros individuais mais do que do preço de mercado do próximo ano para um alqueire de trigo. Um exemplo tão adequado como qualquer outro é a observação de Joseph Massie de 1760, no contexto do estudo do comércio, de que "seria possível, com boas estatísticas, descobrir as leis que governam seu mecanismo" (HOPPIT, 1996: 521).

Com as leis da conduta ocorria o mesmo que com as da natureza. Pecado, redenção e o dia do julgamento final foram substituídos não pelo niilismo, mas pela "ciência moral" – a psicologia a serviço da virtude. O utilitarismo que viria a dominar o pensamento britânico nesses tópicos, e, consequentemente, incorrer no desprezo de Nietzsche, estava implícito na teoria do "senso moral" dos autores do século XVIII que, como Elie Halévy assinalou (1928: 13), já haviam inferido do princípio psicológico da simpatia uma fusão de nossos interesses pessoais com a felicidade de nossos vizinhos. Os dilemas que Mill e Sidgwick considerariam tão difíceis de reconciliar, e que levariam Weber a invocar o "velho Mill", como ele o chamava (referindo-se a John Stuart, não a seu pai, James), em nome do "politeísmo" de valores, não havia sido enunciado ainda ou mesmo percebido. Certamente, havia Hobbes no pano de fundo com seu *bonum* e *malum* como meros *nomina* significando apetite ou aversão. Mas, por outro lado, Hobbes foi um defensor do dever, assim como da prudência e da obediência política, do mesmo modo que Adam Smith foi um defensor dos "sentimentos morais" de simpatia, benevolência e fraternidade – a despeito de sua insistência muito citada nos motivos autointeressados de profissionais e comerciantes. Ninguém sugeriria que a virtude não pudesse ser algo desejável em si ou que a verdade não fosse necessariamente um bem.

2

Uma das várias ironias no segundo desencantamento é que ao longo da história da sociologia do século XX o método científico em geral e as técnicas estatísticas em particular pareciam tornar mais fácil para o ente humano não apenas explicar como também controlar. Sua aplicação passou a se estender – além da demografia, criminologia e medicina – para a análise prévia, por parte de produtores e anunciantes, dos gostos do consumidor em alimentos e bebidas, e também para pesquisas de opinião com amostras representativas de populações emancipadas, de modo a permitir não apenas um prognóstico mais acurado do resultado de eleições parlamentares e presidenciais como também a modificação de programas políticos à luz das preferências e preconceitos revelados por elas. A convicção de Condorcet de que "Somente o cálculo, praticado fiel e atentamente, poderia criar certeza justificada, em oposição à certeza espúria gerada pela mera reiteração de impressões" (DASTON, 2007: 128) parecia ser cada vez mais, para não dizer triunfantemente, justificada.

Os desencantamentos ainda por vir foram parcialmente técnicos. Mas a aparência desses foi acompanhada por uma consciência crescente sobre os problemas de um tipo mais fundamental. É de se esperar que, na prática da *Wissenshaft*, a solução de um problema leve à emergência de outro. Se, por exemplo, o uso bem-sucedido de testes de importância estatística levantou até aqui problemas despercebidos na própria noção de aleatoriedade, isso não priva os testes de sua utilidade. As estimativas sobre a probabilidade de que uma correlação aparentemente importante possa se dever puramente ao acaso não tira seu propósito devido a uma preocupação com a possibilidade de cadeias perturbadoramente longas dos mesmos dígitos não serem parte de uma sequência genuinamente aleatória que não pode ser derivada de um algoritmo mais curto que ele próprio. Mas e quanto às incertezas introduzidas pelo próprio ato de medição? Ou sobre os efeitos incontrolavelmente grandes que podem ser produzidos por perturbações extremamente pequenas mesmo dentro de sistemas estritamente deterministas? Será que os sociólogos do século XXI terão de enfrentar as implicações e viver em um universo onde o acaso, nas palavras de C.S. Peirce, "inunda cada via dos sentidos"? (HACKING, 1990, cap. 23). O que Spencer, Marx, Weber ou Durkheim diriam em resposta à observação de Jacques Monod de que "*somente o acaso é a fonte de toda inovação, de toda criação, na biosfera*"? (1972: 110). Em um mundo pós-darwiniano, compreender o processo subjacente que transformou as espécies, culturas e sociedades no que são vem ao custo de abrir mão de qualquer vestígio de esperança de predizer o que irão se tornar.

3

Nenhum sociólogo do século XXI fala mais sobre "ciência moral" ou sobre "leis do comércio". Os economistas do bem-estar e os teóricos da escolha social, que são os intelectuais descendentes de Bentham e Mill, abandonaram qualquer pretensão de serem capazes de provar aos legisladores qual ideal transcendental da boa sociedade deveriam ter em mente em suas tentativas de basear suas decisões em cálculos aritméticos e inferências lógicas. Para Spencer, Marx, Weber ou Durkheim, contudo, a noção wittgensteiniana de que a moralidade não pode ser colocada de forma proposicional, mas meramente demonstrada ao ser vivida, pareceria excêntrica e até mesmo perversa. Eles ficariam confusos ao ouvirem o crítico literário Lionel Trilling, em suas observações iniciais em uma série de conferências sobre "Sinceridade e autenticidade", dizer a uma audiência de Harvard em 1970 que "Atualmente, é *claro* [os itálicos são meus], somos todos treinados a acreditar que a vida moral está em um fluxo incessante" (1972: 1), assim como ao encontrarem um proeminente neurocientista dizendo no final do século XX que "Não pode haver qualquer ordem social ou moral que seja objetivamente desejável" (VARELA, 1999: 64). Qualquer sociólogo do século XXI, que olhe retrospectivamente para o tempo em que os quatro estavam compondo os trabalhos pelos quais a agenda da sociologia do século XX foi basicamente estabelecida, provavelmente se surpreenderá não apenas com a confiança deles no progresso da ciência social junto ao da natural, mas também com a prontidão de se verem não somente como pesquisadores, mas como preceptores, cujas pesquisas lhes davam o direito de decidir como os membros de sua e de outras sociedades deveriam regular suas vidas. Isso é tão óbvio, ainda que por razões diferentes, no caso de Durkheim como no de Marx ou de Spencer. As injunções de Marx aos proletários e aos burgueses sensatos a apressarem a iminente derrocada do capitalismo assim como as injunções de Spencer aos governos para não intervirem na eliminação dos ineptos são muito familiares para necessitarem comentário. Do mesmo modo, o didatismo moral explícito de Durkheim é tão familiar quanto suas hipóteses sobre a divisão do trabalho, as taxas de suicídio ou as origens primordiais da religião. Mas Weber também, a despeito de sua insistência em que a sociologia, embora deva necessariamente ser de "valor relevante", deve ao mesmo tempo ser "isenta de valores", deixa seus leitores certos sobre os padrões morais aos quais ele pensa que as pessoas cujo comportamento ele analisou deveriam se conformar. As audiências de estudantes que assistiram às suas celebradas conferências sobre as vocações da *Wissenshaft* e da *Politik* não podem ter deixado o salão de conferências sem reconhecer que ele considerava a honestidade intelectual um dever moral necessário a professores universitários, e considerava políticos guiados por uma ética da responsabilidade mais admiráveis do que aqueles guiados por uma ética de fins absolutos.

O mesmo vale para os sociólogos britânicos do começo do século XX, incluindo aqueles que chegaram a ela por meio da estatística assim como por meio da filosofia. Beatrice Webb, embora se considerasse engajada na criação de uma "ciência da sociedade", não tinha dúvida sobre o padrão ético pelo qual as instituições de uma sociedade cientificamente ordenada seriam um avanço em relação ao que elas substituíram. Na verdade, ela e seus contemporâneos foram herdeiros de uma tradição que "desde sua fundação foi baseada na premissa do uso do conhecimento social no trabalho da reforma" (GOLDMAN, 2007: 434). Independentemente de quanto possam diferir entre si em suas visões sobre os poderes e funções do Estado, partilhavam um compromisso comum com o objetivo de melhorar a condição das pessoas. A perda da fé cristã, pela influência seja de Darwin, seja de Nietzsche, não minou suas convicções herdadas sobre o certo e o errado em temas tanto de conduta pessoal como de política pública. Nenhum deles teria estado disposto a aceitar a caracterização da vida moral como "em incessante fluxo".

Portanto, é uma outra das ironias da história intelectual do século XX que o relativismo cultural – e com ele o moral – que acompanhou o abandono das teorias teleológicas do progresso tenha derivado em parte das mesmas evidências sociológicas que haviam sido outrora invocadas para apoiá-lo. Os primeiros avanços no conhecimento das ideias e do comportamento dos povos de fora das civilizações alfabetizadas da Europa e da Ásia pareciam confirmar uma *just-so story* da evolução da humanidade na qual a filogenia replicava a ontogenia e os "povos sem história", como o antropólogo Eric Wolf os chamaria (WOLF, 1982), no devido tempo alcançariam seus superiores. Ao final do século XX, essas pressuposições estavam tão desacreditadas que muitos dos observadores pioneiros que haviam registrado pela primeira vez o comportamento desses povos estavam sendo ridicularizados por seus sucessores como insensíveis, arrogantes e dedicados igualmente a preconceitos colonialistas sobre culturas supostamente atrasadas e a preconceitos capitalistas sobre as virtudes da busca supostamente racional do interesse pessoal. Para Spencer, Marx, Weber ou Durkheim, a ideia de que seus próprios padrões morais deveriam ser equiparados aos daqueles que Frazer não teve compunção em chamar "selvagens" pareceria injustificada se não positivamente ofensiva. Mas quaisquer sociólogos comparativos do século

XXI que se aventurem a privilegiar seus próprios padrões paroquiais de comportamento em detrimento dos padrões de outros podem esperar ouvir que a afirmação é indefensável e condescendente. Em um mundo pós-darwiniano, todo código de moralidade é uma variante tão localmente adaptativa de uma herança cultural compartilhada como qualquer outra. A diferença entre aquela época e agora é claramente capturada no contraste entre *Morals in evolution* (*A moralidade na evolução*), de L.T. Hobhouse (1906), com sua história do progresso da humanidade na direção dos padrões éticos liberais do próprio Hobhouse, e *The evolution of morality* (*A evolução da moralidade*), de Richard Joyce (2006), com sua história da capacidade humana para fazer juízos morais como um produto da seleção natural e do aprimoramento da aptidão biológica de nossos ancestrais que os elaboraram e agiram de acordo com eles.

Céticos e intransigentes

4

A resistência de sociólogos do século XX à teoria neodarwiniana é ela própria um tópico intrigante na sociologia da sociologia. Quando John Maynard Smith, não conhecido ainda como o pai da teoria evolutiva dos jogos, falou em um encontro da seção escocesa da Associação Sociológica Britânica sobre "Evolução e história" em 1959 (1961: 83-94), estava tão consciente quanto qualquer um em sua audiência dos usos impróprios do darwinismo em apoio a ideologias racistas e políticas dirigidas contra subpopulações culturalmente estigmatizadas como ineptas. A lembrança desses usos impróprios é uma das razões para a resistência contínua dos intransigentes. Mas resistir à aplicação de conceitos e métodos darwinianos à sociologia porque a sociologia neodarwiniana pode ser posta a usos que os resistentes deplorariam não é um argumento contra sua validade do mesmo modo que uma reflexão sobre um medo que os levará ainda mais efetivamente a esses usos se a teoria neodarwiniana terminar se mostrando certa. A ironia aqui é que a decodificação do genoma humano levanta a possibilidade de que a engenharia genética poderia ser imposta pelos governantes do século XXI a suas populações subordinadas de um modo que não possa mais ser desconsiderada, como pôde a "eugenia" no século XX, em bases tanto científicas como éticas.

A resistência por vezes encontra expressão em imputações de motivo segundo as quais os neodarwinianos são acusados pelos resistentes de quererem justificar os resultados do processo evolucionário em vez de explicá-los. Isso é por vezes estendido ao próprio Darwin, que é acusado de desconsiderar os males do capitalismo, endossar a doutrina do *laissez-faire* e de "se alinhar com os chefes e seus amigos investidores" contra o chão da fábrica (DESMOND & MORE, 1991: 421). Mas mesmo supondo que a leitura que Darwin faz de Malthus o tenha levado a ver a "luta pela existência" como não menos escapável no mundo da economia política do que no mundo das espécies vegetais e animais, isso não afeta de um modo nem de outro a capacidade da teoria da seleção natural de resistir à tentativa de desconfirmação. Como ocorre, Wallace e Darwin defendiam visões políticas amplamente diferentes, e "a teoria da seleção natural como aplicada ao mundo animal é a única coisa sobre a qual estavam de acordo" (WINCH, 2001: 428). Entre os sucessores britânicos mais influentes de Darwin do século XX, J.B.S. Haldane era politicamente tão de esquerda quanto R.A. Fisher de direita, e Maynard Smith foi por muitos anos um membro do Partido Comunista. Maynard Smith, no final de sua vida, perguntava-se se o ter-se tornado mais reducionista à medida que amadurecia poderia ter a ver com seu progressivo desencantamento com o marxismo, e reconhecia parecer haver uma associação entre visões holísticas sobre o desenvolvimento e opiniões políticas de esquerda. Mas isso não o levou a comprometer seu endosso da visão de que "temas científicos deveriam ser decididos pelas evidências, não por vieses ideológicos" (1998: 43). Sociólogos, mais do que biólogos, podem esperar que seus achados encorajem outros a partilharem de suas visões sobre como o mundo poderia ser mudado para o que pessoalmente consideram como o melhor. Mas a resposta de muitos sociólogos (incluindo eu) será dizer: quem nos dera que fosse assim!

Há uma ironia particular na veemência da hostilidade dirigida pelos marxistas do final do século XX contra seus contemporâneos darwinianos do final do século XX[167] à luz da carta de Marx a Lassalle com a qual este livro começa e a apresentação respeitosa de Marx a Darwin de uma cópia da segunda edição de *Das Kapital*. Do mesmo modo que os cristãos do final do século XIX se ultrajaram com o que consideraram a ameaça posta às suas apreciadas convicções sobre o papel desempenhado por Deus no passado da humanidade, alguns marxistas do final do século XX foram ultrajados pelo que consideraram uma ameaça posta às suas convicções apreciadas sobre o papel desempenhado pelos revolucionários seculares no futuro da humanidade. Mas eles podem igualmente ter visto na fundação da teoria evolucionária e da genética populacional pela biologia molecular uma justificação da insistência de Marx na base material sobre a qual a história humana inteira repousa. Para um historiador confessadamente marxista que reconhece que os "desenvolvimentos nas ciências naturais puseram uma história evolucionária da humanidade de volta na agenda", segue-se explicitamente que "o DNA da revolução exige um método histórico específico para estudar a evolução da espécie humana", e essa história é "a continuação da evolução biológica do *homo sapiens*, mas por outros meios" (HOBSBAWM, 2007: 185-186). Embora nenhuma reconciliação seja possível entre a teoria selecionista neodarwiniana e as pressuposições teleológicas da teoria marxista em sua forma original, a caracterização de Hobsbawm da história humana como a

---

167. Para alguns exemplos veementes, cf. Pinker (2002, cap. 7), e para alguns comentários moderados, cf. Laland e Brown (2002, cap. 3).

continuação da evolução biológica por outros meios pode muito bem representar um sumário apropriado do que trata este livro.

5

Uma outra influência da resistência dos sociólogos do final do século XX à teoria neodarwiniana foi o movimento intelectual conhecido como "pós-modernismo". Para sociólogos empíricos preocupados somente com a acurácia de seus dados, a consistência de suas definições e a confiabilidade de suas técnicas, as dúvidas expressas em nome do pós-modernismo são dificilmente mais interessantes do que o paradoxo de Zenão para um especialista em balística. Mas por trás dos pós-modernistas se encontra Nietzsche, cujo papel em minar as certezas complacentes sobre o "lugar dos humanos na natureza", como observei no Prólogo, foi dificilmente menos influente do que o de Darwin. Sua aliança inconsciente significava que o mundo pós-darwiniano é um mundo no qual a busca outrora confiante pelo conhecimento comprovado, confiável, enciclopédico não tinha apenas que ceder ao indeterminismo causal e ao relativismo moral como também confrontar a sugestão desconcertante de que aquilo que passa por descoberta sobre o funcionamento do mundo é meramente uma função de perspectivas de diferentes pesquisadores por meio das quais impõem às evidências que apresentam as conclusões que alegam ter extraído delas. Mas, embora diatribes nietzscheanas contra as pretensões de sacerdotes, professores e especialistas autoiludidos não possam ser rechaçadas simplesmente apontando para "os fatos", Nietzsche não nega que existam verdades, com um "v" minúsculo, da *Wissenschaft*, quaisquer que sejam as dúvidas apropriadas sobre a Verdade com um "V" maiúsculo. Afinal, ele continuou a se caracterizar como um *wissenschaftlicher Mensch*, que odeia o Deus cristão porque esse Deus odeia a humanidade por ela ser *wissenschaftlich* (*O anticristo*, § 48); e quando em *A vontade de poder* (§ 462) diz que em vez de "sociologia" necessitamos de uma "teoria das estruturas de poder" (*Lehre von der Herrschaftsgebilden*), minha própria resposta é que é precisamente a uma tal teoria que o Capítulo 4 deste livro oferece uma contribuição.

Sociólogos pós-darwinianos, prontos como devem estar para serem (na metáfora favorita de Nietzsche) "desmascarados", podem ignorar seguramente as formas mais extravagantes de dúvida expressas por aqueles de seus intérpretes para os quais não existem verdades sobre o comportamento humano (ou de quem quer que seja) que não sejam senão uma reflexão das circunstâncias pessoais e sociais do observador. Eles podem concordar em que muitas alegações de terem chegado a tais verdades são fraudulentas porque a perspectiva do narrador exclui evidências ou argumentos inconvenientes que podem depor contra uma conclusão com a qual o narrador está comprometido de antemão. Mas esse é um teste ao qual os pós-modernistas têm eles próprios também de se sujeitar. Se chegam ao ponto de responder dizendo que esse teste é meramente outro apelo espúrio a um critério ilusório de verdade objetiva, eles se colocam abertos ao contra-argumento esmagador que é ao menos tão antigo quando o *Eutidemo* de Platão: se a própria ideia de cometer um erro não tem sentido, o que é isso que você está tentando nos ensinar? Ou, se alegam que a diferença entre eles e aqueles cujas afirmações desconstruíram é que eles, diferente de suas vítimas, estão falando apenas em ironia, eles se colocam abertos ao argumento esmagador de que é impossível se engajar ironicamente na tarefa de justificar uma afirmação pós-modernista (ou qualquer outra) sobre o mundo pela simples razão de que dizer que é justificada implica uma afirmação de que é verdadeira.

Explicações de crenças e atitudes por referência a preconceito, interesse pessoal ou pressuposições não examinadas herdadas de pais, mentores ou colegas não são apenas compatíveis com, mas familiares, a teoria selecionista. Sociólogos selecionistas são tão arrogantes quanto quaisquer pós-modernistas sobre respostas à pergunta "Por que alguém acredita em algo?" ou "Por que se comporta como se comporta?" na forma de "Porque estava certo em agir assim". A *just-so story* correta terá de identificar as pressões seletivas que ampliam a aptidão reprodutiva relativa dos memes carregados em suas cabeças e as práticas carregadas em seus papéis, e esses podem muito bem terminar sendo os mesmos que aqueles identificados pelos pós-modernistas em nome da sociologia do conhecimento. Pós-modernistas e selecionistas separam-se completamente quando, mas somente quando, o exercício dos pós-modernistas em explicar crenças – ou em justificá-las – termina dependendo da "hipótese extraordinária", com o filósofo Bernard Williams nomeia corretamente, de "que a sociologia do conhecimento está em uma posição melhor para comunicar a verdade sobre a ciência do que a ciência para comunicar a verdade sobre o mundo" (2002: 3).

6

Pode ser a falta de acordo entre os selecionistas sobre o que exatamente está sendo selecionado que encorajou alguns dos céticos a persistirem em suas dúvidas. Mas neste livro foi dito o bastante (espero) para mostrar que nem as desanalogias entre genes e memes ou práticas nem as complexidades de seleção multiníveis são razões para negar que, primeiro, a seleção cultural e, depois, a seleção social, são contínuas e análogas, mas não redutíveis, à seleção natural. Sem dúvida, a mera asserção do que alguns leitores podem dificilmente considerar, a essas alturas, mais do que um truísmo não gera por si mesmo as *just-so stories* que têm de ser formuladas e testadas antes que tenha surgido qualquer alegação de terem explicado como ocorreu uma mudança cultural ou social registrada no estado de uma população específica durante um período específico. Mas isso não é uma razão para negar que o truísmo é verdadeiro. Um dispositivo retórico por vezes empregado pelos intransigentes é a afirmação de que explicações selecionistas são meramente "vinho velho em garrafas novas" (BENTON, 2001: 216). Mas a acusação de reiterar em outros termos o que já é familiar se acomoda estranhamente à tentativa de mostrar que a teoria selecionista é fundamentalmente falha (e as explicações selecionistas, portanto, inerentemente malconcebidas). Céticos sempre têm o direito de levantar suas dúvidas. Mas não têm o direito de ter as duas coisas.

Os intransigentes necessitam ser ouvidos não porque a teoria selecionista foi, ou tende a ser, deposta por suas objeções a ela, mas porque os selecionistas por vezes demandaram dela mais do que ela pode sustentar. A essas alturas, a quantidade e qualidade de achados sobre o comportamento humano a partir do paradigma neodarwiniano é tal que estão se infiltrando em programas de cursos que serão ministrados pelos sucessores dos intransigentes a alunos que se admirarão – como os geólogos atuais lendo sobre as discussões entre "netunistas" e "vulcanistas" no século XIX – com toda aquela agitação. Sem dúvida, nem todos esses achados encontrarão o mesmo destino. Mas isso, longe de minar o paradigma, é inerente à natureza evolucionária da própria ciência[168]. O risco perene é o de defensores de qualquer novo paradigma exagerarem seu caso a ponto de provocarem uma reação que vá demasiado longe por sua vez. Não só existem questões sobre a evolução de padrões de comportamento coletivo que os selecionistas responderam erroneamente como existem questões que eles nunca serão capazes de responder. Nenhuma quantidade de evidências adicionais de qualquer tipo concebível produzirá uma explicação definitiva da diferença feita pela Primeira Grande Guerra Mundial para a evolução da Alemanha para uma sociedade do tipo que se tornou durante o que seus governantes chamaram "Socialismo nacional", ou a diferença para a evolução das instituições econômicas, ideológicas e políticas da União Soviética provocada pela morte de Lenin. A sociologia neodarwiniana, por mais longe que se estenda sobre nossa compreensão dos mecanismos em operação nas seleções cultural e social, nunca será capaz de nos dizer mais do que uma limitada parte do que gostaríamos de saber. Mas ela gerará algumas *just-so stories* muito melhor validadas do que atualmente temos sobre o que tornou as culturas e sociedades nos registros arqueológicos, etnográficos e históricos o que foram e são.

---

168. Sobre a qual pode valer a pena citar do próprio capítulo de conclusão de Kuhn (1962: 171): "A analogia que relaciona a evolução de organismos à evolução das ideias científicas pode facilmente ser levada muito longe. Mas, com respeito aos temas desta seção de conclusão, ela é praticamente perfeita. O processo descrito na Seção III como a resolução de revoluções é a seleção por conflito dentro da comunidade científica da forma mais apta de praticar a ciência futura".

Conclusão

Eu disse no Prólogo que o propósito deste livro não é tanto defender a teoria selecionista contra seus críticos quanto sugerir como a agenda tradicional da sociologia comparativa pode utilmente ser reconstruída em seus termos. No fim, fiz um pouco mais do que esboçar os contornos de uma tal reconstrução e propus alguns exemplos de uma série de tempos e espaços para mostrar como a compreensão do que está acontecendo exatamente nos padrões de comportamento cultural e social distintivos pode ser promovida por ela. Mas a agenda selecionista da sociologia comparativa pode ser sumarizada, com uma condição, em um diagrama simples:

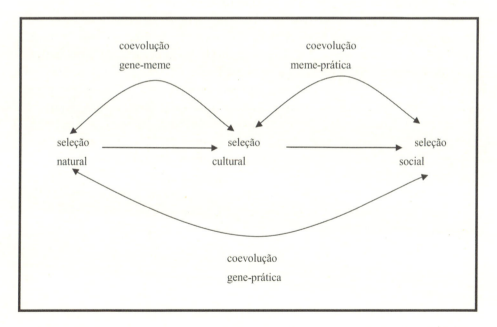

A condição é que as setas retas falhem em tornar claro que – embora descrevam uma sequência histórica ao mesmo tempo em que descrevem uma distinção analítica – a seleção social esteve em operação por somente uma pequena fração do tempo desde que a seleção natural foi pela primeira vez suplementada pela seleção cultural. No curso desses poucos milênios, contudo, as taxas de mutação e extinção tanto de memes quanto de práticas aceleraram exponencialmente. As mesmas forças evolucionárias que levaram anteriormente culturas e sociedades separadas a se parecerem umas com as outras sob pressões de um ambiente cada vez mais global ao mesmo tempo geraram uma multidão de formas culturais e sociais novas e sem precedentes que atingiram seus próprios picos de aptidão localmente ótima. A única certeza é que o curso futuro das evoluções cultural e social, bem como da biológica, continuará a ser tão imprevisível como sempre foi. Daqui a uma centena de anos, as culturas e sociedades do século XXII da Era Cristã serão diferentes de qualquer coisa vislumbrada por qualquer sociólogo de hoje, assim como a própria sociologia do século XXII.

Referências

ABELS, R.P. (1988). *Lordship and Military Obligation*. Londres.

AESCHYLUS (s.d.). *Seven Against Thebes*.

AMMIANUS MARCELLINUS (s.d.). *History*.

ANDERSON, B. (1983). *Imagined Communities*. Londres.

ANDRESS, D. (2004). *The French Revolution and the People*. Londres.

APPIAN (s.d.). *Bellum Civile*.

ARISTOPHANES (s.d.). *Knights*.

ARISTOTLE (s.d.). *Nicomachean Ethics*.

_____ (s.d.). *Politics*.

ARNO, A. (2003). "Aesthetics, intuition, and reference in Fijian ritual communication: Modularity in and out of language". *American Anthropologist*, 105, p. 807-819.

ARONSON, E. & MILES, J. (1959). "The effect of severity of initiation on liking for a group". *Journal of Abnormal and Social Psychology*, 59, p. 177-181.

AVITAL, E. & JABLONKA, E. (2000). *Animal Traditions:* Behavioural Inheritance in Evolution. Cambridge.

AYALON, D. (1975). "Preliminary remarks on the *Mamlūk* military institution in Islam". In: PARRY, V.J. & YAPP, M.E. (eds.). *War, Technology, and Society in the Middle East*. Oxford.

BALL, J.A. (1984). "Memes as replicators". *Ethology and Sociobiology*, 5, p. 145-161.

BANAJI, J. (2007). *Agrarian Change in Late Antiquity:* Gold, Labour, and Aristocratic Dominance. Oxford.

BANKS, J.A. (1981). *Victorian Values:* Secularism and the Size of Families. Londres.

BARANOWSKI, A. (1998). "A psychological comparison of ritual and musical meaning". *Method and Theory in the Study of Religion*, 10, p. 1-38.

BARTHÉLEMY, D. (1997). *La mutation de l'an mil a-t-elle eu lieu?* – Servage et chevalerie dans la France des Xe et XIe siècles. Paris.

BAR-YOSEF, O. (2001). "From sedentary foragers to village hierarchies: The emergence of social institutions". *Proceedings of the British Academy*, 110, p. 1-38.

_____ (1998). "The Natufian culture in the Levant, threshold to the origins of agriculture". *Evolutionary Anthropology*, 6, p. 159-177.

BASCOM, W.R. (1948). "Ponapae prestige economy". *Southwestern Journal of Anthropology*, 4, p. 211-221.

BASSETT, S.R. (1989). "In search of the origins of Anglo-Saxon kingdoms". In: BASSETT, S.R. (ed.). *The Origins of Anglo-Saxon Kingdoms*. Leicester.

BATESON, P. & MARTIN, P. (1999). *Design for a Life:* How Behaviour Develops. Londres.

BAYLY, C.A. (2004). *The Birth of the Modern World 1780-1914*. Oxford.

BEARD, M.; NORTH, J. & PRICE, S. (1998). *Religions of Rome*. Cambridge.

BECKER, G.S. (1996). *Accounting for Tastes*. Cambridge, Mass.

BEDE (s.d.). *Ecclesiastical History.*

BELLAH, R.N. (2005). "What is axial about the axial age?" *Archives Européennes de Sociologie*, 46, p. 69-89.

BENTON, T. (2001). "Social causes and natural relations". In: ROSE, H. & ROSE, R. (eds.). *Alas Poor Darwin:* Arguments against Evolutionary Psychology. Londres.

BERGUCKI, P. (1999). *The Origins of Human Society*. Oxford.

BERLIN, I. (1998). *Many Thousands Gone:* The First Two Centuries of Slavery in North America. Cambridge, Mass.

BIANCHI, S. (1987). *Révolution culturelle de l'an II:* Elites et peuples, 1789-1799. Paris.

BINMORE, K. (2001). "How and why did fairness norms evolve?" *Proceedings of the British Academy*, 110, p. 149-170.

BLACK-MICHAUD, J. (1975). *Cohesive Force:* Feud in the Mediterranean and the Middle East. Oxford.

BLAIR, J. (2005). *The Church in Anglo-Saxon Society*. Oxford.

BLANNING, T.C.W. (2002). *The Culture of Power and the Power of Culture:* Old Regime Europe, 1660-1789. Oxford.

BLOCH, M. (1961). *Feudal Society*. Londres.

BLUTE, M. (1997). "History versus science: the evolutionary solution". *Canadian Journal of Sociology*, 22, p. 345-364.

BORGERHOFF MULDER, M. (2000). "Optimizing offspring: the quantity-quality trade-off in agropastoral Kipsigis". *Evolution and Human Behavior*, 21, p. 391-410.

BOROFSKY, R. (1987). *Making History:* Pukapukan and Anthropological Constructions of Knowledge. Cambridge.

BOSTRIDGE, I. (1997). *Witchcraft and its Transformaions c. 1650-c. 1750.* Oxford.

BOWLBY, J. (1973). *Attachment and Loss* – II: Separation. Londres.

_____ (1969). *Attachment and Loss* – I: Attachment. Londres.

BOWSER, F.P. (1974). *The African Slave in Colonial Peru, 1524-1650.* Stanford, Cal.

BOYD, R.; GINTIS, H.; BOWLES, S. & RICHERSON, P.J. (2003). "The evolution of altruistic punishment". *Proceedings of the National Academy of Sciences*, 100, p. 3, 531-535.

BOYER, P. (2001). *Religion Explained:* The Human Instincts that Fashion Gods, Spirits and Ancestors. Londres.

BRAUDEL, F. (1966). *La méditerranée et le monde méditerranéen à l'époque de Philippe II.* Paris.

BREWER, J. (1997). *The Pleasures of the Imagination:* English Culture in the Eighteenth Century. Londres.

_____ (1982). "Commercialization and politics". In: McKENDRICK, N.; BREWER, J. & PLUMB, J.H. (eds.). *The Birth of a Consumer Society:* The Commercialization of Eighteenth-century England. Londres.

BRODIE, R. (1996). *Virus of the Mind:* The New Science of the Meme. Seattle.

BROSNAN, S.F.; SCHIFF, H.C. & WAAL, E.B.M. (2005). "Tolerance of inequity may increase with social awareness in chimpanzees". *Proceedings of the Royal Society of London Series B*, 272, p. 253-258.

BROSNAN, S.F. & WAAL, E.B.M. (2003). "Monkeys reject unequal pay". *Nature*, 425, p. 297-299.

BROWN, A. (1991). "City and citizen: Changing perceptions in the fifteenth and sixteenth centuries". In: MOLHO, A.; RAAFLAUB, K. & EMLEN, J. (eds.). *City-States in Classical Antiquity and Medieval Italy.* Stuttgart.

BROWN, E.A.R. (1974). "The tyranny of a construct: Feudalism and historians of medieval Europe". *American Historical Review*, 79, p. 1.063-1.088.

BROWN, P. (1995). *Authority and the Sacred:* Aspects of the Christianization of the Roman World. Cambridge.

_____ (1981). *The Cult of the Saints:* Its Rise and Function in Latin Christianity. Chicago.

_____ (1971). *The World of Late Antiquity:* From Marcus Aurelius to Muhammad. Londres.

BRUCE, S. (1998). *Conservative Protestant Politics.* Oxford.

BUCKLAND, W.W. (1908). *The Roman Law of Slavery:* The Condition of the Slave in Roman Law from Augustus to Justinian. Cambridge.

BULL, L.; HOLLAND, O. & BLACKMORE, S. (2001). "On meme-gene co-evolution". *Artificial Life*, 6, p. 227-235.

BURKE, M.A. & YOUNG, P. (2001). "Competition and custom in economic contracts: A case study of Illinois agriculture". *American Economic Review*, 19, p. 559-573.

BURKERT, W. (1996). *Creation of the Sacred:* Tracks of Biology in Early Religions. Cambridge, Mass.

BURROUGHS, P. (1999). "Imperial institutions and the government of empire". In: *The Oxford History of the British Empire* – III: The Nineteenth Century. Oxford.

BURROW, J. (2007). *A History of Histories:* Epics, Chronicles, Romances and Inquiries from Herodotus and Thucydides to the Twentieth Century. Londres.

BYOCK, J.L. (1982). *Feud in the Icelandic Saga.* Berkeley, Cal.

BYRNE, B. (2007). "England - whose England? – Narratives of nostalgia, emptiness, and evasion in imaginations of national identity". *Sociological Review*, 53, p. 509-530.

BYRNE, R.W. & WHITEN, A. (1988). *Machiavellian Intelligence:* Social Expertise and the Evolution of Intellect in Monkeys, Apes, and Humans. Oxford.

CAIN, P.J. & HOPKINS, A.G. (1993). *British Imperialism:* Innovation and Expansion 1688-1914. Londres.

CAMERER, C. (2003). *Behavioral Game Theory:* Experiments in Strategic Interaction. Princeton, N.J.

CAMPBELL, A. (1999). "Staying alive: Evolution, culture, and women's intrasexual aggression". *Behavioral and Brain Sciences*, 22, p. 203-252.

CAMPBELL, C. (1996). "Half-belief and the paradox of ritual instrumental activism: A theory of modern superstition". *British Journal of Sociology*, 47, p. 151-166.

CAMPBELL, D.T. (1975). "On the conflicts between biological and social evolution and between psychology and moral tradition". *American Psychologist*, 30, p. 1.103-1.126.

_____ (1974). "Evolutionary epistemology". In: SCHILPP, P.A. (ed.). *The Philosophy of Karl Popper.* La Salle, Ill.

_____ (1960). "Blind variation and selective retention in creative thought as in other knowledge processes". *Psychological Review*, 67, p. 380-400.

CAMPBELL, J. (2000). "Some agents and agencies of the Late Anglo-Saxon State". In: PELTERET, D.A.E. (ed.). *Anglo-Saxon History:* Basic Readings. Londres.

CAREY, S. (1985). *Conceptual Change in Childhood*. Cambridge, Mass.

CARMONA, J. (2006). "Sharecropping and livestock specialization in France, 1830-1930". *Continuity and Change*, 21, p. 235-259.

CATULLUS (s.d.). *Carmina*.

CENTOLA, D. & MACY, M. (2007). "Complex contagions and the weakness of long ties". *American Journal of Sociology*, 113, p. 702-734.

CHENEY, D.L. & SEYFARTH, R.M. (1990). *How Monkeys See the World:* Inside the Mind of Another Species. Chicago.

CHRIST, M.R. (2006). *The Bad Citizen in Classical Athens*. Cambridge.

CHURCH, C.H. (1981). *Revolution and Red Tape:* The French Ministerial Bureaucracy 1770-1850. Oxford.

CICERO (s.d.). *Republic*.

_____ (s.d.). *Philippics*.

CIPOLLA, C.M. (1972). "The diffusion of innovations in Early Modern Europe". *Comparative Studies in Society and History*, 14, p. 46-52.

CLARENCE-SMITH, W.G. (2006). *Islam and the Abolition of Slavery*. Oxford.

CLARK, G. (2007). *A Farewell to Alms:* A Brief Economic History of the World. Princeton, NJ.

CLARK, S. (1997). *Thinking with Demons:* The Idea of Witchcraft in Early Modern Europe. Oxford.

CLAUDE, D. (1980). "Freedmen in the Visigothic Kingdom". In: JAMES, E. (ed.). *Visigothic Spain:* New Approaches. Oxford.

CLAUSS, M. (2000). *The Roman Cult of Mithras:* The God and his Mysteries. Edimburgo.

CLOAK Jr., F.T. (1975). "Is a cultural ethology possible?" *Human Ecology*, 3, p. 161-182.

COBBAN, A. (1964). *The Social Interpretation of the French Revolution*. Cambridge.

COHEN, E.E. (1992). *Athenian Economy and Society:* A Banking Perspective. Princeton, NJ.

COHN, N. (1993). *Cosmos, Chaos and the World to Come:* The Ancient Roots of Apocalyptic Faith. New Haven, Con.

COLEMAN, J.S. (1990). *Foundations of Social Theory*. Cambridge, Mass.

COLEMAN, S. (2004). "The charismatic gift". *Journal of the Royal Anthropological Institute*, 10, p. 421-442.

COLLEY, L. (1992). *Britons:* Forging the Nation 1707-1837. Londres.

CONNOR, W.R. (2004). "Early Greek land warfare as symbolic expression". *Past & Present*, 119, p. 3-29.

CONWAY MORRIS, S. (1998). *The Crucible of Creation:* The Burgess Shale and the Rise of Animals. Oxford.

COSMIDES, L. & TOOBY, J. (1992). "Cognitive adaptations for social exchange". In: BARKOW, J.H.; COSMIDES, L. & TOOBY, J. (eds.). *The Adapted Mind:* Evolutionary Psychology and the Generation of Culture. Oxford.

COUNTRYMAN, L.W. (1980). *The Rich Christian in the Church of the Early Empire*. Nova York.

CRICK, F. (1988). *What Mad Pursuit:* A Personal View of Scientific Discovery. Londres.

DARNTON, R. (1996). *The Forbidden Best-Sellers of Pre-Revolutionary France*. Londres.

_____ (1979). *The Business of Enlightenment:* A Publicity History of the "Encyclopédie" 1775-1800. Cambridge, Mass.

DARWIN, C. (1882). *The Descent of Man, and Selection in Relation to Sex*. 2. ed. rev. Londres.

DASTON, L. (2007). "Condorcet and the meaning of enlightenment". *Proceedings of the British Academy*, 151, p. 113-134.

DAUBE, D. (1952). "Slavecatching". *Judicial Review*, 64, p. 12-28.

DAVIES, N. (1996). *Europe:* A History. Londres.

DAVIES, W. (1996). "On servile status in the early Middle Ages". In: BUSH, M.L. (ed.). *Serfdom and Slavery:* Studies in Legal Bondage. Londres.

_____ (1987). *Small Worlds:* The Village Community in Early Medieval Brittany. Londres.

DAVIS, D.B. (1984). *Slavery and Human Progress*. Oxford.

DAWSON, D. (1996). *The Origins of Western Warfare:* Militarism and Morality in the Ancient World. Boulder, Col.

DENNETT, D. (1995). *Darwin's Dangerous Idea:* Evolution and the Meanings of Life. Londres.

DESCOLA, P. (2005). *Par-delà nature et culture*. Paris.

_____ (1996). *The Spears of Twilight:* Life and Death in the Amazon Jungle. Londres.

DESMOND, A. & MOORE, J. (1991). *Darwin*. Londres.

DE VOS, G. & WAGATSUMA, H. (1966). *Japan's Invisible Race:* Caste in Culture and Personality. Berkeley, Cal.

DE VRIES, J. & VAN DER WOUDE, A.M. (1997). *The First Modern Economy:* Success, Failure, and Perseverance of the Dutch Economy, 1500-1815. Cambridge.

DE WAAL, F. (2005). *Our Inner Ape:* The Best and Worst of Human Nature. Londres.

_____ (1996). *Good Natured:* The Origins of Right and Wrong in Humans and Other Animals. Cambridge, Mass.

DIAMOND, J. (2005). *Collapse:* How Societies Choose or Fail to Survive. Londres.

_____ (1997). *Guns, Germs and Steel:* The Fates of Human Societies. Londres.

DICKIE, M.W. (2001). *Magic and Magicians in the Greco-Roman World.* Londres.

DIO CASSIUS (s.d.). *Roman History.*

DIODORUS SICULUS (s.d.). *History.*

DIOGENES LAERTIUS (s.d.). *Lives of the Philosophers.*

DOBRES, M.A. & HOFFMAN, C.R. (1994). "Social agency and the dynamics of prehistoric technology". *Journal of Archaeological Method and Theory*, 1, p. 211-258.

DONOGHUE, J.D. (1957). "An Eta community in Japan: The social persistence of outcaste groups". *American Anthropologist*, 59, p. 1.000-1.017.

DOUGLAS, M. (1975). *Implicit Meaning:* Essays in Anthropology. Londres.

_____ (1966). *Purity and Danger:* An Analysis of Concepts of Pollution and Taboo. Londres.

DOUGLASS, F. (1855). *My Bondage and My Freedom.* Nova York.

DOVER, K.J. (1974). *Greek Popular Morality in the Time of Plato and Aristotle.* Oxford.

DOYLE, J.A. (1887). *The English in America* – II: The Puritan Colonies. Londres.

DOYLE, W. (1996). *Venality:* The Sale of Offices in Eighteenthcentury France. Oxford.

_____ (1980). *Origins of the French Revolution.* Oxford.

DRESCHER, S. (1988). "Brazilian abolition in historical perspective". *Hispanic American Historical Review*, 68, p. 249-260.

DU BOULAY, J. (1974). *Portrait of a Greek Mountain Village.* Oxford.

DUNBAR, R. (2004). *The Human Story:* A New History of Mankind's Evolution. Londres.

DUNBAR, R.; CLARK, S. & HURST, N.L. (1995). "Conflict and cooperation among the Vikings: Contingent behavioural decisions". *Ethology and Sociobiology*, 16, p. 233-246.

DURHAM, W.H. (1991). *Coevolution:* Genes, Culture, and Human Diversity. Stanford, Cal.

EDGERTON, R.B. (1992). *Sick Societies:* Challenging the Myth of Primitive Harmony. Nova York.

EISENSTADT, S.N. (1982). "The axial age: The emergence of transcendental visions and the rise of clerics". *Archives Européennes de Sociologie*, 23, p. 294-314.

ELLIOTT, J.H. (2006). *Empires of the Atlantic World:* Britain and Spain in America 1492-1830. New Haven, Con.

ENDICOTT, K. (1988). "Property, power, and conflict among the Batek of Malaysia". In: INGOLD, T.; RICHES, D. & WOODBURN, J. (eds.). *Hunters and Gatherers* – 2: Property, Power, and Ideology. Oxford.

EPSTEIN, S.R. (1999). "The rise and decline of Italian City States". *Working Paper, 51/99*. London School of Economics.

ERMISCH, J. (2005). "The puzzling rise in childbearing outside marriage". In: HEATH, A.F.; ERMISCH, J. & GALLIE, D. (eds.). *Understanding Social Change.* Oxford.

EUSEBIUS (s.d.). *Ecclesiastical History.*

EVANS-PRITCHARD, E.E. (1965). *Theories of Primitive Religion.* Oxford.

_____ (1962). *Essays in Social Anthropology.* Londres.

_____ (1956). *Nuer Religion.* Oxford.

_____ (1940). *The Nuer:* A Description of the Modes of Livelihood and Political Institutions of a Nilotic People. Oxford.

_____ (1937). *Witchcraft, Oracles, and Magic among the Azande.* Oxford.

FAITH, R. (1997). *The English Peasantry and the Growth of Lordship.* Londres.

FARAONE, C.A. (1993). "Molten wax, spilt wine and mutilated animals: Sympathetic magic in Near Eastern and Early Greek oath ceremonies". *Journal of Hellenic Studies*, 13, p. 60-80.

FEENY, D. (1993). "The demise of corvée and slavery in Thailand, 1782-1913". In: KLEIN, M.A. (ed.). *Breaking of the Chains.* Madison, Wis.

FEHR, E. & GACHTER, S. (2002). "Altruistic punishment in humans". *Nature*, 415, p. 137-140.

FEIL, D.K. (1987). *The Evolution of Highland Papua New Guinea Societies*. Cambridge.

FENTRESS, J. & WICKHAM, C. (1992). *Social Memory*. Oxford.

FERRILL, A. (1985). *The Origins of War:* From the Stone Age to Alexander the Great. Londres.

FESSLER, D.M.T. & NAVARETTE, C.D. (2003). "Meat is good to taboo: Dietary proscriptions as a product of interaction of psychological mechanisms and social processes". *Journal of Cognition and Culture*, 3, p. 1-40.

FINLEY, M.I. (1965). "Technological innovation and economic progress in the ancient world". *Economic History Review*, 18, p. 29-45.

_____ (1959). "Was Greek civilization based on slave labour?" *Historia*, 8, p. 145-164.

FLETCHER, R. (1997). *The Conversion of Europe:* From Paganism to Christianity 371-1386 AD. Londres.

FLINT, V.I.J. (1991). *The Rise of Magic in Early Medieval Europe*. Princeton, NJ.

FOGEL, R.W. (1989). *Without Consent or Contract:* The Rise and Fall of American Slavery. Nova York.

FOLEY, R. (1996). "The adaptive legacy of human evolution: A search for the environment of evolutionary adaptedness". *Evolutionary Anthropology*, 4, p. 194-203.

FOOTE, R.G. & WILSON, D.M. (1970). *The Viking Achievement*. Londres.

FOURACRE, P. (2005). "Marmoutier and its serfs in the eleventh century". *Transactions of the Royal Historical Society*, 15, p. 29-49.

FREDEGAR (s.d.). *Chronicle*.

FRIEDMAN, J. (1982). "Catastrophe and continuity in social evolution". In: RENFREW, C.; ROWLAND, M.J. & SEGRAVES, B. (eds.). *Theory and Explanation in Archaeology*. Londres.

_____ (1975). "Tribes, states, and transformations". In: BLOCH, M. (ed.). *Marxist Analyses and Social Anthropology*. Londres.

FROESE, P. (2001). "Hungry for religion: A supply-side interpretation of the Hungarian religious revival". *Journal for the Scientific Study of Religion*, 40, p. 257-268.

GAGER, J.G. (1992). *Curse Tablets and Binding Spells from the Ancient World*. Princeton, NJ.

GALENSON, D.W. (1981). *White Servitude in Colonial America:* An Economic Analysis. Cambridge.

GARLAN, Y. (1974). *Recherches de poliorcétique grecque*. Paris.

GEERTZ, C. (1973). *The Interpretation of Cultures*. Nova York.

GELLNER, E. (1989). "Culture, constraint and community: Semantic and coercive compensations for the genetic under-determination of *Homo sapiens sapiens*". In: MELLARS, P. & STRINGER, C. (eds.). *The Human Revolution*. Edimburgo.

GENTILE, E. (1996). *The Sacralization of Politics in Fascist Italy*. Cambridge, Mass.

GERNET, L. (1982). *A History of Chinese Civilization*. Cambridge.

GIGERENZER, G. & GOLDSTEIN, D.G. (1996). "Reasoning the fast and frugal way: Models of bounded rationality". *Psychological Review*, 103, p. 650-669.

GILLINGHAM, J. (1995). "Thegns and knights in eleventh-century England: Who was then the gentleman?" *Transactions of the Royal Historical Society*, 6th series, 5, p. 129-153.

GILSENAN, M. (2000). *Recognizing Islam*: Religion and Society in the Modern Middle East. Londres.

GIL-WHITE, F.J. (2001). "Are ethnic groups biological "species" to the human brain? – Essentialism in our cognition of some social categories". *Current Anthropology*, 42, p. 515-554.

GINTIS, H. (2000). "Strong reciprocators and human sociality". *Journal of Theoretical Biology*, 206, p. 169-179.

GODECHOT, J. (1965). *La prise de la Bastille, 14 Juillet 1789*. Paris.

GOETZ, H.W. (1993). "Serfdom and the beginnings of a 'seigneurial system' in the Carolingian period". *Early Medieval Europe*, 2, p. 29-51.

GOLDMAN, L. (2007). "Foundations of British sociology 1880-1930: Contexts and biographies". *Sociological Review*, 55, p. 431-440.

GOODY, J. (1971). *Technology, Tradition, and the State in Africa*. Londres.

GORDON, H.S. (1954). "The economic theory of a common-property resource: The fishery". *Journal of Political Economy*, 62, p. 124-142.

GORSKI, P.S. (2000). "Historicizing the secularization debate: Church, state, and society in late medieval and early modern Europe". *American Sociological Review*, 65, p. 138-167.

GOULD, R.V. (2000). "Revenge as sanction and solidarity display: An analysis of vendettas in nineteenth-century Corsica". *American Sociological Review*, 65, p. 685-704.

GREEN, P. (1963). "The world of William Golding". *Essays by Divers Hands*, 32, p. 37-57.

GREIF, A. (2006). *Institutions and the Path to the Modern Economy:* Lessons from Medieval Trade. Cambridge.

GRESLE, F. (1989). "La Révolution Française: notes et commentaries sur des ouvrages récents". *Revue Française de Sociologie*, 30, p. 639-649.

GRIFFETH, R. & THOMAS, C.F. (eds.) (1981). *The City-State in Five Cultures.* Santa Bárbara, Cal.

GUDEMAN, S. & RIVERA, A. (1990). *Conversations in Colombia:* The Domestic Economy in Life and Text. Cambridge.

HACKING, I. (1990). *The Taming of Chance.* Cambridge.

HAHN, S. (1990). "Class and state in postemancipation societies: Southern planters in comparative perspective". *American Historical Review*, 95, p. 75-98.

HAIDT, J. (2001). "The emotional dog and its rational tail: A social intuititionist approach to moral judgement". *Psychological Review*, 108, p. 814-834.

HALÉVY, E. (1928). *The Growth of Philosophic Radicalism.* Londres.

HALSTEAD, P. & O'SHEA, J. (1989). *Bad Year Economics.* Cambridge.

HAMILTON, W.D. (1996 [1975]). "Innate social aptitudes of man: An approach from evolutionary genetics". In: *Narrow Roads of Gene Land: The Collected Papers of W.D. Hamilton* – I: Evolution of Social Behaviour. Oxford.

HANDS, A.R. (1968). *Charities and Social Aid in Greece and Rome.* Londres.

HANSEN, M.H. (ed.) (2000). *A Comparative Study of Thirty City-State Cultures:* An Investigation Conducted by the Copenhagen Polis Centre. Copenhagen.

HARRIS, J. (1981). "The red cap of liberty: A study of dress worn by French Revolutionary partisans 1789-1794". *Eighteenth-Century Studies*, 14, p. 283-312.

HARRIS, J.R. (1998). *The Nurture Assumption:* Why Children Turn Out the Way They Do. Nova York.

HARRISON, C.F. (1999). *The Bourgeois Citizen in Nineteenth-Century France.* Oxford.

HARVEY, P.D.A. (1993). "Rectitudines singularum personarum and Gerefa". *English Historical Review*, 426, p. 1-22.

HAYDEN, B. (1998). "Practical and prestige technologies: The evolution of material systems". *Journal of Archaeological Method and Theory*, 5, p. 1-55.

HEATH, C.; BELL, C. & STERNBURG, E. (2001). "Emotional selection in memes". *Journal of Personal and Social Psychology*, 2, p. 563-569.

HÉBERT, F. (1995). "Une dramaturgie en Révolution: La Fête révolutionnaire à Rouen (1789-An III)". In: VOVELLE, M. (ed.). *1789-1799: Nouveaux chantiers d'histoire révolutionnaire* – Les institutions et les hommes. Paris.

HECKHAMEN, J. & SCHULTZ, R. (1999). "The primacy of primary control is a human universal: Reply to Gould's (1999) critique of the life-span theory of control". *Psychological Review*, 106, p. 605-609.

HEDSTRÖM, P.; SANDELL, R. & STERN, C. (2000). "Mesolevel networks and the diffusion of social movements: The case of the Swedish Social Democratic Party". *American Journal of Sociology*, 106, p. 145-172.

HEMMINGS, F.W.J. (1987). *Culture and Society in France 1789-1848*. Leicester.

HENRICH, J.; BOYD, R.; BOWLES, S.; CAMERER, C. & GINTIS, H. (eds.) (2004). *Foundations of Human Sociality:* Economic Experiments and Ethnographic Evidence from Fifteen Smallscale Societies. Oxford.

HENRICH, J. & McELREATH, R. (2003). "The evolution of cultural evolution". *Evolutionary Anthropology*, 12, p. 123-135.

HERMAN, B.; THÖNI, C. & GACHTER, S. (2008). "Antisocial punishment across societies". *Science*, 319, p. 1.362-1.367.

HERODOTUS (s.d.). *Histories*.

HERZFELD, M. (1986). "Closure as cure: Tropes in the exploration of bodily and social disorder". *Current Anthropology*, 27, p. 107-120.

HEWLETT, B.S. & CAVALLI-SFORZA, L.L. (1986). "Cultural transmission among Aka Pygmies". *American Anthropologist*, 88, p. 922-934.

HILTON, B. (1988). *The Age of Atonement:* The Influence of Evangelicalism on Social and Economic Thought, 1795-1865. Oxford.

HIMMELFARB, G. (1984). *The Idea of Poverty:* England in the Early Industrial Age. Londres.

HOBSBAWM, E. (2007). "Marxist historiography today". In: WICKHAM, C. (ed.). *Marxist History-writing for the Twentyfirst Century*. Oxford.

HOFFMAN, M.L. (1981). "Is altruism part of human nature?" *Journal of Personality and Social Psychology*, 40, p. 121-137.

HOLDEN, C.J. & MACE, R. (1997). "Phylogenetic analysis of the evolution of lactose digestion in adults". *Human Biology*, 69, p. 605-628.

HOMER (s.d.). *Odyssey*.

HOPPIT, J. (1996). "Political arithmetic in eighteenth-century England". *Economic History Review*, 49, p. 516-540.

HORNBLOWER, S. (1991). *A Commentary on Thucydides* – I: Books I-III. Oxford.

HOWARD, M. (1984). "The military factor in European expansion". In: BULL, H. & WATSON, A. (eds.). *The Expansion of International Society*. Oxford.

HUFTON, O. (2001). "Altruism and reciprocity: The early Jesuits and their female patrons". *Renaissance Studies*, 15, p. 328-353.

HUMPHREY, C. (2005). "Ideology in infrastructure: Architecture and Soviet imagination". *Journal of the Royal Anthropological Institute*, 11, p. 39-58.

_____ (1996). *Shamans and Elders:* Experience, Knowledge, and Power among the Dauer Mongols. Cambridge.

HUMPHREYS, S.C. (1978). *Anthropology and the Greeks*. Londres.

HUNT, L. (1984). *Politics, Culture, and Class in the French Revolution*. Berkeley, Cal.

HUNT, T.L. (2007). "Rethinking Easter Island's ecological catastrophe". *Journal of Archaeological Science*, 34, p. 485-502.

HUXLEY A.F. (1983). "How far will Darwin take us?" In: BENDALL, D.S. (ed.). *Evolution from Molecules to Man*. Cambridge.

IANNACONE, L.R. (1995). "Household production, human capital, and the economics of religion". In: TOMMASI, M. & IERULLI, K. (eds.). *The New Economics of Human Behaviour*. Cambridge.

ILIFFE, J. (2005). *Honour in African History*. Cambridge.

_____ (1983). *The Emergence of African Capitalism*. Londres.

INNES, M. (2000). *State and Society in the Early Middle Ages:* The Middle Rhine Valley 400-1000. Cambridge.

IRONS, W. (1999). "Adaptively relevant environment versus the environment of evolutionary adaptedness". *Evolutionary Anthropology*, 6, p. 194-204.

JABLONKA, E. & LAMB, M.J. (1995). *Epigenetic Inheritance and Evolution:* The Larmarckian Dimension. Oxford.

JANKOWSKI, R. (2007). "Altruism and the decision to vote: Explaining and testing high voter turnout". *Rationality and Society*, 19, p. 5-34.

JOHN, E. (1977). "War and society in the tenth century: The Maldon campaign". *Transactions of the Royal Historical Society*, 5th series, p. 173-195.

JOLOWICZ, H.J. & NICHOLAS, R. (1972). *A Historical Introduction to Roman Law*. Cambridge.

JONES, A.H.M. (1964). *The Later Roman Empire 284-602:* A Social, Economic, and Administrative Survey. Oxford.

KAKAR, H.K. (1979). *Government and Society in Afghanistan*: The Reign of Amir 'Abd al-Rahman Khan. Austin, Tex.

KANAZAWA, S. (2000). "A new solution to the collective action problem: The paradox of voter turnout". *American Sociological Review*, 65, p. 433-442.

KANG, G.E. (1979). "Exogamy and peace relations of social units: A cross-cultural test". *Ethnology*, 18, p. 85-99.

KAPLAN, S. (1979). "Réflexions sur la police du monde de travail, 1700-1815". *Revue Historique*, 261, p. 17-77.

KATZ, E. & LAZARSFELD, P.F. (1955). *Personal Influence:* The Part Played by People in the Flow of Mass Communications. Glencoe, Ill.

KEELEY, L. (1996). *War Before Civilization.* Oxford.

KELLY, R.C. (1985). *The Nuer Conquest:* The Structure and Expansion of an Expansionist System. Ann Arbor.

KELLY, R.L. (1993). *The Foraging Spectrum:* Diversity in Hunter-Gatherer Lifeways. Washington, DC.

KIECKHEFER, R. (1989). *Magic in the Middle Ages.* Cambridge.

KIERNAN, B. (1996). *The Pol Pot Regime:* Race, Power, and Genocide in Cambodia under the Khmer Rouge, 1975-1979. New Haven, Con.

KIRK, G.S. (1980). *Myth:* Its Meaning and Function in Ancient and Other Cultures. Cambridge.

KLEIN, H.S. (1986). *African Slavery in Latin America and the Caribbean.* Oxford.

_____ (1982). *Bolivia:* The Evolution of a Multi-Ethnic Society. Oxford.

KNAUFT, B. (1991). "Violence and sociality in human evolution". *Current Anthropology*, 32, p. 223-245.

KOPYTOFF, I. & MIERS, S. (1977). "Introduction". In: MIERS, S. & KOPYTOFF, I. (eds.). *Slavery in Africa:* Historical and Anthropological Perspectives. Madison, Wis.

KROLL, E. (1997). "Dogs, Darwinism, and English sensibilities". In: MITCHELL, R.W.; THOMPSON, N.S. & LYN MILES, H. (eds.). *Anthropomorphism, Anecdotes, and Animals.* Albany, NY.

KUHN, D. (1991). *The Skills of Argument.* Cambridge.

KUHN, T.S. (1962). *The Structure of Scientific Revolutions.* Chicago.

KURAN, T. (1995). *Private Truths, Public Lies.* Cambridge, Mass.

KURZBAN, R. & LEARY, M.R. (2001). "Evolutionary origins of stigmatization: The function of social exclusion". *Psychological Bulletin*, 127, p. 187-208.

LACTANTIUS (s.d.). *Divine Institutes.*

LAKE, M. (1998). "Digging for memes: The role of material objects in cultural evolution". In: RENFREW, C. & SCARRE, C. (eds.). *Cognition and Material Culture:* The Archaeology of Symbolic Storage. Cambridge.

LALAND, K.N. & BROWN, G.R. (2002). *Sense and Nonsense:* Evolutionary Perspectives on Human Behaviour. Oxford.

LALAND, K.N.; ODLING-SMEE, J. & FELDMAN, M.W. (2000). "Niche construction, biological evolution and cultural change". *Behavioural and Brain Sciences*, 23, p. 131-175.

LAMONT, P. (2004). "Spiritualism and a mid-Victorian crisis of evidence". *Historical Journal*, 47, p. 897-920.

LANDAU, M. (1991). *Narratives of Evolution*. New Haven, Con.

LANDES, D.S. (1998). *The Wealth and Poverty of Nations:* Why Some Are So Rich and Some So Poor. Nova York.

LANE, C. (1981). *The Rites of Rulers: Ritual in Industrial Society* – The Soviet Case. Cambridge.

LANE, F.C. (1973). *Venice:* A Maritime Republic. Baltimore.

LANKASTER, W. (1981). *The Rwala Bedouin Today*. Cambridge.

LAWSON, M.K. (1993). *Cnut:* The Danes in England in the Early Eleventh Century. Londres.

LE GOFF, J. (1984). *The Birth of Purgatory*. Londres.

LEACH, E.R. (1982). *Culture and Communication: The Logic by which Symbols Are Connected* – An Introduction to the Use of Structuralist Analysis in Social Anthropology. Cambridge.

_____ (1961). *Rethinking Anthropology*. Londres.

LEE, B.B. (1979). *The !Kung San:* Men, Women, and Work in a Foraging Society. Cambridge.

LEFEBVRE, G. (1954). *Études sur la Revolution Française*. Paris.

_____ (1939). *Quatre-vingt-neuf*. Paris.

LENNARD, R. (1959). *Rural England 1086-1135*. Oxford.

LÉVI-STRAUSS, C. (1963). *Structural Anthropology*. Nova York.

LEVY, D.A. & NAIL, P.R. (1993). "Contagion: A theoretical and empirical review and reconceptualization". *Genetic, Social, and General Psychology Monographs*, 119, p. 235-284.

LEWIS, G. (1980). *Day of Shining Red:* An Essay on Understanding Ritual. Cambridge.

LIBBY, D.C. & PARIA, C.A. (2000). "Manumission practices in a late eighteenth-century Brazilian slave parish: São João d'El Rey in 1795". *Slavery and Abolition*, 21, p. 96-127.

LIEBERMANN, F. (ed.) (1903). *Die Gesetze der Angelsachsen*. Halle.

LIEBESCHUTZ, J.H.W.G. (1979). *Continuity and Change in Roman Religion*. Oxford.

LIMBERIS, V. (1991). "The eyes infected by evil: Basil of Caesarea's homily, On Envy". *Harvard Theological Review*, 84, p. 163-184.

LIVY (s.d.). *History of Rome*.

LLOYD, G.E.R. (2007). *Cognitive Variations:* Reflections on the Unity and Diversity of the Human Mind. Oxford.

LOOMIS, W.T. (1998). *Wages, Welfare Costs, and Inflation in Classical Athens*. Ann Arbor.

LOYN, H.R. (1962). *Anglo-Saxon England and the Norman Conquest*. Londres.

_____ (1955). "Gesiths and thegns in Anglo-Saxon England from the seventh to the tenth century". *English Historical Review*, 277, p. 529-549.

LUCIAN (s.d.). *The Passing of Peregrinus*.

LYNCH, A. (1996). *Thought Contagion:* How Belief Spreads Through Society. Nova York.

MacCULLOCH, D. (2003). *Reformation:* Europe's House Divided 1490-1700. Londres.

MacDONALD, K.B. (1993). *A People That Shall Dwell Apart:* Judaism as a Group Evolutionary Strategy. Westport, Con.

MACE, R.; HOLDEN, C.J. & SHENNAN, S. (eds.) (2005). *The Evolution of Cultural Diversity:* A Phylogenetic Approach. Londres.

MacCLEOD, W.C. (1925). "Debtor and chattel slavery in aboriginal North America". *American Anthopologist*, 27, p. 370-380.

MacMULLEN, R. (1984). *Christianizing the Roman Empire (A.D. 100-400)*. New Haven, Con.

MACY, M.W. (1991). "Learning to cooperate: Structure and tacit collusion in social exchange". *American Journal of Sociology*, 97, p. 808-843.

MAGUIRE, H. (1994). "From the evil eye to the eye of justice: The saints, art, and justice in Byzantium". In: LAIOU, A.E. & SIMON, D. (eds.). *Law and Society in Byzantium:* Ninth-Twelfth Centuries. Washington, D.C.

MALAUSSENA, K. (2004). "The birth of modern commemoration in France: The tree and the text". *French History*, 18, p. 154-172.

MALINOWSKI, B. (1935). *Coral Gardens and their Magic:* A Study of the Methods of Tilling the Soil and of Agricultural Rites in the Trobriand Islands. Londres.

MALLON, R. & STICH, S.P. (2000). "The odd couple: The compatibility of social construction and evolutionary psychology". *Philosophy of Science*, 67, p. 133-154.

MANNHEIM, K. (1936). *Ideology and Utopia*. Londres.

MARCUS AURELIUS (s.d.). *Meditations*.

MARSHALL, G. (1981). *Presbyteries and Profits:* Calvinism and the Development of Capitalism in Scotland 1560-1707. Oxford.

MASCHNER, H.D.G. & PATTON, J.Q. (1996). "Kin selection and the origins of hereditary social inequality: A case study from the Northern Northwest Coast". In: MASCHNER, H.D.G. (ed.). *Darwinian Archaeologies*. Nova York.

MASSEY, D.S. (2002). "A brief history of human society: The origin and role of emotions in social life". *American Sociological Review*, 67, p. 1-29.

MATTHIAS, P. (1979). *The Transformation of England:* Essays in the Social and Economic History of England in the Eighteenth Century. Londres.

MAYNARD SMITH, J. (1998). *Shaping Life:* Genes, Embryos, and Evolution. Londres.

_____ (1982). *Evolution and the Theory of Games*. Cambridge.

_____ (1961). "Evolution and history". In: BANTON, M. (ed.). *Darwinism and the Study of Society*. Londres.

MAZA, S. (2003). *The Myth of the French Bourgeoisie:* An Essay on the Social Imaginary 1750-1850. Cambridge, Mass.

McGREW, W. (2004). *The Cultured Chimpanzee:* Reflections on Cultural Primatology. Cambridge.

McKECHNIE, P. (1989). *Outsiders in Greek Cities in the Fourth Century B.C.* Londres.

McNEILL, W.H. (1982). *The Pursuit of Power:* Technology, Armed Force, and Society since A.D. 1000. Oxford.

MEEKS, W.A. (1993). *The Origins of Christian Morality*. New Haven, Con.

MILLER, G.F. (1998). "How mate choice shaped human nature: A review of sexual selection and human evolution". In: CRANFORD, C. & KREBS, D.L. (eds.). *Handbook of Evolutionary Psychology:* Ideas, Issues, Applications. Mahwah, N.J.

MILLETT, P. (1989). "Patronage and its avoidance in classical Athens". In: WALLACE-HADRILL, A. (ed.). *Patronage in Ancient Society*. Londres.

MITHEN, S. (2004). "From Ohalo to Çatalhöyük: The development of religiosity during the early prehistory of Western Asia, 20,000 to 7000 BCE". In: WHITEHOUSE, H. & MARTIN, L.H. (eds.). *Theorizing Religions Past:* Archaeology, History, and Cognition. Walnut Creek, Cal.

MOMIGLIANO, A. (1975). *Alien Wisdom:* The Limits of Hellenization. Cambridge.

MONOD, J. (1972). *Chance and Necessity:* An Essay on the Natural Philosophy of Modern Biology. Londres.

MOORE, J.S. (1998). "Domesday slavery". *Anglo-Norman Studies,* 11, p. 190-220.

MORGAN, P.D. (1988). *Slave Counterpoint:* Black Culture in the Eighteenth--Century Chesapeake and Lowcountry. Chapel Hill, N.C.

MURRA, J.V. (1980). *The Economic Organization of the Inka State.* Greenwich, Con.

MURRAY, A. (1978). *Reason and Society in the Middle Ages.* Oxford.

MURRAY, O. (1991). "War and the Symposium". In: SLATER, W.J. (ed.). *Dining in a Classical Context.* Ann Arbor, Mich.

NIETZSCHE, F. (s.d.). *The Antichrist.*

_____ (s.d.). *The Will to Power.*

_____ (s.d.). *Genealogy of Morals.*

NISBETT, R.E. (2003). *The Geography of Thought:* How Asians and Westerners Think Differently… and Why. Nova York.

NISBETT, R.E. & COHEN, D. (1996). *Culture of Honor:* The Psychology of Violence in the American South. Boulder, Col.

NOCK, A.D. (1933). *Conversion:* The Old and the New in Religion from Alexander the Great to Augustine of Hippo. Oxford.

OATES, J. (1979). *Babylon.* Londres.

OGDEN, D. (2001). *Greek and Roman Necromancy.* Princeton, N.J.

ORIANS, G.H. & HEERWAGEN, J.H. (1992). "Evolved responses to landscapes". In: BARKOW, J.H.; COSMIDES, L. & TOOBY, J. (eds.). *Evolutionary Psychology and the Generation of Culture.* Oxford.

OSTROM, E. (1990). *Governing the Commons:* The Evolution of Institutions for Collective Action. Cambridge.

OSTROM, E.; WALKER, J. & GARDNER, R. (1992). "Covenants with and without the sword: Self-governance is possible". *American Political Science Review,* 86, p. 404-417.

OTTERBEIN, K. (2000). "Five feuds: An anlysis of homicides in Eastern Kentucky in the late nineteenth century". *American Anthropologist,* 102, p. 231-243.

OVID (s.d.). *Fasti.*

OWEN, A. (2004). *The Place of Enchantment:* British Occultism and the Rise of the Modern. Chicago.

OZOUF, M. (1988). *Festivals and the French Revolution.* Cambridge, Mass.

PALMER, C.A. (1976). *Slaves of the White God:* Blacks in Mexico, 1570-1650. Cambridge, Mass.

PARKER, J. (2004). "Witchcraft, anti-witchcraft and transregional innovation in early colonial Ghana". *Journal of African History,* 45, p. 393-420.

PARKIN, D. (ed.) (1985). *The Anthropology of Evil.* Oxford.

PARRY, J. & BLOCH, M. (1989). "Introduction: Money and the morality of exchange". In: PARRY, J. & BLOCH, M. (eds.). *Money and the Morality of Exchange.* Cambridge.

PATTERSON, O. (1982). *Slavery and Social Death.* Cambridge, Mass.

PAUL THE DEACON (s.d.). *History of the Lombards.*

PAUSANIAS (s.d.). *Description of Greece.*

PESSAR, P.R. (2004). *From Fanatics to Folk:* Brazilian Millenarism and Popular Culture. Durham, N.C.

PINKER, S. (2002). *The Blank Slate:* The Modern Denial of Human Nature. Londres.

_____ (1994). *The Language Instinct.* Nova York.

PLATO (s.d.). *Laws.*

_____ (s.d.). *Menexenus.*

PLINY (s.d.). *Natural History.*

PLUMB, J.H. (1967). *The Growth of Political Stability in England 1675-1725.* Londres.

POMERANZ, K. (2000). *The Great Divergence:* China, Europe, and the Making of the Modern World Economy. Princeton, NJ.

RAHA, M.K. (1978). "Stratification and religion in a Himalayan society". In: FISHER, J.S. (ed.). *Himalayan Anthropology:* The Indo-Tibetan Interface. The Hague.

RAPPAPORT, R.A. (1999). *Ritual and Religion in the Making of Humanity.* Cambridge.

RATHBONE, D.W. (1983). "The slave mode of production in Italy". *Journal of Roman Studies,* 73, p. 160-168.

RAWSON, B. (1989). "Spurii and the Roman view of illegitimacy". *Antichthon,* 23, p. 10-41.

READMAN, P. (2005). "The place of the past in English culture, c. 1890-1914". *Past & Present*, 186, p. 147-199.

RICHARDS, A. (1935). "A modern movement of witch finders". *Africa*, 8, p. 448-460.

RICHERSON, P.J. & BOYD, R. (2005). *Not by Genes Alone:* How Culture Transformed Human Evolution. Chicago.

_____ (1999). "Complex societies: The evolutionary origins of a crude superorganism". *Human Nature*, 10, p. 253-289.

RIDLEY, M. (1996). *The Origins of Virtue*. Londres.

RITNER, R.K. (1995). "The religious, social, and legal parameters of traditional Egyptian magic". In: MEYERS, M. & MIRECKI, P. (eds.). *Ancient Magic and Ritual Power*. Leiden.

ROBERTS, J.H. (1988). *Darwinism and the Divine in America:* Protestant Intellectuals and Organic Evolution 1859-1900. Madison, Wis.

ROBERTSON, A.F. (1980). "On sharecropping". *Man*, 15, p. 411-429.

ROBERTSON, A.J. (ed.) (1939). *Anglo-Saxon Charters*. Cambridge.

ROFFE, D. (1990). "Domesday Book and Northern Society: A reassessment". *English Historical Review*, 105, p. 310-336.

RUNCIMAN, W.G. (2001a). "Was Max Weber a selectionist in spite of himself?" *Journal of Classical Sociology*, 1, p. 13-32.

_____ (2001b). "From Nature to Culture, from Culture to Society". *Proceedings of the British Academy*, 110, p. 235-254.

_____ (1991). "Are there any irrational beliefs?" *Archives Européennes de Sociologie*, 32, p. 215-228.

_____ (1990). "Doomed to extinction: The *polis* as an evolutionary deadend". In: MURRAY, O. & PRICE, S. (eds.). *The Greek City:* From Homer to Alexander. Oxford.

_____ (1983). *A Treatise on Social Theory* – I: The Methodology of Social Theory. Cambridge.

_____ (1972). "Describing". *Mind*, 81, p. 372-388.

SAHLINS, M. (1983). "Other times, other cultures: The anthropology of history". *American Anthropologist*, 85, p. 517-544.

_____ (1974). *Stone Age Economics*. Londres.

SAMUEL, R. (1998). *Island Stories: Unravelling Britain* – Theatres of Memory II. Londres.

SAWYER, R. (1986). *Slavery in the Twentieth Century*. Londres.

SCHAPERA, I. (1956). *Government and Politics in Tribal Societies*. Londres.

SCHELKLE, W. (2000). "Summary: Modernization". In: SCHELKLE, W.; KRAUTH, W.-H.; KOHLI, M. & ELWERT, G. (eds.). *Paradigms of Social Change:* Modernization, Development, Transformation, Evolution. Frankfurt.

SCHOECK, H. (1969). *Envy:* A Theory of Social Behaviour. Londres.

SCHWARTZ, S.B. (1985). *Sugar Plantations in the Formation of Brazilian Society:* Bahia, 1550-1835. Cambridge.

SCOTT, C. (1988). "Property, practice, and aboriginal rights among Quebec Cree hunters". In: INGOLD, T.; RICHES, D. & WOODBURN, J. (eds.). *Hunters and Gatherers 2:* Property, Power, and Ideology. Oxford.

SCOTT, S.F. (1978). *The Response of the Royal Army to the French Revolution:* The Rise and Development of the Line Army 1787-1793. Oxford.

SEARLE, J.R. (1995). *The Construction of Social Reality*. Londres.

SENECA (s.d.). *Epistles*.

SEWELL, W.H. (1981). "La confraternité des proletaires: Conscience de classe sous la monarchie de juillet". *Annales*, 36, p. 650-671.

SHAPIN, S. (1994). *A Social History of Truth:* Civility and Science in Seventeenth-Century England. Chicago.

SHENNAN, S. (2002). *Genes, Memes, and Human History*. Londres.

SILK, J.B.; BROSNAN, S.F.; VONK, J.; HENRICH J.; POVINELLI, D.J.; RICHARDSON, A.S. & LAMBETH, S.P.; MASCARO, J. & SCHAPIRO, S.J. (2005). "Chimpanzees are indifferent to the welfare of unrelated group members". *Nature*, 437, p. 1.357-1.359.

SIMON, H.A. (1990). "Invariants of human behavior". *Annual Review of Psychology*, 41, p. 1-19.

SKINNER, Q. (2002). *Visions of Politics* – I: Regarding Method. Cambridge.

SKYRMS, B. (1996). *Evolution of the Social Contract*. Cambridge.

SMAIL, D.L. (2008). *On Deep History and the Brain*. Berkeley, Cal.

SMITH, A.D. (2003). *Chosen Peoples*. Oxford.

SMOUT, T.C. (1969). *A History of the Scottish People 1560-1830*. Londres.

SNELL, K.D.M. (2003). "The culture of local xenophobia". *Social History*, 28, p. 1-30.

SNODGRASS, A. (1980). *Archaic Greece:* The Age of Experiment. Londres.

SOBER, E. & WILSON, D.S. (1998). *Unto Others:* The Evolution and Psychology of Unselfish Behavior. Cambridge, Mass.

SOLOW, R.M. (1997). "How did economics get that way and what way did it get?" *Daedalus*, 126, p. 39-58.

SOLTIS, J.; BOYD, R. & RICHERSON, P.J. (1995). "Can group-functional behaviors evolve by cultural group selection? – An empirical test". *Current Anthropology*, 36, p. 437-494.

SOMERSET, A. (2003). *The Affair of the Poisons:* Murder, Infanticide, and Satanism at the Court of Louis XIV. Londres.

SOSIS, R. (2003). "Why aren"t we all Hutterites? – Costly signaling theory and religious behavior". *Human Nature*, 14, p. 91-127.

SOSIS, R. & ALCORTA, C. (2003). "Signaling, solidarity, and the sacred: The evolution of religious behavior". *Evolutionary Anthropology*, 12, p. 264-274.

SPEER, A. (1970). *Inside the Third Reich*. Londres.

SPOONER, B. (1976). "Anthropology and the Evil Eye". In: MALONEY, C. (ed.). *The Evil Eye*. Nova York.

STANKIEWICZ, R. (2000). "The concept of design space". In: ZIMAN, J. (ed.). *Technological Innovation and the Evolutionary Process*. Cambridge.

STARK, R. (1996). *The Rise of Christianity:* How the Obscure, Marginal Jesus Movement Became the Dominant Religious Force in the Western World in a Few Centuries. Princeton, NJ.

STEDMAN JONES, G. (2004). *An End to Poverty? –* A Historical Debate. Londres.

STRABO (s.d.). *Geography.*

SUETONIUS (s.d.). *Grammarians.*

SUGDEN, R. (2002). "Beyond sympathy and empathy: Adam Smith's concept of fellowfeeing". *Economics and Philosophy*, 18, p. 63-67.

SUGIYAMA, L.S.; TOOBY, J. & COSMIDES, L. (2002). "Crosscultural evidence of cognitive adaptations for social exchange among the Shiwiar of Ecuadorian Amazonia". *Proceedings of the National Academy of Sciences*, 99, p. II,536-II,542.

SULLOWAY, F.J. (1996). *Born to Rebel:* Birth Order, Family Dynamics, and Creative Lives. Nova York.

TACITUS (s.d.). *Agricola.*

_____ (s.d.). *Annals.*

TAINTER, J.A. (1988). *The Collapse of Complex Societies*. Cambridge.

TALBOT, C. (2001). *Precolonial India in Practice:* Society, Religion, and Identity in Medieval Andhara. Oxford.

TANNER, T. (2000). *The American Mystery*. Cambridge.

THOMAS, K. (1971). *Religion and the Decline of Magic:* Studies in Popular Beliefs in Sixteenth and Seventeenth Century England. Londres.

THUCYDIDES (s.d.). *History.*

TILLEY, C. (1999). *Metaphor and Material Culture.* Oxford.

TONKINSON, R. (1988). ""Ideology and domination" in Aboriginal Australia: A Western Desert test case". In: INGOLD, T.; RICHES, D. & WOODBURN, J. (eds.). *Hunters and Gatherers* – 2: Property, Power, and Ideology. Oxford.

TOOBY, J. & COSMIDES, L. (1996). "Friendship and the banker"s paradox: Other pathways to the evolution of adaptations for altruism". *Proceedings of the British Academy*, 88, p. 119-143.

_____ (1992). "The psychological foundations of culture". In: BARKOW, J.H.; COSMIDES, L. & TOOBY, J. (eds.). *The Adapted Mind:* Evolutionary Psychology and the Generation of Culture. Oxford.

TOULMIN, S. & BAIER, K. (1952). "On describing". *Mind*, 61, p. 13-38.

TRILLING, L. (1972). *Sincerity and Authenticity.* Londres.

TUCHMAN, B. (1962). *August 1914.* Londres.

TURLEY, D. (1991). *The Culture of English Antislavery, 1780-1860.* Londres.

TURNER, M. (1982). *Slaves and Missionaries:* The Disintegration of Jamaican Slave Society, 1787-1834. Urbana, Ill.

TURNER, V.W. (1968). *The Drums of Affliction:* A Study of Religious Processes among the Ndembu of Zambia. Oxford.

VANBERG, V.J. (2002). "Rational choice versus program-based behaviour: Alternative theoretical approaches and their relevance for the study of institutions". *Rationality and Society*, 14, p. 7-54.

VAN DEN BERGHE, P.L. (1997). "Rehabilitating stereotypes". *Ethnic and Racial Studies*, 20, p. 1-16.

VARELA, F.J. (1999). *Ethnical Know-How:* Action, Wisdom, and Cognition. Stanford, Cal.

VARRO (s.d.). *De Re Rustica.*

VEYNE, P. (1981). "Clientèle et corruption au service de l'état: La vénalité des offices sous le bas-empire romain". *Annales*, 36, p. 339-360.

VIVEIROS DE CASTRO, E. (1998). "Cosmological deixis and Amerindian perspectivism". *Journal of the Royal Anthropological Institute*, 4, p. 469-488.

WEBER, M. (1922). *Gesammelte Aufsätze zur Religionssoziologie.* Tübingen.

WEBSTER, T.B.L. (1953). *Studies in Later Greek Comedy.* Manchester.

WELLEMAN, J.D. (2003). "Narrative explanation". *Philosophical Review*, 112, p. 1-25.

WHITEHOUSE, H. (2004). *Modes of Religiosity:* A Cognitive Theory of Religious Transmission. Oxford.

WHITELOCK, D. (ed.) (1979). *English Historical Documents I*. Cambridge.

WHITEN, A. & BYRNE, R.W. (eds.) (1997). *Machiavellian Intelligence* – II: Extensions and Evaluations. Cambridge.

WHITEN, A.; HORNER, V. & MARSHALL-PESCINI, A. (2003). "Cultural pan-thropology". *Evolutionary Anthropology*, 12, p. 92-105.

WHITING, R.C. (1983). *The View from Cowley:* The Impact of Industrialization upon Oxford 1918-1939. Oxford.

WICKHAM, C. (2005). *Framing the Middle Ages:* Europe and the Mediterranean 400-800. Oxford.

_____ (1994). *Land and Power:* Studies in Italian and European Social History, 400-1200. Londres.

WIERZBICKA, A. (1992). *Semantics, Culture, and Cognition:* Universal Human Concepts in Culture-Specific Configurations. Oxford.

WILEY, A.S. (2007). "Transforming milk in a global economy". *American Anthropologist*, 109, p. 666-677.

WILLIAMS, B. (2002). *Truth and Truthfulness:* An Essay in Genealogy. Princeton, NJ.

WILLIAMS, G.C. (1966). *Adaptation and Natural Selection:* A Critique of Some Current Evolutionary Thought. Princeton, NJ.

WILSON, E.O. (1978). *On Human Nature*. Cambridge, Mass.

WINCH, D. (2001). "Darwin fallen among political economists". *Proceedings of the American Philosophical Society*, 145, p. 415-437.

WINCH, P. (1958). *The Idea of a Social Science*. Londres.

WITTGENSTEIN, L. (1953). *Philosophical Investigations*. Oxford.

WOLPERT, S. (1977). *A New History of India*. Oxford.

WOLF, E.R. (1982). *Europe and the People without History*. Berkeley, Cal.

WOOLF, G. (1990). "Food, poverty, and patronage: The significance of the epigraphy of the Roman alimentary schemes in early imperial Italy". *Papers of the British School in Rome*, 58, p. 197-228.

WRANGHAM, R. & PETERSON, D. (1996). *Demonic Males:* Apes and the Origins of Human Violence. Londres.

WRIGLEY, E.A. (2003). "The Quest for the Industrial Revolution". *Proceedings of the British Academy*, 121, p. 147-170.

_____ (1987). *People, Cities and Wealth:* The Transformation of Traditional Society. Oxford.

WYATT-BROWN, B. (1982). *Southern Honor:* Ethics and Behavior in the Old South. Oxford.

YAIR, G. (2007). "Existential uncertainty and the will to conform: The expressive basis of Coleman"s rational choice paradigm". *Sociology*, 41, p. 681-698.

ZAFIROVSKI, M. (1999). "What is really rational choice? –Beyond the utilitarian conception of rationality". *Current Sociology*, 47, p. 47-113.

ZELDIN, T. (1973). *France 1848-1945 –* I: Ambition, Love and Politics. Oxford.

Índice

'Abd al-Rahman Khan 198
Absorção de lactose 47, 90
Acaso
    depósitos minerais 155n.103
    escravidão 163
    inovação 224
    teoria selecionista 201
    tradição intelectual 222
Aceleração da extinção 232
Achuar 53
Açúcar 90, 90n.55
Adams, M. 34
Adaptabilidade
    atitudes 109
    biológica 55-56
    coadaptabilidade 111
    comportamento fenotípico 190
    critério de 107
    cultural 55-56
    evolucionária 41, 89-92, 150
    intencional 41-43, 110n.69, 138, 149
    recíproca 125
    social 55
Adaptação
    biológica 79, 89
    criativa 189
    cultural 87
    inadaptação 55, 191
    memes 64, 114-115
    mutação 139
    mútua 110, 132
    níveis de 55
    Weber sobre 30

Adolescentes masculinos 18, 69

Ady, T. 77

Afeganistão 198

Affaire des poisons 116

Afinidades eletivas/seletivas 126n.83, 188, 211
 cf. tb. Falácia da Afinidade Eletiva

África 151, 202

Agap[ē]; cf. Amor

Agyrtēs 115

Ahura Mazda 211

Ain Mallaha 51

Aleatorização 15

Alemanha 170n.117, 194, 230
 nazista 58n.34, 170n.117

Alfabetização 45, 66

Altruísmo
 autossacrifício 70
 Darwin 12, 142
 endogrupal 60, 202
 fraco 212
 generosidade 24-26
 recíproco 26, 97, 159
 seleção por 70
 cf. tb. Regra de Hamilton

Amiano Marcelino 24n.9, 141

Amizades 98

Amor 84, 107, 141-143

Analogia da doença infecciosa 123-124

Anarquismo 188

Anciãos 52

Ancien Régime 182, 184, 190, 195

Anderson, B. 120

Andhara 116

Angra Mainyu 211

Antidarwinismo 11, 13, 16-18, 20, 63, 75

Antigua 168

Anti-Slavery Monthly Reporter 167

Antropologia 21, 23, 83, 99
 cultural 20

Anúncios 91

Apreensão estética 32, 101

Aprendizado 66-68, 71, 105, 119, 122, 150

Aptidão reprodutiva 90, 119, 229

Arcebispo Wulfstan 179-180

Aristocracia 152

Aristófanes 109n.67

Aristóteles
    e Nisbett 128n.86
    Ética a Nicômaco 98
    Política 43, 131
    raciocínio animal 19
    razão/paixão 76
    teoria física 14

Arquitetura monumental 157

Arrendamento 69, 160n.105, 185

Artefatos 68, 82

Arval Brethren 135n.92

Árvores da liberdade 188, 188n.157

Asoka 154, 154n.101

Assentamentos neolíticos pré-cerâmicos 51

Assurbanipal 158

Astecas 46, 199

Atavismos 191

Atenas 150, 155n.103, 165, 197, 207, 209

Atitudes
    adaptabilidade 109
    caçadores-coletores 78
    distribuição de 102
    e crenças 75-76, 84-85, 157
    partilhadas 108, 209
    retenção 111
    sacralização 108

Ato
    de Estabelecimento 128
    de Milícia Suplementar 127

Atos dos Apóstolos 142

Augusto 137, 153

Autoconsciência 31, 98

Autoexaltadores 87, 152, 173

Autointeresse 37, 85-86

Autorrespeito 30-32

Autossacrifício 71

Avanços tecnológicos 119-120

Avesta 210

Azande 22, 77, 103

Babeuf, "Gracchus" 190

Babilônia 43, 174, 199

Bactéria 42

Baleias 203

Bantos 52

Baoule 57

Barbados 168

Batalha
de Canas 135
de Milvian Bridge 139
de Philiphaugh 114
de Plateia 131
de Rossbach 183

Batek 52

Batismo 141

Bayly, C.A. 196, 198

Becker, G.S. 76

Beda o Venerável 104, 129, 180

Beduíno Rwala 151

Bemba 117

Benevolência incondicional 143-144

Benevolentia 141

Bentham, J. 224

Bergson, H. 38

Bichos-pau 191

Biologia evolucionária 12

Bispo Hincmar 117

Bispos 150

Bizâncio 118, 138

Blanc, L. 189

Bloch, M. 153, 159, 172

Boas, F. 103

Bolcheviques 190

Bonobos 45n.23

Bordarii 179

Borofsky, R. 104

Bourdieu, P. 55

Bowlby, J. 41, 91

Boyd, R. 59, 63n.39, 70, 92

Boyle, R. 106, 109

Brasil
   abolição da escravidão 168
   escravidão 162, 162n.109, 170n.118
   milenarismo 111
   mineração no 170n.117

Braudel, F. 122

Bretanha 151

Brinton, C. 29

Britanidade 128

Broglie, M. 183n.149

Browne, T. 135n.89

Brummel, "Belo" 111

Bruto, M. 134

Bruxaria 77, 115, 117-118

Budismo 121, 123, 128-129, 210

Bukhara 198

Burakumin 165n.112

Burguesia 152, 189, 221, 224

Burocracia 160

Caça e coleta 73, 78, 88-89

Caçadores-coletores 44, 50-52

Caçadores-horticultores 80

Calvino, J. 120, 144

Calvinismo 111, 120, 147

Campbell, D.T. 12-13, 15, 18, 105

Cantares 94

Capitalismo 60, 110, 129, 144, 160, 189-190

Capitão Bligh 50

Capuchinhos 100

Caribenho 163, 166, 168

Caridade 24, 141-143

Carisma 107, 110-111, 114, 150, 176

Carlos Magno 154

Carlos o Temerário 172

Carlyle, T. 200

Cartago 135, 156

Casamento entre religiões 87

Cássio 134

Casta 49, 89, 178, 193

Catedral de Chartres 101

Cato 169

Cátulo 135n.89

Causalidade 108, 216, 228

Centro/periferia 155, 155n.102, 156-157

Ceorls 174-176, 180

Chefes magistrados 174

Chimpanzés 20
  amizades 98
  comportamento evocado 100-101
  e humanos 74, 96-98
  individualidade 98-100
  macho alfa 53, 88, 100
  metarrepresentações 100
  violência letal 44-45, 45n.23
  vocalizações 97-98
  cf. tb. De Waal, F.

China 57, 106, 121, 123, 160, 184, 210

Chindasuinth 56

Chocolate 90

Christian, F. 50

Cícero 115, 134, 158n.104, 161, 162n.109

Cidades-Estado 206-207

Ciências comportamentais 12-13, 37

Cipolla, C.M. 62n.38

Cipriano de Cartago 142

Classe
  média 129
  trabalhadora 104, 125, 129, 189

Clemente de Alexandria 142

Clientelismo 175n.126

Cloak Jr., F.T. 64n.40

Coabitação 125

Códigos de leis 43, 177

Coevolução 47
  conformidade 113
  desmilitarização 133
  economia monetária 54
  efeitos fenotípicos 197
  e sociologia do conhecimento 108
  gene-meme 61, 71, 88, 231
  meme-prática 189, 232
  padrões de comportamento 102-103
  práticas como operadores 172
  rixa 96
  sequências similares 208
  transição da cultura para a sociedade 148

Cognitivo ótimo 112

Cohen, D. 95

Colbert, J.-B. 194

Coleman, J.S. 86n.50, 93, 146

Coletores de impostos 157, 193

Colley, L. 127-128

Columela 168-169

Comensalismo 65, 186

Competição 27-29, 34-35, 41, 88

Comportamento adquirido
  e capitalismo 60
  e comportamento evocado 98
  informações 63, 122, 159
  na guerra 18, 44
  rixa 94-96
  transição ao imposto 50

Comportamento evocado 18
  chimpanzés 100-101
  Contrarreforma 58
  educação de crianças 74
  e "outro" 78
  face a face 97
  guerra 44, 92, 127
  mecanismos motivacionais 92-93

penetração 98

registro etnográfico 74

registros arqueológicos 45

retórica 91

rixa 94-96

Comportamento imposto

conformidade 48

Durham sobre 49

escravidão 161-164

mutação de práticas 150-158, 180-182

na guerra 18, 44

transição de adquirido 50-51

Comportamento parental 125

Comunidades

imaginadas 120

puritanas 111, 145-147

quilombolas 164

sectárias 106

Comunismo 110, 188

Conceito(s)

cartesianos 128

de Modernidade 197-198

de tempo 83

Condorcet, J.-M. 233

Conduta de distanciamento 23

Conformidade 76, 113, 135

Confucionismo 128, 139, 210

Congresso de Viena 166

Conhecimento 107-108, 115

Conquista Normanda 174-176, 178

Conquistadores espanhóis 43

Consciência 25, 79

coletiva 128

Conspiração dos iguais 190

Construção de nicho 72, 89

Contágio

do pensamento 124-125

social 125

Contrarreforma 58

Contratos sociais 88, 152

Controle social 51
Conway Morris, S. 203
Cook, J. 192
Cooperação 12, 24-25, 83, 88, 107, 139
Cor da pele 165
Corpus Inscriptionum Latinorum 161n.106
Córsega 95
Cosmides, L. 218
Costumes funerários 105
Cottarii 179
Covardia 132-133
Covenanters 114
Cree 54
Crenças
  adeptos a 112
  ambivalência 103-104
  caçadores-coletores 78
  causais 108
  distribuição de 102
  e atitudes 75-76, 84-85, 157
  explicações de 229
  meia-crença 103n.62
  memes 77-78
  partilhadas 108, 209
  racionais 76-77
  retenção 111
  sistemas de 105
  transmissão de 105
Creoles 120
Criação de escravos 164n.111
Crianças
  bombardeio memético 65
  vendidas para escravidão 162, 162n.108
Crick, F. 19
Cristianismo
  amor 107, 141-143
  benevolência incondicional 143-144
  caridade 141-143
  Constantino 139-140
  conversão forçada 144

costumes funerários 105-106
Deus 215
e judaísmo 61
e marxismo 110
escravidão 172
Europa 172
evolução social 144
grande perseguição 140
heresia/ortodoxia 139-140
homem sagrado 54n.32
imperialismo 144
martírio 106, 110
mau-olhado 118
memes 118
Paley 14
perda da fé no 225
protestantismo/catolicismo 40
reciprocidade 143
Roma antiga 142-143
segunda vinda 211
seleção cultural/social 139-140
sobrenatural 135n.91, 140
transmissão cultural 144
Crookes, W. 117
Culpa 101
Culto da Mãe Eterna 106
Cultura
comportamento adquirido 44
da honra 95
diversidade 75
em desenvolvimento 64
guerreira 130-133
modelos filogenéticos 43
regras 48
semelhanças 203, 205-207
tradições 105, 133-134
transmissão 144
Cura por feitiçaria 118

Damaras 46n.27
Danelaw 176

Darnton, R. 66

Darwin, C. 33
  A descendência humana 12, 28, 34-35, 71
  A origem das espécies 11-12, 34
  altruísmo 142
  animais 18-20, 22
  autoconsciência 31, 98
  concepções políticas 226
  cooperação 139
  decepção 22
  doação de presentes 142
  empatia 21
  e sociologia comparativa 18-19
  expressões faciais 74
  moralidade 25-26
  mudança gradual 180
  música 91n.57

Darwinismo social 14, 28-29, 39

Daur 214-216

Davenant, C. 222

Dawkins, R. 64

De Waal, F. 19, 45n.23, 87, 96, 100, 213

Deferência 55, 106

Deioces 151

Demóstenes 133

Dennett, D. 12, 14

Depósitos minerais 153n.103

Descartes, R. 128

Descendência
  com modificações 12, 20, 28, 39
  homóloga 43, 127, 148, 203, 210-211
  patrilinear 194

Descontaminação 65

Descrições
  autenticidade 214, 219
  densa/superficial 217-218

Desenvolvimento comportamental 82-83

Desmilitarização 133

Destino 222
  manifesto 29, 39

Deuses 109n.67

Díades de papéis 39, 58, 69, 71, 73, 152

Diágoras de Melos 104

Diamond, J. 192

Diderot, D. 66

Diferenças de classe 107-108, 129-130

Difusão lateral 43, 126-127, 148

Dilema do Prisioneiro 26, 93

Dinheiro de sangue 95

Dinka 71-72, 103

Dio Cássio 143

Diógenes Laércio 104

Direito Romano 135-137

Disposição inata 74-75, 87, 91

Divina providência 38n.19, 134

Divisão justa do jogo 50

DNA 11, 61, 227

Doação de presentes 23-25, 80, 142

Doença de Tay-Sachs 61

Dogon 217

Domesday Book 180

Domesticação 202-203

Douglas, M. 103, 216

Douglass, F. 165n.114

Dover, K. 131

Doyle, W. 190n.159, 194-195

Doze tábuas 135-136

Dualistas 89, 121

Duque de Orléans 188n.155

Durham, W.H. 47, 49

Durkheim, É. 9, 109, 148, 224-225

Ecologistas comportamentais 57, 131

Economia do retorno
  imediato 50
  retorno retardado 50

Economia monetária 54

Eddy, M.B. 107

Edgar, K. 177n.137

Educação de crianças 74, 122-123, 137-138

Efeitos fenotípicos 20-22, 39, 47, 64, 104-105, 167, 197, 213
    artefatos como 68
    caridade como 141
    de ideologia revolucionária 185
    de memes 85, 105, 113, 118, 121, 127, 138, 191, 211
    de práticas 150, 191

Egito 77, 115n.77, 133, 153, 156, 160n.105

Elfrico 180

Elias, N. 205

Élio Aristides 158n.104

Elites 159, 208

Elliott, J.H. 155n.102

Elton, G. 205

Emigrantes maori 59

Emoção 84

Empatia 21, 82

Endogamia 186

Endogrupos 60, 78, 83, 159

Engano 19, 23, 74

Engels, F. 29, 130

Engenharia reversa 42, 68, 111, 113, 117, 120, 126, 138

Epidemiologia/providência 38n.19

Equilíbrio pontuado 44, 181-182, 184, 190

Era Axial 210-211

Escócia 147, 152
    cf. tb. *Covenanters*

Escolha racional 37, 76, 80, 85-87, 94

Escravidão
    abolição da 164, 166-169
    acaso 163
    açúcar 90
    Atenas 165
    Brasil 168-169, 170n.118
    caribenha 166, 168-169
    como *design* localmente ótimo 162
    cor da pele 165
    cristianismo 172
    direitos 170

distribuição da 162

Europa 169-172

exploração 131

fugitivos 164

Inglaterra 173-174

manumissão 154, 162

quacres 167

romana 58, 164n.111, 169-171

sociologia comparativa 161

Weber 140, 170n.117

Escrita da história 204

Esfera pública 17n.4

Esparta 206

Espártaco 169

Esquemas alimentares 141

Ésquilo

Sete contra Tebas 132

Estados Unidos da América 202

capitalismo protestante 144-147

como grande sociedade 159

Constituição 59

Declaração de Independência 164

escolha racional de religião 86

escravidão 90n.55, 161-165, 169

homicídio 95

imigrantes escoceses-irlandeses 96

manumissão 164

trabalho assalariado 166

Estatuto dos artífices 163

Estereotipar 78

Estigmatização 78, 89, 114, 127, 132-133

Estímulo magnético transcraniano 86

Estoicos 134, 141

Estrangeiros 92

cf. tb. Xenofobia

Estruturas systácticas 97, 129, 134, 152, 157, 174, 206

Estudo sobre comportamento animal 11-12, 18-20, 23, 66-67, 96, 100

cf. tb. Primatologia

Etelberto 175n.126

Ética
    da salvação 107, 134
    protestante 110, 144
Etiópia 151
Etoro 77
Eugenia 226
Eurípides
    As suplicantes 197
Eurocentrismo 196, 201
Europa
    cristianismo 172
    feudalismo 159
    pós-romana 160, 166
Eusébio 142-143
Evans-Pritchard, E.E. 21-22, 77, 81n.48, 95, 103, 217
Evolução convergente 95, 126, 148, 162, 174, 198, 203, 207, 210
Evolução cultural
    diferenças populacionais 59-61
    formação de grupo 78
    influências biológicas 54
    memes mutantes 49
    subculturas 129
    teoria selecionista 33-34
    transições 209
    variação 16
Evolução das espécies 203
    cf. tb. Evolução convergente; Evolução cultural; Evolução sociocultural
Evolução sociocultural 13, 47, 49
Evur 109
Exaptações 55, 114, 206
Exogrupos 127, 159
Expeditiones regum 177
Experiências subjetivas 212-214
Explicação nomotética 202
Exploração 91, 131, 145
Expressões faciais 74, 97

Fabricação de canoas 86
Falácia
    da Afinidade Eletiva 110, 209

cf. tb. Afinidades eletivas/seletivas
da Periodização Preventiva 209

Fang 109

Farmacologia 116

Fé 76n.42, 225

Fertilidade
   fora do casamento 125
   frequência 56-57

Feudalismo 159-160, 181, 209

Filolau de Corinto 43

Fisher, R.A. 12, 227

Fourier, C. 189

Foxe, J. 128

França
   anarquismo 188
   Ancien Régime 182, 184, 190, 195
   arrendamento 69-70
   burguesia 152, 189, 221
   classe trabalhadora 189
   comunismo 188
   costumes funerários 105
   descristianização 185
   Marx 189
   pós-revolução 184, 188-189
   reforma fiscal 195
   socialismo 188-189
   sufrágio 186
   uniforme de infantaria 56
   venda de cargos 193
   cf. tb. Revolução Francesa

Frazer, J.G. 225

Fredegar 56

Frederico o Grande 92

Frenologia 38

Frequência/dependência 105, 125, 158

Fugas em pânico 93

Fundamentalismo religioso 139

Ganchos suspensos do céu 14

Geertz, C. 217, 218

Generosidade 24-25

Genética 11, 60-61, 123, 138, 226-227

Genoma humano 88, 226

Germano-americanos 60

Ghana 115n.77

Gibbon, E. 144

Gladstone, W.E. 34

Globalização 198

Goði 151

Goebbels, J. 91

Goffman, E. 213

Golding, W. 99

Gosto por doces 90

Grã-Bretanha 57, 62n.38, 65, 77, 154, 173, 196, 202
    cf. tb. Inglaterra; Escócia

Grande Perseguição 140

Grande-homem 53, 151, 173, 205

Graus de liberdade 170-172

Grécia antiga
    hoplitas 131-132
    infantaria 131
    kolax 53
    oligarquia 207-208
    pólis 206-208, 210
    cf. tb. Atenas; Helenismo

Gregório o Grande 138

Greif, A. 47n.28

Greves 104

Grupos 72, 78
    cf. tb. Endogrupos; Exogrupos

Gudeman, S. 214

Guerra(s) 18, 44-46, 92, 117
    do Peloponeso 208
    Napoleônicas 127
    Púnicas 169

Guerreiros mercenários 133

Guinéus 85

Habitus 55

Hacendados 182

Haiti 153, 166

Haldane, J.B.S. 227

Halévy, E. 222

Hamilton, W.D. 70

Hamurabi 43, 174, 199

Helenismo 102, 130-133, 210

Herança biológica 11, 24, 79, 89
    caça e coleta 89
    comportamento 74
    e diferenças culturais 83
    epigenética 61
    Paradoxo de Gellner 75, 121

Herança epigenética 61

Heresias e ortodoxias 137-140

Heródoto 131, 151

Heroísmo 45n.25

Heyerdahl, T. 192

Hinduísmo 128

História da matemática 137

Hitler, A. 91

Hobbes, T. 223

Hobhouse, L.T. 226

Hobsbawm, E. 227

Holistas 72, 202

Homem sagrado 54n.32

Hoplitas 131-132, 207

Hozho 102

Huguenotes 120

Hume, D. 19, 75

Humilhação simbólica 113

Humphrey, C. 214-216

Hunt, T.L. 192

Hutchinson, F. 77

Huxley, A.F. 31

Huxley, T.H. 221

Iconófilos/iconoclastas 138

Idiográfica, explicação 202

Igreja Católica Romana 57, 59, 69, 138, 173, 186
Igrejas como proprietárias de terras 157
Ilha
   de Páscoa 192, 201
   de Ponape 192
   Providence 164
Ilhas Chatham 59
Ilhéus trobriandeses 116
Illinois 59
Iluminismo 221
Imigrantes escoceses-irlandeses 96
Imitação 66-68, 70-71, 105, 119, 122
Imperador
   Constantino 137, 139-140, 144
   Diocleciano 140, 156, 158
   Juliano 142
   Trajano 140-141
   Valente 156
   Vespasiano 140
Imperialismo 134, 144
   cf. tb. Império(s)
Império(s) 154-155, 208
   absorção do mais fraco 156, 158
   Assírio 158
   Britânico 156, 154n.101, 158n.104, 201
   centro/periferia 155, 155n.102, 156-157
   desligamento 156, 158
   Mughal 157
   Otomano 157, 161
   seleção natural 159
Império Romano
   absorção dos latinos 154
   colapso 172, 191
   e corrupção 155n.102
   e Império Britânico 158n.104
   homem sagrado cristão 54n.32
   reforma 156
   sicofantas 53
Imposto sobre a terra 177
Inadaptações 55, 191, 193
Inca 58

Índia 54, 115, 158

Individualistas 71-72, 202

Inércia cultural 93

Informações
  expressão 47
  fenótipo 22, 68, 87
  transmissão 39-41, 47-48, 119-122

Informantes nativos 99, 214, 216-217

Ingestão de leite; cf. Absorção de lactose

Inglaterra 194
  conquista normanda 174, 175, 178
  díades de papéis 152-153
  e Escócia comparadas 152
  escravos 174
  cf. tb. Inglaterra anglo-saxã

Inglaterra anglo-saxã
  alvarás 116n.78
  Bloch 172
  códigos legais 43, 177
  e Babilônia comparadas 43, 174, 199
  Estado central 176
  estrutura systáctica 174
  guerreiros 179
  igreja 179
  mobilidade social 178-179
  nacionalismo 126, 129
  papéis e instituições 173
  posse/controle de terras 175-176, 179-180
  reinado 151n.99, 177-178
  religiões 104, 173

Inglesidade 129

Inovação 15-16, 42, 137, 224

Instinto 14, 92-93
  de sobrevivência 93

Instituições 102, 106, 178
  definições de 13
  papéis e 17, 52-53, 53n.31, 150, 152-153
  práticas de 48, 55, 72, 150

Inteligência maquiavélica 12, 97, 100

Intencionalidade 22-24, 99

Intercâmbio 91, 97, 101

Interregnos 53n.31
Introspecção 32, 211
Inuit 53
Inveja 118
Irlanda 175n.126
Islã 118
Islândia 94, 151, 173
Isócrates 208
Itália 169, 206-208

Jackson, T. 38-39
Jacobinismo 190
Jamaica 158, 166, 167, 168
Jansenistas 187
Japão 43, 123, 153, 159, 165n.112
Jaspers, K. 210-211
Jean-Jacques Rousseau 124n.82
Jesuítas 121n.80, 123
Jesus Cristo 68, 129
Jogo
   do Falcão e da Pomba 63
   do Ultimato 80
Johnson, S. 103
Jornais 120
Joyce, R. 226
Judaísmo 61, 140
Judeus 60, 69
   asquenazes 61
Juunt 53

kachin 59
Kampuchea 161n.107
Kant, I. 26, 30-31, 101, 106
Kelly, R. 71-72
kinnaurese 54
Kipling, R. 202
Kolakowski, L. 110
kolax (lisonjeador) 53
Kuhn, T.S. 37, 230n.168

!kung san 52, 103
kwakiutl 88, 103, 162

L'Artisan 189
Lactâncio, L.C. 142
Lampádio 24n.9, 141
Lassalle, F. 11, 227
Lavagem das mãos 64-66
Leach, E. 115, 206
Lee, B.B. 52
Lefebvre, G. 182-183, 190n.159
Leis de Ine 175n.126
Lévi-Strauss, C. 103
Lewis, G. 85
Libanês 54n.32
Liderança 112, 150
Livre-arbítrio 14, 33
Livrets 185
Livros
    de etiqueta 65-66
    Sibilinos 135
Longino, C.C. 136
Lorde
    Cromer 158n.104
    Halsbury 155-156
Luciano 143
Lugalzagesi 154, 154n.101
Luís Felipe 189
Luís XIV 116, 158, 193
Luís XVI 116, 183, 187
Luta de classes 11, 28, 34
Lutero, M. 139, 144
Lyttelton, H. 16

Macaulay, T.B. 113, 202
MacCulloch, D. 120, 145
MacDonald, K.B. 60
Macedônia 130, 208
Machiguenga 80

Maçons 113, 187

Madagascar 54, 115

Magia 103, 115-117, 135

Maia central 191

Maitland, F.M. 178

Mal 89, 128

Malinowski, B. 116

Mameluco 153, 162n.108

Mana 102

Manipulação da luz 58n.34

Mannheim, K. 107

Manumissão 154, 162, 164, 168-170

Maomé 139

Marco Aurélio 108, 134-135

Mardujarra 53

Marechal de Saxe 90n.56

Maria Antonieta 187, 187n.154

Maring 117

Marshall, A. 204

Martineau, H. 66

Marx, K. 9, 139, 148
  base/superestrutura
  Das Kapital 221, 227
  evolução social 27
  França 189
  luta de classes 11, 28
  metáfora 16
  modos de produção 160
  moralidade 226
  para Lassalle 11, 227
  proletariado 224
  revolução 30
  sobre Darwin 11
  sobre dinheiro 54
  teleologia 29-30

Marxismo 27, 110, 164, 227

Massie, J. 222

Massilia 207n.163

Materialismo histórico 28-29, 39

Mau-olhado 118

Maupeou, R.N. 194

Maurício de Nassau 90

Mausoléu de Lenin 110

Maynard Smith, J. 63, 226-227

McNeill, W.H. 90n.56, 91, 94, 217

Mecanismos motivacionais 82

Médicos ndembu 115n.76, 215

Médicos-bruxos 103
  zande 103

Meia-crença 103n.62

Melanésia 151

Melville, H.
  O homem de confiança 146

Memes 13, 39, 43, 64, 85
  adaptação 64, 114, 132
  analogia do software 64
  arqueologia 68
  cérebro emocional 109-110
  coadaptativos 77, 108, 111, 119
  competição 41
  crenças 76-77
  decodificação de 119-121
  deslocamento/substituição 104
  difusão de 15, 108, 121, 138
  diversidade cultural 75
  doutrinais 112-113
  efeito fenotípico 41, 64
  em livros 65-66
  grupos relacionados 128
  heréticos 137
  Igreja Católica Romana 59, 138
  imagísticos 112-113
  imitação/aprendizado 18, 105
  modernização 198
  mutação 49, 55, 122, 144, 148, 187, 190, 211
  padrões de comportamento coletivo 105
  práticas e 41, 61-62
  recombinantes 144, 148
  reinterpretados 49, 102, 150, 189
  reprodução de 138
  Roma 134, 137, 143

sacralização 109-110
seleção cultural 61-62, 71, 157
tecnomemes 62, 73, 122, 210
transmissão 66, 95, 119-124, 138, 140-148, 167
vencedores e perdedores 200
cf. tb. Coevolução meme-prática

Mendel, G. 11

Mesopotâmia 202

Metáfora na ciência 16-17

Metalurgia 86n.51

Metarrepresentações 100

Metodismo 107, 167

Michelet, J. 200

Migração sazonal de mão de obra 58

Migrantes 70-71

Milagres 111

Milenário do Rei Alfredo 130

Milenarismo 111

Militares 157

Mill, J.S. 32, 223-224

Minas de prata 155n.103

Mita 169

Mitreu 58n.34

Mobilidade
de intercâmbio 179
estrutural 179
social 53, 93, 137, 154, 162, 178, 202

Modelos filogenéticos 43

Modos de coerção
elites 159
escravidão 165
França pós-revolução 186
impérios 157
militares 157
recrutamento para o exército 150, 157
riqueza pessoal 151

Modos de persuasão 149
França 184-186
Igreja Católica Romana 186
missões/escolas 157

nobres escrivães 157
prestígio 193-194
quacres 167
romanos 136
Modos de produção 149
Atenas 197
capitalismo 60
coleta de impostos
escravidão 164
França, pós-revolução 184-185
industrial/agrícola 196
Marx 160
Monod, J. 224
Monofisita 114
Montaigne, M.E. 75
Moore, H. 66
Moralidade 25-26, 224-226
Moriori 59
Mormonismo 110
Mudança
ausência de 133
de paradigma 37-38
equilíbrio pontuado 181
gradual/repentina 180
operadores da 148
práticas mutantes 153
qualitativa 12
Mursi 83
Música 85, 90n.56
Mutação
aceleração 232
adaptativa 55-56, 139
biologicamente inadaptada 55, 184
crítica 149
imitação da 105-106
improvisação 17
memes 49, 55, 123, 144, 148, 187, 189-190, 211
pagamentos de lobolos 72
práticas 148, 153, 171
sociologia comparativa 16

Nacionalismo 126-129, 181

Nagasaki 123

Napoleão III 195

Natural/sobrenatural 222

Neandertais 99-100

Necker, J. 183, 194

Nietzsche, F.W. 30, 33-34, 140, 222, 225, 228

Nisbett, R.E. 95, 128n.86

Nock, A.D. 107

Nomotheteis 207

Normas de conduta 119, 222

Nova Inglaterra 145-146

Nobres escrivães 157

Nuer 22, 71, 83, 95, 103, 217

Oligarquia 207-208

Onon, U. 214-216

Opinião pública 106

Oradores 91

Ordem de nascimento 138n.93

Ortodoxias 137-140

Otimização 42, 55

Outridade 65, 78-79, 132

Ovídio 134

Padrões de comportamento
    culturas alfabetizadas/não alfabetizadas 66
    fenótipos 20-22, 37, 129
    memes coadaptativos 108
    neodarwinismo 33
    transmissão 43-44
    universal 81-83
Padrões de comportamento coletivo
    coevolução meme-prática 102
    deferência 55
    explicações 82, 204
    gritos de batalha 114
    memes 105
    modelos da teoria dos jogos 93

rastreio de práticas 39, 127
seleção natural 78
sociologia comparativa 79
Pagamento
de impostos 175
de lobolos 72
Paganismo 140-144
Paine, T. 66
Países Baixos 196
Paixão/razão 75-76
Palavra impressa 119
Paleolítico 52, 87-88, 102n.72
Paley, W. 14
Pânico 93
Panóplias 132-133
Papéis
institucionais 13, 15, 51-52, 53n.31, 150, 152-154
intermediários 157
Papua Nova Guiné 54, 71, 77, 80, 151, 199
Parada militar 90-91
Paradoxo de Gellner 75, 121
Parasitismo 51, 89, 126, 143, 145-146, 153
Parentesco 44, 94
Parsons, T. 29
Participação eleitoral 212
Partido Democrático Social da Suécia 121
Pássaros-arquitetos 21, 31
Pastorais 151, 160
Paternalismo 158
Patrimônio 153, 177
Patriotismo 128, 130
Patrocínio 182, 186
Pausânias 132, 135n.89
Paz de Paris 166
Pedro o Grande 150
Peirce, C.S. 224
Peninsulares 120
Péricles 126
Periodização 209

Personarum 175

Peru 58, 165n.113

Peuple/burguesia 189

Philosophes 187

Pictor, F. 135

Pinker, S. 85

Plantação escravista 163

Platão
  envenenamento 115-116
  Eutidemo 229
  Leis 131, 134
  Menexenus 132
  República 134, 210

Pleistoceno 32, 87, 89

Plínio o Jovem 140

Plínio o Velho 103, 168

Poder 46, 106, 150, 152-153

Podestà 154, 207

Polinésios 102, 151, 192

Pólis 206-208

Políticos 91, 97

Pongueaje 182, 182n.148

Pontifex maximus 137

Pontífices 134, 136

Popper, K. 110

Posidônio 134

Pós-modernismo 228-229

Posse/controle da terra 160, 174, 179

Possibilidades evolucionárias 202-203

Povos pré-alfabetizados 65

Práticas 13, 39, 53, 57, 126-127
  adaptáveis/inadaptáveis 157
  capitalistas 190
  diversidade social 75
  memes e 41, 61-62
  mutação 148, 153, 171
  recombinantes 148
  renegociação 49, 150, 189
  reprodução de 55

seleção social 157

vencedoras e perdedoras 200

Predestinação 111

Pressuposições 216-217

Prestígio 105-106, 193

   cf. tb. *Status* social

Primatologia 19, 23, 96-100

   cf. tb. De Waal, F.

Primeiro Projeto de Lei de Reforma 166

Proletarização 168

Protestantismo 34, 40, 54n.32, 127-128, 144-145

Protoconceitos 82

Protofamílias 73

Proudhon, P.-J. 189

Providência 38n.19

Psicologia

   comportamentalista 20, 32, 37

   evolucionária 76, 91, 94, 131, 218

Pukapuka, A. 104

Punição 80n.46, 159

Purgatório 103n.62, 138

Quacres 167

Queda da Bastilha 183, 183n.150, 188

Quesalid 103

Radcliffe-Brown, A.R. 53

Rainha Vitória 156

Raiva 84

Razão/paixão 75

Rebeldia 138n.93

Rebelião de *Bounty* 50

Reciprocidade 58, 91, 125, 143

   forte 25, 132, 143, 146, 153, 159

Rectitudines singularum 175

Reforma Protestante 119-120, 127

Registro(s)

   arqueológicos 18, 45, 51, 53, 68, 86n.51, 88

   etnográfico 74, 117

Regra de Hamilton 83, 94, 154, 202

Rei Etelstano 178n.139

Reinado 152, 177

Relações industriais 125, 153

Relativismo
   cultural 225
   moral 225, 228

Repartimiento 169

"Resistentes" 37, 121, 123

Restauração Meiji 43

Retórica 91

Revolução 30, 181-185, 190
   Boliviana 181, 184
   Francesa 182-186, 195, 197, 200
   Industrial 155n.103, 196, 202
   Neolítica 51-52

Ricardo, D. 155n.103

Ricci, F.M. 121, 123

Richards, A. 117-118

Richerson, P.J. 59, 63n.39, 70, 92

Ridley, M. 96-97

Rinha de galos 218-219
   balinesa 218-219

Riqueza 151

Ritmo 90-91

Ritual(is)
   da chuva 103
   da fertilidade 116, 135
   da inefabilidade 85
   de iniciação 113
   do batismo 141
   romano 135

Rivera, A. 214

Rixa 94-96, 173

Roggereen, J. 192

Roma antiga 77
   benevolentia 141
   conformidade 135
   cristianismo 144
   divina providência 134

escravos 57-58, 164n.11
oligarquia 208
persuasão 136
ritual 135
sacerdócio 116, 134, 136
tradições culturais 133-134
Weber 170
Rômulo Augusto 156
Rotas de comércio 155
Rotinização 150
Rússia 184, 194, 202, 206
Ryle, G. 217

Sacerdócio 69, 105, 116, 134, 136, 151
Sacralização 108, 110
Sagas norueguesas 118
Sahlins, M. 105, 151, 173
Saint-Simon, C. 189
Salamon, S. 59-60
Salmo
  cantado 120
  métrico 120
Samuel, R. 201
Schumpeter, J. 110
Scot, R. 77
Searle, J. 47n.28
Secularização 136, 139
Sedentarização 51
Segunda Guerra Mundial 92
Segundo Concílio de Latrão 138
Seitas 107
Seleção cultural
  como operadora 74
  crenças e atitudes 157
  cristianismo 139-140
  e seleção natural 56-57, 70-71
  e seleção social 48, 70-71, 106
  história arquetípica da 149
  impérios 159

memes 61-62, 71-72, 157

transmissão lateral 43

Seleção de grupo 12, 30, 71-72, 90, 152-153

Seleção natural 56, 79, 180, 227, 229, 231

adaptabilidade evolucionária 89-92, 107

autoexaltadores 87, 89

Campbell 12

ciência comportamental 11-13

consciência 79

Deus 34

e judaísmo 61

e juízos morais 226

e seleção cultural 57, 70-71

impérios 159

intencionalidade 22

neodarwinismo 13-14, 79

padrões de comportamento coletivo 79

protestantismo 34

raciocínio bayesiano 92-93

teoria da probabilidade 93

transferência/hibridização de genes 43

tromba do elefante 40

velocidade da 121

Seleção particulada 11, 61, 61n.36

Seleção sexual 12, 31

Seleção social

como operadora 74

cristianismo 139-140

e seleção cultural 49, 57, 60, 69-70, 107

história arquetípica da 149

império 159

na Inglaterra anglo-saxã 180

neutra entre *designs* 149

práticas 157

Semai 45-46

Semelhanças 203, 205-207

Senso moral 26, 79, 100

Servidão 107, 160, 171

Sewell, W.H. 189

Shakers 56

Sher Ali 198

Sicília 169

Sicofantas 53

Sidgwick, H. 223

Simon, H.A. 41

Sindicalismo 125, 153

Sistema *binana* 54

Skinner, Q. 23n.8

Smith, A. 76, 152, 168, 204, 223

Smith, J. 110

Sober, E. 71

Sobredeterminação 40, 126

Sobrenatural 115, 119, 135n.91, 140

Sobrevivência do mais apto 28

Socialismo 188-189

Socialização 122

Sociedade
    comportamento imposto 44
    democrática 207, 212
    diversidade 75
    Durkheim 109
    e Estado 176
    em declínio/colapso da 191

Sociologia
    ausência de taxonomia 205-209
    da religião 106, 139
    da sociologia 225-227
    do conhecimento 107
    guerra 44-46
    humanos/primatas 96-98
    informantes nativos 216
    processo evolucionário 43
    Spencer 27

Sociologia comparativa
    abordagem neodarwiniana 38
    diferenças culturais e sociais 39-40
    escravidão 160-162
    estabilidade da cultura 119
    guerra 18
    influência de Darwin 18
    mutação/combinação 16-17

padrões de comportamento coletivo 79
teoria evolucionária 9, 16
teoria selecionista 13-14, 26, 47, 230-231

Sócrates 132

Sólon 131, 150

Solow, R.M. 16

Soltis, J. 71

Speer, A. 91

Spencer, H. 9
competição 27, 34
moralidade 224-225
sociologia 27
Sociologia descritiva 128
teleologia 29

Stark, R. 143

Statto-città 206-208

Status social 87, 88
cf. tb. Prestígio

Subordinação 158-159, 161-162

Suécia 54n.32, 62n.38, 121

Sufrágio 186

Suíça 152, 206

Sulloway, F.J. 138n.93

Suméria 51, 109n.67, 154n.101

Superego/Id 75

Systacts 49, 49n.29, 70, 107, 127, 136, 152, 154, 171, 179-180, 187, 189, 194

Tabela de Patentes 150

Tabus em relação a alimentos 55n.65

Tácito 116, 136

Tailândia 162

Talala 116

Tamanho dos assentamentos 51

Tasmânia 154

Tecnomemes 62, 73, 122, 210

Telêmaco 46n.26

Teleologia
e variação 12
Marx 29-30

ocaso da 222
Spencer 29
teoria da modernização 196
teorias do progresso 225

Tentilhões dos galápagos 61

Teorema de Bayes 92-93

Teoria
da invenção/retenção 76-77
da modernização 29, 196
da probabilidade 93
evolucionária 9, 11, 37, 42-43
feminista 12

Teoria dos jogos
comportamento coletivo 93
cooperação 88
cumprimento de contrato 152
Dilema do Prisioneiro 26, 93
evolucionária 62, 67, 86, 155n.102, 226
guildas comerciais 47n.28
Jogo do Ultimato 80

Teseu 197

Tessália 207

Teste de embaraço 113n.73

Thegns 174, 176-177, 179

Tipos de comportamento 18-19
cf. tb. Comportamento adquirido; Comportamento evocado; Comportamento
imposto

Tocqueville, A. 202

Tomografia por emissão de pósitrons 85

Tooby, J. 218

Trabalho
assalariado 57-58, 152, 166, 168, 174, 182, 194
de corveia 58, 171
servil 164, 168

Tradições 102-103, 104, 134, 158

Traição 80, 145-146

Transição 80, 145-146
da cultura para a sociedade 148, 154
da natureza para a cultura 128, 154

Tribalismo 95, 173

Trilling, L. 224
Tucídides 45, 126, 197, 197n.162, 209

Ultradarwinismo 16-17, 63
Umialik 53
União Soviética 110, 161n.107, 196
Universais 81-84, 93, 140
Utilidade dos maximizadores 37
Utilitarismo 222

Valetudinaria 142n.94
Vansittart, C. 39n.19
Variação herdável 12-14, 16, 42, 44, 47, 49
Varrão 58, 169
Vassalagem 153, 159-160
Venalidade 193, 194, 195
Venda de cargos 193
Veneza 207n.163, 208n.164, 208
Vergonha 101
Vernae 164n.111
Verres 134
Vervets 98n.60
Villani 179
Villaroel, G. 182n.148
Violência 18, 44-46, 95-96
Visigodos 56
Vitorianos 211
Voluntários 128

Wala 86
Wallace, A.R. 227
Watson, T. 39n.19
Webb, B. 225
Weber, M. 9
    adaptação 30
    afinidades eletivas 17
    burocracia 160
    carisma 150

desencantamento 211
  escravos 140, 170n.117
  ética protestante 111, 144-145
  ideias como guarda-chaves 148
  moralidade 224, 225, 226
  patrimonialismo 176
  salvação 107, 134
  sobre economia romana 170
Wergild 179
Wesley, J. 122
Whitehouse, H. 112n.72
Wickham, C. 69
Wilberforce, W. 221
Williams, B. 229
Wilson, D.S. 71
Wilson, E.O. 79
Wissenschaft 221, 223, 225, 228
Wittgenstein, L. 81n.47, 224
Wolf, E. 225

Xamanismo 103, 214-216
Xenofobia 130
Xenofonte 92, 133

Yair, G. 86n.50

Zoroastro 210, 211

COLEÇÃO SOCIOLOGIA

- *A educação moral*
  Émile Durkheim
- *A pesquisa qualitativa*
  VV.AA.
- *Sociologia ambiental*
  John Hannigan
- *O poder em movimento*
  Sidney Tarrow
- *Quatro tradições sociológicas*
  Randall Collins
- *Introdução à Teoria dos Sistemas*
  Niklas Luhmann
- *Sociologia clássica – Marx, Durkheim, Weber*
  Carlos Eduardo Sell
- *O senso prático*
  Pierre Bourdieu
- *Comportamento em lugares públicos*
  Erving Goffman
- *A estrutura da ação social – Vols. I e II*
  Talcott Parsons
- *Ritual de interação*
  Erving Goffman
- *A negociação da intimidade*
  Viviana A. Zelizer
- *Sobre fenomenologia e relações sociais*
  Alfred Schutz
- *Os quadros da experiência social*
  Erving Goffman
- *Democracia*
  Charles Tilly
- *A representação do Eu na vida cotidiana*
  Erving Goffman
- *Sociologia da comunicação*
  Gabriel Cohn
- *A pesquisa sociológica*
  Serge Paugam (coord.)

- *Sentido da dialética – Marx: lógica e política - Tomo I*
  Ruy Fausto
- *Ética econômica das religiões mundiais - Vol. I*
  Max Weber
- *A emergência da teoria sociológica*
  Jonathan H. Turner, Leonard Beeghley e Charles H. Powers
- *Análise de classe – Abordagens*
  Erik Olin Wright
- *Símbolos, selves e realidade social*
  Kent L. Sandstrom, Daniel D. Martin e Gary Alan Fine
- *Sistemas sociais*
  Niklas Luhmann
- *O caos totalmente normal do amor*
  Ulrich Beck e Elisabeth Beck-Gernsheim
- *Lógicas da história*
  William H. Sewell Jr.
- *Manual de pesquisa qualitativa*
  Mario Cardano
- *Teoria social – Vinte lições introdutórias*
  Hans Joas e Wolfang Knöbl
- *A teoria das seleções cultural e social*
  W.G. Runciman
- *Teoria dos sistemas na prática – Vol. I - Estrutura social e semântica*
  Niklas Luhmann
- *Problemas centrais em teoria social*
  Anthony Giddens
- *A construção significativa do mundo social*
  Alfred Schütz

Manual de pesquisa qualitativa

A contribuição da teoria da argumentação

Mario Cardano

Este livro tem como objetivo fornecer um guia para a criação de uma pesquisa qualitativa que combina rigor e criatividade. O autor apresenta um mapa das técnicas de pesquisa qualitativa delineada considerando principalmente as peculiaridades epistêmicas de cada uma, e prossegue com a ilustração das características do desenho da pesquisa qualitativa, delimitando, em um quadro de referência, os mais recentes estudos desenvolvidos sobre a teoria da argumentação e da lógica informal. Por essa razão, a principal peculiaridade do livro reside em sua referência à teoria da argumentação e na dedicação do autor em utilizar um repertório significativo de pesquisas mencionadas a título de exemplo. O livro é dirigido a todos os alunos (de graduação e pós-graduação), professores, pesquisadores e estudiosos das Ciências Sociais, Ciências da Saúde e da Enfermagem, e epidemiologistas sociais que se proponham a realizar a pesquisa qualitativa ou que desejam ler monografias e ensaios desenvolvidos com recurso das técnicas da pesquisa qualitativa.

Mario Cardano, doutor em Sociologia, é professor do Departamento de Cultura, Política e Sociedade da Universidade de Turim, na Itália, onde ensina Métodos Qualitativos de Pesquisa Social e Sociologia da Saúde. É também diretor do Programa de Doutorado *Interunidades*, desenvolvido pelas universidades de Turim-Milão em Sociologia e Metodologia da Pesquisa Social, onde ministra um curso de Projeto de Pesquisa Qualitativa. É membro do Conselho de Administração da Revista *Rassegna Italiana di Sociologia*.

Modernidade, pluralismo e crise de sentido

A orientação do homem moderno

Peter L. Berger e Thomas Luckmann

Essa importante obra produzida por dois renomados sociólogos, Peter L. Berger e Thomas Luckmann, volta agora ao mercado com projeto gráfico e capa reformulados.

Segundo os autores, a característica de nosso tempo é a convulsão das certezas e o questionamento das identidades. A crescente velocidade com que se desenvolvem as sociedades modernas agrava esta tendência por uma transformação cada vez mais intensa das estruturas familiares e das certezas baseadas na experiência. O saber tradicional, como o transmitem a Igreja, a escola, a família ou o Estado, envelhece com maior rapidez. As instituições tradicionais de orientação vão sendo suplementadas, quando não substituídas, por novas. Os conflitos entre as diferentes ofertas de orientação são resolvidos no "mercado"; os fins e os conteúdos da vida fazem concorrência uns com os outros, de modo que neste contexto as orientações que se pretendem eficazes devem responder ao desafio de tornar compatíveis certos conceitos da vida que sejam válidos para o indivíduo com outras indicações que apoiem a condição comunitária da sociedade.

Se a crise de sentido no mundo atual surge dos processos de modernização, pluralização e secularização da sociedade, talvez a solução esteja nas instituições intermediárias, que fazem a ponte entre o indivíduo e o macrossistema social. "Somente quando as instituições intermediárias contribuírem para que os padrões subjetivos de experiência e de ação dos indivíduos participem da discussão e estabelecimento de sentido será possível evitar que as pessoas se sintam totalmente estranhas no mundo moderno; e somente então será possível evitar que a identidade das pessoas individuais e a coesão intersubjetiva das sociedades sejam ameaçadas ou, até mesmo, destruídas pela afecção de crises da Modernidade."

Peter L. Berger e Thomas Luckmann são sem dúvida dois dos sociólogos mais importantes da atualidade. Nasceram na Europa. Berger em Viena e Luckmann na Eslovênia. Emigraram ambos para os Estados Unidos, tornando-se cidadãos americanos. Encontraram-se no curso de pós-graduação na New School for Social Research, onde seriam professores em 1963. Começa nesse ano estreita colaboração, que culmina na publicação em coautoria do famoso livro The Social Construction of Reality. Nova York, Doubleday, 1966 (em português A construção social da realidade, Vozes) e de três artigos sobre sociologia da religião, identidade pessoal, secularização e pluralismo. Depois disso, Berger ficou nos Estados Unidos e Luckmann foi para a Alemanha. A distância – o Oceano Atlântico entre os dois – impedia a realização de estudos empíricos em comum. Apesar da relativa diferença de interesses e de estudos, produziram em colaboração este fecundo estudo, Modernidade, pluralismo e crise de sentido.